Verhaltenstherapie in der klinischen Psychiatrie

Von

Victor Meyer

und

Edward S. Chesser

Übersetzt von

Peter Gottwald

und

Hermann Heyse

1971

GTV

Georg Thieme Verlag · Stuttgart

Titel der Originalausgabe:
Behaviour Therapy in Clinical Psychiatry
Penguin Books Inc., Harmondsworth, Middlesex, England

Autoren:

V. Meyer, Reader in Clinical Psychology,
Academic Department of Psychiatry, Middlesex Hospital Medical School

E. S. Chesser, Nuffield Fellow and Honorary Lecturer,
Academic Department of Psychiatry, Middlesex Hospital Medical School

Übersetzer:

Dr. P. Gottwald
Dr. H. Heyse
Max-Planck-Institut für Psychiatrie
Deutsche Forschungsanstalt für Psychiatrie
München, Kraepelinstraße 2 und 10

Satz und Druck: Druckhaus Dörr KG, Ludwigsburg

ISBN 3 13 479001 7

Vorwort des Herausgebers

Die Verhaltenstherapie ist gleichzeitig eine der jüngsten und eine der ältesten Therapieformen in der Psychiatrie: Zuckerbrot und Peitsche sind schon immer verwendet worden, um menschliches Verhalten zu ändern.

Die Verhaltenstherapie nimmt an, daß man einen Patienten, der früher gesund war und nun krank wurde, z. B. indem er ein gestörtes Verhalten zeigt, auch so sehen kann, als ob er neue Verhaltensweisen „erworben" hätte. Allgemein gesagt, können wir die Veränderung als gelernt auffassen; und was gelernt werden kann, kann auch verlernt werden. Diese Annahme wird durch experimentelle Beweise gestützt, da nachgewiesen werden konnte, daß unter bestimmten Umständen bei Tieren Verhaltensanomalien hervorgerufen werden können, die den menschlichen Störungen, die wir psychische Störungen (mental illness) nennen, analog sind. Der Unterschied zwischen der Verhaltenstherapie und den bisherigen Methoden von Belohnung und Bestrafung liegt in dem detaillierten Wissen und Verstehen der Verhaltenstherapie über die genauen Bedingungen, unter denen ein Verhalten geändert werden kann.

Auch wenn wir glauben, daß psychische Krankheit letztlich auf physiologische und biochemische Veränderungen im Menschen zurückgeht, können wir die Tatsache nicht übersehen, daß solche Krankheitsprozesse sich nur durch die Änderung der gelernten Verhaltensweisen geltend machen können, Verhaltensweisen, die für das Individuum in seiner sozialen Umwelt normal sind. Daher können wir die Lernprinzipien benutzen, um das Verhalten des Patienten so anzupassen, daß die Änderungen, die durch hypothetisch angenommene Grundstörungen bedingt sind, minimal bleiben.

In dieser allgemeinen Form scheinen die Prinzipien der Verhaltenstherapie wenig über den normalen Menschenverstand hinauszugehen, sind fast wie Allgemeinplätze und sicherlich harmlos. Warum sollten daher so viele Meinungsverschiedenheiten über die Verhaltenstherapie existieren, die zu einer Auseinandersetzung führten, die weit über die Grenzen der Psychiatrie und Psychologie hinausgetragen wurde. (Ich lasse dabei die grimmigen Debatten über ihre moralische Rechtfertigung noch beiseite.)

Der Grund dafür ist, daß sie mit allen Theorien aufräumt, die sich mit dem dynamischen Unbewußten, den unbewußten Mechanismen, dem Symboldenken und der psychosexuellen Entwicklung beschäftigen, worauf ein Großteil unseres heutigen Denkens über psychische Krankheiten von der Psychoanalyse bis hin zum Existentialismus beruht. Daher stellt die Verhaltenstherapie gängige Ideen, die einen immensen Einfluß nicht nur auf die Psychiatrie und Psychologie, sondern auch auf die Kunst und den Journalismus ausgeübt haben, in Frage. Die Verhaltenstherapie unterscheidet sich auch dadurch von ihnen, wie die Autoren höflich herausstellen, daß sie nicht behauptet, die Ganzheit der menschlichen Psyche erklären zu können.

Die Autoren beschreiben die Prinzipien des Konditionierens und Lernens und besprechen unparteiisch die Beziehungen zwischen diesen Prinzipien und der heutigen Praxis in der Verhaltenstherapie. Sie sagen offen, wo eine solche Beziehung nicht besteht. Da die Verhaltenstherapie sehr jung ist, ist es nicht verwunderlich, daß die Erkundung neuer Techniken die Theorie hinterherhinken läßt. Dies ist eine allgemeine Erfahrung in den frühen Stadien angewandter Wissenschaften: die Theorie ist noch unangemessen, aber dient als Sprungbrett für die Entwicklung von Techniken, und diese wiederum führen zur Weiterentwicklung der Theorie.

Die Autoren haben einen in sich geschlossenen Bericht über die Verhaltenstherapie gegeben; ihre Schilderung der Verhaltenstherapie ist bündig, und es wurde dennoch nichts Wesentliches der Kürze halber weggelassen. Schließlich ist die Darstellungsweise so klar, daß Leser, die zum ersten Mal mit diesem Gebiet in Berührung kommen, es nicht allzu schwer verständlich finden werden. Die Autoren bestätigen in diesem Buch ihren Ruf, den sie dank ihrer Beiträge zu Theorie und Praxis der Verhaltenstherapie erworben haben.

MAX HAMILTON

Inhaltsverzeichnis

KAPITEL 1

Einführung

Seit den Anfängen der Zivilisation haben die Menschen nach den Ursachen menschlichen Verhaltens gefragt. Weder der Psychologe noch der Psychiater haben in diesen Bereichen Ausschließlichkeitsanspruch, vielmehr ist diese Erfahrung jedem zugänglich. In dem Wunsch, das eigene Verhalten und das der anderen zu verstehen, vorherzusagen und zu kontrollieren, ist jeder von uns sozusagen ein Psychologe. Es scheint in der Natur des Menschen zu liegen, alle Phänomene verstehen zu wollen, wie die vielen Erklärungsversuche, angefangen von der Magie bis hin zur Atomstrahlung, bezeugen. Es erfordert ein großes Maß an Disziplin, gegenüber einer Theorie so lange neutral zu bleiben, bis genügend beobachtbare Daten gesammelt sind; denn „wir sind mit Erwartungen geboren". Je komplizierter das Stoffgebiet ist, desto größer ist die Anzahl der Theorien und Hypothesen. Wie sparsam benutzt die Physik Theorien, und wie vergleichsweise großzügig sind darin die Verhaltenswissenschaften, sobald die Phänomene, die sie erklären sollen, genauer beschrieben und gemessen werden können.

In diesem Buch geben wir eine Übersicht über die theoretische Grundlage, die Methoden, die klinische Anwendung und die Wirksamkeit der Verhaltenstherapiee in der Psychiatrie, einer Therapie, die den Anspruch erhebt, von der modernen Lerntheorie hergeleitet zu sein. Wir werden auch auf neuere Forschungsergebnisse eingehen, die für die Frage wichtig sind, wie weit die Theorie der Verhaltenstherapie zutreffend ist, und welche Vorgänge in einer psychologischen Therapie eigentlich wirksam sind. Im vorliegenden Kapitel wird ein kurzer Überblick über das Gebiet der Psychiatrie gegeben und über einige ihrer meistbenutzten Konzepte und Behandlungsmethoden. Dieser Überblick soll als Hintergrund für die Erläuterung der Verhaltenstherapie dienen. Natürlich ist dieser Überblick nicht umfassend, mag aber denen helfen, die die klinische Psychiatrie nicht kennen.

In den meisten Definitionen wird als Hauptmerkmal psychiatrischer Störungen abnormes Verhalten genannt, ein Ausdruck, der subjektive Erfahrung voraussetzt. Der Begriff der Normalität wird einmal im statistischen Sinne und zum anderen im idealistischen Sinne gebraucht. Die statistische Norm ist der Durchschnitt oder das Übliche, wohingegen die Abweichung vom Durchschnitt als abnorm bezeichnet wird. Diese Definition des Normalen schließt nicht notwendigerweise ein Werturteil ein. Das Genie und der Idiot sind beide nach diesem Kriterium anomal. Die Idealform dagegen bezeichnet das am meisten Wünschenswerte. Über das, was die Idealnorm sei, können sehr verschiedene Meinungen herrschen, die statistische Norm ist dagegen ein eher objektives Kriterium. Jedoch gibt es gewisse Schwierigkeiten, wenn man die statistische Norm bestimmen will, besonders bezüglich der Zusammensetzung der Population, von der diese Norm genommen wird. So sind zum Beispiel bei der Beurteilung von Verhaltensweisen solche Faktoren wie Alter, Geschlecht, Intelligenz und soziokulturelle Umgebung zu berücksichtigen. Ein Verhalten, das für ein Kind von den Samoa-Inseln normal ist, läge bei einem Londoner Bankmanager außerhalb der Grenzen normalen Verhaltens.

In der klinischen Praxis verwenden die meisten Psychiater zur Beurteilung des Verhaltens das Konzept der statistischen Norm und versuchen herauszufinden, ob ein abnormes Verhalten für das Individuum oder andere in der Umgebung störend ist. Ein Verhalten, das anomal ist und unter dem man leidet, reicht nach Meinung vieler Psychiater aus, um auf das Vorliegen einer psychischen Störung zu schließen. In eine solche Definition fällt das sehr ungezogene Kind, der Gewohnheitsverbrecher und auch das bizarre Verhalten eines wahnhaften Patienten. Viele Psychiater berücksichtigen jedoch die vermutlichen Ursachen des Verhaltens, bevor sie eine psychische Störung diagnostizieren.

Krankheit ist ein sehr abstrakter Begriff und kann daher je nach Belieben verwendet werden. Das einfachste Modell einer Krankheit liegt vor, wenn eine spezifische Ursache bestimmte Symptome hervorruft, die einen voraussagbaren Verlauf nehmen und die mit besonderen strukturellen oder funktionellen pathologischen Veränderungen in bestimmten Teilen des Körpers einhergehen. In Wirklichkeit sind nur wenige Krankheiten auf diese Art definierbar, da recht selten eine so vollkommene Wechselbeziehung zwischen Ursache, Symptomen, Verlauf und nachweisbaren pathologischen Befunden vorhanden ist. Die Ursachen sind oft ungewiß, und es kann vorkommen, daß organpathologische Befunde nicht nachweisbar sind. Deshalb werden einige Krankheiten nur aufgrund der klinischen Symptomatologie, andere aufgrund der nachgewiesenen oder angenommenen Ätiologie oder Pathologie beschrieben und klassifiziert. Häufig wird die Ansicht vertreten, man solle den Krankheitsbegriff den Zuständen vorbehalten, die eindeutige pathologische Veränderungen aufweisen. Gleichzeitig räumt man ein, daß es bei fortschreitender Technik möglich und wahrscheinlich sein werde, in Zukunft auch bei solchen Störungen körperliche Veränderungen nachzuweisen, bei denen man bisher nichts Derartiges finden konnte.

Der Begriff der „psychischen Krankheit“ (mental illness) und seine Unterscheidung von Verhaltensstörungen und Persönlichkeitsstörungen bleibt umstritten (z. B. JASPERS, 1963; LEWIS, 1953; SZASZ, 1961). Ungeachtet der mangelnden Übereinstimmung in diesem Punkt ist es doch möglich und auch wünschenswert, ein operational definiertes Klassifikationssystem zu benutzen (neuere Übersichten bei STENGEL, 1959; ZUBIN, 1967; GENERAL REGISTER OFFICE, 1968). Das Problem, wie man psychiatrische Störungen abgrenzen und klassifizieren soll, ist mit der Frage verknüpft, wie man entscheidet, was ein Symptom darstellt. Dies spielt eine große Rolle, wenn man beurteilen will, wie wirksam eine psychiatrische Behandlung ist. Bei so einer Beurteilung geht es dem Patienten um physische und psychische Symptome, wie Schmerz oder Angst, und den Grad seiner sozialen, sexuellen und beruflichen Anpassung, gleichgültig, ob die Psychiater diese als Symptome, Abwehrmechanismen, persönlichkeitsbedingt oder sozial bedingt ansehen. Ein Patient kann durchaus ermutigt sein, wenn er hört, daß seine Angst oder Depression oder seine Spielleidenschaft nicht von einer Krankheit herkommt, aber er kann sie deshalb immer noch als störend empfinden und froh sein, wenn sie geändert oder behoben werden kann. Die vielen Versuche, „psychische Gesundheit" (mental health) und „psychische Krankheit" (mental illness) zu definieren, zeigen, wie schwierig diese Aufgabe ist (Lewis, 1953). Es ist unmöglich, mit einiger Sicherheit zwischen Verhaltensstörungen und psychiatrischen Störungen zu unterscheiden. Man hat versucht, sich dabei auf abgeleitete psychologische Prozesse oder beschreibende Kriterien — wie lange ein Verhalten dauert und wie wenig angepaßt es ist — und das Leiden, das mit beiden verbunden ist, zu stützen. Einige Autoren halten es für möglich, daß psychiatrische Symptome durch Lernvorgänge entstehen können (z. B. Wolpe, 1958), während andere gelerntes Verhalten ganz spezifisch ausschließen (Hebb, 1947).

Einige abnorme Verhaltensweisen können mit nachweisbaren körperlichen Störungen, seien sie struktureller, biochemischer oder elektrischer Natur, im Gehirn oder anderen Teilen des Körpers verbunden sein. Es ist üblich, diese unter dem Begriff „organisch bedingte psychische Störungen" zusammenzufassen. Die Ursachen solcher pathologischen Vorgänge sind so vielfältig wie bei anderen körperlichen Erkrankungen und schließen z. B. Verletzungen, Infektionen und Tumoren ein. Die psychischen Symptome, die ein bestimmter Patient gerade bietet, hängen mehr von der Lokalisation, der Dauer und der Schwere der zerebralen Läsion ab als von ihrer Ursache. Sogar bei diesen organischen Störungen können Persönlichkeitszüge, Intelligenzgrad und die soziale Umgebung des Patienten das Symptombild entscheidend beeinflussen.

Die wichtigsten Symptome der hirnorganischen Erkrankungen sind Bewußtseinstrübung, die von leichter Benommenheit bis zu tiefer Bewußtlosigkeit reichen kann, zusammen mit einer Beeinträchtigung der Merkfähigkeit und örtlicher wie zeitlicher Desorientierung. Diese Verhaltensstörung steht meistens im Zusammenhang mit einem körperlichen Befund, obwohl es schwierig ist, von dem pathologischen Befund her allein exakte Vorhersagen auf Art und Schwere der Symptome zu machen. Trotzdem ist es vernünftig, körperliche Störungen als eine der Ursachen für das abnorme Verhalten anzusehen. Zum Beispiel kann durchaus gesagt werden, daß die Benommenheit und Vergeßlichkeit eines Patienten mit einem ausgedehnten Hirntumor durch diesen

Tumor verursacht ist. Die organisch bedingten psychischen Störungen sind Beispiele für eine Gruppe von Zuständen, die Krankheitseinheiten sind, wobei abnormes Verhalten eine der Erscheinungsformen ist. In begrenztem Umfang ist also eine Ursache des Fehlverhaltens bekannt.

Psychische Störungen gehen aber meistens nicht mit somatischen Befunden einher, und die Ätiologie bleibt unsicher. Deshalb werden sie – zumindest vorläufig – als „funktionelle psychische Störungen" bezeichnet. Am häufigsten wird dafür eine beschreibende Einteilung verwendet, worin Symptomatik und Verlauf berücksichtigt werden. Diese Zustandsbilder können in zwei großen Gruppen unterteilt werden, nämlich in psychotische und neurotische. Die Trennung ist nicht ganz eindeutig und beruht auf der Schwere der Störung, dem Grad der dadurch verursachten sozialen Schwierigkeiten und der gegenwärtigen Einsichtsfähigkeit. Die psychotischen Zustände entsprechen den Vorstellungen des Laien von Verrücktheit und können sich in Wahnvorstellungen, Halluzinationen und der Unfähigkeit, zwischen Phantasie und Wirklichkeit zu unterscheiden, ausprägen.

Es sind zwei Hauptformen funktioneller Psychosen bekannt, zum einen die manisch-depressive Psychose, bei der das führende Symptom eine Veränderung der Stimmung, so eine andauernde Hochstimmung oder eine Depression ist, zum anderen die Schizophrenie, bei der eine Desintegration der Persönlichkeit des Betreffenden vorliegt mit Störungen im Bereich des Fühlens und Denkens. Die nichtpsychotischen funktionellen Störungen bilden die andere große Untergruppe und umfassen die Neurosen und Persönlichkeitsstörungen. Über Einteilung und Ätiologie dieser Gruppe bestehen erhebliche Meinungsverschiedenheiten. Die Neurosen werden üblicherweise nach den vorherrschenden Symptomen eingeteilt – Angst, Phobien, Depressionen, Zwänge, hysterische Reaktionen – jedoch kommen Mischformen häufig vor. Die Bezeichnung Persönlichkeitsstörung wird bei Personen verwendet, die ihr Leben lang immer wiederkehrende Schwierigkeiten haben, sei es in Form subjektiver Symptome wie Angst oder Niedergeschlagenheit, oder in Form einer Unfähigkeit, befriedigende persönliche Beziehungen in und außerhalb der Familie und am Arbeitsplatz herzustellen. Zu der letzten Gruppe gehören auch die Einzelgänger, die paranoiden und die unreifen Persönlichkeiten sowie der asoziale Psychopath. Dazu kommt, daß Personen mit einer Persönlichkeitsstörung mit höherer Wahrscheinlichkeit als Vergleichspersonen eine akute neurotische Reaktion oder eine Psychose entwickeln.

Theorien psychischer Störungen

Die oben erwähnte Einteilung beruht auf der Beschreibung von Symptomen und auf dem Verlauf. Bei dem gegenwärtigen Stand unseres Wissens ist es unvermeidlich, daß Theorien über die Ätiologie der funktionellen Störungen unsere Unsicherheit widerspiegeln. Daß es mehrere verschiedene Ursachen für abnormes Verhalten gibt, einschließlich genetischer und Umgebungsfaktoren, ist eine Binsenwahrheit. Am eindeutigsten sind Erbfaktoren bei einigen der selteneren organischen Störungen nachgewiesen worden (einige Arten des Schwachsinns und der Demenz). Für einen genetischen Einfluß bei den Psychosen gibt es eine Reihe von deutlichen Hinweisen. Bei Neurosen und Persönlichkeitsstörungen sind diese weniger eindeutig. Es ist unklar, was eigentlich vererbt wird, doch scheinen sowohl physische Eigenarten wie Körperform als auch die psychische Persönlichkeitsstruktur genetisch beeinflußt zu sein und miteinander zu korrelieren. Früher dachte man, daß es eine allgemeine angeborene Prädisposition zu Geisteskrankheit oder moralischer Schwäche gäbe. Diese Anlage nannte man „Degeneration". Die neueren Auffassungen zur Genetik neigen mehr einer Theorie zu, wonach bestimmte psychische Krankheiten spezifisch vererbt werden. Erst in jüngster Zeit hat man das Vorkommen von bestimmten Chromosomenanomalien mit geringer Intelligenz sowie einer Persönlichkeitsstörung gefunden. Die dabei wirkenden physiologischen und psychologischen Mechanismen sind unbekannt. Die Umweltfaktoren, die das Verhalten des Individuums und jede „Krankheit", an der es leiden mag, mitgeformt haben könnten, werden theoretisch seine gesamte Lebenserfahrung, beginnend bei der Konzeption, umfassen müssen. Physikalische, psychologische und soziale Einflüsse treffen zusammen und bilden eine einmalige Umwelt für jeden einzelnen. Aus diesem Grunde betrachtete Adolf Meyer eine psychische Störung als die einmalige Reaktion eines Individuums auf seine Umgebung. Die kürzeste diagnostische Kennzeichnung wäre dann der Name des Patienten.

Auf ihrer Suche nach umweltbedingten Ursachen für psychische Störungen haben die Theoretiker weit ausgeholt. Als die Psychiatrie ihr dunkles Zeitalter hinter sich ließ, in dem psychische Störungen auf göttliche oder dämonische Besessenheit oder Bosheit zurückgeführt worden waren und mehr in den Bereich des Theologen und Philosophen als in den des Arztes fielen, griff man auf die hippokratische Lehre zurück, daß das Gehirn der Sitz des Geistes sei und daß Irresein durch natürliche Ursachen herbeigeführte Störungen im Gehirn seien. „Geisteskrankheiten sind Gehirnkrankheiten" wurde zum Schlagwort, und man erwartete zuversichtlich die Entdeckung ihrer körperlichen Störungen. Für die Mehrzahl der psychischen Störungen wird dieser Nachweis mit unterschiedlichem Optimismus noch erwartet. Es gibt genügend Beweise für biochemische Störungen in manisch-depressiven und schizophrenen Psychosen, um den Optimismus derer zu nähren, die daran glauben, daß eines Tages eine körperliche Erkrankung gefunden werden wird. Es bleibt jedoch fraglich, wieweit jegliche biochemische Läsion primär oder sekundär ist. Sie könnte eher die Folge als die Ursache psychischer Symptome sein, und auch wenn sie die Ursache der Symptome wäre, könnte sie durch psychischen Streß ausgelöst worden sein und weiterhin durch psychische Faktoren beeinflußt werden. Mit anderen Worten, es besteht wahrscheinlich für Beginn und Verlauf einer psychischen Störung eine komplexe Interaktion psychologischer und biochemischer Faktoren. Die „funktionellen Psychosen" würden dann die üblicherweise genannten Kriterien einer psychosomatischen Erkrankung erfüllen, Erkrankungen mit nachweisbaren pathologischen Veränderungen, bei deren Verursachung psychologische Faktoren oft eine entscheidende Rolle spielen.

Das Gebiet der Psychiatrie ist also noch sehr empfänglich für Theorien, die die Ursachen psychiatrischer Störungen erklären sollen. Theorien unterscheiden sich in ihrem Begriffssystem und können in der Sprache der Neurophysiologie, der Kybernetik, der Psychologie oder der Soziologie ausgedrückt werden. Semantische Schwierigkeiten vergrößern eher noch die Unterschiede zwischen den Theorien. Die hauptsächlichen Unterschiede liegen in der relativen Bedeutung, die den Erb- und Umweltfaktoren, den biologischen, kulturellen, physikalischen und psychologischen Faktoren zugemessen wird. Man muß sich aber darüber klar sein, daß diese keine Entweder-Oder-Kategorien sind, sondern eher die beiden Enden eines Kontinuums darstellen. Alle Theorien fordern eine Interaktion vielfältiger Variablen und beschränken sich nicht auf einzelne pathogenetische Vorgänge wie zerebraler Anoxie bei der Geburt, „Verlust der Mutter" oder „soziale Isolierung". Alle würden einen Parallelismus von neurophysiologischen und psychologischen Vorgängen einräumen, jedoch würden sie versuchen, zwischen abnormem Verhalten, das primär durch eine unnormale Gehirnfunktion bedingt ist, und solchem, das primär eine Reaktion auf Umweltstreß ist, zu unterscheiden.

Psychodynamische Theorien

Dieser Begriff bezieht sich üblicherweise auf die klassische Freudsche Theorie und auf die später aus ihr entwickelten Theorien, die annehmen, daß das Verhalten aus dem Gleichgewicht der auf das Individuum wirkenden dynamischen Kräfte resultiert. Ein Verhalten erscheint deshalb für den Betreffenden oder den Betrachter unbegreiflich, weil er sich meist nicht aller Motive und der ihn beeinflussenden Konflikte bewußt ist.

Freud dachte, daß das Verhalten vor allem von unbewußten Trieben bestimmt wird, deren Auswirkung teilweise durch die Art der Umgebung und die ethische Haltung geändert werden kann. Er forderte eine Dreiteilung des psychischen Apparates in das Es, das Ich und das Über-Ich; die unbewußten biologischen Triebe, vornehmlich sexueller und aggressiver Natur (Eros und Thanatos), sind im Es enthalten. Das Über-Ich entspricht etwa dem „Gewissen" und wird durch die Introjektion der Werte und Normen der Eltern, Lehrer und kulturellen Traditionen in der frühen Kindheit gebildet. Das Ich nimmt eine zentrale Stellung ein und wird nicht nur vom Es und Über-Ich, sondern auch durch die wahrgenommene und erlebte Umwelt beeinflußt. In seinen Versuchen, zwischen den Forderungen des Es, des Über-Ichs und der Realität ein Gleichgewicht zu erhalten, wird das Ich von den Prinzipien der Selbsterhaltung und der Vermeidung von Unlustgefühlen geleitet. Bedrohungen seiner Sicherheit und Ruhe können aus der äußeren Umgebung, ungesättigten Bedürfnissen oder dem Diktat des Über-Ichs entspringen und werden durch Angst angezeigt. Das Ich kann auf Gefahren aus der Umgebung (äußere Gefahr) mit bewußt überlegten Handlungen reagieren, wie etwa der Flucht. Bei inneren Gefahren (vom Es oder Über-Ich) wendet das Ich unbewußte Abwehrmechanismen, wie Verdrängung, Reaktionsbildung und Regression an. Diese können zwar relativ erfolgreich die Bedrohungen aus dem Bewußtsein fernhalten, doch müssen die daraus folgenden neurotischen Symptome oder Charakterstörungen in Kauf genommen werden. Die Angst hat eine zentrale Stellung in der Entstehung der Neurose. Angst ist ein Zeichen der Gefahr, auf das die Unterdrükkung einer Triebregung folgt, wenn deren Erfüllung gefährlich oder unmöglich erscheint, entweder wegen der äußeren Situation oder wegen der Mißbilligung des Über-Ichs. Dies tritt auf bei drohendem Verlust eines geliebten Menschen und bei drohender Strafe (Verlustangst und Kastrationsangst). Freud maß dem Geschlechtstrieb höchste Bedeutung bei der Formung des Charakters und des Verhaltens zu; es ist jedoch wichtig, daran zu erinnern, daß sein Begriff der Sexualität jede Aktivität einschließt, die körperliche Lust verschafft. Die Persönlichkeit des Erwachsenen und die Neurose sind vorwiegend davon abhängig, wie das unreife Ich mit der oralen, analen und phallischen Phase des infantilen Geschlechtstriebs fertig wurde. Diese komplexe Entwicklung ist biologisch durch die verlängerte Kindheitsperiode beim Menschen charakterisiert. In der Kindheitsperiode ist die erste Liebesbeziehung notwendigerweise inzestuös, und eine völlige Befriedigung ist unmöglich, wodurch der Ödipuskonflikt entsteht. In der Kindheit kann die Ich-Entwicklung beeinträchtigt werden oder auf einer bestimmten Stufe stehen bleiben, und es können die Formen der Abwehrmechanismen festgelegt werden. Eine infantile Neurose ist wegen des Ödipuskonfliktes unvermeidlich, braucht jedoch nicht im späteren Leben manifest zu werden. Trotzdem ist jede Psychoneurose im Erwachsenenalter entweder das Ergebnis einer gehemmten Entwicklung oder das Wiederaufleben der Kindheitsneurose durch Regression.

Aus der Freudschen Theorie folgt, daß das Verhalten weitgehend unbewußt bestimmt ist. Die Triebe, Abwehrmechanismen und Teile des Über-Ichs sind gewöhnlich der direkten Beobachtung nicht zugänglich. Auf sie kann indirekt aus dem Trauminhalt, den Fehlleistungen, der freien Assoziation, den neurotischen Symptomen und den Psychosen geschlossen werden. In der psychoanalytischen Theorie sind normales und abnormes Verhalten die zwei Enden eines Kontinuums. Die Art der psychischen Störung ist bestimmt durch den Entwicklungsstand des Ichs und die Abwehrmechanismen, die eingesetzt werden, um ein Gleichgewicht zwischen den Trieben der Realität und dem Über-Ich zu erhalten (FREUD, 1940; FENICHEL, 1946).

Spätere Änderungen der psychoanalytischen Theorie bezogen sich auf den Ursprung der Aggression, die jeweilige Bedeutung von aggressiven und sexuellen Trieben in der Steuerung des Verhaltens, die Universalität der Entwicklungsphasen dieser Triebe, den Ursprung sozialer Triebe, den Umfang, in dem Verhalten und Persönlichkeit kulturellen Einflüssen unterliegen, und die Frage, wie weit das Verhalten nicht eher durch den Aufbau des Ichs als durch die Triebe festgelegt ist. Heute geht die Tendenz dahin, das Wissen vieler benachbarter Disziplinen zu integrieren, einschließlich der direkten Beobachtung von kindlichem und tierischem Verhalten, den Lerntheorien der Experimentalpsychologie, den Ergebnissen der Anthropologie und Soziologie, wie auch weiterer psychoanalytischer Untersuchungen. Daraus hat sich ein umfassenderes Bild über die Entwicklung der Persönlichkeitsstruktur und von Verhaltensweisen ergeben, und man ist bei der Suche nach ihren Determinanten beweglicher geworden.

Alexander und die Neofreudianer wie Fromm, Horney und Sullivan haben den Einfluß des Geschlechtstriebs auf das Verhalten für weniger bedeutsam angesehen. Die Neofreudianer betonen dagegen den Einfluß, den soziale und kulturelle Faktoren auf die Persönlichkeitsentwicklung haben, und glauben nicht, daß alles Sozialverhalten von den primären biologischen Trieben hergeleitet werden kann. Sie messen den jeweiligen Lebenssituationen mehr Bedeutung bei und sehen die Wurzeln psychischer Störungen nicht ausschließlich in Kindheitserlebnissen. Im Vergleich zu den „orthodoxen" psychoanalytischen Auffassungen hat sich der Zug zur Psychologie und Analyse des Ichs fortgesetzt, was schon in den späteren Schriften Freuds und dem Werk Anna Freuds sichtbar gewesen war. HARTMANN (1964) hat die Ich-Entwicklung beschrieben und dabei die Ausgleichsfunktion des Ichs zwischen unbewußten Trieben und der bewußten, auf Umweltbedingungen beruhenden Motivation herausgearbeitet. RAPAPORT (1960) betonte, daß das Ich dazu fähig ist, sowohl die Ansprüche der Triebe als auch die Wirkungen der Umgebung zu ändern und hintanzustellen. Der Begriff des autonomen Ichs erlaubt es, nicht mehr alles Verhalten als durch unbewußte Konflikte bedingt ansehen zu müssen. HOLT (1967) faßt dieses Konzept und das Problem des freien Willens zusammen, verweist dabei auf die experimentellen Beweise des experimentellen Wahrnehmungsentzugs (sensory deprivation) und legt eine Neuformulierung der psychoanalytischen Theorie in einer neuropsychologischen Sprache nahe. ERIKSON (1965) zeigt die Stufen der sozialen Entwicklung auf, die den psychosexuellen Entwicklungsphasen parallel gehen. KARDINER u. Mitarb. (1959) heben ebenfalls die

Rolle des Ichs und die Bedeutung der Umwelt und des sozialen Lernens für die Entwicklung des Verhaltens bei heranwachsenden Kindern hervor. Diese neuen theoretischen Richtungen haben als Gegengewicht gegen die Auffassung gewirkt, daß alles Verhalten durch Konflikte bestimmt wird, die durch die Primärtriebe verursacht worden sind. Es hat sich deshalb auch eine fruchtbare Kommunikation zwischen psychoanalytischer Theorie, Ethologie und Soziologie anbahnen können. Auf der anderen Seite hat Melanie Klein psychoanalytische Untersuchungen bis in die sehr frühe Kindheit ausgedehnt und auf die Bedeutung der angeborenen Aggression in der Kind-Mutter-Beziehung hingewiesen. Daraus entstehe unvermeidlich ein Konflikt, wie gut auch immer die Umgebung sei.

Lerntheorien

Während des letzten Jahrzehnts sind energische Versuche gemacht worden, um das Wissen der experimentellen Psychologie auf die Probleme psychiatrischer Störungen anzuwenden. Die experimentellen Studien von Pawlow, Watson, Skinner, Hull, Spence u. a. sind dazu benutzt worden, um Lernprinzipien aufzustellen, die die Entstehung menschlichen Verhaltens erklären und Methoden zu seiner Änderung aufzeigen könnten. Einige dieser Prinzipien werden in den folgenden Kapiteln ausführlich beschrieben, hier sollen jedoch einige allgemeine Bemerkungen gemacht werden. Lerntheorien wie auch andere Theorien nehmen an, daß genetische und Umweltfaktoren für die Entstehung abnormen Verhaltens wichtig sind, und daß psychische Störungen aus dem Zusammentreffen einer mehr oder weniger vorbelasteten Person und ihrer sich ändernden Umwelt entstehen. Es ist deshalb angebracht, danach zu fragen, bis zu welchem Grad psychiatrische Symptome eine Form erlernten Verhaltens sind. Die Anfälligkeit für eine Neurose hängt nach Eysenck von der Persönlichkeitsdimension „Neurotizismus" ab. Dies ist das Maß an emotionaler Labilität, die durch die Reaktionsbereitschaft des autonomen Nervensystems bestimmt ist. Im Gegensatz zu dieser Persönlichkeitsdimension ist das neurotische Symptom eine in einer spezifischen Situation gelernte abnorme Verhaltensweise. Jede frühe Erfahrung kann die Persönlichkeitsentwicklung und die Ausformung des Symptoms beeinflußt haben.

Natürlich sind psychodynamische Theorien und Lerntheorien des Verhaltens in vielem ähnlich. Wir wollen jedoch hier einige der Unterschiede betonen. Lerntheorien fordern nicht das universale Vorhandensein bestimmter innerpsychischer Konflikte wie den Ödipuskomplex oder die Unvermeidlichkeit frühkindlicher Neurosen und sie nehmen nicht an, daß die Form der Neurose notwendigerweise während der Kindheit festgelegt wird.

Behandlung

In der Regel werden die in der Psychiatrie verwendeten Behandlungsmethoden in drei Gruppen eingeteilt: physische, psychologische und soziale. Ihre Kombination kommt häufig vor, und da viele der Methoden empirisch oder symptomatisch sind, besteht kein notwendigerweise enger Zusammenhang zwischen dem theoretischen Konzept und den Behandlungsarten, die von dem einzelnen Psychiater verwendet werden. Der Wunsch, das Leiden zu bessern, wiegt stärker als das Verlangen, sich therapeutischer Eindeutigkeit oder wissenschaftlicher Exaktheit zu beugen.

Physische Behandlung

Störungen, die mit bekannten organpathologischen Befunden einhergehen, können eventuell spezifisch behandelt werden, so gibt man Penicillin bei einer Syphilis, die das Zentralnervensystem befallen hat, und versucht, einen Gehirntumor zu operieren.

Mit elektrischen Heilkrämpfen, einer empirischen Methode, behandelt man vornehmlich schwere Depressionen und hat damit oft dramatischen Erfolg. Diese Methode kann bei depressiven Psychosen heilend wirken oder depressive Symptome bessern, die mit anderen Störungen wie Schizophrenie oder Zwangskrankheit einhergehen.

Antidepressiva, nicht zu verwechseln mit euphorisierenden Substanzen (wie Amphetamin oder Kokain) können bei denselben Störungen wirksam sein, die auch auf Heilkrämpfe ansprechen, wirken jedoch in der Regel langsamer.

Tranquilizer werden zur Behandlung von Unruhezuständen verwendet. Meist ist ihre Wirkung bei akuter Symptomatik überzeugender als bei länger dauernden chronischen Zuständen.

Neuroleptika dämpfen nicht nur Unruhe- und Erregungszustände, sondern haben oft auch eine breitere Wirkung, auf Denkstörungen, Wahnvorstellungen und Halluzinationen bei Psychosen. Sie werden meist als Soforttherapie bei akuten Schizophrenien und Manien eingesetzt.

Mit einer Leukotomie können extreme Angst- und Spannungszustände gelindert und die Intensität manisch-depressiver Psychosen vermindert werden. Man kann gute Behandlungsergebnisse bei geringer oder keiner Änderung der Persönlichkeit oder Intelligenz erzielen, wenn man neueste chirurgische Verfahren anwendet und die Patienten sorgfältig ausgelesen sind. Meistens wird sie bei schwer zu therapierenden Zuständen angewendet, die ein langes schweres psychisches Leiden und eine Behinderung mit sich bringen und bei denen eine chronische Spannung im Vordergrund steht.

Soziale Behandlung

Darunter faßt man alle Maßnahmen zusammen, die eine optimale soziale Umgebung schaffen sollen. Diese Umgebung soll frei von krankmachenden Einflüssen und für die Wiederherstellung und Erhaltung der Gesundheit des Patienten am besten geeignet sein. Bevor man versucht, die Umwelt zu ändern, muß man natürlich feststellen, welche möglicherweise krankmachenden Einflüsse in ihr vorhanden sind. Soziale Ursachen sind von außerordentlicher ätiologischer Bedeutung. Rat und Hilfe bezüglich Wohnen, Beruf, Familie und Erholung können gegeben werden. Das soziale Milieu des Krankenhauses, die „therapeutische Gemeinschaft", die Nachsorge im Wohnbezirk des Patienten („community care") und die Entscheidung, ob jemand ambulant oder stationär behandelt werden soll, sind Beispiele, wie sehr man sich bemüht, positiv wirkende soziale Einflüsse für den Patienten zu nutzen.

Psychologische Behandlung

Hierunter sind alle Formen der Psychotherapie, von der einfachen Beruhigung bis zur Freudschen Psychoanalyse und zur Verhaltenstherapie, zu verstehen. Tatsächlich hängt die Behandlung, die ein Patient bekommt, nicht nur von seinen Schwierigkeiten ab, sondern auch von der theoretischen Orientierung und der Persönlichkeit des Psychiaters, darüber hinaus auch davon, welche Behandlungsmethoden der Psychiater gerade zur Verfügung hat.

Die verschiedenen Psychotherapien unterscheiden sich in ihrer Technik, ihren Behandlungszielen und in ihren theoretischen Konzepten. Auch wenn sie alle auf verbaler Kommunikation beruhen, so kann doch die Behandlung am Einzelnen mit der Familie oder in der Gruppe durchgeführt werden. Häufigkeit und Dauer der Therapien variieren stark. Es ist möglich, ohne das Spektrum vorhandener Therapien zu sehr einzuschränken, ein Kontinuum von der unterstützenden Psychotherapie bis zur Einsichtstherapie zu zeichnen. Dabei besteht ein grober Zusammenhang zwischen Dauer der Behandlung, dem Umfang des Behandlungszieles, der Menge der explorierten, unbewußten Inhalte und dem Gewicht, das den kindlichen Verhaltensweisen zusätzlich zu der jetzigen Lebenssituation eingeräumt wird.

Die Freudsche Psychoanalyse und einige ihrer Schulen stellen die ehrgeizigste und intensivste Form einer Einsichtstherapie dar und bestehen aus einstündigen Sitzungen vier- bis sechsmal pro Woche über mehrere Jahre hinweg. Ihr Ziel ist es, Einsicht in die unbewußte Motivation für ein Verhalten zu geben und die Entwicklung einer gesunden Charakterstruktur zu ermöglichen. Es wird nicht unbedingt die Symptombeseitigung angestrebt, jedoch kann das Symptom zusammen mit der gewonnenen Einsicht und dem Aufbau einer gesünderen Persönlichkeitsstruktur verschwinden.

Die wichtigste Methode der Psychoanalyse ist die freie Assoziation, bei der der Patient gebeten wird, alles, was ihm gerade einfällt, auszusprechen, ohne dabei auszuwählen oder etwas zu verschweigen. Die Ordnung und Interpretation des Materials aus der freien Assoziation und den Träumen ermöglichen es, einige der wichtigen unbewußten Motive des Patienten aufzuzeigen und zu erleben. Die Art, wie er zu anderen in Beziehung tritt, und die Abwehrmechanismen, die er anwendet, werden zusätzlich durch die Beachtung der Übertragung und der Widerstände, die während der Behandlung auftauchen, sichtbar gemacht. Gleichzeitig mit der zunehmenden Einsicht hat der Patient die Möglichkeit, seine neurotischen Verhaltensweisen durchzuarbeiten und abzulegen. Die Erfahrung der therapeutischen Beziehung zum Analytiker ermöglicht es ihm, in gesünderer Weise mit anderen umzugehen.

Die Psychoanalyse steht nur wenigen Patienten zur Verfügung, da sie vieler befähigter Fachleute bedarf. Schon aus diesem Grund suchte man ununterbrochen nach kürzeren Behandlungsmethoden, die jedoch immer noch die therapeutischen Prinzipien der Psychoanalyse bewahren würden.

Zwar mag die analytisch ausgerichtete Psychotherapie dieselben ehrgeizigen Ziele wie die Psychoanalyse haben, jedoch beschränkt sich die Behandlung auf einstündige Sitzungen ein- bis dreimal pro Woche und ist von kürzerer Dauer. Der Therapeut erreicht das, indem er einmal eine aktivere Rolle in der Handhabung der Übertragung übernimmt, und indem er zum anderen das Gespräch auf die ihm am wichtigsten erscheinenden Bereiche lenkt. Es werden zwar noch immer freie Assoziation, Erfragen von Träumen und Interpretation unbewußter Mechanismen benutzt, jedoch werden die aktuellen Probleme mehr beachtet.

Beispielhaft für die Neofreudianer möge hier Sullivan stehen. Nach Sullivan ist für die emotionale Gesundheit die Art der zwischenmenschlichen Beziehungen wichtiger als innerpsychische Konflikte. Von der Befriedigung biologischer Triebe und der Sicherheit, die durch soziale Anerkennung gegeben ist, hängt es weitgehend ab, ob man von Spannung und Angst frei ist. Befriedigung und Sicherheit kann nur durch die Interaktion mit anderen Personen erreicht werden, und die Art, wie diese Beziehungen sich abspielen, ist in der Regel während der Kindheit fest verankert worden. Während der Behandlung kann der Therapeut direkt sehen, wie der Patient mit ihm in Beziehung tritt, und kann herausfinden, auf welche Weise der Patient früher mit anderen umging. Der Patient kann anhand dessen verstehen lernen, was in seinen zwischenmenschlichen Beziehungen unbefriedigend war, und sie vielleicht so ändern, daß sie gefühlsmäßig reicher für ihn werden.

In den weniger intensiven Formen von Einsichtspsychotherapien bemüht man sich mehr, die vorhandenen gesunden Persönlichkeitszüge zu stärken und die unangemessenen Reaktionen zu ändern, als eine radikale Wandlung der Persönlichkeitsstruktur herbeizuführen. Man interpretiert nur die mehr bewußten Konflikte, und man beachtet die jetzt dauernd auftretenden Schwierigkeiten wesentlich stärker als die Kindheitserlebnisse. In diese Kategorie fallen die psychobiologische Methode von Adolf Meyer und die Gesprächstherapie (client-centered therapy) von Rogers. In Rogers Gesprächstherapie verhält sich der Therapeut aktiv, ohne direkte Ratschläge zu erteilen. Ziel der Behandlung ist es, dem Patienten die Lösung seiner Schwierigkeiten mit Hilfe der gesunden Kräfte seiner Persönlichkeit zu ermöglichen. Der Therapeut erläutert die Gefühle und klärt die Konflikte, wie sie vom Patienten dargestellt werden, damit er schrittweise mehr Einblick gewinnen kann und fähig wird, seine Verhaltensweisen zu verbessern. Im Mittelpunkt steht also die jetzige Lebenssituation. Man geht also weder die Übertragung an, noch benutzt man die freie Assoziation.

Rogers hält drei Einstellungen für den Therapeuten für unbedingt erforderlich, damit ein therapeutisches Klima geschaffen werden kann, in dem der Patient sein eigenes Handeln zu verbessern vermag. Der Therapeut muß sich so geben, wie er selbst ist, soll also keine Rolle spielen, er muß den Patienten völlig anerkennen und ihm ein ausgesprochenes Verständnis entgegenbringen. Solch eine aufrichtig erlebte Beziehung schafft die nötigen und ausreichenden Voraussetzungen für eine therapeutische Wirksamkeit.

Die rationale Psychotherapie (rational psychotherapy) ist eine direktive Behandlungsform, deren Ziel es ist, bestimmte Symptome durch eine befriedigendere Verhaltensweise zu ersetzen. Man kann den Ursprung des Symptoms etwas erklären und bei der Entwicklung der neuen Verhaltensweisen den Patienten führen.

Unterstützende Psychotherapien (supportive psychotherapy) wollen weder Einsicht vermitteln, noch die Persönlichkeit ändern. Vorhandene Symptome sollen dabei so schnell wie möglich beseitigt oder abgeschwächt werden, und man setzt dazu das Gespräch über die Probleme, Beruhigung, Suggestion, Überredung und direkte Anleitung ein. Auch Freunde und Verwandte verwenden möglicherweise diese Methoden, doch sind sie in der Hand eines Arztes mit seiner größeren Erfahrung in der Befunderhebung besser aufgehoben, und der Arzt hat auch den Vorteil des ihm von dem Patienten gegebenen Status.

Die psychoanalytische und psychodynamische Theorie ist immer kritisiert worden. Die meisten Leute erkennen heute die außerordentlichen Erkenntnisse von Freud an und sehen, welche herausragende Bedeutung die unbewußte Motivation, die Kindheitserlebnisse und die psychosexuelle Entwicklung für die Ausprägung des Verhaltens beim Erwachsenen haben. Jedoch wurde der psychoanalytischen Theorie vorgeworfen, daß sie keine wissenschaftliche Theorie sei und zu keinen nachprüfbaren Hypothesen führe, die eventuell widerlegbar seien. (Nagel, 1959; Popper, 1963). Einige Analytiker erkennen diese Kritik an, weisen jedoch darauf hin, daß die psychoanalytische Theorie mehr eine Theorie der Bedeutung als der Ursachen ist, daß sie für den Patienten eine biologische Theorie des Sinns seines Erlebens und Handelns darstellt (Rycroft, 1966). Man hat die therapeutische Wirksamkeit der Psychotherapie in Frage gestellt (Eysenck, 1960 b), worüber es mittlerweile eine umfangreiche Literatur gibt (s. Bergin, 1967; Kellner, 1967; Malan u. Mitarb., 1968; Strupp u. Bergin, 1969). Man hat auch zunehmend mehr auf die Bedeutung unspezifischer Variabler wie Suggestion und Erwartungen des Patienten geachtet, die in jeder Art von psychiatrischer Behandlung vorkommen (Frank, 1961 und 1968). Freud (1937) sprach über die Wirksamkeit der Analyse, indem er negativ begrenzende Faktoren angab, wie die Stärke des Traumas, die Triebstärke und die Stärke des Ichs. Er betonte die Grenzen der Psychoanalyse hinsichtlich der Art der behandelbaren Störung und in bezug auf den durch die Therapie zu erwartenden Änderungsgrad.

In Kapitel 5 wird das Problem behandelt, das sich aus der Beziehung zwischen dem Bereich der Anwendbarkeit und der Änderung durch die Therapie einerseits und dem „natürlichen Verlauf" psychiatrischer Störungen andererseits ergibt. Bestimmte psychotherapeutische Prozesse konnten zwar mit dem Behandlungsergebnis in Beziehung gesetzt werden, jedoch ist eine große Zahl von Variablen beteiligt. Patienten erholen sich oft ohne besondere psychiatrische Behandlung, und einige verschlechtern sich sogar durch die Behandlung in ihrem Zustand (Bergin, 1967). Daß einige psychiatrische Störungen sehr lange andauern und durch eine Behandlung nicht beeinflußt werden, ist eine der erstaunlichsten Eigenheiten. Wenn neurotische Symptome trotz Einsicht in ihre angenommene Ursache bestehen bleiben, wird gesagt, daß die Einsicht mehr intellektuell als emotional sei. Doch „emotionale Einsicht" ist nicht immer eine ausreichende Erklärung für die Besserung (Storr, 1966). Darüber hinaus kann es Patienten besser werden, ohne daß sie eine emotionale Einsicht erlangen, oder nach Abreaktion von frei erfundenen früheren Erlebnissen (Sargant, 1957). Man hat die offensichtliche Schwierigkeit, einige psychiatrische Störungen mit verbalen Methoden zu behandeln, auf vielerlei Weise zu erklären versucht. Die psychodynamischen Theorien wie auch die Lerntheorien betonen beide sowohl die Angepaßtheit als auch die Unangepaßtheit von Symptomen (das neurotische Paradox). Viele Theoretiker unterscheiden auch zwischen kognitiven und emotionalen Lernprozessen. Freuds Primär- und Sekundärprozesse haben gewisse Ähnlichkeiten mit Pawlows erstem und zweitem Signalsystem. Sprache und Erkennen, so würde man erwarten, sollten durch Sprache angeeignetes Verhalten beeinflussen können, hingegen können emotionale Reaktionen und auf andere Weise gelernte Verhaltensweisen nur durch „korrigierende emotionale Erlebnisse" oder durch andere Verhaltensweisen geändert werden.

Verhaltenstherapie

Die Verhaltenstherapie will vorhandene Symptome ändern und rückt deren Manifestation in Form von beobachtbarem Verhalten in den Mittelpunkt der Aufmerksamkeit. Die verwendeten Techniken basieren auf einer Vielfalt von Lernprinzipien. Obwohl die Verhaltenstherapeuten die Entstehung von Symptomen durchaus als eine Entwicklung betrachten, halten sie es nicht in jedem Falle für notwendig, den Ursprung und die daran anschließende Entwickung zu entwirren.

Die Techniken der Verhaltenstherapie und der psychodynamischen Therapien unterscheiden sich beträchtlich. Die Prinzipien und experimentellen Ergebnisse, von denen die Verhaltenstherapien abgeleitet worden sind, führten zu Verfahren wie dem systematischen Aufbau von Hierarchien angstauslösender Situationen, sorgfältig gestuften Übungsprogrammen und bestimmten Belohnungs- und Bestrafungsplänen. Diese Techniken werden kaum bzw. überhaupt nicht in psychodynamischen Theorien angewendet.

Es gibt jedoch auch Punkte, in denen beide Behandlungsmethoden übereinstimmen. Bei fast allen Behandlungsmethoden wird die Vorgeschichte erfragt und werden die Erwartungen des Patienten, das Verhältnis des Patienten zum Therapeuten, Suggestion, Überredung, Aufmunterung (ob ausgesprochen oder nicht) berücksichtigt und eingesetzt.

Wenn wir an dieser Stelle vorsichtig versuchen, die Unterschiede in den Methoden herauszuarbeiten, so würden wir die vorwiegend verbale Methode der psychodynamischen Behandlung hervorheben, ihr Ziel, Verständnis des vorhandenen Verhaltens zu vermitteln, und ihre besondere Suche nach Einstellungen und Gefühlen. Verhaltenstherapien benutzen mehr nichtverbale Methoden und sehen ihre primären Ziele mehr in der Änderung als im Verständnis des Verhaltens.

KAPITEL 2

Prinzipien des Konditionierens und Lernens

Obwohl das potentielle Verhaltensspektrum eines jeden Organismus genetisch bestimmt ist, spielen Umweltfaktoren in der Festlegung des auftretenden Verhaltens eine wichtige Rolle. Als Lernen bezeichnet man jede relativ dauerhafte Verhaltensänderung, die als Folge von Übung oder Erfahrung auftritt. Es ist keineswegs das ganze Verhalten gelernt; Veränderungen, die auf physiologische Prozesse zurückzuführen sind, wie Wachstum oder Altern und kurzlebige Phämomene wie Ermüdung oder Adaptation, werden ausgeschlossen.

Lernen bestimmt einen weiten Bereich des Verhaltens und reicht vom einfachen bedingten Reflex bis zum komplexen Lernen von Begriffen. Der Begriff „Konditionieren", wie er in der heutigen Psychologie verwendet wird, wird auf zwei vergleichsweise einfache experimentelle Vorgänge angewandt, die als Lernen von Signalen (classical conditioning) und Lernen am Erfolg (operant oder instrumental conditioning)bekannt sind. Ein sehr großer Teil der psychologischen Forschung befaßt sich mit der Untersuchung der dem Konditionieren zugrunde liegenden Prozesse. In den Ergebnissen von Konditionierungsversuchen stimmt man heute weitgehend überein, jedoch gibt es unter den Theoretikern gegensätzliche Auffassungen über die Konzepte und Hypothesen, mit denen diese Ergebnisse erklärt werden sollen.

In einem einzelnen Kapitel kann man unmöglich einen umfassenden Überblick über Konditionieren und Lernen geben. Wir werden deswegen versuchen, nur einige der bedeutendsten Theorien und Ergebnisse dieses Gebietes, die für die Ätiologie und die Behandlung psychologischer Störungen wichtig sind, zu beschreiben. Wir verweisen den Leser auf KIMBLE (1961), wenn er einen geschlossenen Überblick über dieses Wissensgebiet erhalten will. Vieles in diesem Kapitel ist dem Buch von KIMBLE entnommen. An dieser Stelle ist es wichtig, darauf hinzuweisen, daß sich viele der experimentellen Arbeiten auf das einfache Lernen von Tieren im Laboratorium beziehen. Dies kann, braucht jedoch nicht, Bedeutung für die gewöhnlich komplexeren Lernsituationen des Menschen außerhalb des Labors haben. Es ist hier nicht der Ort, um über Vor- und Nachteile des analytischen und synthetischen Vorgehens zu argumentieren. Solange man jedoch nicht voreilig aufgrund von Analogien von einer einfachen Situation auf eine komplexere schließt, scheint eine Analyse der dem einfachen Lernvorgang zugrunde liegenden Prozesse angebracht. Einmal ist ein einfaches Verhalten leichter zu analysieren als ein komplexes, und zum anderen könnte das komplexe Verhalten tatsächlich aus einer Kette von einfachen Verhaltensweisen bestehen oder zumindest ähnliche Prozesse enthalten. Die Verbindung zwischen einfachem Lernen bei Tieren und menschlichem Lernen von Begriffen ist auch heute noch ungewiß und verursacht stark emotionsgeladene Kontroversen.

Lernen von Signalen (classical conditioning)

Pawlow (Pavlov) (1927) hat als erster dieses Verfahren eingeführt und systematisch untersucht. Ein hungriger Hund sezerniert gewöhnlich Speichel beim Geschmack von Futter. Dies ist ein unkonditionierter Reflex. Wenn der Hund schon bei einem Glockenton, der der Darbietung von Futter vorausgeht, Speichel absondert, ist ein konditionierter Reflex (bedingter Reflex) gebildet worden. Der Hund· hat die Fähigkeit erworben, auf einem früher neutralen Reiz eine bestimmte Reaktion zu zeigen. Bei dem typischen Konditionierungsvorgang wird der Glockenton gegeben, bevor dem angebundenen hungrigen Hund Futter gereicht wird. Wenn in mehreren Versuchsdurchgängen der Glokkenton mit dem Futter gegeben wurde, sondert der Hund schon Speichel ab, wenn die Glocke ertönt. Der Glockenton ist zu einem konditionierten Reiz (konditionierter Stimulus, CS) geworden, der die konditionierte Reaktion des Speichelflusses (CR) hervorruft. Vor dem Experiment wurde nur durch Futter, dem unkonditionierten Reiz (UCS), der Speichelfluß, die unkonditionierte Reaktion (UCR), angeregt.

Pawlows klassisches Konditionieren mit Hunden ist mit Erfolg auf viele andere Spezies angewendet worden, von den Plattwürmern bis zum Menschen, beginnend in der Kindheit. Vielfältige Reaktionen sind konditioniert worden, einschließlich autonomer Reaktionen wie Schwitzen, Herzfrequenz, Sekretion von Verdauungssäften, Übelkeit, Erbrechen und Körperbewegungen, wie Sehnenreflexen und Wegziehen der Gliedmaßen.

Beim Lernen von Signalen gibt es gesicherte empirische Ergebnisse. Einige davon scheinen auch für andere Lernvorgänge zu gelten.

a) *Akquisition.* Die Stärke einer konditionierten Reaktion steigt mit der zunehmenden Zahl der Versuchsdurchgänge, in denen UCS und CS gekoppelt worden sind, in einer asymptomatischen Kurve an.

b) *Löschung (Extinktion).* Mit zunehmender Zahl der Versuche, in denen der CS ohne den UCS gegeben wird, nimmt die konditionierte Reaktion ab und verschwindet schließlich ganz.

c) *Spontane Wiedererholung (spontaneous recovery).* Wenn nach der Löschung eine Pause eingelegt wird, ist es wahrscheinlich, daß der CR wieder auftritt. Diese Tendenz ist stärker, wenn die Reaktion in der Löschungsperiode kontinuierlich anstatt unterbrochen auftritt.

d) *Generalisation.* Darunter versteht man die Tendenz, auf ähnliche Reize gleich zu reagieren. Der Hund, der darauf konditioniert wurde, auf einen Ton bestimmter Frequenz hin Speichel zu sezernieren, wird dies auch bei Tönen höherer und niederer Frequenz tun. Die Stärke der CR wechselt entsprechend der Ähnlichkeit des Reizes mit dem ursprünglichen CS. Die Dimensionen der Reizgeneralisation werden ebenso durch die symbolische Bedeutung des Reizes wie durch seine physikalischen Qualitäten bestimmt. Die Studien zur Generalisation von Wortbedeutungen sind dafür ein gutes Beispiel. RAZRAN (1939) konditionierte einen psychogalvanischen Hautreflex (PGR) auf verbale Reize. Versuchspersonen, die auf das Wort „surf" (Brandung) reagierten, zeigten eine größere konditionierte Reaktion auf das Wort „wave" (Welle) als auf das Wort „serf" (Leibeigener). Damit wurde gezeigt, daß die Bedeutung des Reizes bei der Bestimmung der Reizgeneralisation wichtiger war als die physikalische Ähnlichkeit. FEATHER (1965) hat vor kurzem eine Zusammenfassung über die semantische Generalisation gegeben.

Die Generalisation der Reaktion ist das Gegenstück zur Reizgeneralisation. Wenn eine besondere CR nicht mehr möglich ist, antwortet der Organismus auf den CS mit einer anderen, jedoch ähnlichen Reaktion. Ein Hund wird z. B. eine andere Pfote auf den CS hin heben, wenn die Pfote, die ursprünglich zu heben war, festgebunden wird.

e) *Unterscheidung (Diskrimination).* Man kann einen Organismus darauf konditionieren, zwischen zwei ähnlichen, aber nicht identischen Reizen, die vorher eine gleiche Reaktion ausgelöst hatten, zu unterscheiden. Man bewerkstelligt das, indem man die eine der Reaktionen löscht. Wenn ein Hund konditioniert war, auf einen Kreis und eine Ellipse Speichelfluß zu bekommen, so kann er trainiert werden, sie zu unterscheiden, wenn einer der Reize, z. B. die Ellipse, wiederholt ohne den UCS (Futter) dargeboten wird, bis der Hund nicht mehr auf den Reiz der Ellipse Speichel absondert.

f) *Konditionieren höherer Ordnung.* Eine eingefahrene CR kann auf einen neuen CS konditioniert werden, wenn dieser mit dem ursprünglichen CS (ohne den UCS) gekoppelt wird. Ein Hund, der konditioniert wurde, auf einen Brummton Speichel zu sezernieren, kann dann z. B. durch eine Verbindung von schwarzem Dreieck und Brummton so konditioniert werden, daß er beim Anblick des schwarzen Dreiecks Speichelfluß bekommt. Mit anderen Worten, der ursprüngliche CS, der Brummton, wirkt jetzt als UCS. Das Dreieck wird ein CS zweiter Ordnung genannt. Es war Pawlow mit Hunden nicht möglich, mehr als eine Konditionierung dritter Ordnung zu erreichen, weil die ursprüngliche CR gelöscht war, bevor die Konditionierung vierter Ordnung auftreten konnte.

Den Wert, den die Diskrimination, Generalisation und das Konditionieren höherer Ordnung für die Anpassung des Organismus haben, geht aus folgenden Überlegungen hervor. Die Vergangenheit wiederholt sich nicht, und wir befinden uns niemals in genau derselben Umwelt. Ohne Generalisation und das Konditionieren höherer Ordnung würden gelernte Reaktionen niemals außerhalb des Labors auftreten. Ohne Diskriminationslernen würde eine konditionierte Reaktion als Anpassung auf die sich ändernde Umwelt nicht abgewandelt.

Lernen am Erfolg (operant oder instrumental conditioning)

Der große Vorteil, das Lernen von Signalen zu untersuchen, liegt in der relativen Einfachheit der Lernsituation und der damit gegebenen Möglichkeit, die für das Lernen wichtigen Größen und Vorgänge herauszuarbeiten. Es ist jedoch auch offensichtlich, daß das Lernen von Signalen ein Beispiel für eine künstliche und begrenzte Form des Lernens darstellt. Das hat einige Psychologen, vornehmlich THORNDIKE (1911) und SKINNER (1938), dazu veranlaßt, weniger begrenzte Versuchsbedingungen einzuführen, die das Studium auch komplexerer Lernvorgänge erlauben. Im Unterschied zu Pawlows Ansatz steuert hier das Verhalten des Tieres die Darbietung des UCS. Die zu lernende Reaktion muß vor dem UCS auftreten und dient dazu (is instrumental), den UCS zu erreichen. Das Tier übt also mehr eine aktive Kontrolle über die Umgebung aus, als daß es passiv auf sie reagiert. Dieses instrumentelle Konditionieren (Lernen am Erfolg) wird seit Jahrhunderten von Dompteuren, Eltern und Lehrern angewandt. Im Laboratorium wurde es während der letzten 70 Jahre angewandt. Am häufigsten ging man nach den nun folgenden Versuchsanordnungen vor.

Belohnungstraining. Dabei führen einige Reaktionen zu einem Ziel, für das das Tier motiviert ist (KIMBLE, 1961). Typische Versuchsanordnungen verwenden Katzen in Problemkäfigen (puzzle boxes) oder Ratten in T-Labyrinthen, wobei die Tiere mit Futter belohnt werden, wenn sie aus dem Käfig herausfinden oder das Labyrinth korrekt durchlaufen. Bei einem anderen Vorgehen werden Ratten oder Tauben in eine „Skinnerbox" gesetzt, einen kleinen Käfig, der eine bewegliche Taste enthält. Beim Drücken der Taste fällt ein Futterstückchen in den Käfig. Ein Tier, das sich in diesem Käfig befindet, wird früher oder später die Taste drücken und Futter bekommen. Allmählich lernt es die Taste zu drücken, um Futter zu erhalten. Wenn das Tier in der Skinnerbox ist, ist das gewöhnlich eine Reizsituation, die zu einer Periode des Versuch- und Irrtumverhaltens führt. Das dauert solange, bis die Taste gedrückt wird (CR), wodurch Futter (UCS) erlangt wird. Dieses Prinzip wendet man beispielsweise an, wenn man einem Hund das Pfötchengeben beizubringen versucht.

Fluchttraining. Bei diesem Vorgehen muß das Versuchstier auf besondere Weise reagieren, um einen Schmerzreiz (UCS) zu beenden. In einem typischen Versuch wird ein Tier auf ein elektrisch aufladbares Gitter gesetzt und ihm ohne Warnung ein milder Schock versetzt. Der

Schock löst eine Schmerz- und Furchtreaktion aus, die aus zerebralen, autonomen und neuroendokrinen Vorgängen sowie verschiedenen abwehrenden Körperreaktionen zusammengesetzt ist. Nachdem einige bestimmte Bewegungen ausgeführt wurden, beendet der Experimentator den Schock. Nach mehreren Versuchsdurchgängen lernt das Tier, die Reaktion (Fluchtreaktion) sofort zu bringen, wenn es den Schock erhält.

Vermeidungstraining. Das Fluchttraining wird zum Vermeidungstraining, wenn ein Signal (CS) vor dem Schmerzreiz dargeboten wird und es so dem Tier möglich ist, durch rasche Reaktion auf das Signal den Schock zu vermeiden. Bei diesem Training lernt das Tier sowohl, wie es sich dem Schock entziehen kann (eine Reaktion nach dem Prinzip des Lernens am Erfolg), als auch die Angstreaktion auf das Signal (nach dem Prinzip des Lernens von Signalen). Nach mehreren Versuchen wird die Fluchtreaktion gebracht, sobald das Signal gegeben wird, und wird damit zu einer Vermeidungsreaktion. Diese Technik wurde von SOLOMON und seinen Mitarbeitern (SOLOMON u. WYNNE, 1953/1954; TURNER u. SOLOMON, 1962) im einzelnen untersucht.

Vermeidungsreaktionen unterscheiden sich dadurch von anderen instrumentellen Reaktionen, daß sie — wie gezeigt werden konnte — über Hunderte von Versuchen weiterbestehen, obschon nach dem Warnsignal kein Schock mehr gegeben wurde. Neuerdings haben TURNER u. SOLOMON (1962) diese Technik bei Versuchspersonen angewandt und haben dabei nachgewiesen, daß man auf einen neutralen CS stabile Vermeidungsreaktionen erzielen kann, die einer Löschung ziemlich lange widerstehen.

Belohnungspläne. SKINNER (1938, 1953) benutzte eine Variante des instrumentellen Konditionierens, das operante Konditionieren,um die quantitativen Beziehungen, die diesem Vorgang zugrunde liegen, zu untersuchen. Die Untersuchung des operanten Konditionierens konnte von Laborversuchen mit Tieren auf menschliches Verhalten in einer weniger definierten Umgebung ausgedehnt werden. Anstelle einer Serie von getrennten Versuchsdurchgängen, wie sie meistens beim Belohnungstraining angewandt wird, benutzt die Skinnersche Methode eine Situation, in der der Organismus beliebig reagieren kann. Wenn der Organismus eine richtige Reaktion gezeigt hat, ist es ihm möglich, die gleiche Reaktion nochmals zu machen. Unter diesen Bedingungen kann der Lernfortschritt in Form von Reaktionsfrequenzen gemessen werden — der Zahl der Reaktionen pro Zeiteinheit.

Da im wirklichen Leben die Belohnung für ein Verhalten (Versorgung mit Belohnern) nicht unbedingt regelmäßig und ununterbrochen erfolgt, untersuchte man mit Skinnerschen Methoden die Wirkung verschiedener Arten von intermittierender Belohnung im Vergleich zu ununterbrochener (continuous) Belohnung auf das Lernen am Erfolg. Intermittierende Belohnung wird entweder auf der Basis eines Zeitintervalls oder aber nach einer bestimmten Zahl richtiger Reaktionen gegeben. Zusätzlich kann dieser Belohnungsplan festgelegte oder variable Intervalle und Quoten aufweisen. Jeder dieser vier verschiedenen Typen von Belohnungsplänen hat einen für ihn charakteristischen Einfluß auf die Reaktionsfrequenz und die Extinktion (Ferster u. Skinner, 1957).

Bei zweien in Skinners Werk herausragenden Versuchsanordnungen wurde die Bedeutung einzelner Belohnungen herausgearbeitet, nämlich bei den Anordnungen zum abergläubischen Verhalten (superstitious behaviour) und der Verhaltensformung (shaping).

Abergläubisches Verhalten (superstitious behaviour). Eine Reaktion bezeichnet man als abergläubisch (Skinner, 1948), wenn sie durch eine „zufällige" Koppelung einer Reaktion mit einer nachfolgenden Belohnung konditioniert wurde. Wenn z. B. einer Taube alle 15 sec. Futter gegeben wird – einer konstanten Intervallverstärkung – dann wird das Verhalten, das die Taube im Augenblick des Futtergebens zeigt, so z. B. in der Ecke stehen, konditioniert und wird wahrscheinlich ein herausragender Teil ihres Verhaltensrepertoires werden. Dies tritt auf, obwohl das Futter nach einem Zeitplan gegeben wird, der vom Verhalten des Vogels nicht abhängt. Die Verwendung des Wortes abergläubisch fordert natürlich sofort zu einem Vergleich mit dem menschlichen Verhalten heraus. Vielleicht haben die Rituale des Spielers, bevor er würfelt, oder des Keglers vor seinem Wurf dieselbe Grundlage wie das Verhalten der Taube.

Verhaltensformung (shaping). Es war möglich, schrittweise von zunächst einfacheren zu immer komplexeren Verhaltensformen zu kommen, da die Organismen dazu tendieren, eine Reaktion zu wiederholen, die zur Zeit der Belohnung aufgetreten war. Angenommen, man will einer Taube beibringen, auf eine kleine Scheibe an der Wand zu picken. Dazu gibt man zunächst eine Belohnung, wenn die Taube sich in die Nähe der Scheibe bewegt und dort bleibt. Wenn der Vogel seinen Kopf zu der Scheibe hebt, kommt die nächste Belohnung. Sobald der Vogel sich mehr und mehr dem Ziel nähert und es anpickt, wird er weiterhin belohnt. In dieser Art des Lernens am Erfolg oder Shaping hat man erfolgreich sehr komplexe Verhaltensmuster aufbauen können.

Vergleich zwischen klassischem Konditionieren und operantem Konditionieren

Diese zwei Konditionierungsarten sind operational definiert worden. Die wichtigsten Unterschiede sind:

1. Beim Lernen von Signalen wird der UCS unabhängig vom Verhalten des Organismus gegeben. Beim Lernen am Erfolg bestimmt das Verhalten des Organismus, ob der UCS dargeboten wird oder nicht.

2. Beim Lernen von Signalen ist der Zeitintervall zwischen CS und UCS starr festgelegt. Beim Lernen am Erfolg hängt das Intervall vom Verhalten des Organismus ab.

3. Beim klassischen Konditionieren sind CR und UCR zwar ähnlich, aber nicht identisch. Beim operanten Konditionieren ist eine derartige Ähnlichkeit eher die Ausnahme als die Regel.

4. Reaktionen, die nach dem Prinzip des Lernens von Signalen konditioniert werden können, laufen entweder über das autonome Nervensystem, wie Speichelfluß, Herzfrequenz, oder sind vergleichsweise unwillkürliche Reflexe, wie Lidschluß und Sehnenreflexe. Reaktionen, die nach dem Prinzip des Lernens am Erfolg konditioniert werden können, werden offensichtlich mehr willkürlich kontrolliert oder laufen über das Zentralnervensystem ab. Tatsächlich scheint es so, daß Reaktionen, die mit der einen Methode konditioniert werden können, mit der anderen Methode nicht konditioniert werden können, obwohl es eine oberflächliche Gemeinsamkeit zwischen bestimmten Reaktionen des einen und des anderen Konditionierungstyps geben mag. Die theoretischen Folgerungen aus diesem Unterschied werden in der Diskussion über die Zweifaktorentheorie berücksichtigt (s. S. 28).

Andererseits haben die zwei Verfahrensweisen sehr vieles gemeinsam, da sie von vielen untersuchten Variablen in ähnlicher Weise abhängen. Die einzige wichtige Ausnahme ist, daß intermittierende Verstärkung (Belohnung nur eines Teiles der Versuche) störender für den Aufbau einer klassisch konditionierten als einer instrumentell konditionierten Reaktion ist. Abgesehen von dieser Ausnahme scheinen jedoch beiden Konditionierungstypen ähnliche Prinzipien zugrunde zu liegen. Ein entscheidendes Experiment zum Vergleich des Konditionierens einer Reaktion nach beiden Methoden ist deshalb nicht möglich, weil es praktisch unmöglich ist, nur nach der einen oder anderen Methode vorzugehen.

Die wichtigsten, das Lernen beeinflussende Größen

Lernen wurde definiert als jede relativ dauerhafte Änderung des Verhaltens, die durch Übung erfolgte. Die Änderung des Verhaltens soll beobachtbar sein und als Größe wie Amplitude, Latenz, Frequenz und Wahrscheinlichkeit des Auftretens meßbar sein. Jedoch meint Lernen in Wirklichkeit den Erwerb der Möglichkeit, bestimmte Handlungen auszuführen, und nicht eigentlich ihre Ausführung. Es ist deshalb eine hypothetische Konstruktion, die nur von beobachteten Änderungen in der Ausführung abgeleitet werden kann, wobei letztere lediglich eine Übersetzung von Lernen in tatsächliches Verhalten ist. Die meisten Lerntheorien betonen diesen Unterschied zwischen Lernen und

Ausführung. Es ist sehr schwierig, die Beiträge der Lern- und Ausführungsvariablen zu unterscheiden, da sie so schwer zu trennen sind. Doch spricht einiges dafür, daß die Motivation, die Intensität des konditionierten Reizes, die Menge der Belohnung und verteilte, im Gegensatz zu massierter Übung, die Ausführung beeinflussen.
Während der Übung nimmt mit steigender Zahl der Versuchsdurchgänge auch die Stärke des CR zu. Es bestehen jedoch Meinungsverschiedenheiten über den Begriff des „Übens". Lernen kann doch auch auftreten, wenn auf einer Karte Anweisungen gelesen werden, wobei es zu keiner erkennbaren Wiederholung kommen muß. Ein Lernen von Signalen kann auch erfolgen, wenn der übliche äußere Reiz durch eine Reizung des Zentralnervensystems ersetzt wird, und sogar auch, wenn die erkennbare motorische Reaktion unterbunden wird. „Übung" scheint daher durch einen entscheidenden neurophysiologischen Prozeß im Zentralnervensystem vermittelt zu werden.

Belohnung

Der Begriff „Übung" in unserer operationalen Definition vom Lernen muß noch weiter klargestellt werden, um zwischen Lernen und Löschung zu unterscheiden. Nichtbelohnte Übung führt zu Extinktion, während belohnte Übung das Lernen stärkt. Belohnung ist empirisch definiert als jedes Ereignis, das, richtig angewandt, die Wahrscheinlichkeit erhöht, mit der eine bestimmte Reaktion in einer ähnlichen Situation wiederkehrt. In der Terminologie herrscht Verwirrung. Skinner bezeichnet belohnende Ereignisse als positiv oder negativ, je nachdem ob ihre Darbietung oder ihr Entzug als Belohnung wirkt. Futter ist ein positiver, Schmerz ein negativer Belohner. Negative Verstärkung ist zu unterscheiden von Bestrafung, die von Skinner als Entzug von positiven oder Gabe von negativen Belohnern definiert ist. Andere Autoren nennen jedoch die Bestrafung eine negative Belohnung. Bestrafung hat nicht dieselbe Wirkung wie keinerlei Belohnung und führt eher zu zeitweiliger Unterdrückung der Reaktion als zur Löschung.
Es sind einige quantitative Beziehungen zwischen Belohnung und Ausführung als Ergebnis experimenteller Forschung gefunden worden. Die Häufigkeit der Ausführung scheint der zunehmenden Menge von positiver und negativer Belohnung umgekehrt proportional zu sein. Beim Lernen von Signalen werden die besten Ergebnisse erzielt, wenn der CS 0,5 sec vor dem UCS dargeboten wird. Längere oder kürzere Zwischenräume haben eine schwächere Konditionierung zur Folge. Wenn der UCS vor dem CS gegeben wird (backward conditioning oder rückwirkende Bedingung), findet fast überhaupt kein Lernen statt. Intermittierende Belohnung führt zu größerer Resistenz gegen Löschung als ununterbrochene Belohnung. Instrumentelle Reaktionen, die örtlich oder zeitlich enger bei der Belohnung liegen, werden schneller gelernt als solche, die weiter entfernt sind. Dieses Phänomen wird

oft als der Bekräftigungsgradient bezeichnet. Das Ausmaß, in dem auch verzögerte Belohnung wirksam ist, scheint von der Entwicklungsstufe des Organismus abzuhängen. – Ältere Kinder und Erwachsene sind gewöhnlich leichter mit einem versprochenen oder späteren Verstärker zu belohnen als jüngere Kinder oder Tiere, die eine greifbare und unmittelbare Belohnung brauchen. Nach MOWRER bleibt ein Verhalten, auf das eine unmittelbare kleine Belohnung folgt und später eine schwere Bestrafung, eher bestehen, während dagegen eine unmittelbare geringe Bestrafung zum Abbau eines Verhaltens führt, auch wenn eine hohe Belohnung später folgt (MOWRER, 1950). Dies hängt eng mit den Bekräftigungsgradienten zusammen.

Belohnung ist operational definiert worden, weil eine theoretische Definition schwierig ist. Dies wurde als Kreisschluß kritisiert, jedoch weist SKINNER darauf hin, daß ein Belohner ein Reiz ist, der die Wiederholungswahrscheinlichkeit eines zukünftigen Verhaltens erhöht. Dies ist eine empirische Definition, die den Kreisschluß so lange vermeidet, wie sie Belohnung nicht als eine ursächliche Erklärung verwendet. MEEHL (1950) hielt die Definition der Belohnung schon deshalb für keine Tautologie, da ein in einer Lernsituation verstärkend wirkendes Ereignis sehr wahrscheinlich auch in ganz anderen Situationen diese belohnende Wirkung haben wird. Am Begriff der Belohnung wird weiterhin kritisiert, daß ein ursächlicher Vorgang dem Ereignis folgt, das er erklären soll. Das beruht jedoch wiederum auf einem Mißverständnis in der Begriffsverwendung und trifft nicht zu, solange der Begriff der Belohnung nicht in einem ursächlichen Sinne angewandt oder aber erst durch seine Wirkung auf die Wahrscheinlichkeit zukünftigen Verhaltens identifiziert wird. Das Phänomen der Belohnung, ähnlich dem Phänomen der retrograden Amnesie, stellt ein Problem hinsichtlich der ablaufenden neurophysiologischen Prozesse dar und gibt Anlaß zu der Hypothese, daß Belohnung wie Gehirnerschütterung zu einer Zeit auftreten, in der sie die Festlegung neuraler Bahnen stärken oder unterbrechen können, von Bahnen, die durch das vorausgegangene Verhalten aktiviert waren. Jedoch ist dies ein physiologisches und nicht ein logisches Problem. Es ist noch nicht klar, warum ein Belohner belohnt, obwohl eine Vielzahl von Erklärungsversuchen besteht. Psychologische Theorien reichen von „psychischer Befriedigung" bis zum „Lustprinzip" der Psychoanalyse. Physiologische Erklärungen verwenden Konzepte wie Triebverminderung oder Homöostase.

Kehren wir zu der empirischen Beschreibung der Verstärker zurück. Futter, Wasser, sexuelle Betätigung und Schmerz werden primäre Belohner genannt, weil sie sich auf grundlegende physiologische Bedürfnisse beziehen. Viele Belohner werden jedoch in ähnlicher Weise erworben wie beim Lernen von Signalen. Um einen neutralen Reiz zu einem sekundären Belohner zu machen, muß er so lange mit einem primären Belohner zusammen gegeben werden, bis er selbst zum Belohner geworden ist, und man durch ihn die Löschung einer Reaktion hinauszögern oder eine neue Reaktion aufbauen kann. Als Beispiel der Bestärkungsfunktion von sekundärer Belohnung diene ein Versuch von Bugelski (1938), wobei zwei Gruppen von Ratten darauf konditioniert waren, durch Niederdrücken der Taste in der Skinnerbox ein Futterstückchen zu bekommen, das mit einem Klick in den Käfig fiel. Während der Löschungsversuche wurde der Klick bei der einen Gruppe weiterhin gegeben, bei der anderen Gruppe nicht. In der Gruppe, bei der der Klick fortgesetzt worden war, trat die Löschung langsamer auf. Mit anderen Worten, der Klick wirkte als sekundärer Belohner, indem er die Extinktion in der Abwesenheit primärer Belohner hinauszögerte. Neutrale Reize, die mit der Anwendung schmerzhafter Reize gepaart werden, bekommen in ähnlicher Weise aversive Qualitäten. Das oben beschriebene Vermeidungslernen hängt von der Konditionierung sekundärer Belohner ab. Ein anderes Beispiel von Lernen, das durch sekundäre Belohner aufgebaut wird (Miller, 1948), kann man an Ratten zeigen, die darauf konditioniert waren, von einem weißen in einen schwarzen Kasten zu fliehen, nachdem sie in dem weißen einen Schock erhalten hatten. Der weiße Kasten war zu einem konditionierten aversiven Reiz geworden (sekundärer negativer Belohner). Vieles weist darauf hin, daß die das Lernen von Signalen und das Lernen am Erfolg beeinflussenden Größen eine ähnliche Rolle beim Erwerb sekundärer Belohner spielen.

Zusätzlich ihrer Eigenschaft, Reaktionen zu stärken, haben primäre Belohner eine motivierende Funktion. Ähnlich können sekundäre Belohner motivierende Eigenschaften annehmen, wobei sie als Ziele dienen, die das Verhalten anreizen. Das Konzept der sekundären Belohnung haben einige Lerntheoretiker herangezogen, um eine Vielzahl experimenteller Ergebnisse zu erklären. Zum Beispiel könnte die Tatsache, daß intermittierende Belohnung die Löschung einer Reaktion verlangsamt, durch einen sekundären Belohner erklärt werden, der während der Lernphase aufgebaut wurde und der in den Versuchen ohne primäre Belohnung weiterhin auftritt.

Einer der wichtigsten Aspekte der sekundären Belohnung liegt darin, daß es dadurch möglich wird, das Verhalten zu beeinflussen, bevor und bis die primäre Belohnung erfolgt. Hull (1952) schlug den Begriff der „teilweise vorweggenommenen Zielreaktionen" (fractional anticipatory goal responses) vor, um die beobachtete Kette von Verhaltensweisen bei schwierigen Problemlösungen, in denen primäre Belohnung bis zur letzten richtigen Reaktion zurückgehalten wurde, zu erklären.

Das Prinzip der sekundären Belohnung und Motivation zeigt den Einfluß des Lernens auf die Motivation. Geld oder Marken sind mit Erfolg als sekundäre Belohner mit Anreizwert bei Schimpansen verwendet worden. Erworbene Antriebe (acquired drives) sind offenbar der Grund für eine Reihe menschlicher Aktivitäten, die nicht direkt oder unmittelbar mit primären Trieben, wie Nahrungs- oder Geschlechtstrieb, zusammenhängen.

Nachahmung (Imitation)

Zumeist spielt sich das menschliche Lernen in einer beliebigen Umgebung ab, wobei Sprache und das Beobachten des Verhaltens anderer eine große Rolle spielen. BANDURA hat gezeigt, daß das Lehren der Sprache oder komplexer Fähigkeiten wie das Autofahren mit Hilfe des Lernens am Erfolg extrem aufwendig wäre. Darüber hinaus würde Versuch- und Irrtumverhalten zum Erwerb neuer Verhaltensweisen in einer natürlichen Umgebung lebensgefährlich sein, wo sich ein Irrtum als fatal erweisen könnte. In Wirklichkeit ist im Gegensatz zum Labor die soziale Nachahmung vor allem bei der Aneignung neuer Reaktionen überaus wichtig. BANDURA betont die größere Wirksamkeit der Nachahmung gegenüber Shaping-Prozeduren beim Lernen der Sprache. Experimente nach der Technik des Lernens am Erfolg weisen darauf hin, daß Versuchspersonen die allgemeine Tendenz, Reaktionen nachzuahmen, erwerben können, wenn der Beobachter direkt belohnt wird (BAER u. SHERMAN, 1964). MILLER u. DOLLARD (1941) wiesen nach, daß man Ratten und Kinder dazu bringen kann, ein Modell beim Ortslernen nachzuahmen, wenn man sie für richtige Reaktionen belohnt. Dagegen haben BANDURA und seine Mitarbeiter (BANDURA u. WALTERS, 1963; BANDURA, 1965 a und b) die Aufmerksamkeit auf das symbolische oder stellvertretende „Ohne-Versuch-Lernen" gelenkt. Dabei eignet sich die Versuchsperson, nachdem sie lediglich beobachtet hat, neue Reaktionen an, ohne eine erkennbare Reaktion ausgeführt oder eine direkte Belohnung empfangen zu haben. Während eines Experimentes führte man Kindern einen Film vor, in dem ein Erwachsener sich in einer Weise aggressiv verhielt, die für die Kinder neu war. Obwohl die Kinder, während der Film vorgeführt wurde, keine aggressiven Reaktionen ausführten oder belohnt wurden, zeigten sie die aggressiven Reaktionen hinterher. Die beobachteten Folgen auf das Verhalten des Modells haben Einfluß darauf, wie die Versuchsperson das Verhalten nachahmt. Es wird weniger nachgeahmt, wenn das Modell bestraft wird, als wenn es belohnt wird. Die Versuchsperson ist beeinflußt von „symbolischer Belohnung".

Anscheinend kann unangepaßtes Verhalten durch Nachahmung erworben und gelöscht werden. Diese Fragen werden in den folgenden Kapiteln diskutiert. BANDURA gibt hinsichtlich der theoretischen Grundlegung der Nachahmung zu bedenken, daß weder das Prinzip des Lernens von Signalen noch des Lernens am Erfolg ein befriedigendes Modell für das stellvertretende oder symbolische „Ohne-Versuch-Lernen" von neuen Reaktionen darstellt. Wie auch andere Theoretiker unterscheidet er zwischen Lernen und Ausführung, bleibt jedoch dabei, daß Lernen durch das Zusammentreffen von Reizen, die die Versuchsperson aus der Wahrnehmung des Modells empfängt, und den zentral ablaufenden Bild- und Gedankenreaktionen, die sie hervorrufen, erfolgt. Diese symbolischen Reize können dann als unterscheidende Merkmale dienen, die die nachfolgende sichtbare Nachahmung kontrollieren.

Lerntheorien

Beim heutigen Stand unseres Wissens ist es oft unmöglich, die dem Lernen und Handeln zugrunde liegenden neurophysiologischen Prozesse zu identifizieren. Erklärende Theorien können in physiologischen oder psychologischen Begriffen entsprechend dem Nutzen, den wir aus ihnen ziehen wollen, ausgedrückt werden. Physiologische Theorien können in Termini neurochemischer oder elektrischer Änderung abgefaßt werden. Unterschiedliche EEG-Muster beim klassischen und instrumentellen Konditionieren (GALAMBOS u. SHEATZ, 1962) legen es nahe, daß verschiedene physiologische Prozesse in den beiden Konditionierungstypen eine Rolle spielen. Eine kurze Zusammenfassung der beim Lernen beteiligten zerebralen Mechanismen gibt PRIBRAM (1961).

Ein Verständnis der physiologischen Vorgänge, die Verhalten und Lernen vermitteln, kann zur Entwicklung wirksamerer physiologischer Methoden zur Unterstützung von Lernen führen. Unglücklicherweise hat die Komplexität der Neurophysiologie dies bisher verhindert. Dies ist ein Grund dafür, warum die Psychologen mehr Zeit auf die Erarbeitung von psychologischen Theorien verwendet haben. HEBB (1955) und RAZRAN (1965) sind beredte Befürworter einer Integration physiologischen und psychologischen Vorgehens.

Die Lerntheorien haben sich historisch gesehen mit zwei Hauptproblemen beschäftigt: was wird eigentlich gelernt, und ist Belohnung immer notwendig? Zum ersteren Problem hat es zwei Schulen gegeben. Die eine (z. B. GUTHRIE, 1935; SKINNER, 1938; HULL, 1943) besteht darauf, daß Reiz-Reaktionsverbindungen (S-R-Theorie), die andere (z. B. TOLMAN, 1932), daß Reiz-Reizverbindungen gelernt werden (S-S- oder kognitive Theorie). Wie PRIBRAM (1963) betont, sollte daran erinnert werden, daß sogar der Reflexbogen, wie Sherrington ihn zur Erklärung des spinalen Reflexes vorschlug, mehr als eine „nützliche Fiktion“ gedacht war. Aber es kann unmöglich komplexes menschliches Verhalten durch so einen einfachen Prozeß erklärt werden. Die Latenz der Reaktion bei vielen menschlichen Verhaltensweisen zeigt an, daß mehr als ein einfaches S-R-Glied beteiligt ist. Theoretische Annahmen und zwischengeschaltete Variablen sind nötig, um das zu erklären, entweder in Form von vorweggenommenen Zielreaktionen (HULL), vermittelnden Prozessen (OSGOOD, 1953) oder kognitiven Gliedern. MACCORQUODALE u. MEEHL (1954) haben eine formale Definition von TOLMANS Annahme von „Erwartung“ gegeben und gezeigt, wie ähnlich sie HULLS Annahme von „Gewöhnung“ ist. Die kritischen Punkte dieser Kontroverse zentrieren sich tatsächlich auf die Bedeutung der Begriffe „Reiz“ und „Reaktion“. Teilweise kann Lernen ohne erkennbare Reaktionen vor sich gehen. Der Organismus scheint seine Umgebung in einer neuen Weise wahrzunehmen. Beispiele dafür wurden durch das Wahrnehmungslernen, das assoziative Konditionieren (sensory preconditioning) (BROGDEN, 1939), das Lernen, ohne zu reagieren (unter Lähmung durch Curare), das Ortslernen und das latente Lernen geliefert. Andererseits kann man nicht die Möglichkeit ausschließen, daß eine verdeckte „Reaktion" in diesen Situationen erfolgt. Gedanken und Gefühle werden oft erlebt, und einige periphere Reaktionen geringer Größe, wie das Formen eines Wortes mit dem Mund oder Veränderungen im Muskeltonus, die die sichtbare Reaktion vermitteln würden, können zusätzlich zu zentralnervösen Vorgängen auftreten. Visuelle Wahrnehmung als „Reaktion" in derselben Kategorie wie Körperbewegung zu klassifizieren, würde jedoch, wie HEBB (1958) ausführt, das Konzept weit über die üblicherweise akzeptierte Bedeutung hinaus erweitern. Einige Arten des Lernens scheinen daher leichter in Form der S-S-Theorie als der S-R-Theorie einzuordnen zu sein. Da beide Theorien dieselben experimentellen Ergebnisse interpretieren müssen, dürfen sie lediglich in ihren theoretischen Annahmen voneinander abweichen.

Bei der Diskussion des zweiten großen Problems der Lerntheorie, ob Belohnung zum Lernen erforderlich ist, haben einige S-R-Theoretiker darauf bestanden, daß Belohnung tatsächlich immer notwendig sei (z. B. HULL, 1943). Es kann jedoch sehr schwierig sein, in einigen Lernsituationen die belohnenden Vorgänge herauszufinden, auch wenn in ein ausgeweitetes Konzept von Belohnung primäre Belohner, wie das Neugierverhalten und die Weckreaktion (HEBB, 1955; BERLYNE, 1960), und sekundäre Belohner einbezogen werden. Dem Vorgang der Belohnung scheint nicht bloß ein einfacher Mechanismus zugrunde zu liegen. Die Triebreduktion, das Darbieten oder Entziehen eines Reizes oder das Auslösen einer Reaktion können alle belohnende Eigenschaften haben. Im Moment gibt es keine Theorie, die alle empirischen Daten über die Belohnung erläutern könnte. Als Folge davon bescheidet man sich und wendet begrenzte Theorien an, um besondere Lernphänomene zu erklären, und sucht nicht nach allumfassenden Theorien. Von den Theorien, die mehrere Prozesse annehmen, ist die Zweifaktorentheorie (z. B. MOWRER, 1947; SKINNER, 1938; SCHLOSBERG, 1937) die populärste. Sie hält daran fest, daß Lernen von Signalen (respondent conditioning, classical conditioning) ohne Belohnung auftritt, und das Lernen am Erfolg (instrumental oder operant conditioning) Belohnung erfordert. Einen gewichtigen Einfluß auf die Entwicklung der Zweifaktorentheorie haben die Erklärungsversuche zu den Phänomenen des Vermeidungslernens gehabt. Die Vermeidungsreaktion wird durch das schmerzlose Warnsignal ausgelöst, und sie verhindert, daß der Organismus den unangenehmen Reiz erleidet, womit die Basis für eine Belohnung in Form von Triebreduktion (Wegnahme des Schmerzes) verschwunden ist. Für manche Theoretiker war es schwer, das Andauern des Vermeidungsverhaltens bei fehlender Belohnung zu erklären. Die Zweifaktorentheorie hält daran fest, daß in den ersten Versuchen das Warnsignal (CS) die Eigenschaft, Furcht (CR) hervorzurufen, als eine Folge des zeitlichen Zusammentreffens und des klassischen Konditionierens erhält. Wenn erst einmal das Warnsignal Furcht auslöst, verringert die Vermeidungsreaktion die Furcht und ist durch diese Triebverminderung belohnt (Lernen am Erfolg). Die konditionierte Furcht wird oft als Angst oder konditionierter Antrieb zur Vermeidung (conditioned avoidance drive, CAD) bezeichnet.

Nun ist es immer noch schwer, die sehr große Löschungsresistenz der gelernten Vermeidungsreaktionen zu erklären. Solomon u. Wynne (1954) forderten zwei Prinzipien, um dieses Phänomen zu fassen, die Angstkonservierung und die teilweise Irreversibilität der Angst. Entsprechend dem ersten Prinzip hat die Vermeidungsreaktion eine kürzere Latenz als die gelernte Angstreaktion, so daß die Vermeidungsreaktion erfolgt, bevor die Angst voll entwickelt ist. Dabei wird nun nur geringe oder gar keine Verringerung der Angst vom Organismus erlebt, und die Vermeidungsreaktion wird nicht mehr belohnt. Die Verminderung der Belohnung führt zu einer zunehmenden Verzögerung der Vermeidungsreaktion, bis die Angst wieder voll ausgeprägt ist und die Vermeidungsreaktion wieder belohnt wird. Die Folge davon ist ein Zu- und Abnehmen der Angstreaktion, und die rasche Löschung durch massierte Übung unbelohnter Versuche wird verhindert. Um das Fehlen selbst einer langsamen Löschung zu erklären, wurde das Prinzip der teilweisen Irreversibilität der Angst eingeführt. Danach kann ein schweres Trauma irreversible physikalische Veränderungen im Organismus hervorrufen, die die völlige Extinktion einer Reaktion verhindern. Es gibt keinerlei eindeutige Beweise, die diese zwei Prinzipien stützen könnten, es bleibt jedoch eine Tatsache, daß normale Löschungsverfahren sehr oft bei dem Abbau der Vermeidungsreaktion unwirksam sind.

Die Zweifaktorentheorie läßt vermuten, daß die Reaktionen eines Organismus entsprechend den Lernprozessen, durch die sie geändert werden können, grundsätzlich zwei Typen angehören. Skinner (1938) trennt das ausgelöste von dem spontan gezeigten Verhalten. Reaktionen, die durch bekannte Reize hervorgerufen werden, heißen ausgelöste Reaktionen – z. B. Speichelfluß bei dem Anblick von Futter – und hängen vom Lernen von Signalen ab. Reaktionen, die unabhängig von spezifischen identifizierbaren Reizen auftreten, werden von sich aus auftretende, operante Reaktionen genannt. Dadurch soll darauf hingewiesen werden, daß sie „auf die Umgebung einwirken, um Konsequenzen hervorzurufen". Operante Reaktionen sind den Regeln des Lernens am Erfolg unterworfen. Sie schließen jene Teile des Verhaltensrepertoires des Organismus ein, die über das Zentralnervensystem ablaufen, wie Sprache und Körperbewegung. Mowrer (1950) stellte diese zweifache Natur des Lernens sehr klar dar, indem er das klassische Konditionieren von vorwiegend unwillkürlichen, emotionalen, viszeralen und Gefäßreaktionen, die über das autonome Nervensystem ablaufen und die als vorwegnehmende Zustände den Antrieb steigern, von dem instrumentellen Konditionieren unterscheidet, das willkürliche, problemlösende, befriedigende und triebmindernde Reaktionen aufbaut, die über das Zentralnervensystem ablaufen. Kürzlich wurde jedoch über Experimente berichtet, die angeblich das operante Konditionieren von autonomen Reaktionen nachweisen (Fowler u. Kimmel, 1962; Frazier, 1966; Rice, 1966; Dicara u. Miller, 1968). Man streitet sich darüber, ob diese Ergebnisse eindeutig sind. In einer Zusammenfassung trennen Katkin u. Murray (1968) das Konditionieren autonomer Reaktionen von der Kontrolle autonomer Reaktionen. Sie weisen darauf hin, daß man irrtümlicherweise annehmen könnte, die autonomen Reaktionen seien durch ein operantes Konditionierungsverfahren aufgebaut worden, obwohl sie tatsächlich unkonditionierte oder klassisch konditionierte Reaktionen auf äußere und innere Reize sein könnten, die während eines operanten Konditionierungsverfahrens auftreten. Dadurch wird die Ansicht von Kimble unterstrichen, daß es in der Praxis nicht möglich ist, beim operanten Konditionierungsverfahren das Auftreten von klassischem Konditionieren zu verhindern.

Extinktion

Bisher haben wir uns vorwiegend mit Konditionierungsprozessen – dem Erwerb von Reaktionen – beschäftigt und haben nicht die Prozesse bedacht, die bei der Löschung eines Verhaltens beteiligt sind. Das grundlegende Vorgehen, um eine Löschung zu erzielen, ist nichtbelohnte Übung. Wenn der CS – z. B. der Glockenton – ohne den UCS (Futter) dargeboten wird, verringert sich die CR (Speichelfluß) schrittweise, bis sie nicht mehr auftritt. Diese Abnahme kann nicht einfach als passives Aufhören aufgefaßt werden, zumal konditionierte Reaktionen nur eine geringe Tendenz zeigen, allein im Laufe der Zeit zu verschwinden. Augenscheinlich beruht der Abbau einer konditionierten Reaktion, manchmal in einem kurzen Versuch mit nichtbelohnter Übung, auf einem reaktiven Vorgang. Darüber bestehen mehrere verschiedene Meinungen.

Zwei Konzepte dominieren in den früheren Theorien zur Extinktion. Beide stammten aus der Reflexphysiologie. Das erste war das Konzept der Hemmung, in dem vorausgesetzt wurde, daß jede nichtbelohnte Reaktion eine hemmende Wirkung hervorruft, die der Wiederholung der Reaktion entgegenarbeitet. Weiterhin soll die hemmende Wirkung mit der Zahl der nichtbelohnten Versuche zunehmen, jedoch mit der Zeit abnehmen. Mit dieser Theorie der Hemmung läßt sich gut das Phänomen der spontanen Erholung einer Reaktion und die größere Wirksamkeit der massierten gegenüber der verteilten Übung bei der Löschung erklären. Andere Ergebnisse, besonders die größere Löschungsresistenz von Reaktionen, die durch teilweise Belohnung erworben wurden, sind schwer mit der Theorie der Hemmung in Einklang zu bringen.

Das zweite Konzept war das der Interferenz, in dem vorausgesetzt wurde, daß jede neue Reaktion die Auslösung der früher gelernten Reaktion stört und sie so verdrängt. Jedoch ist nicht der Ursprung der neuen Reaktion und ihre Belohnung erklärt. Darüber hinaus nimmt man bei dieser Ansicht an, daß Löschung durch Konditionierung einer neuen, mit der alten unvereinbaren Reaktion zustande komme. Konditionieren und Löschen sind jedoch funktionell verschieden; dafür gibt es Hinweise. So verzögern massierte Übung und sedierende Drogen den Lernvorgang, beschleunigen jedoch die Löschung, wohingegen verteilte Übung und anregende Drogen das Lernen beschleunigen und die Löschung verzögern.

Hull (1943) entwickelte eine Zweifaktorentheorie, um die Unstimmigkeiten der Theorie der Hemmung und der Theorie der Interferenz zu überwinden und die Elemente von beiden zu verbinden. Er setzte voraus, daß sowohl die belohnten als auch die nichtbelohnten Reaktionen einen Zustand der reaktiven Hemmung erzeugen, der die Eigenschaften eines primären Triebes, ähnlich der Ermüdung, habe. Die reaktive Hemmung werde zu einer Beendigung der Reaktion und zu einer Ruheperiode führen, in der die reaktive Hemmung abnehmen könne. Die Verminderung der reaktiven Hemmung verstärke die Ruhereaktion und führe zu einer konditionierten Hemmung, die die frühere konditionierte Reaktion störe und ihre dauernde Löschung herbeiführe. Hulls Zweifaktorentheorie ist zwar befriedigender als jeweils nur die Hemmungs- oder die Interferenztheorie, sie vermag jedoch einige experimentelle Ergebnisse bei der Löschung auch nicht zu erklären (Gleitmann u. Mitarb., 1954); so z. B. die Löschung von so mühelosen Reaktionen wie dem PGR (= psychogalvanischer Hautreflex) oder die Extinktion, die auftritt, ohne daß der Organismus reagiert (unter Curare). Die Unterschiede in der Löschungresistenz der intermittierend und ununterbrochenen belohnten Reaktionen können auch nicht mit konditionierter Hemmung erklärt werden.

Einige Theoretiker vertreten zusätzlich die Hypothese der Abnahme durch Generalisation. Beim experimentellen Konditionieren wird die Reaktion durch viele oder alle in der Lernsituation vorhandenen Reize beeinflußt. Es konnte gezeigt werden, daß sowohl Änderungen dieser Umgebungsreize als auch jede Änderung des hauptsächlichen CS die Stärke der CR verringern. Als Folge davon wird die Extinktion durch den Ähnlichkeitsgrad der Umgebung bei den Lern- und Löschungsversuchen beeinflußt. Die Änderung der Zeitabstände zwischen den Löschungsversuchen führt zu einer schnelleren Extinktion, als wenn der Zeitabstand zwischen den Durchgängen bei der Akquisition und Extinktion gleich gehalten wird. Die Hypothese der Abnahme durch Generalisation vermag auch die Löschungsresistenz von partiell belohnten Reaktionen zu erklären. Intermittierende, im Gegensatz zu ununterbrochener Belohnung, würde die Unterschiede zwischen Lern- und Löschungsversuchen verringern und dadurch die Abnahme durch Generalisation in den Löschungsversuchen verringern.

Ein anderer Effekt der partiellen Verstärkung (wenn sie positiv ist) ist das Weglassen positiver Verstärkung (Frustration), das in den unbelohnten Durchgängen erfahren wird. Es spricht einiges dafür, daß diese Art von Frustration einen Antrieb darstellt, der Verhalten anregen kann und Störreaktionen erleichtert. Man kann daher durch diese Frustration in den ersten Versuchen eine Verzögerung des Lernens, in späteren eine Stärkung der Reaktion und eine Zunahme der Löschungsresistenz erwarten. Diese Theorie würde die schnellere Löschung von ununterbrochen belohnten Reaktionen erklären, wobei während der Löschung der Organismus zum ersten Mal dem störenden Effekt der Frustration unterworfen ist.

Einige Theoretiker meinen, daß die geänderte Erwartung des Organismus, nachdem er das Ausbleiben der Belohnung bemerkt hat, zu Störreaktionen führt. Eine Löschung soll die Folge dieser Störreaktionen sein. Die Extinktionsgeschwindigkeit müßte also von der Schnelligkeit abhängen, mit der der Organismus den Unterschied der Lern- und Löschungssituation wahrnimmt. Teilweise und variable Belohnungspläne während der Lernphase ähneln den Löschungsversuchen mehr, als das bei den ununterbrochenen oder festen Verstärkungsplänen der Fall ist, und würden deshalb die Unterscheidung zwischen Lern- und Löschungssituation erschweren. Experimentelle Befunde zeigen, daß diese Belohnungspläne hauptsächlich eine größere Löschungsresistenz aufweisen. Die Erwartungstheorie enthält einige Aspekte der Interferenztheorie und der Abnahme durch Generalisation.

Wir verstehen heute die Phänomene der Extinktion genauso gut oder schlecht wie die des Lernens und der Belohnung. Die meisten der empirischen Beobachtungen werden nicht bezweifelt, doch es bedarf einer Reihe verschiedener Hypothesen, um sie zu erklären. Wir sollten uns nicht scheuen, multifaktorielle Theorien einzuführen. Es scheint jedenfalls nahezuliegen, daß Extinktion, wie Lernen und Belohnung, nicht ein einzelnes Phänomen ist, sondern daß dabei eine Reihe verschiedener Vorgänge beteiligt sind.

Zusammenfassung

Wir haben versucht, in diesem Kapitel einige Gesichtspunkte zum Lernen kurz zusammenzufassen. Wir haben uns dabei vorwiegend auf Laboratoriumsversuche bezogen, bei denen einfache Formen des Lernens bei Tieren untersucht wurden. Die vorgenommenen Verallgemeinerungen betreffen die Beziehungen zwischen solchen der beteiligten Variablen, bei denen die meisten Psychologen übereinstimmen würden.

Das menschliche Lernen und Verhalten erscheint natürlich sehr verschieden von den trivial aussehenden Konditionierungsverfahren im Tierlabor. Das Lernen des Menschen findet in einer freizügigen Umgebung und oft in einem sozialen Rahmen statt. Die Sprache spielt dabei eine große Rolle, und es sind komplexe begriffliche Vorgänge beteiligt. Die ersten Theorien des Behaviorismus konnten diese Art des Lernens nicht befriedigend allein in Form von klassischem und instrumentellem Konditionieren erklären. Der Neobehaviorismus hat seinen theoretischen Ansatz ausgeweitet, um einige dieser Nachteile zu beheben, und benutzt Konzepte wie Erwartung, teilweise vorweggenommene Reaktionen, Bekräftigungsgradienten und Verkettung der Reaktionen. Es wird mehr Betonung auf die Variablen des Organismus und die individuelle Abweichung gelegt. Die Lücke, die in der behavioristischen Erklärung sozialen Verhaltens enthalten war, ist bemerkt worden, und es spricht einiges dafür, daß soziale Nachahmung eine wichtige ursprüngliche Art des Lernens ist.

Wir haben am Anfang dieses Kapitels eine vorsichtige Haltung zu der Frage eingenommen, welche Bedeutung das Konditionieren von Tieren für das Lernen des Menschen hat. Einige Theoretiker meinen, die Gesetze des Konditionierens seien auf alle Lernvorgänge anwendbar, oder das Konditionieren sei der grundlegende Vorgang allen Lernens. Die Komplexität wird als eine Folge der gleichzeitigen und sich steigernden Wirkung vieler einfacher Vorgänge gesehen. Es wird angenommen, daß inneres (covert) Verhalten, wie Gedanken und Gefühle, denselben Grundgesetzen des Lernens unterliegt. Das andere Extrem stellt die Ansicht dar, daß keinerlei Abwandlung der Konditionierungsverfahren den ganzen Bereich des Lernens beim Menschen erklären könnte. Die Verteidigung einer solchen Möglichkeit enthalte unzulässige Extrapolationen von Tierexperimenten und dürftige Analogien.

Zum gegenwärtigen Zeitpunkt gibt es keine befriedigende, umfassende Theorie, die alle Phänomene des Lernens beim Menschen berücksichtigte. Bis jetzt ist es nicht möglich, zwischen den gegensätzlichen Ansichten über die Bedeutung des Konditionierens zu entscheiden. Die Prinzipien des Konditionierens sind bis jetzt nicht völlig aufgeklärt, und noch weniger ist über das Zusammenspiel und die gemeinsame Funktion einfacher konditionierter Reflexe im menschlichen Verhalten bekannt. Jedoch weist nichts darauf hin, daß Konditionieren für das Lernen beim Menschen unwichtig ist, und es mag sich als fruchtbar erweisen, wenn man erkundet, wie weit komplexes Lernen durch einfache Vorgänge erklärt werden kann.

KAPITEL 3

Lerntheoretische Formulierung psychischer Störungen

Grundsätzlich nimmt der Behaviorist an, zumindest solange dem widersprechende Beweise fehlen, daß bei Entstehen und Fortbestehen psychischer Störungen Lernprozesse wichtig sind. Damit verneint man nicht den Einfluß von Vererbung, Reifungsvorgängen und organischen Krankheiten; der Verhaltenstheoretiker betont jedoch die Rolle des Lernens und versucht, wie weit sich psychische Störungen als gelernte, fehlangepaßte Verhaltensweisen erklären lassen. Wie wir schon im ersten Kapitel besprochen haben, lehnt eine Mehrheit von Psychiatern und Behavioristen ein organisches Konzept für Neurosen und Persönlichkeitsstörungen ab, und sie verstehen sie als ein durch viele Faktoren verursachtes Verhaltensmuster, das sich mehr quantitativ als qualitativ von normalem Verhalten unterscheidet.

Übereinstimmend halten alle Verhaltenstheoretiker Lernvorgänge bei der Entstehung abnormen Verhaltens für äußerst wichtig. Da aber eine einzelne umfassende Lerntheorie fehlt, unterscheiden sie sich in ihren theoretischen Ansätzen. Für das Lernen abnormer wie auch normaler Verhaltensweisen sind offensichtlich Probleme, wie Art und Notwendigkeit von Belohnung oder kognitive und S-R-Theorien, relevant. Einige Verhaltenstherapeuten berufen sich auf HULLS Lerntheorie, andere auf eine Zweifaktorenlerntheorie, wieder andere umgehen die Theorie und verwenden das System von SKINNER. Da so wenige kritisch experimentelle Kenntnisse über die Entstehung abnormen menschlichen Verhaltens vorliegen, ist die Erarbeitung einer ätiologischen Theorie psychischer Störungen zusätzlich erschwert, so daß man sich auf klinisches Wissen, Analogiestudien und Tierexperimente stützen muß.

Die meisten Lerntheoretiker (z. B. HULL, MOWRER, DOLLARD, MILLER, WOLPE, EYSENCK) räumen der Angst bei den neurotischen Störungen eine zentrale Stellung ein und stimmen darin mit der FREUDschen Theorie überein. Allerdings fassen die Lerntheoretiker die „neurotische Angst“ als eine gelernte emotionale Reaktion (conditioned emotional response, CER) auf, die subjektive, vegetative und motorische Anteile haben kann und durch das Zusammentreffen eines vormals neutralen äußeren oder inneren Reizes mit einem aversiven Reiz im Sinne des Lernens von Signalen entstanden ist. Dieser Lernvorgang kann, zusammen mit Reizgeneralisation und dem Konditionieren höherer Ordnung, zur Folge haben, daß Angst durch viele Reize, die keine primär aversiven Eigenschaften hatten, erzeugt werden kann.

Die konditionierte Angst hat die Qualitäten eines erworbenen Antriebs, der manchmal als gelernter Vermeidungsantrieb (conditioned avoidance drive, CAD) bezeichnet wird, und vermag daher eine Flucht- oder Vermeidungsreaktion in Gang zu setzen und zu verstärken. Mit anderen Worten, man glaubt, daß die „neurotische Angst" nach dem Muster des traumatischen Vermeidungslernens erworben wird, wie es im vorhergehenden Kapitel (s. S. 28) besprochen wurde. Das Beispiel des traumatischen Vermeidungslernens setzt sich aus einer klassisch konditionierten emotionalen Reaktion, gefolgt von einer instrumentellen Vermeidungsreaktion und einer Angstverminderung, zusammen. Lassen Sie uns nun überlegen, inwiefern dieses Modell auf neurotische Störungen anwendbar ist. Der klassische Versuch von WATSON u. RAYNER (1920) zeigte, wie es möglich ist, Angst in dieser Weise zu konditionieren. Es gelang ihnen, bei einem elf Monate alten Kind (Albert) eine Angstreaktion vor einer weißen Ratte aufzubauen. Vorher hatte der Junge vor der Ratte keine Furcht. Immer, wenn Albert sich der Ratte näherte, schlugen sie auf ein Eisenstück und erzeugten ein lautes Geräusch (UCS). Eine gelernte Angstreaktion war nach einigen Darbietungen aufgebaut worden, sie hatte auf andere Pelztiere und Pelze generalisiert und war über einen Monat nachweisbar. Hätte die Furcht vor Pelztieren und die Vermeidung angedauert, hätte sie als eine fehlangepaßte Reaktion aufgefaßt werden können, denn in so einer Situation sind Ratten weder gefährlich, noch ertönt normalerweise in ihrer Gegenwart ein lautes Geräusch. In dieser Hinsicht ist die Furcht eine Analogie zu einer „neurotischen Furcht". Dieser Versuch weist also darauf hin, wie „neurotische Furcht" als Folge von klassischem Konditionieren entstehen kann, wobei emotionale Reaktionen, die durch aversive Reize hervorgerufen wurden, an vorher neutrale Reize gekoppelt werden. KRASNOGORSKI (1925, 1933) berichtete über klassisches Konditionieren von Angstreaktionen bei Kindern. Er benutzte dazu starke elektrische Schocks oder schwierige Diskriminationsaufgaben.

WATSON bot in seinem Versuch den aversiven Reiz mehrmals dar. Es können jedoch auch stabile emotionale Reaktionen erzeugt werden, wenn man einen intensiven, aversiven Reiz nur einmal gibt (HUDSON, 1950; CAMPBELL u. Mitarb., 1964). CAMPBELL u. Mitarb. berichteten über eine stabile CER bei Menschen nach einem einzigen Versuch. Als unkonditionierter aversiver Reiz wurde ein Atemstillstand durch Gabe von Succinylchlorid verwendet. Dieses außergewöhnliche und furchteinflößende Erlebnis wird natürlich bei einer normalerweise auftretenden menschlichen Neurose keine häufige Ursache sein. Es mag aber für die Entstehung von Neurosen nach einem akuten Trauma, wie z. B. die Kriegsneurosen oder Neurosen bei Naturkatastrophen, wo eine große Anzahl von Personen psychologische Reaktionen zeigen, wichtig sein (z. B. GRINKER u. SPIEGEL, 1945; TYHURST, 1951; POPOVIC u. PETROVIC, 1964). Aber auch leicht aversive Reize, wenn sie wiederholt werden, können, wie Experimente zeigen, zur dauerhaften CER führen (Pavlov, 1927; Liddell, 1944; Wolpe, 1952). Das entspricht eher der natürlichen Entstehung der Neurose beim Menschen. Wird ein Organismus wiederholt leicht aversiven Reizen ausgesetzt, so kann die CER sogar größere Intensität erreichen als die ursprüngliche UCR. Wolpe (1958) versuchte, dieses Phänomen folgendermaßen zu erklären: die durch den CS im vorhergehenden Versuch hervorgerufene Angst soll sich zu der Angst addieren, die durch den CS und UCS des nachfolgenden Versuchs erzeugt wird. Eysenck (1968 a) hat eine Theorie der Inkubation als Erklärung angeboten. Er glaubt, daß die Furchtreaktion, die durch einen konditionierten aversiven Reiz hervorgerufen wird, ein schmerzhaftes Ereignis darstellt, das selbstverstärkend wirkt. Daher wird es von dem gerade bestehenden Gleichgewicht zwischen Inkubation und Extinktion abhängen, ob bei Wiederholung eines konditionierten aversiven Reizes, der nicht verstärkt wird, ein Ansteigen oder eine Löschung der Reaktion stattfindet. Inkubation tritt eher bei starkem UCR auf. Das könnte die klinisch bekannte Tatsache erklären, daß eine Phobie im Laufe der Zeit zunehmen kann, ohne daß sich die ursprüngliche traumatische Situation (z. B. ein Verkehrsunfall) nochmals ereignete.

Wenn man das Lernen von Signalen als Basis für die Entstehung von neurotischen Angstreaktionen annimmt, ist es schwierig, deren Fortbestehen zu erklären. Sollten sie auf klassischem Konditionieren beruhen, müßte doch eine Löschung eintreten, wenn nicht die Wiederholung des CS mit einem UCS zusammentrifft. Tatsächlich zeigt die klinische Erfahrung, daß die CERen häufig gelöscht werden. Nur wenige Personen entwickeln nach akuten Traumata eine andauernde Angst oder andere neurotische Reaktionen, wie Taylor (1966) betont. Die meisten Leute, die an einem Verkehrsunfall beteiligt waren, bekommen keine dauernde Reisephobie. Eysenck u. Rachman (1965) behaupten, daß konditionierte Ängste in der Regel gelöscht werden und damit der „spontanen Remission" (im Sinne klinischer Heilung) unterliegen. Übersichten über Ängste bei Kindern und Erwachsenen legen eine Beziehung zwischen dem Auftreten bestimmter Ängste und dem Alter nahe (Jersild u. Holmes, 1935; MacFarlane u. Mitarb., 1954). Offenbar sind Reifungsvorgänge für das Auftreten und die Dauer der Ängste bei Kindern wichtiger als die frühere Erfahrung mit Belohnern. Doch auch bei den Erwachsenen sind „irrationale Ängste" nicht selten, wie Untersuchungen an „Normalpersonen" zeigen. Die irrationalen Ängste normaler Leute unterscheiden sich aber von den Phobien der hilfesuchenden Patienten; sie sind nämlich weniger intensiv und behindern das Alltagsleben nicht in demselben Ausmaß.

Die Mehrzahl der Angstreaktionen auf spezifische Reize werden, wie die Anschauung zeigt, gelöscht oder werden zumindest nicht behindernd und dauern nicht an. Dennoch gibt es gute experimentelle Beweise, daß CERen leicht entstehen und CARen (= conditioned avoidance reaction[s]) gegenüber Löschung sehr widerstandsfähig sind (Solomon u. Wynne, 1954). Sowohl beim Menschen (Campbell u.

Mitarb., 1964) als auch bei Hunden (NAPALKOV, 1963) kann das wiederholte Darbieten des CS allein die CER stärken. EYSENCK (1968a) hat das mit der Inkubationstheorie erklärt. Die Beständigkeit des traumatischen Vermeidungslernens wurde von SOLOMON u. WYNNE als Angstkonservierung und teilweise Irreversibilität der Angst erklärt. Wie die Angstkonservierung tatsächlich impliziert, hindert die Vermeidungsreaktion das Individuum daran, in Gegenwart des phobischen Reizes genügend Angst zu empfinden, um Extinktion auftreten zu lassen. Wenn ein Patient volle Fahrstühle vermeidet, nimmt er sich die Möglichkeit, sich von der Ungefährlichkeit voller Fahrstühle zu überzeugen. Wenn durch eine Einschränkung der Bewegungsfähigkeit der Versuchsperson eine wirksame CAR nicht mehr zur Verfügung steht, wird die CER wahrscheinlich intensiver und noch schwerer löschbar. Im allgemeinen besteht eine umgekehrt proportionale Beziehung zwischen der Intensität der CER und der CAR nach den ersten paar Durchgängen. Unvermeidbare Bestrafung erzeugt mehr Angst als vermeidbare Bestrafung oder Bestrafung, der man entfliehen kann. MOWRER u. VIEK (1948) konnten demonstrieren, wie Ratten, denen in einer unvermeidbaren Situation Schocks gegeben wurden, stärker im Freßverhalten gestört waren als Ratten, die die gleiche Anzahl von Schocks bekommen hatten, ihnen jedoch entkommen konnten.

Es gibt noch andere theoretische Erklärungen für das traumatische Vermeidungsverhalten wie schon in Kapitel 2 besprochen wurde. Auf das Gebiet der Neurosen bei Tieren wendet WOLPE (1958) z. B. die Konzepte der Belohnung durch Triebbefriedigung und der Langsamkeit der Löschung durch reaktive Hemmung an, um das Andauern neurotischer Angst zu erklären. Die Angst sei, so argumentiert er, vorwiegend eine autonome Reaktion, die weniger reaktive Hemmung erzeuge, als es motorische Körperreaktionen tun, so daß die Löschung durch konditionierte Hemmung langsam sein wird. Weiterhin weist er darauf hin, daß letztlich die Angst doch vermindert wird, wenn nämlich am Ende des Experiments das Tier aus dem Käfig genommen wird. Diese Angstreduktion verstärkt die CER. Wie WOLPE einräumt, gibt es gegen diese Theorie Einwände. Wie Versuche zeigen, werden Furchtreaktionen eher durch den Beginn als durch das Ende des UCS verstärkt, daher scheint die Triebreduktion (drive reduction) nicht entscheidend zu sein (KIMBLE, 1961). Andererseits spricht vieles dafür, daß gerade das Festhalten des Individuums in der experimentellen Situation und die Verhinderung von Vermeidungsreaktionen zur Löschung der Furchtreaktion führen (s. LOMONT, 1965).

Traumatisches Vermeidungslernen, so scheint es, ist ein Modell für die Entstehung neurotischer Angstreaktionen, die wegen der Intensität der emotionalen Reaktion oder wegen des Vermeidungsverhaltens, das eine erneute Erfahrung mit dem aversiven Reiz verhindert, nicht gelöscht werden. Auf vielerlei Weise hat man versucht, experimentelle Neurosen bei Tieren zu erzeugen. Meistens wurden die Tiere eingesperrt und einer schmerzhaften Reizung oder einer Konfliktsituation ausgesetzt. Einzeldarbietung eines stark traumatischen Reizes oder wiederholte Darbietung leicht aversiver Reize hat zu dauerhaften CERen und CARen bei Hunden, Katzen, Schafen und Ziegen geführt (Pavlov, 1927; Liddell, 1944; Wolpe, 1952). Die Stärke und Dauer des „neurotischen" Verhaltens werden durch Variablen, wie Intensität und Häufigkeit des schmerzhaften Reizes, Ausmaß der Beschränkung, Möglichkeit zur Flucht und Vermeidung, Trieblage und individuelle Unterschiede (angeboren oder frühere Erfahrung) bestimmt. Primär aversive Reize, die zur experimentellen Konditionierung von emotionalen und Vermeidungsreaktionen benutzt worden sind, sind elektrische Schläge, kalte Luftstöße, lautes Geräusch, Spielzeugschlangen und abgetrennte Köpfe. Reize, die keine Gewebsschädigung verursachen und nicht unbedingt physischen Schmerz auslösen, können dennoch aversiv sein. Die Unterschiede in den Tierspezies und dem Reifungsgrad sind wichtige Faktoren, die mitbestimmen, welche Reize unkonditionierte aversive Reaktionen hervorrufen.

Wie weit Konflikte als Ursachen für experimentelle und menschliche Neurosen wichtig sind, wird sehr unterschiedlich beurteilt. Pavlov (1927) konnte bei Hunden experimentelle Neurosen auf verschiedene Art induzieren. Er benutzte zunehmend schwierigere sensorische Diskriminationsaufgaben, Verlängerung des Zeitabstandes zwischen CS und UCS und einen zunehmenden oder wechselnden aversiven Reiz als CS für den Speichelfluß. Liddell (1944) wandte schwierige Diskriminationssituationen bei Schafen und Ziegen an, während Massermann (1964) und Wolpe (1952) einen Annäherungs-Vermeidungskonflikt (approach avoidance conflict) benutzten, indem sie Futter zusammen mit einem aversiven Reiz gaben. Um diese experimentellen Ergebnisse zu erklären, wurde eine Reihe verschiedener Theorien aufgestellt. Pavlov postulierte den Konflikt oder Widerstreit zwischen Erregungs- und Hemmungsprozessen im Gehirn als Folge von gleichzeitig ausgelösten positiven und negativen gelernten Reaktionen. Liddell meinte, die Einförmigkeit der Versuchssituation bei gleichzeitig dauernder Wachsamkeit der Tiere führe zu „neurotischem Verhalten". Diese beiden Modelle sind eher neurophysiologisch als psychologisch. Gantt (1953) erarbeitete das Konzept der „Schizokinese", um seine Versuchsergebnisse zu beschreiben. Seine Hunde zeigten auf den CS weiterhin eine Herzfrequenzbeschleunigung, obwohl die sekretorischen und motorischen Anteile der CR längst gelöscht waren. Das Ausmaß der Herzschlagbeschleunigung nach einem CS auf Futter war größer, als das bei normaler Muskelbetätigung und vergleichbar der Beschleunigung, die bei starken emotionalen Zuständen auftritt. Gantt meinte, es müsse eine Aufspaltung der zerebralen Vorgänge, die die autonomen und Willkürreaktionen steuern, mit der Folge auftreten, daß die fehlangepaßten Herzreaktionen auf den CS andauern. Seine Vermutung, daß der neurotische Hund „sich mit seinem Herzen erinnere", wiederholt Breuers und Freuds Ausspruch, daß der „Hysteriker vorwiegend an Erinnerungen leidet". Bei der Interpretation von kardialen Reaktionen sollte man vorsichtig sein, weil Frequenzbeschleunigungen und -verlangsamungen auftreten können, ohne daß man die Richtung der Reaktion vorhersagen kann, es sei denn, man hat eine genaue Kenntnis der experimentellen Situation und der Vorgeschichte des Organismus (z. B. LACEY u. Mitarb., 1963).

Über die Auswirkungen von Drogen, elektrischen Schlägen und der Erwartung auf das Lernen von emotionalen und Vermeidungsreaktionen gibt es mittlerweile eine reichhaltige Literatur (z. B. STEPHENS u. GANTT, 1956; BRADY, 1967; BRIDGER u. MANDEL, 1965; SACHS, 1967). Sie können emotionale Reaktionen erhöhen und Vermeidungsreaktionen vermindern und so zu „neurotischen Zuständen" führen, oder sie können emotionale Reaktionen hemmen und Vermeidungsreaktionen erleichtern und so „furchtloses" Verhalten fördern. Diese Ergebnisse sind nicht nur wegen ihrer Ähnlichkeit mit neurotischem Verhalten und therapeutischen Bemühungen wichtig, sondern auch, weil Konditionierungsvorgänge und Erkenntnis ebenfalls eine einander ähnliche Wirkung haben könnten.

MASSERMANN (1964) hält den Motivkonflikt von Furcht und Hunger für die Erzeugung der experimentellen Neurose in seinen Untersuchungen für entscheidend. Als Beweis legt er die Daten, die an 82 Katzen gewonnen wurden, vor. Aus diesen Daten schließt er, daß weder aversive Reizung allein, noch Bewegungseinschränkung, noch mechanische Unterbindung der Freßreaktion zu einem andauernden neurotischen Verhalten führten. Dagegen konnte WOLPE (1952) ähnliche neurotische Verhaltensweisen allein durch schmerzhafte Reizung auslösen und folgert, daß ein Konflikt nicht eine notwendige Bedingung sei. Möglicherweise führte eine unterschiedliche Versuchsanordnung zu diesen widersprüchlichen Ergebnissen, und WOLPE könnte auch stärkere aversive Reize eingesetzt haben. Obwohl WOLPE daran festhält, daß für eine experimentell erzeugte Neurose ein Konflikt nicht notwendig sei, stimmt er zu, daß es zur Erzeugung einer experimentellen Neurose ausreiche, eine ambivalente Reizung vorzunehmen, bei der die gegensätzlichen Reaktionen in annähernd gleichem Ausmaß gleichzeitig ausgelöst werden. Eine derartige Konfliktsituation kann emotionale Reaktionen und früher eingefahrene Vermeidungsreaktionen hervorrufen (FONBERG, 1956). Wie HUNT (1961) ausführt, könnten Konfliktsituationen operational als aversive Reize gedacht werden, deren Beginn bestrafend und deren Beendigung belohnend wirkt. Es ist zu betonen, daß Behavioristen, ähnlich den Anhängern psychodynamischer Theorien, den Konflikt als eine wichtige Voraussetzung von Emotionen und Vermeidungsverhalten ansehen. Das Verhalten der Massermannschen Katzen, wenn sie einem Annäherungs-Vermeidungskonflikt ausgesetzt waren, zeigte eine starke oberflächliche Ähnlichkeit mit einigen Zügen der menschlichen Neurose. Allgemeine Angst, Unruhe, vegetative Störungen, exzessive Schreckreaktionen, zunehmende Angst in Situationen, die der Versuchssituation ähnlich waren, im Käfig eher hungernd als fressend, Vermeidung und rituelles Verhalten waren unter den beschriebenen Auffälligkeiten. Die Analyse des Annäherungs-Vermeidungskonfliktes von MILLER (1944) haben DOLLARD u. MILLER (1950) als ein Modell für das Lernen bei menschlichen Neurosen benutzt. Wie sie glauben, werden die meisten schmerzlichen Ereignisse in unserem Leben eher durch Konflikte als durch Einzeltriebe herbeigeführt. Sie zählen Gelegenheiten auf, bei denen entweder schwierige Unterscheidungen oder nicht vereinbare Triebregungen im Verlauf der Kindheit und der sozialen Erziehung auftauchen. Warum ein Konflikt oder eine ambivalente Reizung, bei denen keine Schmerzreize eingesetzt werden, aversiv wirkt oder Angst auslöst, ist nicht geklärt. Neurophysiologische Theorien, wie die Störwirkung von kombinierter erregender und hemmender Reizung, bedürfen weiterer Erforschung. BROADHURST (1960) wendet das Gesetz von Yerkes-Dodson an und vermutet, daß schwierige Diskriminationsaufgaben bei der Erzeugung von experimentellen Neurosen zu einer Antriebslage (drive level) führen, die zu hoch für die Komplexität der zu lösenden Aufgabe ist und somit zu widersprüchlichen und emotionalen Verhaltensreaktionen führt. YATES (1962) hat die experimentellen Untersuchungen über Frustration und Konflikt zusammengefaßt.

Weitere Hinweise, wie wichtig der Konflikt in der Genese psychischer Störungen ist, liefert eine Studie über psychosomatische Störungen. SAWREY u. Mitarb. (1956) fanden nämlich, daß Hunger und Schock, zusammen in einem Annäherungs-Vermeidungskonflikt angewandt, häufiger zur Herausbildung von Magengeschwüren bei Ratten führten, als jeweils die Wirkung von Hunger oder Schock.

In unser Diskussion haben wir uns nun vorwiegend auf die im Tierversuch konditionierten emotionalen Reaktionen und Vermeidungsreaktionen gestützt, wobei die Verhaltensstörungen einige Ähnlichkeit mit menschlichen Neurosen aufweisen. Die bei der Neurose des Menschen auftretenden komplexen begrifflichen und gedanklichen Vorgänge sind ein offensichtliches Unterscheidungsmerkmal von den experimentellen Tierneurosen. Sprache und Vorstellung können als durch Reaktionen erzeugte Reizmerkmale dienen, die Angst- und Vermeidungsreaktionen auslösen. Es genügt oft, über Situationen, die in Wirklichkeit Furcht auslösen, nachzudenken oder sie sich vorzustellen, um Angst oder autonome Reaktionen auftreten zu lassen. Selbstbeobachtung und das Messen autonomer Reaktionen bestätigen, daß Angst schon im Zusammenhang mit verbalen Anweisungen oder Suggestionen auftritt. Die Erwartung eines elektrischen Schlages (BRIDGER u. MANDEL, 1964) und die Suggestion (BARKER, 1965) sind Beispiele dafür. Als Folge der durch die Sprache ermöglichten semantischen und symbolischen Generalisierung können Angstreaktionen auf eine enorme Anzahl neuer Reize generalisieren. Durch Sprechen, Denken und Vorstellen können emotionale und Vermeidungsreaktionen auftauchen und verschwinden, ohne daß man der wirklichen konditionierten aversiven Situation ausgesetzt sein müßte. Dies weitet die Zahl der Umstände, unter denen emotionale Reaktionen auftreten können, sehr aus und könnte auch für die zunehmende Widerstandskraft gegen eine Löschung verantwortlich sein.

Lernen und Generalisierung können auftreten, ohne daß man sich dessen bewußt ist, und manches deutet darauf hin, daß dies zu weniger anpassungsfähigen und mehr andauernden emotionalen Reaktionen führt (LACEY u. SMITH, 1954). HEFFERLINE (1962) betont, wie wichtig die durch Reaktionen ausgelösten propriozeptiven Reize im menschlichen Verhalten sind, wobei er darauf hinweist, daß alle Organe des Körpers sensorische Rezeptoren besitzen. Viele menschliche Verhaltensweisen können von inneren Reizen abhängig werden, ob Denken oder andere somatische Vorgänge, und es kann schwer sein, diese auf Umweltreize zu beziehen. ERIKSEN (1958) zögert dies als unbewußten Mechanismus zu interpretieren, wenngleich er akzeptiert, daß Konditionieren auftreten kann, ohne daß man sich dessen bewußt ist. Die Beobachtung ist ein anderer Weg, auf dem emotionale oder Vermeidungsreaktionen erworben werden können, ohne daß traumatische oder miteinander im Konflikt stehende Reize direkt erfahren wurden. Die Nachahmung ist, wie BANDURA betont, eine wichtige Form des menschlichen Lernens, und Ängste können auf diese Weise entstehen. JONES (1924 a) berichtete von einem Kind, bei dem sich eine Angstreaktion auf Kaninchen einstellte, nachdem es ein anderes Kind beobachtet hatte, das Angst vor Kaninchen zeigte. Konditionierte Ängste können stellvertretend durch Beobachtung eines Modells erworben werden, wenn dieses einem Objekt gegenüber Angst zeigt. Dies wurde mit einer Reihe von experimentellen Untersuchungen erhellt (BERGER, 1962; MURPHY u. Mitarb., 1955; MILLER u. Mitarb., 1962, 1963; BANDURA, 1965 b; BANDURA u. ROSENTHAL, 1966). Die Verbreitung von Ängsten bei Kindern, deren Geschwistern und Müttern, korreliert signifikant, wie MAY (1950) und HAGMAN (1932) zeigten, und das heißt, daß sie möglicherweise durch Nachahmung erworben wurden. Trotz aller Hypothesen, die zur Klärung der Neurose mit dem Begriff erlernte Angst aufgestellt wurden, sind noch viele Gesichtspunkte nicht erklärt. Auch wenn man konditionierte emotionale und Vermeidungsreaktionen, hervorgerufen durch entweder stark aversive oder mehrfach leicht aversive oder ambivalente Reize, als der menschlichen Neurose analog ansieht, so gibt es immer noch keine einzelne allgemein anerkannte, theoretische Erklärung ihres Ursprungs oder Fortbestehens. Wie schwierig ist es schon, sich die geringe Häufigkeit von Phobien im Vergleich zu den anderen neurotischen Störungen in der psychiatrischen Praxis zu erklären. Die Antwort, daß erlernte Angstreaktionen oft mit einer Vielzahl anderer Verhaltensweisen verbunden sein können, einschließlich erfolgreicher Vermeidung und nachfolgender Verringerung der emotionalen Reaktion (Symptome und Abwehrmechanismen in der psychodynamischen Begriffssprache), stellt einen vor das Problem, wie man die Variablen herausschält, die die Wahl der neurotischen Verhaltensweise bestimmen.

Der gelegentliche Hinweis auf individuelle Unterschiede im Verhalten bei Versuchen zur experimentellen Neurose läßt auf deren Wichtigkeit schließen. Es bestehen entscheidende Unterschiede in den physiologischen und psychologischen Reaktionen auf die Umwelt, wie hinreichend bekannt ist. Die meisten Theoretiker halten Persönlichkeitsgrößen, seien sie vererbt oder erworben, für wichtig. PAVLOV (1927) postulierte vier grundlegende Persönlichkeitstypen entsprechend den hippokratischen Temperamenten — sanguinisch, cholerisch, phlegmatisch und melancholisch —, um die unterschiedlichen Reaktionen bei seinen Hunden zu verstehen. EYSENCK (1957) folgt ebenfalls Hippokrates und setzt voraus, daß die nichtkognitiven Persönlichkeitszüge in zwei Dimensionen, dem Neurotizismus und der Extraversion, zusammengefaßt werden können. Unter Neurotizismus versteht man eine angeborene Empfänglichkeit, die die Reaktionsbereitschaft und Labilität des autonomen Nervensystems bestimmt. Unter Personen mit hohem Neurotizismus sind neurotische Störungen weiter verbreitet, da bei ihren häufigen und starken emotionalen Reaktionen sich mehr Gelegenheit zum Konditionieren von Furcht oder zur Auslösung impulsiver Handlungen bietet. Die Dimension der Introversion-Extraversion ist in EYSENCKS System durch die Konditionierbarkeit gekennzeichnet, die durch das zerebrale hemmende und erregende Gleichgewicht, das er folgert, vermittelt wird. Wegen der überwiegenden zerebralen Erregung sind Introvertierte leichter zu konditionieren, während Extravertierte aufgrund der überwiegenden zerebralen Hemmung weniger leicht konditionierbar sind. Die Geschwindigkeit, mit der der Lidschluß klassisch konditioniert werden kann, scheint mit Persönlichkeitszügen wie Angst (SPENCE, 1964) und Introversion (EYSENCK, 1957; FRANKS, 1960) zusammenzuhängen. Introvertierte mit hohen Neurotizismuswerten, so meint EYSENCK, neigen zu dysthymen Störungen (Angst, Phobien, Depressionen, Zwänge), während Extravertierte mit hohem Neurotizismuswert leichter hysterische oder psychopathische Störungen entwickeln. EYSENCK hat viele Belege für seine Persönlichkeitstheorie gesammelt. Eine Reihe von Untersuchungen jedoch stützen seine Theorie nicht oder widersprechen ihr sogar. DAVIDSON u. Mitarb. (1964, 1966) und BECKER u. MATTESON (1961) konnten die zu erwartende Korrelation von Introversion und dem Konditionieren des PGR nicht nachweisen. BUNT u. BARENDREGT (1961) gelang es nicht, einen allgemeinen Faktor der Konditionierbarkeit zu finden. EYSENCK glaubt jedoch nicht, daß diese experimentellen Ergebnisse seine Theorie entkräften, die, zumindest versuchsweise, als zutreffend akzeptiert werden könnte (EYSENCK, 1965; EYSENCK u. RACHMAN, 1965). In Untersuchungen jüngeren Datums (KELLY u. MARTIN, 1969; MARTIN u. Mitarb., 1969) vermochte man nicht die erwartete Beziehung zwischen Neurotizismus und vegetativer Reaktionsbereitschaft oder zwischen Introversion und Konditionierbarkeit nachzuweisen. EYSENCKS Persönlichkeitstheorie hat als Anreiz zur Forschung gedient und führt zu überprüfbaren Hypothesen. Wenn auch wahrscheinlich Änderungen vorgenommen werden müssen, um die doch komplexeren Ergebnisse einzubeziehen, so schmälert dies nicht den heuristischen Wert dieser Theorie. Die Art und das Ausmaß der vegetativen Reaktionsbereitschaft scheinen vom klinischen Gesichtspunkt her sowohl bei psychosomatischen Störungen (z. B. LACEY u. SMITH, 1954) als auch bei Angstneurosen und Phobien wichtig zu sein. Patienten mit chronischen Angstneurosen und Agoraphobien zeigen stärkere Weckreaktionen und langsamere Gewöhnung, wie am PGR nachgewiesen wurde (LADER u. Mitarb., 1967), und einen höheren Blutdurchfluß am Vorarm (KELLY u. WALTER, 1968) als Patienten mit isolierten Phobien und normale Kontrollpersonen. Einige Autoren (z. B. LADER u. MATTHEWS, 1968; SNAITH, 1968) glauben, daß die starke Weckreaktion der Patienten mit Angstzuständen und Agoraphobien für die Unterhaltung ihrer Störung wichtiger ist als spezifisch traumatisch konditionierte Ereignisse, im Gegensatz zu Personen mit spezifischen Phobien, bei denen das traumatische Konditionieren wahrscheinlich der bedeutsamste Faktor ist.

Theoretisch wäre es somit möglich, die Mannigfaltigkeit von Verhaltensstörungen und ihr Auftreten in nur einem kleinen Teil der Bevölkerung, die in einer im großen und ganzen ähnlichen Umwelt leben, in Lernbegriffen zu erklären, wobei Persönlichkeitsvariablen eine Rolle spielen. Auf akut traumatische Neurosen und relativ isolierte Phobien mag unsere bisherige Analyse der Lernsituation zutreffen. Die Mehrzahl der Patienten, die in der klinischen Praxis anzutreffen sind, passen jedoch nicht so einfach in diese Kategorien. Bei vielen umschriebenen Phobien ist es nicht möglich, die Entstehung bis zum Ursprung zurückzuverfolgen, und es gibt keine verläßliche Methode, die etwas über die Validität der rekonstruierten Entstehung aussagen würde. Der Patient braucht sich durchaus weder über den Ursprung noch über die wichtigsten Bedingungen, die immer wieder Angst hervorrufen, klar zu sein.

Zu den Faktoren, die für die Wahl der phobischen Reize bestimmend sind, gehören die Häufigkeit, mit der die Situation auftritt, die Stärke des primär aversiven Reizes, die Antriebslage, Persönlichkeitszüge, das Alter und die Art der Umweltreize zur Zeit der Konditionierung. Wahrscheinlich werden die kennzeichnenden Reize und Reize, die früher Angst ausgelöst haben, zu konditionierten aversiven Reizen. Auch andere Personen können konditionierte aversive Reize werden, so die Eltern oder der Lehrer, der das Kind bestraft oder zurückweist, besonders, wenn das oft geschieht. In solchen Fällen kann eine Generalisierung auf andere Erwachsene oder alle Autoritätspersonen zu schweren Störungen der zwischenmenschlichen Beziehungen führen. Wenn innere Reaktionen (covert responses), wie Wünsche, Gedanken, Phantasien oder interozeptive Reaktionen zu konditionierten aversiven Reizen werden, kann es durchaus vorkommen, daß der Patient für die ausgelöste Angst keinerlei Anhaltspunkte hat, weder an äußeren Reizen noch an ihm bewußten inneren Reizen. Wenn konditionierte, innere, durch Reaktionen ausgelöste aversive Reize in gleicher Weise wie äußere Reize vermieden werden können, kann man die „Verdrängung" als die konditionierte Vermeidung gedanklicher Reize ansehen. „Diffuse Angst" könnte als Folge einer ausgedehnten Reizgeneralisierung und einer Konditionierung höherer Ordnung in jeder der erwähnten Situationen betrachtet werden. Die Stärke und Häufigkeit des aversiven Lernens und die Konditionierbarkeit der Person werden die bestimmenden Größen sein. Zusätzlich vermag ein furchtauslösender CS auch die Stärke einer unkonditionierten Reaktion auf andere aversive Reize zu steigern (Brown u. Mitarb., 1951). Darüber hinaus können Anteile einer konditionierten emotionalen Reaktion selbst durch die Reaktion ausgelöste, primär aversive Reize sein. Z. B. können autonome oder willkürliche Reaktionen Schmerzen, Bronchospasmen, Übelkeit oder Erbrechen hervorrufen, die ihrerseits Angst auslösen. Damit wird an peripheren Vorgängen ein Prozeß deutlich, der dem selbsterregten Schaltkreis oder der funktionellen Autonomie ähnlich ist, der gewöhnlich mit Termini der neurophysiologischen Schaltkreise oder der Gewohnheitsstärke belegt wird. Einige emotionale Reaktionen sind mit physiologischen Vorgängen verbunden, die länger wirken und starrer sind als andere Reaktionen, indem sie lange über die Reizsituation hinaus anhalten. Z. B. können Änderungen in der Kortisolausschüttung und eine Hypertrophie der Nebennieren andauern und fortschreiten und zu pathologischen Veränderungen oder zum Tod führen, obwohl der Organismus sich nicht mehr in der offensichtlich auslösenden Reizsituation befindet. Einzelne Ratten sind in Käfigen, in denen schon eine Gruppe Ratten lebte, buchstäblich „zu Tode" geärgert worden (Clarke, 1953; Barnett, 1958). Ein anderes Beispiel wird durch die Untersuchung von Brady u. Mitarb. (1958) geliefert, wo der „Exekutiv-Affe" starb, nachdem er einem traumatischen Vermeidungskonditionieren unterzogen wurde. Abgesehen von diesen autonomen und endokrinen Reaktionen, die selbst aversive Eigenschaften oder die eines gelernten Antriebs haben können, kann andauernde oder diffuse Angst durch wiederholte Konfrontation mit aversiven Reizen aus der äußeren oder inneren Umwelt unterhalten werden. Wolpe (1958) glaubt, daß Angst sogar an „alles durchziehende Arten des Erlebens", wie das Bewußtsein von Ort, Zeit und des eigenen Körpers, gekoppelt werden kann. Die gelernte Reaktion kann dann ein Grübeln über unangenehme und ängstigende Gedanken und Vorstellungen sein, die die Angst steigern, oder es kann eine dauernde Konfliktsituation, wie eine unerwünschte Ehe, bestehen, wodurch andauernde Angst verursacht wird.

Es ist theoretisch nicht schwierig, das Auftreten generalisierter und dauernder Angst zu erklären, jedoch sind die vorgeschlagenen Theorien so allgemein, daß sie wenig Wert für eine Voraussage haben oder experimentell nicht widerlegt werden können. Wenn wir in den neurotischen Störungen die Folge von Angstreaktionen auf schädigende oder widersprüchliche Reize sehen, so müssen wir immer noch überlegen, wie die Symptomwahl zustande kommt. Gemäß dem Modell des traumatischen Vermeidungslernens kann das daraus folgende Verhalten jegliche Mischung aus emotionalen und instrumentellen Vermeidungsreaktionen sein. Angst und ihr vegetativer Ausdruck können mit einer Vielfalt von motorischen Reaktionen einhergehen. Die „Frierreaktion", sich Zurückziehen, motorische Erregung, stereotype Bewegungen und das Wiederauftauchen früherer Vermeidungsreaktionen sind an experimentellen Tierneurosen und menschlichen traumatischen Neurosen beobachtet worden.

Es ist wichtig, die zugrunde liegende Belastung und die individuelle Reaktion darauf zu kennen, um die Entstehung und den Inhalt von Symptomen zu verstehen. In der frühen Kindheit gibt es viele Gelegenheiten für aversives Lernen. Es kann jedoch schwierig sein, auch nur mit einiger Sicherheit den Ursprung des Symptoms aufzuklären. Das psychoanalytische Vorgehen, darauf weist Freud hin, vermag nur eine rückblickende Rekonstruktion zu geben. Es bedarf jedoch prospektiver Untersuchungen, um die Zusammenhänge von Kindererziehung und Persönlichkeit und Verhalten des Erwachsenen aufzuzeigen. Spekuliert wird genug darüber. Die Art der Mutter-Kind-Beziehung ist von vielen betont worden. Das Konzept der mütterlichen Deprivation im Kleinkindesalter wurde von Bowlby (1951) entwickelt, und er sah darin eine Ursache für die spätere gemütlose, kriminelle Persönlichkeitsstruktur. Man dachte, daß das Kind, wenn es nicht gut bemuttert wird, es weder erlebt noch lernt, seine Mutter zu lieben und ihr zu vertrauen, und daß dies allgemein das Kind daran hindern werde, positive Beziehungen aufzubauen. Seit Bowlbys Studie ist sehr viel Mühe auf die Untersuchung der mütterlichen Deprivation verwendet worden, und es wird nun angenommen, daß sie nicht notwendigerweise zu Persönlichkeits- oder neurotischen Störungen führen muß, und wenn sie es tut, die Wirkung unspezifisch ist, so daß verschiedenste psychiatrische Störungen auftreten können (WHO, 1962). In der umfangreichen Literatur dazu findet man keine eindeutigen Ergebnisse (s. z. B. Zusammenfassungen von Dennehy, 1966; Granville-Grossman, 1968). Jedoch können Verhaltensstörungen, Selbstmord und Depressionen mit einem solchen Verlust der Eltern zusammenhängen. Auch Lerntheoretiker sehen in einer fehlenden oder ungenügenden Erziehung in der Kindheit einen Grund für die Entstehung einer psychischen Störung. Diese könnte bestehen bleiben, wenn es in der menschlichen Entwicklung kritische Perioden des Lernens gäbe, wie das bei anderen Spezies der Fall ist. Die bekannten Untersuchungen von Harlow (1963) an Affen, die ohne Mutter und Altersgenossen aufgezogen wurden, zeigen die möglicherweise verheerende Wirkung von schwer gestörter früher Erfahrung. Die Isolierung von Affenkindern über achtzehn Monate führt zu langdauernden Behinderungen im heterosexuellen und sozialen Verhalten. Eine in diesem Ausmaß gestörte Kindheit ist jedoch extrem selten und kann daher nicht die gängige Ursache für die Neurose bei Menschen sein. Häufig sind jedoch geringere Grade von Vernachlässigung, Zurückweisung oder unregelmäßiger Erziehung durch die Eltern, und man darf erwarten, daß dadurch psychische Störungen bedingt sein können. Auch hier gibt es schwierige methodische Fragen, wie man solche Hypothesen überprüfen könnte. Es konnte bisher keine einfache Beziehung zwischen Kindererziehung und psychischen Störungen gefunden werden.

Hewitt u. Jenkins (1946) berichteten über drei verschiedene abnorme Verhaltensmuster bei Kindern, die die Michigan Child Guidance Clinic besuchten, wobei das Verhalten mit der Art der Erziehung zusammenhing. Eine Straffälligkeit, die sich gegen die soziale Umwelt richtete (unsocialized delinquency) ging mit elterlicher Ablehnung, dagegen eine Straffälligkeit, die sich im sozialen Rahmen hielt (socialized delinquency) mehr mit einer Vernachlässigung einher. Ausgesprochene Unterdrückung durch die Eltern führte zu neurotisch gehemmtem Verhalten des Kindes. Die klinische Erfahrung stützt diesen Zusammenhang, jedoch vermochte eine Untersuchung an einer Gruppe von bewährten Schülern diese Erziehungstypen der Eltern nicht zu bestätigen (Field, 1967).

Die Ätiologie der Zwangsneurose bleibt unklar. Zwangssymptome können in Verbindung mit organischen Gehirnkrankheiten, Depressionen oder Schizophrenien auftreten, und ihr Verlauf ist dann gewöhnlich an diese psychiatrische Störung gekoppelt. Beim Menschen sind die Zwangssymptome gekennzeichnet durch die Erfahrungswerte des subjektiv empfundenen Zwanges und den Wunsch, ihm zu widerstehen (Lewis, 1957); mit dem Erfolg, daß viele sich wiederholende Handlungen, Rituale und Impulse nicht in diese Kategorie fallen. Ob dies auch eine ursächliche Unterscheidung ist, bleibt zu beweisen, bis dahin ist aber Vorsicht angebracht, wenn man die Bedeutung des sich wiederholenden und ritualistischen Verhaltens bei Tieren für die Zwangssymptome beim Menschen bemessen will.

Man hat viele Methoden angewendet, um stereotypes oder fixiertes Verhalten bei Tieren zu induzieren. Maier (1949, 1956) fand, daß die meisten Ratten festgelegte Reaktionen entweder auf Position oder Symbole entwickeln, wenn sie, um Schmerzreizen zu entkommen, eine unlösbare Diskrimination vornehmen müssen. Diese festgelegte Reaktion kann bestehen bleiben, auch wenn das Problem lösbar, der Schmerzreiz beendet und die richtige Reaktion gelernt worden war. Es war ein spezielles Vorgehen notwendig, um die fixierte Reaktion abzubauen. Die Beständigkeit dieser Reaktionen und ihre Widerstandskraft gegen Löschung erinnert an traumatisches Vermeidungslernen. Die Anwendung von schmerzhafter Reizung mag daher in diesen Versuchen die entscheidende Größe für die Beständigkeit der Reaktionen sein. Mit anderen Worten: jeglicher motorische Anteil einer aktiven Vermeidungsreaktion, wenn sie nur wegen der Reiz- oder Antriebsbedingungen oft genug ausgeführt wird, kann als eine sich wiederholende oder festgelegte Reaktion erscheinen, und die sie beeinflussenden Größen werden die gleichen sein, die auch das Vermeidungslernen bestimmen. Wichtige Größen werden die Stärke des aversiven oder Konfliktreizes, die vorhergehende Erfahrung mit Belohnung, die Antriebslage und individuelle Unterschiede sein. Aversive Reize werden die Stärke von instrumentellen Vermeidungsreaktionen erhöhen, die früher durch negative Verstärkung aufgebaut worden waren, und, wenn sie leicht aversiv sind, als unterscheidende Merkmale zur Stärkung instrumenteller Reaktionen dienen, die durch Belohnung erlernt wurden (SOLOMON, 1967).

Die bisher besprochenen experimentellen Arbeiten fielen alle in die Gruppe des Vermeidungslernens und der Angstreduktion. Ein anderes Beispiel experimentell erzeugter, sich wiederholender Bewegungen ist das „abergläubische" Verhalten, das bei Tauben durch operantes Konditionieren erzeugt wurde. Dabei werden Bewegungen zufällig belohnt und dadurch konditioniert, und die Taube führt anscheinend sinnlose „ritualisierte" Verhaltensweisen aus. Möglicherweise ist das analog zu menschlichen Ritualen, wie Manierismen und sich wiederholende Ideen und Gedanken, die ausgeführt werden, weil sie früher einmal mit einer Belohnung verbunden waren. Wenn man Vögel, die ein zielgerichtetes Verhalten ausführen, zu früh in der Reaktionskette belohnt, kann das scheinbar sinnlose und fehlangepaßte, sich wiederholende Bewegungen auslösen (HINDE, 1960). BERKSON (1967) hat über eine andere Methode, mit der man stereotypes Verhalten aufbauen kann, berichtet. In Isolierung aufgezogene Schimpansen führten Schaukelbewegungen des Körpers ähnlich denen von schwachsinnigen Kindern aus. Dieses stereotype Verhalten war häufiger, wenn die Angst groß war und wenn sich die Tiere in einer beengten oder kahlen Umgebung befanden. Sich wiederholende und fehlangepaßte Bewegungen können offenbar als Teil des Repertoires an Vermeidungs- oder Annäherungsreaktionen in Erscheinung treten.

Beim Menschen ragt der gedankliche Anteil am Zwangsverhalten heraus. Oft erscheinen die Zwangsgedanken und Zwangshandlungen als Vermeidungsreaktionen, die in der Ausführung die Angst vermindern können, während jeder Versuch, ihnen zu widerstehen, zu einer Steigerung der Angst führt. Ein Patient wäscht zum Beispiel seine Hände zehnmal, um den Gedanken und die dabei auftretende Angst loszuwerden, seine Hände seien verunreinigt und er würde jeden anstecken, der nur etwas anfaßt, was er mit seinen Händen berührt hat. Das Händewaschen folgt jedoch erst auf den Gedanken der Verunreinigung (LEWIS, 1957) und offenbar können nur diese sekundären Symptome die Angst vermindern. Der Ursprung des Zwangsgedankens von der Verunreinigung (dem primären Symptom) muß noch geklärt werden. Einige Zwangsbefürchtungen, wie zum Beispiel die Furcht, getötet zu werden, könnten die gedankliche Komponente einer früher gelernten emotionalen Reaktion sein, aber oft geht kein sichtbarer Angstreiz der Zwangsbefürchtung voraus. Interozeptive oder innere Reize, die dem Patienten nicht bewußt sind, können als konditionierte Angstreize wirken. Ob dies so ist oder nicht (man streitet sich über die Rolle der unbewußten Generalisation von konditionierten Reizen), so bleiben doch die herausragende Bedeutung des gedanklichen Anteils und seine dauernde Wiederholung und Beständigkeit die wichtigen zu erklärenden Faktoren. Im Erwachsenenalter tritt diese Neurose meist bei Patienten auf, die eine zwanghafte Persönlichkeit haben, die sich in Ordentlichkeit, Gewissenhaftigkeit, hohen ethischen Ansprüchen und Unentschiedenheit ausdrückt (Kretschmer, 1934; Pollit, 1960; Ingram, 1961; Rosenberg, 1967). Die Zwangshandlungen des Patienten ähneln dem magischen und abergläubischen Denken junger Kinder und den Zeremonien bei Tabus (Freud, 1918; Flügel, 1945). Diese Beobachtungen zusammengenommen könnten einen zu weiteren Überlegungen veranlassen. Danach könnte das zwanghafte Verhalten die gelernte Vermeidungsreaktion auf solche Konfliktsituationen der Kindheit sein, in denen das Vorhandensein eines Triebes, dessen Befriedigung wegen der erwarteten Bestrafung und angsterzeugenden Folgen schwierig war, Angst hervorrief. Die Wahl von „magischem", „abergläubischem" oder rituellem Vermeidungsverhalten kann durch Entwicklungsfaktoren bestimmt sein, da es ein Teil des Verhaltenrepertoires von Kindern und primitiven Gesellschaften ist, wenn sie einem Annäherungs-Vermeidungskonflikt ausgesetzt sind.

Die psychoanalytische Theorie verlegt nach Metzner (1963) eine Konfliktquelle in die Kindheit und liefert damit eine Möglichkeit, den Inhalt der Symptome sinnvoll zu interpretieren, doch sie gibt keine befriedigende Erklärung für die das Symptom veranlassenden und unterhaltenden Bedingungen. Zwangshandlungen, die offenbar durch definierbare aversive Umgebungsreize ausgelöst sind, können in die Gruppe der früher erlernten traumatischen Vermeidungsreaktionen eingereiht werden. Metzner gibt jedoch zu, daß dies keine befriedigende Erklärung für die „fixierten" und offenbar sinnlosen ritualistischen Handlungen als Antwort auf angstbedingte „innere" Ideen und Impulse ist. Vielleicht sind diese Fälle den Tierexperimenten analog, in denen entweder zufällig verteilte Bestrafung oder Bestrafung einer Vermeidungsreaktion zu ihrer Fixierung führte. Metzner meint, daß das Kind, das gelernt hat, „schmutzige" Gedanken wegzuwaschen wie physikalischen Schmutz, unter Umständen mit Händewaschen reagiert, wenn es wegen sexueller Impulse ängstlich wird. Das Händewaschen wird nur vorübergehend die Angst vermindern, und der sexuelle Wunsch wird weiterhin auftreten. Die Vermeidungsreaktion ist erfolglos, das Händewaschen wird „fixiert" und wird zu einem lähmenden Zwangsverhalten. Das Händewaschen kann auch zufällig zu einer Zeit auftreten, in der gerade die Angst abnimmt, so daß teilweise Belohnung die Widerstandsfähigkeit gegen Löschung noch erhöhen wird.

Auch einige hysterische Reaktionen können als traumatisches Vermeidungslernen angesehen werden. Hysterische Symptome werden oft durch ausgesprochen traumatische Situationen, wie Kriegsneurosen (GRINKER u. SPIEGEL, 1945) oder Naturkatastrophen, ausgelöst. Sie können gleichzeitig mit akuter Angst, Panik oder einer charakteristischen Ruhe — belle indifférence — einhergehen. Dieser „gleichgültige" Zustand kann durchaus eine wirksame angstvermeidende Reaktion sein, wenn man bedenkt, daß Angst auftreten kann, wenn man hysterische Symptome beseitigt (z. B. FREUD, 1909; DOLLARD u. MILLER, 1950; BRADY u. LIND, 1961). Wenn Angst und hysterische Symptome zusammen auftreten, ist vermutlich ihre Vermeidungsfunktion nur teilweise erfolgreich. Hysterische Symptome sollen nach WOLPE (1958) wie die Angstsymptome als konditionierte Reaktionen auftreten, wobei jedoch bei manchen Personen oder in besonderen Situationen die hysterischen Reaktionen überwiegen. EYSENCK (1957) glaubt, daß hysterische Reaktionen anstelle von Angstsymptomen als Antwort auf Belastung bei Extravertierten häufiger als bei Introvertierten auftreten, weil die schneller konditionierte Hemmung bei den Erxtravertierten ein „Blockieren" und andere passive Reaktionen, wie eine Lähmung, erleichtert und den Aufbau aktiver Vermeidungsreaktionen mildert.

Die klinische Erfahrung sieht in der Hysterie ein Schwellenphänomen, da bei zunehmendem Streß häufiger hysterische Reaktionen eintreten. Hysterische Symptome sind häufiger in der Kindheit und im Zustand von Bewußtseinstrübung oder bei Hirnschädigung anzutreffen. In dieser Hinsicht geht die Inzidenz der Hysterie und einiger Arten von Suggestibilität parallel. Wahrscheinlich sind hysterische Symptome sowohl eine nichtgelernte als auch eine konditionierte Reaktion auf traumatische Situationen. Wichtige Größen sind dabei wahrscheinlich die Unterschiede in der Persönlichkeitsstruktur, im Reifungsgrad und in der Bewußtseinslage. Manche globalen hysterischen Symptome, wie Amnesie und Dämmerzustände, können undifferenzierte und unkonditionierte Reaktionen auf große Angst sein. Es ist jedoch völlig unklar, warum bestimmte hysterische Symptome auftreten. Manchmal scheinen sie Symptome nachzuahmen, die der Patient früher bei einer Krankheit selbst erlebt oder an anderen beobachtet hat. Z. B. kann hysterische Stummheit im Anschluß an eine Laryngitis auftreten oder nachdem man jemanden mit heiserer Stimme bei einem Kehlkopfkarzinom gehört hat. Die psychoanalytische Theorie betont den Symbolgehalt des Symptoms in bezug auf die unterdrückten Instinktbedürfnisse.

Die Lerntheorie kann die Fortdauer spezifischer hysterischer Symptome mit dem Lernen am Erfolg erklären. Das hysterische Symptom (operante Reaktion), das zu Beginn der hysterischen Reaktion gezeigt wird, mag durch vorhandene diskriminative Reize und die Vorerfahrung des Patienten mit Belohnung beeinflußt werden. Sein späterer Verlauf und seine Ausformung werden von der Belohnung mit einem positiven Verstärker (z. B. Krankheitsgewinn) oder von der Flucht vor negativen Verstärkern (z. B. Schwiegermutter) abhängen. Diese Belohnung ist gleichbedeutend mit dem „Krankheitsgewinn" des hysterischen Symptoms in der psychoanalytischen Terminologie. Wenn man den „Primärgewinn" in Lernbegriffe übersetzt, so ist dessen Funktion eine Vermeidungsreaktion, die die durch einen dem Patienten nicht voll bewußten Reiz ausgelöste Angst reduziert. Erklärungen hysterischer Reaktionen als Spiel einer Rolle oder als Kommunikation können unter dem Konzept des Lernens am Erfolg subsummiert werden.

Psychosomatische Erkrankungen (definiert als Krankheiten mit nachweisbaren pathologischen Organbefunden, für deren Entstehung und Fortbestehen psychologische Faktoren eine große Rolle spielen) können in den Rahmen lerntheoretischer Begriffe einbezogen werden, solange genetische und konstitutionelle Faktoren nicht ausgeschlossen werden. Eine wichtige Prämisse ist darin zu sehen, daß die gut erkennbaren, aber normalerweise reversiblen, autonomen und endokrinen Anteile der Angst und anderer emotionaler Reaktionen unter bestimmten Umständen zu einer dauernden Gewebsschädigung führen können. Mit anderen Worten, der erhöhte Blutdruck, der bei Angst besteht, kann fixiert werden, eine verlängerte Hyperämie der Magenschleimhaut oder des Darms, begleitet von erhöhter Kortisolausschüttung, kann zu hämorrhagischer oder chronischer Geschwürbildung führen. Wenn das so ist, können die gleichen Lernsituationen, die zu einer dauernden Angst oder zu Vermeidungsreaktionen führen, auch psychosomatische Störungen nach sich ziehen. Eine notwendige Bedingung für die Entstehung einer psychosomatischen Erkrankung durch Konditionierung wäre also, daß man intensiv, wiederholt oder ununterbrochen aversiven Reizen oder einem Konflikt ausgesetzt ist. Bei den psychosomatischen Störungen ist ein häufig diskutiertes Problem die „Organwahl". Warum ein Duodenalgeschwür und nicht ein Bluthochdruck? Warum eine Colitis ulcerosa und nicht eine Angstneurose? Lerntheoretiker müssen wiederum individuelle Unterschiede, die aus einer Kombination von Vererbung, Konstitution und früherem Lernen resultieren, zu Hilfe rufen. Individuelle Unterschiede in den Mustern vegetativer Reaktionsbereitschaft auf Streßreize sind vom sechsten Lebensjahr an sichtbar und bleiben im Verlauf der Zeit stabil. Außerdem bestehen durchgehende Unterschiede in den autonomen Reaktionen des einzelnen auf verschiedene Streßarten (Lacey u. Lacey, 1958; Lacey u. Mitarb., 1963). Die individuellen Abweichungen in Intensität und Muster der autonomen Reaktionen könnten das verschiedene Auftreten von psychosomatischen Erkrankungen zufriedenstellend erklären, und es gibt tatsächlich Hinweise darauf, daß das autonome Reaktionsmuster eines Patienten und seine psychosomatischen Symptome zusammenhängen (Malmo u. Shagass, 1949; Malmo u. Mitarb., 1950).

Tierexperimente stützen die Hypothese, daß psychosomatische Erkrankungen Folge von konditionierten emotionalen Reaktionen sind.

Traumatisches Vermeidungskonditionieren führte bei den „Exekutiv"-Affen im Experiment zu Magengeschwüren, nicht jedoch bei den Kontrolltieren (BRADY u. Mitarb., 1958). Bei Ratten, die einem Annäherungs-Vermeidungskonflikt ausgesetzt waren, konnten SAWREY u. Mitarb. (1956) Magengeschwüre erzeugen. LIDDELL (1960) hat beschrieben, wie bei Lämmern und jungen Ziegen, die für eine Stunde von den Muttertieren getrennt und einer schwierigen Lernaufgabe unterzogen worden waren, das Gedeihen ausblieb und ein frühzeitiger Tod eintrat. Allerdings wird das normalerweise nicht unter die psychosomatischen Erkrankungen klassifiziert. Bei diesen Versuchen muß noch geklärt werden, wieviel jeweils die Lernaufgabe oder die Trennung vom Muttertier zu dem Ausgang beigetragen haben.

Einige psychosomatische Störungen gehen auf das Zusammenwirken von Allergie und Emotion zurück, wofür es experimentelle und klinische Anhaltspunkte gibt. Asthmaanfälle und Heuschnupfen konnten ausgelöst werden, wenn man Pollen in das Untersuchungszimmer brachte und gleichzeitig Angst erzeugte, jedoch nicht durch eine der Komponenten allein. Asthmaanfälle konnten an eine Reihe verschiedener Reize gekoppelt werden, einschließlich an die Fotografie eines Pferdes oder der Mutter des Patienten (DECKER u. GROEN, 1956; METCALFE, 1956). Dies zeigt, wie somatische Störungen durch „psychogene" oder vorher neutrale Reize als Ergebnisse des Lernens von Signalen, der Reizgeneralisation und des Konditionierens höherer Ordnung ausgelöst werden können. Lernen am Erfolg kann ebenfalls bei psychosomatischen Störungen wichtig werden. TURNBULL (1962) hat die Ätiologie des Asthmas diskutiert und gezeigt, wie klassisches und operantes Konditionieren dabei ins Spiel kommen.

Bestimmte Arten des Alkoholismus und der Drogenabhängigkeit können ebenfalls als gelerntes Vermeidungsverhalten, das durch Angst entstanden ist und durch Angstverminderung unterhalten wird, gesehen werden. In Tierversuchen konnte Alkoholismus experimentell erzeugt werden (z. B. CONGER, 1956), und man hat lerntheoretische Modelle für die Sucht entworfen. Dazu gehört eine Verminderung der Angst mit einer Belohnung, die durch die pharmakologische Wirkung, die konditionierte Verstärkung und die soziale Umgebung, in der der Süchtige lebt, gegeben ist. WIKLER (1968) hat für den Rückfall bei Süchtigen eine lerntheoretische Erklärung vorgeschlagen.

Bisher haben wir vorwiegend Störungen besprochen, bei denen ein relativ umschriebenes Verhaltensmuster besteht, das in den Rahmen der Angst- und Vermeidungsreaktionen eingefügt werden kann. Dieser Rahmen wurde von möglicherweise analogen experimentellen Tierneurosen abgeleitet. Eine menschliche Verhaltensstörung ist aber gewöhnlich sehr komplex, tritt in sozialen Zusammenhängen auf und wird von einer wichtigen gedanklichen Komponente begleitet, und scheint nicht immer durch Angst oder Vermeidung gesteuert zu werden. Depressive Zustände sind die häufigsten psychiatrischen Störungen, doch ist bisher kaum versucht worden, sie in Lerntermini zu formulieren. Es besteht da eine nosologische Schwierigkeit. Die depressive Störung ist bisher nicht einheitlich klassifiziert. Manchmal werden Angst, Depression und manische Störung als affektive Störungen zusammengefaßt (z. B. LEWIS, 1966). Außerdem ist man sich über die Unterscheidung zwischen endogener und reaktiver Depression nicht einig (s. die Zusammenfassung von KENDALL, 1968). Erbliche und konstitutionelle Größen scheinen sicherlich bei manchen Depressionen wichtiger zu sein als exogene Faktoren, andererseits sind viele depressive Zustände verständlich als die Antwort einer bestimmten Person mit einer bestimmten Vorgeschichte auf eine bestimmte Belastung aus der Umwelt. Kennzeichnend für das depressive Syndrom sind das subjektive Gefühl der Niedergeschlagenheit, Selbstvorwürfe, physiologische Änderungen und ein Wechsel im Verhalten, das meist apathisch, gehemmt oder agitiert ist. Man hat geglaubt, es sei eine primär biologische Reaktion auf einen befürchteten oder erlittenen Verlust, die insofern angepaßt ist, da mit Hilfsmitteln hausgehalten oder der Tod vorgetäuscht wird, im Gegensatz zur Angstreaktion auf erwartete oder aktuelle Gefahr, die den Organismus zum Kampf oder zur Flucht vorbereitet. Psychoanalytiker haben auf die Anpassungsfunktion des Trauerns hingewiesen, das einer Wiederherstellung dient. Viele Autoren (z. B. SHAND, 1914; ENGEL, 1962) haben die Entstehung und den Erfahrungsgehalt der Emotion genau untersucht, und man kann feine Unterschiede zwischen Schuldgefühl, Schamgefühl, dem Gefühl der Hilflosigkeit und der Hoffnungslosigkeit machen. In der psychoanalytischen Theorie (ABRAHAM, 1911; FREUD, 1917) werden Furcht und Trauer als Reaktion auf äußere Gefahr und Verlust unterschieden von Angst und Depression als Antworten auf unbekannte oder unbewußte Gefahr und Verlust. Die Lerntheorie beschäftigt sich andererseits mehr mit der Grenzziehung zwischen unkonditionierten und konditionierten emotionalen Reaktionen als mit der Herkunft der Stimuli, von denen jene hervorgerufen werden. Da aber alles einbeziehende und exzessive Schuldgefühle in der Depression so häufig und hervorstechend sind, ist es schwierig, sich nur auf das geänderte beobachtbare Verhalten zu konzentrieren, wenn man ätiologische Überlegungen anstellt. Es gibt zwar eine große Vielzahl psychoanalytischer Erläuterungen zur Depression, sie neigen jedoch alle dazu, die ambivalente Haltung der Patienten gegenüber der gestorbenen Person („lost object") und die daraus entspringenden Schuldgefühle und Selbstvorwürfe zu betonen, die bis zu dem Extrem auftreten können, daß der Patient sich für den Tod dieser Person verantwortlich hält und Bestrafung verdient. Patienten, die jemanden verloren haben, bringen sicherlich oft solche Gedanken vor, die das Ausmaß einer wahnhaften Überzeugung annehmen können. Wenn in leichteren Fällen keine bewußte Feindseligkeit oder Schuld vorhanden ist, so meinen die Psychoanalytiker, daß diese Gefühle doch im Unbewußten gegenwärtig sind.

Es sind viel weniger Tierversuche zum Problem der Depression als dem der Angst ausgeführt worden. Ein Grund dafür ist die Unsicherheit, ob es ein Analogon zur menschlichen Depression bei Tieren gibt. SENAY (1966) hat mögliche Versuchsmodelle erwogen und beschreibt ein Experiment, bei dem Hunde, nachdem sie nicht mehr täglich mit ihm zusammen waren, sich wie deprimiert verhielten. HEBB (1947) berichtet über einen „depressiven" Zustand bei Schimpansen, der offenbar möglich ist und spontan auftritt. Tiere, die in der Hierarchie absteigen, so behaupteten Ethologen, zeigen ein Verhalten, das einer Depression ähnelt. Es wäre sehr spekulativ, wenn man die in Konditionierungsversuchen nach Pavlov bei Tieren ausgelösten „hypnotischen" Zustände oder die „Hemmung" als mit der Depression zusammenhängend ansähe.

Die Behavioristen konzentrieren sich auf die beobachtbare Einengung und den Rückgang der Reaktionen. Die Einengung des Verhaltensrepertoires kann als Folge einer völligen Löschung operanter Reaktionen (Abulie) oder bei einem unangemessenen Belohnungssystem auftreten, wie SKINNER (1953) glaubt. Nach FERSTER (1965) kann die „Depression" aus einer plötzlichen Änderung der Reizsituation resultieren, so aus dem Verlust eines Angehörigen, von dem eine generalisierte Belohnung ausging, oder aus der plötzlichen Änderung der Belohnerkontingenzen oder Bestrafung durch Ausfall der positiven Belohner. Angst und Depression treten oft zusammen auf und sind möglicherweise dadurch bedingt, daß eine wirksame Vermeidungsreaktion bei gleichzeitigem Mangel an positiver Verstärkung fehlt. Faßt man die Depression in Begriffe des Lernens am Erfolg, so bleibt jedoch unerklärt, warum alle operanten Reaktionen in so weiten Bereichen so drastisch zurückgehen, ohne daß eine Belohnung völlig wegfällt oder ohne daß Bestrafung jede Aktivität unterdrückt. Vor kurzem hat sich LAZARUS (1968 a) eine ähnliche theoretische Formulierung zu eigen gemacht und beschreibt, wie man Depressionen klinisch behandeln kann.

Wenn in der klinischen Praxis zu Beginn einer Depression eine auffällige Umweltsituation gefunden wird, so ist diese meist ein Verlust von Personen oder von bedeutsamen „Objekten", wie z. B. eine Beziehung, Gesundheit, berufliche Stellung oder Geld. Aufgrund früherer Konditionierung könnte eine gesteigerte Empfindlichkeit gegenüber Verlusten und die Schwierigkeit, neue Beziehungen herzustellen oder sich neue Möglichkeiten für eine Bestärkung zu eröffnen, eingetreten sein. Viele Autoren (z. B. BOWLBY, 1961) haben darauf hingewiesen, wie wichtig die affektive Beziehung zwischen Mutter und Kind für die spätere Entwicklung des Kindes ist. Eine depressive Reaktion mag sich von daher als eine psychische Störung herleiten, man ist sich jedoch darüber nicht einig (z. B. WHO, 1962; DENNEHY, 1966; GRANVILLE-GROSSMAN, 1968). Lerntheoretisch würde man sagen, eine depressive Verstimmung, die durch einen Verlust entstanden ist, kann auf andere Reize generalisieren, so daß eine depressive Verstimmung auch durch viele andere Umweltsituationen ausgelöst werden kann, die direkt nichts mit einem Verlust zu tun haben. Depressive Reaktionen am Jahrestag des Todes eines Menschen (anniversary reactions) sind dafür ein gutes Beispiel.

Der Ursprung der sexuellen Deviationen ist unklar. Man nimmt eine multifaktorielle Genese an mit Faktoren wie Vererbung, Chromosomenanomalien, Gehirnläsionen, endokrinen Störungen, Persönlichkeitsstruktur und Umwelt. Bei Säugetieren und Menschen zeigen sich verschiedenste sexuelle Verhaltensweisen, einschließlich vorpubertärer homosexueller und aggressiver sexueller Aktivität. Diese Vielfalt und die unterschiedlichen kulturellen Einstellungen zum Sexualverhalten weisen auf die wichtige Rolle hin, die das Lernen in sozialen Situationen in der Festlegung des individuell bevorzugten Sexualverhaltens spielt. Manche Lerntheoretiker entwickeln im Sinne des Lernens-nach-einem-Versuch (one trial learning) folgendes Modell: die erste sexuelle Erfahrung könnte spätere sexuelle Interessen bestimmen, weil alle sexuelle Aktivität selbstverstärkend wirkt. Wenn dies jedoch so wäre, müßten homosexuelle Betätigungen bei Erwachsenen häufiger und wichtiger sein, als es tatsächlich der Fall ist. McGuire u. Mitarb. (1965) glauben, daß die Phantasie, die bei der Masturbation kurz vor dem Orgasmus benützt und verstärkt wird, die erste wirkliche sexuelle Erfahrung darstellt, und daß auf diese Weise gelernt wird. Der Vorteil dieser Theorie liegt in der Erklärung, wie stufenweise spezifische, sexuell erregende Reize festgelegt und andere gelöscht werden. Sie erklärt jedoch nicht, wie der erste sexuell erregende Reiz bestimmt wird. Aversive wie anreizende Konditionierungsvorgänge können jedoch einen Großteil des mannigfaltigen Sexualverhaltens begründen. Durch klassisches Konditionieren konnte Rachman (1966c) ein Analogon zum Fetischismus erzeugen. Dabei wurde das Bild von schwarzen knielangen Stiefeln immer zusammen mit dem Bild einer attraktiven nackten Frau gezeigt. Ähnliche Lernerfahrungen könnten dem Transvestitismus und dem Exhibitionismus zugrunde liegen. Jedoch ist der Drang nach gewöhnlichem heterosexuellen Geschlechtsverkehr ausgeprägt genug, so daß dieser die überwiegende sexuelle Betätigung des Großteils der Erwachsenen darstellt. Jemand, für den das nicht zutrifft, hat möglicherweise eine aversive Konditionierung auf heterosexuelle Geschlechtsbeziehung oder positive Verstärkung anderer sexueller Reaktionen erlebt. Ein Individuum kann in seinem Annäherungsverhalten unentschlossen sein, weil es das nicht gelernt hat (z. B. Harlows Affen) oder weil dieses Verhalten durch frühere Strafe oder Zurückweisung unterdrückt worden ist. Manchmal scheint abweichendes Sexualverhalten Zwangscharakter zu tragen, obwohl das subjektive Gefühl der Zwanghaftigkeit selten dabei auftritt. Diese äußere Ähnlichkeit brachte Metzner (1963) auf den Gedanken, daß manches abweichende Sexualverhalten dadurch entstanden und verfestigt sein könnte, daß es gleichzeitig eine Annäherungs- und eine Vermeidungsreaktion ist. „Zwanghaftes" Masturbieren tritt auf, wenn andere sexuelle Betätigungen bestraft wurden, so daß durch Masturbieren Strafe vermieden und gleichzeitig der Drang nach sexueller Betätigung vermindert wird. Bei der klinischen Beurteilung ist zu empfehlen, auch Umstände zu suchen, die heterosexuelle Betätigung hemmen, und nach Faktoren zu fahnden, die die Wahl anderer sexueller Aktivität bestimmen.

Bei psychischen Störungen sind meist Impotenz und Frigidität in verschiedener Ausprägung vorhanden. Sie können zusammen mit umschriebenen Syndromen, wie depressiven Verstimmungen oder Schizophrenie, auftreten. Häufig scheinen sie jedoch auf eine akute und vorübergehende Belastungsreaktion oder auf eine Neurose oder Persönlichkeitsstörung zurückzugehen. Im ersteren Falle ist es oft möglich, die Angst, die durch aversive Konditionierung entstanden ist, zurückzuverfolgen. Ein früheres Erlebnis von sexuellem Versagen, Schmerz, Kritik oder Schuld und Angst kann ausreichen, um eine Angstreaktion gegenüber späteren Versuchen zum Geschlechtsverkehr zu konditionieren.

Dort, wo Impotenz oder Frigidität mit anderen neurotischen Störungen einhergeht, hat wahrscheinlich eine weitergehende aversive Konditionierung stattgefunden, möglicherweise als Strafe und Konflikt im Zusammenhang mit heterosexueller Betätigung und zwischenmenschlicher Beziehung. Danach kann entweder auf andere sexuelle Aktivitäten, z. B. homosexuelle, ausgewichen werden, oder aber jede sichtbare sexuelle Betätigung unterdrückt werden.

Die Verhaltensstörungen des Kindesalters und die Psychopathien bei Erwachsenen können oft mit dem Lernen am Erfolg erklärt werden. Wutanfälle und anderes aggressives Verhalten können sich aus unangemessener Verstärkung entwickeln, wenn dabei „konstruktives" Verhalten nicht belohnt, jedoch „ungezogenes" Verhalten von den Eltern oder Lehrern beachtet wird. Für das Kind heißt „brav" sein dann, keine Beachtung und keine primären Belohner zu bekommen, während Unartigsein mit Belohnungen wie Süßigkeiten und liebender Zuwendung bedacht wird. Inkonsequente Verstärkung kann ein Kind ängstlich und zurückgezogen machen, weil es nicht weiß, ob sein Verhalten belohnt oder bestraft werden wird. In diesem ungewissen Zustand kann kein Unterscheidungslernen auftreten. Solche Situationen können zu starken emotionalen Reaktionen und ihren endokrinen Begleiterscheinungen führen (Mason u. Mitarb., 1966). Die Kindheit ist wahrscheinlich eine Zeit größerer Verletzbarkeit, da die noch nicht voll entwickelte Wahrnehmung und Sprache einem verfeinerten Diskriminationslernen hinderlich sind.

Strafbares und psychopathisches Verhalten von Jugendlichen und Erwachsenen kann ebenfalls durch unangemessene Verstärkungspläne unterhalten werden. Die sofortige Belohnung, die gestohlenes Geld oder ein Auto darstellen, und die Anerkennung durch die Freunde können ausreichen, um jede spätere Bestrafung in Form einer Geldstrafe oder von Gefängnis aufzuwiegen. In den meisten Untersuchungen über Delinquenten und Psychopathen werden gestörte Familienverhältnisse häufiger als erwartet gefunden, was die wichtige Funktion der Erziehung unterstreicht, wenn auch genetische Einflüsse nicht ausgeschlossen werden können. Nach Eysenck sind Psychopathen neurotische Extravertierte, bei denen das Zusammentreffen von emotionaler Reaktionsbereitschaft und langsamem Konditionieren das Lernen erwünschter sozialer Gewohnheiten verhindert. Er gibt einige Belege dafür, daß Psychopathen durch Neurotizismus und Extraversion charakterisiert sind.

Wegen ihres häufigen Vorkommens, des langen Leidens und der Defektzustände, die sie oft bedingt, ist die Schizophrenie in ihrer Ätiologie heute das größte Problem in der Psychiatrie. Es gibt dazu genügend Hypothesen, die sich in genetischen, neurophysiologischen, biochemischen, psychologischen oder soziologischen Modellen niedergeschlagen haben. Es ist nicht möglich, irgend etwas über die Ätiologie auszusagen, was nicht von einigen Psychiatern verworfen werden würde. Daß jedoch genetische Faktoren wichtig sind, daß die Schizophrenie gelegentlich mit zerebralen Schäden verbunden und daß ein ähnliches oder fast identisches Syndrom oft bei einer Temporallappenepilepsie, einer Amphetaminvergiftung oder im Gefolge einer akuten oder langdauernden Umweltbelastung auftritt, würde von vielen Psychiatern bejaht. Es ist im Vergleich zu den Neurosen nur selten versucht worden, die Lernprinzipien für die Formulierung der Schizophrenie anzuwenden. Wahrscheinlich liegt das daran, daß die meisten Verhaltenstheoretiker mehr dazu neigen, eine primär organische Störung anzunehmen, obwohl Psychoanalytiker, Existenzialisten und Vertreter der Sozialpsychiatrie oft anhand der früheren Lebenserfahrung des Patienten eine wesentliche Erklärung für den Inhalt und den Erlebniswert der Welt des Schizophrenen geben konnten (z. B. SULLIVAN, 1955; JUNG, 1960; LAING, 1960; LIDZ u. Mitarb., 1966).

Viele Psychiater unterscheiden eine Kernschizophrenie von schizophreniformen Psychosen. Im Falle der Kernpsychose soll die Störung aufgrund der Persönlichkeit und der Vorgeschichte des Patienten nicht verstehbar und die Prognose schlecht sein, und es wird eine primäre organische Störung des Gehirns vermutet. Die schizophreniformen Psychosen umfassen dagegen eine Reihe von Störungen, deren Psychopathologie zwar sehr der Schizophrenie ähneln, die aber als die Reaktion einer bestimmten Person auf eine bestimmte Lebenserfahrung verstanden werden können. Bei dieser Art der Störung können Lernprozesse natürlich wichtig sein. Man kann jedoch keine klare Grenze zwischen Kernschizophrenien und „schizophrenieähnlichen" Störungen ziehen, und die Auffassung von einer „wahren" Schizophrenie, die auf einer Gehirnerkrankung beruht, ist nach wie vor eine Hypothese.

Schizophrene Patienten können Störungen im Bereich der Aufmerksamkeit, der Wahrnehmung, des Denkens und Erkennens, des Affekts und der Motivation aufweisen. Das heißt, für einen Beobachter scheinen sie auf ihre Umwelt nicht angemessen zu reagieren. Nach BLEULER (1950) sind vier fundamentale Symptome immer vorhanden: Denkstörungen, Störungen der Affektivität, ein Überwiegen der Phantasie über die Wirklichkeit und eine Neigung, sich aus der Realität zurückzuziehen. Träumen, Reizentzug (sensory deprivation) und Schlafentzug können zu Zuständen führen, in denen phantasiebetontes autistisches Denken mit Lockerung der Assoziationen, lebhafte Vorstellung, Wahnideen und halluzinatorische Phänomene auftreten. Diese Zustände haben eine Herabsetzung der äußeren sensorischen Reizung und eine Verringerung der zerebralen Erregung gemeinsam; sie unterscheiden sich in einiger Hinsicht von der Schizophrenie, enthalten aber auch einige andere Aspekte der schizophrenen Erfahrung. Geringe zerebrale Erregung soll zu einer Störung der selektiven Aufmerksamkeit führen, was wiederum bedingt, daß phantasiebetonte innere Merkmale ins Bewußtsein dringen. Andererseits führen auch hohe Grade zerebraler Erregung (z. B. Panikzustände oder LSD-Vergiftung) zu Störungen der selektiven Aufmerksamkeit, wodurch der Betreffende mit äußeren Reizen, die er nicht filtert, überschwemmt zu sein scheint. Wahrscheinlich gibt es daher eine optimale Stufe der zerebralen Erregung, die für die Aufnahme sensorischer Reize aus der Umwelt am günstigsten ist, und höhere oder niedrigere Stufen der zerebralen Erregung stören die verarbeitenden zentralen Prozesse. Modellpsychosen, die mit herabgesetzten Wahrnehmungsreizen einhergehen, seien Beispiele für zu niedrige Erregung, wohingegen die Psychosen, die durch Halluzinogene ausgelöst worden sind, und die Schizophrenie Beispiele einer zu hohen zerebralen Erregung seien (LUBY u. GOTTLIEB, 1968).

Bleuler glaubt, daß viele Symptome der Schizophrenie den Versuch darstellen, sich einer durch Assoziationsstörungen und Störungen der Affektivität verursachten untragbaren Situation anzupassen. Er neigte der Hypothese von einem primären Gehirnprozeß zu, schloß jedoch die Möglichkeit, daß er psychisch bestimmt wird, nicht aus. Wenn auf Umgebungsreize nicht geachtet oder besonders empfindlich reagiert wird, könnte man das als die Folge einer Störung in der Physiologie des Gehirns oder der Wahrnehmung ansehen, die wiederum durch gestörte spezifische Sinne bedingt ist. Z. B. meint CHAPMAN (1966), daß feinste Störungen in der Wahrnehmung und Aufmerksamkeit vor Beginn eindeutiger schizophrener Symptome gefunden werden können. Halluzinationen und paranoide Ideen können zusammen mit Blindheit oder Taubheit auftreten. Aufmerksamkeit, Wahrnehmung, begriffliches Denken und Motivation sind weitgehend vom Lernen beeinflußt. Schizophrene Erfahrung kann also auch ein Lernergebnis sein, wobei der Patient auf die Umgebung in einer offenbar absurden Weise oder durch „Flucht in die Phantasie" reagiert, weil alle Leute in der Umgebung sich widersprüchlich und verwirrend ihm gegenüber benommen haben oder seine Wahrnehmung der Umwelt verzerrt ist. Untersuchungen über das Familienleben in der Kindheit des schizophrenen Patienten und die Art, wie die Familienmitglieder miteinander umgingen, zeigen häufig gestörte Beziehungen. Das hat Bateson zu seiner double-bind-Hypothese (Bateson u. Mitarb., 1956) gebracht, Lidz zur Beschreibung der Spaltung und Strukturverschiebung in der Ehe veranlaßt, und dazu geführt, daß man den Zusammenhang zwischen gestörter Familienkommunikation und der Art der Denkstörung beim Schizophrenen untersucht hat (Singer u. Wynne, 1965). Es wäre wichtig zu wissen, inwieweit Symptome der Schizophrenie als gelernte Reaktionen auf so ungünstige frühe Einflüsse und als Vermeidungsreaktion mit Flucht in die Phantasie erklärt werden können. Kirk (1968) hat ein Modell entworfen, um die schizophrenen Phänomene zu erklären. Dieser Zustand resultiere aus einer komplexen Interaktion zwischen dem Kind, das seine Wahrnehmungsstörungen nicht kennt, und den Eltern, die ein daraus folgendes Rollenhandicap haben.

Mit den Techniken des operanten Konditionierens hat man das Verhaltensrepertoire des schizophrenen Patienten erforscht. Sehr vieles im Verhalten Schizophrener scheint nicht unter operanter Kontrolle zu sein, weil zu Beginn die Patienten oft auf primäre oder soziale Belohnung nicht ansprechen. Wenn das psychotische Verhalten durch Lernen entstanden ist, muß es bis zu einem Grade zu verwüstenden und bleibenden Veränderungen geführt haben, so daß es durch die Belohnungsbedingung der Hospitalisierung aufrechterhalten werden kann. Mit zunehmender Erfahrung über das operante Konditionieren bei Schizophrenen hat man mehr über das Verhaltensdefizit erfahren. Mit denselben Techniken konnte Ferster (1961) das Verhaltensrepertoire autistischer Kinder verbessern. Er sieht den kindlichen Autismus als die Folge mangelhaft entwickelter sekundärer und generalisierter Verstärker, da diese nicht in passender Weise mit primären Verstärkern gepaart worden sind.

Nach Skinner und anderen Autoren (Skinner, 1953; Lindsley, 1960; Ferster, 1965) könnten alle psychiatrischen Symptome auf eine unangemessene Belohnungserfahrung zurückgeführt werden. Die Symptome werden als operante Reaktionen angesehen, die wegen einer unangemessenen oder unangebrachten Belohnung auftreten. Diese falsche Belohnung hindert den Patienten daran, andere Reaktionen auszuführen, die ihm in seiner Umgebung verfügbare Belohner einbringen würden. Dies ist eine extreme Auffassung vom Einfluß der Umwelt, die einen heuristischen Wert hat, wenn sie zu einer sorgfältigeren und umfassenderen Analyse des Einflusses führt, den die Belohnung von sichtbaren operanten Reaktionen auf das Verhalten hat. Ein sorgfältiges Studium von Skinners Werk zeigt jedoch, daß die Bedeutung von Größen wie Vererbung und Reifung anerkannt wird. Wenn auch die „black box“ nicht ausdrücklich geöffnet worden ist, so kommen doch die Handhabung der Gedanken und Gefühle als innere operante Reaktionen (covert operant responses) und die hypothetische S-R-Kette in der Sprache einer Beschreibung von zentralen Vorgängen oder Geist (mind) sehr nahe. In jüngerer Zeit haben die Lerntheoretiker mediierende Vorgänge mehr beachtet (Osgood, 1953; Mowrer, 1960). Die S-R-Theorie ist zumindest eine S-O-R- oder S-R-S-R-Theorie. Bis vor kurzem, so Hebb (1958), haben Lerntheoretiker der Bedeutung zentraler Prozesse nur Lippendienste erwiesen, diese Vorgänge aber totgeschwiegen. Denken und Phantasie beachtet man zunehmend (z. B. Hefferline, 1962; Staats u. Staats, 1963; Homme, 1965). Die Wichtigkeit dieser „privaten Ereignisse ist offensichtlich, wenn auch deren Einfluß schwerer zu erforschen ist als der von sichtbaren Verhaltensweisen. Techniken des Lernens am Erfolg können „psychotisches Verhalten" ändern, wie demonstriert worden ist (Ayllon u. Mitarb., 1965); dies gelang nur an einem Teil der Patienten, und es ist ein sehr mühsames Verfahren. Wenn man ein Verhalten durch operantes Konditionieren ändern kann, heißt das jedoch nicht, daß es auf dieselbe Weise auch entstanden sei. Vor kurzem hat Davison (1967) dies betont und zitiert dabei Rimland (1964), daß nämlich solch eine Folgerung dem Schluß gleich käme, die Ursache von Kopfschmerzen, weil sie durch Aspirin zu beheben sind, in einem Mangel an Aspirin zu sehen.

Wir haben in diesem Kapitel den Standpunkt einer Zweifaktorenlerntheorie eingenommen und die Betonung auf vermittelnde Prozesse gelegt, weil sie uns den theoretischen Rahmen zu liefern scheinen, in dem die experimentellen und klinischen Daten untergebracht werden können. Wie Kimble (1961) zeigt, ist es unmöglich, in Experimenten klassisches Konditionieren von operantem Konditionieren völlig zu unterscheiden. Es erschiene deshalb nicht klug, alle Verhaltensstörungen allein mit operantem Konditionieren erklären zu wollen. Manchmal ist es leichter, psychische Störungen als genetische oder neurophysiologische Vorgänge aufzufassen, doch sollte man auch versuchen, sie als Verhaltensstörungen zu beschreiben.

Zum Schluß dieses Kapitels möchten wir die Stärken, Schwächen und die praktischen Anwendungsmöglichkeiten der lerntheoretisch ausgedrückten Ätiologie psychischer Störungen aufzeigen. Es gibt keine einzelne Lerntheorie, die alle experimentellen Ergebnisse der Lernversuche erklärt. Einander ähnliche Daten können durch verschiedene Theorien erklärt werden, und ein entscheidendes Experiment ist oft nicht möglich. So können z. B. die Begriffe von Gewohnheit und Antrieb oft durch die Begriffe Erwartung und Bewertung ersetzt werden. Folglich wird das Lernen von „abnormen" wie „normalem" Verhalten von einer Vielzahl theoretischer Formulierungen ableitbar sein. Teilweise vorwegnehmende Reaktionen und vermittelnde Vorgänge scheinen sich auf ähnliche Prozesse, die man indirekt erschließt, zu beziehen. Es wäre mißverständlich, beim heutigen Stand der Lerntheorie davon zu sprechen, daß die verhaltenstherapeutische Formulierung psychischer Störungen von der „modernen Lerntheorie" hergeleitet sei. Je mehr sie von einer einzelnen theoretischen Richtung abgeleitet ist, um so wahrscheinlicher ist sie nur beschränkt anwendbar.

Die Hypothese von den neurotischen oder anderen psychiatrischen Symptomen als erlernten Verhaltensweisen bleibt eine Hypothese. Sie wird gestützt durch die Tierversuche, in denen bei einem Teil der Tiere durch Konditionieren ein Verhalten ähnlich dem bei menschlichen Neurosen hervorgerufen und abgeändert werden konnte. Einige akute traumatische Neurosen bei Menschen zeigen Anklänge an experimentelle Tierneurosen. Lernvorgänge können bestehende psychische Symptome abändern. Keines dieser Ergebnisse liefert uns jedoch den direkten Beweis, daß psychische Störungen primär auf Lernen zurückgehen. Genetische und organische Vorgänge sind notwendige und zureichende Bedingungen für einige psychische Störungen, und es ist unmöglich, sie bei den funktionellen psychischen Störungen als nichtbeteiligt auszuschließen.

Formulierungen, die von Verhaltensanalysen in Tierexperimenten hergeleitet sind, sind notwendigerweise zu begrenzt, um die Vielfalt des menschlichen Verhaltens zu umfassen. Das Modell des „neurotischen" Verhaltens bei Tieren stützt sich sehr auf aversives Konditionieren und das Konzept der konditionierten Furcht. Die Wirkung, die die verlängerte Abhängigkeits- und Reifungsperiode der Kindheit hat, und die besondere Chance, die dadurch dem Einfluß von widrigen Erfahrungen auf die Persönlichkeitsentwicklung und das Erwachsenenverhalten gegeben wird, werden nicht herausgehoben. In ähnlicher Weise ist es unwahrscheinlich, daß Sprache, Begriffsbildung und Phantasie nicht eine wichtige Rolle im Lernen und Verhalten des Menschen spielen. SCHACHTER (1964) hat z. B. gezeigt, welchen Einfluß kognitive Faktoren für das Individuum haben, wenn es seinen Gefühlszustand erkennen will. Innere Vorgänge, wie eine Tachykardie, können, entsprechend den vorherrschenden Umweltverhältnissen, als Freude oder Ärger erlebt werden. Auch scheint die komplexe soziale Struktur der Menschen eine sehr wichtige Größe bei der Festlegung des Verhaltens zu sein. Manche Lerntheoretiker neigten dazu, individuelle Unterschiede in der Persönlichkeitsstruktur zu vernachlässigen.

Die Verhaltenstherapeuten sind sich bei zunehmender klinischer Erfahrung mit der Verhaltenstherapie immer mehr den Grenzen ihres ursprünglichen theoretischen Modells bewußt geworden. Eine psychische Störung kann sich in jeder Art von Verhalten oder subjektivem Erleben äußern. Deshalb muß man das ganze Gebiet der experimentellen Psychologie berücksichtigen, das Erkenntnis (cognition), Wahrnehmung und Motivation genauso einschließt wie die Lernvorgänge. Genauso wenig darf man das Wissen auf den benachbarten Gebieten der Neurophysiologie, Biochemie und Pharmakologie vernachlässigen. Wegen dieser Kritiken sollte man jedoch die Verhaltenstherapie nicht völlig ablehnen. Sie braucht sicher eine Änderung, jedoch kann man vieles Positive für einen Beginn mit möglichst einfachen Modellen vorbringen und für den Versuch, wie weit man damit auch komplexere Phänomene erklären kann. Die Verhaltenstheorie hat sich bereits als ein fruchtbarer Impuls für die Forschung und für die Neubeurteilung der bestehenden Behandlungsmethoden erwiesen.

Es ist leichter, diskrete Symptome wie Phobien entsprechend den Lernprinzipien zu erläutern, als komplexe Neurosen und Persönlichkeitsstörungen. Daraus folgt jedoch nicht, daß bei ihrem Zustandekommen Lernprozesse nicht beteiligt sind, wie einige Autoren meinen (z. B. Fish, 1964). Konditionierung höherer Ordnung, Generalisation, durch Reaktionen ausgelöste Reize und Vermeidungsreaktionen können „Verdrängung", „zugrunde liegende Konflikte" und Störungen im Kontakt mit anderen Menschen, wie sie bei vielen Neurosen vorhanden sind, erklären. Wie Dollard u. Miller (1950) gezeigt haben, kann man eine Sprachbrücke von den verschiedenen Lerntheorien zu der psychoanalytischen Theorie schlagen. Dies hat einige Psychotherapeuten zu dem Hinweis veranlaßt, die Verhaltenstherapeuten entdeckten „altbekannte psychodynamische Prinzipien". In gewissem Sinne ist dies wahr und auch nicht einmal überraschend. Beide versuchen, dieselben klinischen Phänomene zu erklären. Beide erkennen konstitutionelle Gegebenheiten und die Vorgeschichte an und versuchen, die vorhandenen psychiatrischen Symptome auf die Interaktion zwischen dem Patienten und seiner Umwelt zu beziehen. Wie schon erwähnt, liegen die Hauptunterschiede darin, daß die Verhaltenstherapeuten nicht glauben, der Ödipuskomplex sei ein universaler psychischer Konflikt, oder daß er immer die Hauptquelle für Konflikte im Erwachsenenalter ist. Sie glauben nicht, daß die Form der Neurose des Erwachsenen immer durch Kindheitserlebnisse geprägt ist, wohingegen die psychoanalytische Theorie daran festhält, daß nur die akute (traumatische) Neurose des Erwachsenen nicht durch Kindheitserfahrung bestimmt wird.

Neben diesen theoretischen Überlegungen liegt eine unterschiedliche Betonung auf der Methode. Der Behaviorist sucht eben eher nach einer Beziehung der vorhandenen Symptome zu den Umweltreizen, von denen sie abhängen. Das verhaltenstherapeutische Vorgehen kann eher dazu führen, die besondere Belastung, auf die hin das gegenwärtige Symptom als gelernte Reaktion auftrat, zu erkennen. Jedoch ist es nicht immer möglich, die Entstehung der Symptome mit einiger Sicherheit zurückzuverfolgen. Die Ätiologie psychischer Störungen scheint äußerst komplex zu sein, und unser verfügbares Wissen ist beschränkt. Es sind aber genügend Hinweise dafür gesammelt worden, daß die Lernprinzipien einen fest umrissenen Beitrag zum Verständnis des Entstehens und Fortbestehens von Verhaltensanomalien darstellen.

KAPITEL 4

Theorie und Methoden der Behandlung

Da die Verhaltenstherapie psychische Störungen als gelernte Verhaltensweisen auffaßt, sollten die Prinzipien des Lernens auch den Weg zur Behandlung zeigen. Eine direkte Änderung der Symptome wird angestrebt, indem der Patient unangepaßtes Verhalten verlernt und angepaßtes erlernt. Bisher sind die verschiedenen Behandlungsmethoden nur schwer in befriedigender Weise klassifizierbar. Zum Teil ist das durch die verwirrende Terminologie bedingt. Dieselbe Behandlungstechnik kann einmal nach ihrer vermuteten theoretischen Grundlage, zum anderen nach den benutzten Behandlungsweisen benannt werden. In diesem Kapitel werden die wichtigsten Behandlungsmethoden der Verhaltenstherapie beschrieben. Es wird eine deskriptive Einteilung vorgenommen, wenn auch die als zugrunde liegend angenommenen Vorgänge diskutiert werden.

Konditionieren unvereinbarer Reaktionen

Mit den Behandlungsmethoden, die unter diese Kategorie fallen, zielt man darauf ab, auf Reize hin, die früher Symptome hervorgerufen hatten, erwünschte und angepaßte Reaktionen aufzubauen. Das zugrunde liegende Prinzip ist das Gegenkonditionieren (counter-conditioning). Dabei wird eine neue Reaktion, die mit der bisherigen Reaktion auf den Reiz unvereinbar ist, erlernt und bestärkt, und auf diese Weise wird die bisherige Reaktion beseitigt. Bei vielen neurotischen Zuständen sind Behandlungstechniken, die auf dem Gegenkonditionieren beruhen, angewandt worden.

Direkte Übung in lebensnahen Situationen

Die Arbeiten von Mary Cover Jones (1924 a und b) über die Behandlung von Kindern mit Phobien zeigten, wie wertvoll eine Dekonditionierung der Angst ist, und sie bahnte damit den Weg für bessere Techniken, mit denen angstbedingte Symptome angegangen werden können. Der Vorgang ist gut an der Behandlung von Peter, der eine Furcht vor Kaninchen hatte, zu zeigen. Peter bekam etwas zu essen, währenddessen der Versuchsleiter ein Kaninchen in einem Käfig in das Zimmer brachte. Der Käfig wurde in ausreichender Entfernung belassen, so daß Peter weiteraß. Allmählich brachte man den Käfig näher und ließ schließlich das Kaninchen frei, während Peter immer noch aß. Die Furchtreaktion vor dem Kaninchen war durch Essen in der

Gegenwart des Tieres ersetzt worden. Zunächst kann die positive Reaktion des Essens nur erreicht werden, wenn das gefürchtete Objekt weit genug entfernt ist. Allmählich aß Peter auch, wenn das Kaninchen näher gebracht wurde, eine Folge der Reizgeneralisation.

Man hat das Prinzip, eine der Angst entgegengesetzte Reaktion aufzubauen, indem man schrittweise die Intensität oder Nähe des ursprünglich gefürchteten Reizes steigerte, genutzt, um irrationale Ängste bei Kindern (JERSILD u. HOLMES, 1935) und Phobien bei Erwachsenen (MEYER, 1957; MEYER u. GELDER, 1963; MARKS u. GELDER, 1965; GELDER u. MARKS, 1966) zu behandeln. Die Methode, die manchmal allmähliche Gewöhnung oder Tolerierung genannt wird, besteht in einer schrittweisen Darbietung des gefürchteten Objekts oder der gefürchteten Situation. Oft wird gar keine besondere Anstrengung unternommen, um eine der Angst entgegengesetzte Reaktion einzuführen. Es wird angenommen, daß die Gegenwart des Therapeuten angenehme Gefühle in dem Patienten weckt, die mit Angst unvereinbar sind. Agoraphobiker müssen zunehmende Entfernungen zurücklegen, zunächst mit dem Therapeuten, dann allein. Patienten mit Klaustrophobie werden in immer engere Räume gebracht. Einem Patienten mit einer Katzenphobie wurde folgende Reizhierarchie gegeben: zunächst Gegenstände, die in Qualität und Aussehen einem Katzenfell zunächst sehr unähnlich, dann ganz ähnlich sahen, eine Spielzeugkatze, Bilder von Katzen, ein lebendes Kätzchen, das der Patient schließlich zur Pflege mit nach Hause nahm (FREEMAN u. KENDRICK, 1960). Man erwartete, daß der Patient mit immer weniger Angst auf das Kätzchen reagieren werde und daß dieses Verhalten auf andere Kätzchen und Katzen generalisieren würde.

Wenn man mit praktischer Übung behandelt, muß man sorgfältig alle wichtigen angstauslösenden Reize vom Patienten erfragen, damit sie erkannt und entsprechend ihrer Intensität abgestuft werden können. Man stellt dann eine Hierarchie der Reize auf, wobei der Patient die Situation entsprechend der Angst, die er vor ihnen empfindet, einstuft.

Systematische Desensibilisierung in der Vorstellung

WOLPE (1958) entwickelte viele verschiedene Behandlungsmethoden, die auf folgendem Prinzip beruhten: „Wenn eine der Angst entgegengesetzte Reaktion in Gegenwart eines angstauslösenden Reizes hervorgerufen werden kann, so daß der Reiz mit einer völligen oder teilweisen Unterdrückung der Angstreaktion einhergeht, wird die Verbindung zwischen solchen Reizen und den Angstreaktionen geschwächt werden." In dem Vorgehen ist das Gegenkonditionieren von Reaktionen, die mit Angst unvereinbar sind, enthalten. Um dieses Prinzip zu erklären, schlug Wolpe den Begriff der reziproken Hemmung (reciprocal inhibition) vor, einen Begriff, der zuerst von Sherrington im Zusammenhang mit den spinalen Reflexen verwendet worden war. Wolpe weitete dieses Konzept aus, um auch komplexere neurophysiologische Vorgänge einzubeziehen – auf jede Situation, „in der das Auslösen einer Reaktion die Stärke, mit der eine ähnliche Reaktion hervorgerufen werden kann, zu schwächen scheint." Er nahm darüber hinaus an, daß eine konditionierte Hemmung der ursprünglichen Reaktion eintreten würde, wenn die unvereinbare Reaktion zu einer Antriebsminderung führt.

Wolpe hat verschiedene Reaktionen, die mit Angst unvereinbar sind, vorgeschlagen und hat eine Reihe von Behandlungsmethoden entwikkelt, die auf dem Prinzip der reziproken Hemmung basieren. Muskelentspannung wurde am häufigsten als eine der Angst entgegengerichtete Reaktion verwendet und bildet die Grundlage der „systematischen Desensibilisierung" von Symptomen, die mit Angst einhergehen. Der Vorteil dieser Methode gegenüber dem Üben in lebensnahen Situationen liegt darin, daß sie im Untersuchungszimmer ausgeführt werden kann und damit das zeitraubende und oft schwierige Suchen nach geeigneten, gestuften, lebensnahen Angstreizen erspart wird.

Hier soll das Vorgehen bei der systematischen Desensibilisierung nur kurz beschrieben werden, da ausführliche Erläuterungen schon veröffentlicht worden sind (WOLPE, 1961; WOLPE u. LAZARUS, 1966). Nehmen wir eine isolierte Spinnenphobie als Beispiel. Es wird eine genaue Vorgeschichte von dem Patienten erhoben, wobei die Eigenschaften des phobischen Reizes besonders beachtet werden, die die Intensität der Angstreaktion beeinflussen. Bei der Spinne können die bedeutsamen Dimensionen die Größe, die Farbe, die Bewegung und die Nähe sein, so daß um so mehr Angst ausgelöst wird, je größer, dunkler und näher die Spinne ist und je mehr sie sich bewegt. Wenn man das weiß, so ist es möglich, eine gestufte Hierarchie von Punkten (items) aufzustellen, die bei wenig angstauslösenden Reizen beginnt, wie einer kleinen, hellen, in fünf Meter Entfernung stillsitzenden Spinne, und bis zu solchen Punkten fortschreitet, die höchste Angst auslösen, wie eine große schwarze Spinne, die sich auf dem Gesicht des Patienten bewegt. Diese Punkte werden auf Kärtchen notiert, und der Patient wird gebeten, sie zu stufen. Die Konstruktion einer Hierarchie ist meist nach ein bis drei Sitzungen beendet.

Während der ersten Sitzung wird dem Patienten beigebracht, sich zu entspannen, in der Regel in einer abgekürzten Form von JACOBSONS Methode (1938), wobei der Patient bestimmte Muskelgruppen erst von gespannten und entspannten Muskeln einzuschätzen lernt. Meistens wird der Patient gebeten, die Entspannungsübung zu Hause fortzusetzen. Die Therapeuten benutzen verschiedene Techniken, um eine Entspannung zu erreichen. Einige benutzten Suggestionen (WOLPE, 1958; STAFFORD CLARK, 1963) oder Abwandlungen des autogenen Trainings (SCHULTZ u. LUTHE, 1959). Eine Hypnose ist jedoch nicht erforderlich und kann bei solchen Patienten weggelassen werden, die nicht leicht zu hypnotisieren sind oder sich dagegen wehren. Die Desensibilisierung wird begonnen, wenn der Patient sich ausreichend entspannen kann. Der Patient soll sich in der gelernten Weise entspannen und immer, wenn er sich ängstlich oder sich in seinem Zustand verändert fühlt, dies durch Heben des Zeigefingers anzeigen. Dann wird er gebeten, sich eine neutrale Szene, die keine Angst auslöst, vorzustellen und dann ein oder zwei der niedrigsten Punkte in der Hierarchie. In der ersten Sitzung mit Desensibilisierung versucht man herauszufinden, wie schnell und lebhaft sich der Patient die Punkte vorstellen kann, und wie er sich während der Vorstellung fühlt. Bei den folgenden Sitzungen hält man sich an ein ähnliches Vorgehen. Üblicherweise beginnt man mit dem schwierigsten Punkt der letzten Sitzung, der keine Angst mehr hervorgerufen hatte. Wenn er keine Angst auslöst, bietet man den nächsten Punkt dar, und der Vorgang wiederholt sich, bis sich der Patient den schwierigsten Angstreiz ohne Angst vorstellen kann.

Lazarus (1964) wies auf „entscheidende Faktoren im Vorgehen" hin und schlug einen „logischen und folgerichtigen modus operandi" für die Desensibilisierung vor. Am wichtigsten ist es, eine tiefe Entspannung die ganze Sitzung hindurch beizubehalten, damit nicht der Vorgang der Desensibilisierung selbst Angstqualitäten annimmt. Wenn der Patient Angst signalisiert oder der Therapeut Zeichen einer körperlichen Beeinträchtigung während der Darbietung des ersten Punktes bemerkt, muß der Patient die Vorstellung beenden und sich erneut tiefer entspannen. Manchmal wird der Patient zusätzlich gebeten, sich eine beruhigende Szene vorzustellen. Dann wird der Punkt in der Hierarchie erneut angeboten. Wenn noch Angst auftritt, wird wieder tief entspannt und die Hierarchie auf leichtere Szenen ausgedehnt, die dem Patienten mit Erfolg dargeboten werden können. Wenn auf einen bestimmten Punkt wiederholt Angst auftritt, kann man Punkte erneut darbieten, die schon gemeistert worden waren. Wenn der neue Punkt weiterhin Angst hervorruft, ist man gezwungen, Zwischenpunkte einzufügen, damit die Desensibilisierung in noch mehr Schritten vor sich geht. Die Sitzung sollte nicht mit einer Angstperiode abgeschlossen werden, weil der letzte Punkt bei allen Lernvorgängen gut behalten wird und es eine längere Zeit dauern kann, bis die Angst gelöscht ist. Deshalb gibt man zum Schluß der Sitzung meist einen leichteren Punkt der Hierarchie.

Bei den ersten Darbietungen der Punkte soll die Szene nur wenige Sekunden lang vorgestellt werden. In der Folge wird die Zeit ausgedehnt, bis die Vorstellung fünfzehn Sekunden ohne Angst gehalten werden kann. Natürlich muß die Dauer entsprechend der Zeit, die der Patient braucht, um eine lebhafte Vorstellung der Szene zu bekommen, variiert werden. Die Vorstellungsdauer wird auch von der Art der Szene abhängen. Um sich einen Blitz vorzustellen, reichen wenige Sekunden aus, dagegen bedarf die Vorstellung von einem Spaziergang von mehreren hundert Metern einiger Minuten. Der zeitliche Abstand zwischen der Darbietung der Punkte beträgt meist wenige Sekunden, wenn keine Angst auftritt, oder aber, wenn Angst aufgetreten war, die Zeit, die man zur erneuten Entspannung braucht.

Für die Zahl der Punkte, die in einer Sitzung dargeboten werden, gibt es keine festen Regeln. Die zur Verfügung stehende Zeit und die Ausdauer des Patienten sind ausschlaggebend. Die Anfangssitzungen dauern 20 bis 30 Minuten zwei- bis dreimal pro Woche. WOLPE (1961) stellt fest, daß fast immer der Grad, in dem die Angstreaktion auf reale Reize vermindert ist, davon abhängt, wie weit die Desensibilisierung fortgeschritten ist, gleichgültig, ob nun die Sitzungen massiert oder mit großen Abständen vorgenommen werden. Eine Studie von RAMSAY u. Mitarb. (1966) ergab jedoch, daß verteilte Sitzungen wirksamer sind.

Bei den meisten Patienten fallen die angstauslösenden Reize entsprechend ihrer Thematik in verschiedene Gruppen, und es ist daher nötig, mehr als eine Angsthierarchie zu erstellen. In diesem Falle ist es üblich, wenige Punkte von jeder Hierarchie in einer Sitzung darzubieten.

Die Desensibilisierung in der Vorstellung muß meist mit jedem Patienten individuell durchgeführt werden. LAZARUS hat vor kurzem (1961b, 1968e) die Desensibilisierung von Patienten in Gruppen beschrieben. Patienten mit der gleichen Phobie (z. B. Klaustrophobie) wurden nach der gleichen Hierarchie desensibilisiert. In einer Gruppe mit verschiedenen Phobien wurden jedem die Punkte seiner Hierarchie auf Zetteln ausgehändigt. PAUL u. SHANNON (1966) und KONDAS (1967a) wandten Gruppendesensibilisierung bei Personen mit Examensangst und Angst vor öffentlichen Reden an.

Vor kurzem führten MIGLER u. WOLPE (1967) eine „automatisierte Desensibilisierung“ bei der Behandlung von Patienten mit Angst vor öffentlichem Reden ein. Die Anweisung zur Entspannung und Desensibilisierung war in der Stimme des Patienten mit einem speziellen Tonbandgerät aufgenommen worden. Der Patient nahm das Tonbandgerät mit nach Hause und desensibilisierte sich selbst. Wie WOLPE berichtet, hat Lang mehrere Personen mit einer Schlangenfurcht mittels Tonband behandelt.

Die Desensibilisierung wurde meist allein in der Vorstellung ausgeführt. Aber man hat sie auch manchmal mit einem stufenweisen Training in vivo kombiniert oder man hat in entspanntem Zustand mit der Darbietung realer Reize desensibilisiert (MARKS u. GELDER, 1965; MEYER u. CRISP, 1966).

Manche Therapeuten benutzten Medikamente anstelle oder zusätzlich zur Entspannung nach JACOBSON. WOLPE schlug vor, Tranquilizer wie Meprobamate oder Chlorpromazin zu verwenden und hat Codeinphosphat angewandt. Eine Prämedikation in Form von Pethidinen oder Scopolamin wurde von RACHMAN (1957) benutzt. LAZARUS (1959) gab Barbiturate und bei Kindern Tranquilizer (Phenalglycodal), und FRIEDMAN (1966a) spritzte ein Kurznarkotikum. Die Vorteile der letzteren Methode sollen in der schnellen Wirkung, dem Fehlen von sedierender Nachwirkung und in der leichten Regulierbarkeit der Entspannungstiefe liegen. Dazu muß jedoch die Kanüle während der Sitzung intravenös liegenbleiben, damit man je nach Bedarf die Dosis erhöhen kann.

Als häufigste Reaktion in der systematischen Desensibilisierung wurde die Muskelentspannung benutzt, ob mit oder ohne zusätzliche Medikation. Seltener machte man Gebrauch von Gefühlsvorstellungen, Essen, sexuellen, selbstbehauptenden oder angsterleichternden Reaktionen. Essen als Reaktion nutzte LAZARUS (1959) zur Behandlung von Phobien bei Kindern. LAZARUS u. ABRAMOVITZ (1962) berichteten über die Anwendung von „Gefühlsvorstellungen", die in der Lage waren, positive Gefühle hervorzurufen.

Zwei andere Reaktionen sah WOLPE als mit Angst unvereinbar an und setzte sie therapeutisch ein. Sexuelle Reaktionen wurden angewandt, um der Angst entgegenzuwirken, die sexuellen Störungen wie partieller Impotenz zugrunde liegen soll. Der Patient soll sexuelle Beziehungen nicht aufnehmen, bevor er nicht sexuell stark erregt ist und eine volle Erektion hat. Wenn der Patient diesen Anweisungen folgen kann, sollte die Erwartungsangst, wie er sie in früheren „Situationen mit sexuellem Kontext" erlebt hat, nicht mehr auftauchen, da die Angst gehemmt wird, wenn der Geschlechtsverkehr unter starker sexueller Erregung angestrebt wird. Wenn eine völlige Impotenz vorliegt und die Angst so stark ist, daß sie eine sexuelle Erregung in realen Situationen verhindert, kann vor der praktischen Übung systematische Desensibilisierung in der Vorstellung ausgeführt werden.

Selbstbehauptende Reaktionen, so glaubt Wolpe, sind ebenfalls Angstantagonisten. Wenn in sozialen Situationen Angst erlebt wird, wie z. B., wenn man unfairerweise kritisiert wird, wird dem Patienten ein selbstsicheres, jedoch angemessenes Reagieren beigebracht. Selbstbehauptung wird in zunehmend schwierigen und belastenden wirklichen Situationen durchgeführt und kann mit systematischer Desensibilisierung kombiniert werden. Sollte es der Person völlig unmöglich sein, in wirklichen Situationen selbstsicher zu reagieren, kann sie erst im Untersuchungszimmer üben, wobei der Therapeut die Rolle der angsteinflößenden Person spielt. Wenn dieses „Psychodrama" solange wiederholt wird, bis keine Angst mehr erlebt wird, erwartet man, daß die Hemmung der Angst dann generalisiert. Wenn selbst das Üben im Psychodrama Angst auslöst, kann man den Patienten noch zusätzlich entspannen. LAZARUS (1966 a) nennt eine von ihm benutzte Technik des Rollenspiels „Verhaltensprobe".

Obwohl die Verwendung sexueller und selbstbehauptender Reaktionen unter die Desensibilisierung in der Vorstellung eingereiht wird, sind sie ebenfalls beim Rollenspiel und in wirklichen Situationen eingesetzt, wie wir sehen werden.

Technik der Angstentlastung (anxiety relief)

Wolpe hat auf der Suche nach weiteren geeigneten Verhaltensweisen, die der Angst entgegenwirken, die experimentell induzierte „Angstentlastung" eingesetzt. Folgendes Prinzip liegt dieser Technik zugrunde: wenn ein Schmerzreiz sofort nach einem anderen Reiz beendet wird, wird der alleinigen Darbietung des letzten Reizes auch eine Entlastung von Angst folgen. Wolpe gab ursprünglich dem Patienten einen elektrischen Schlag an dessen Unterarm. Der Patient konnte den Schock beenden, wenn er zu schmerzhaft wurde, indem er das Wort „ruhig" sagte. Der Patient bemerkte dann nach vielen Wiederholungen, daß das Wort ruhig auch in anderen Situationen ein Entlastungsgefühl herbeiführte. Er wurde daraufhin angewiesen, das Wort zu benutzen, wann immer er sich im Alltag unruhig fühlte.

Nur wenige Fälle, bei denen diese Technik eingesetzt worden war, waren bis vor kurzem veröffentlicht (Meyer, 1957; Lazarus, 1959, 1963). Solyom u. Miller (1967) haben jedoch die Ergebnisse einer abgewandelten Technik bei einer kleinen Gruppe von Phobikern publiziert. Gleichzeitig mit den phobischen Reizen wurde eine „Entlastungsreaktion" erzeugt — ein Knopfdruck, der einen elektrischen Schock beendete. Jeder Patient hatte eine Liste von angstauslösenden Situationen aufgestellt, die ihm über Tonband während der Behandlungssitzung zurückgespielt wurde. Nach einer Pause von dreißig Sekunden folgte der Schock. Wenn der Patient den Knopf niederdrückte, um den Schock zu beenden, wurde der phobische Reiz vom Tonband dargeboten. Die Reihenfolge für einen Patienten mit einer Katzenphobie könnte folgendermaßen aussehen: „Wie ich so die Straße entlanggehe ..." 30 Sekunden Pause, elektrischer Schock ... Knopfdruck, „sehe ich eine Katze" ... 30 Sekunden Pause, elektrischer Schock ... Knopfdruck, „und fühle, wie mein Herz zu hämmern beginnt ...". Mehrere Tonbänder mit wechselnden Beschreibungen der phobischen Situation wurden benutzt. Am Anfang folgte jeder Pause ein Schock, später wurde eine teilweise Verstärkung mit einem 70 bis 80 Prozent Bekräftigungsplan eingesetzt. Natürlich können genauso gut visuelle wie auditive Reize verwendet werden, und diese Behandlungsmethode kann man mit praktischer Übung in wirklichen Situationen verbinden.

Kushner (1967) hat von einer vorläufigen automatischen Angstentlastungsprozedur berichtet. Ein Band wurde so programmiert, daß ein unangenehmer elektrischer Schock nach einem variablen Intervallplan auf die Fingerkuppe übertragen wurde. Der Schock wurde beendet, wenn der Patient „ruhig" in ein Mikrophon sagte, wodurch ein Schalter betätigt wurde. Auf diese Weise können Patienten „behandelt" werden, ohne daß der Therapeut anwesend ist. Diese Methode war als Alternativbehandlung für Angstneurotiker eingesetzt worden, die nicht auf systematische Desensibilisierung angesprochen hatten.

Nachahmung

Autonome und instrumentelle Reaktionen können durch soziale Nachahmung erworben werden. Bis vor kurzem sind jedoch nur wenige Versuche unternommen worden, Nachahmungslernen systematisch in die Behandlung von Patienten aufzunehmen. Es gibt eine Reihe von Hinweisen für die Möglichkeit, konditionierte emotionale Reaktionen zu löschen, wenn die Person ein Modell beobachtet, das sich gegenüber dem gefürchteten Objekt ganz gelassen verhält. Erste Versuche mit symbolischer (vicarious) Löschung von Phobien zeigten wechselnde Ergebnisse (Bandura, 1965b). Bandura meint, dies sei aufgetreten, weil im Beobachter, während er das Modell in der von ihm am meisten gefürchteten Situation im Beginn der Behandlung sah, eine sehr große Angst erzeugt wurde, und diese Angst hätte eine symbolische Löschung verhindert.

Von Bandura und seinen Mitarbeitern (Bandura u. Mitarb., 1967; Bandura u. Menlove, 1968; Bandura, 1968) wurde der therapeutische Nutzen der symbolischen Löschung von Vermeidungsverhalten bei Kindern und Erwachsenen mit Angst vor Hunden und Schlangen weiter untersucht. In einer Reihe von Experimenten haben sie die Technik verbessert, so daß die Personen nun das Modell in einer Stufenfolge von angstauslösenden Situationen beobachten, wobei das Modell sich allmählich länger in größerer Nähe und aktiver mit dem Hund beschäftigt. Es ist gut, wenn man den Beobachter entspannt und ihn auch entspannt hält, während er das Verhalten des Modells beobachtet. Er soll selbst die Häufigkeit der Darbietung kontrollieren. Die Beobachtung von wirklichen Modellen ist wirksamer als das Anschauen von Filmen. Sollte jemand die Furcht allein durch Beobachtung nicht überwinden können, wird er ermutigt, selbst an dem furchtlosen Verhalten des Modells teilzunehmen.

Positives Konditionieren

Enuresis. Die bisher beschriebenen Methoden des Gegenkonditionierens beziehen sich auf die Beseitigung der Angst bei Patienten, deren Symptome als angstbedingt angesehen werden. Die Techniken des Gegenkonditionierens können aber auch eingesetzt werden, um instrumentelle Reaktionen aufzubauen. Das bekannteste Beispiel dafür ist die Behandlung der Enuresis nocturna, bei der eine Miktionshemmung während des Schlafes erfolgen muß. Sehr verbreitet ist die Methode mit dem Enuresis-Alarmgerät (pad and bell) (Mowrer u. Mowrer, 1938). Zwei Drahtmatten werden unter das Bettuch geschoben. Wenn der Patient das Bett naßmacht, schließt sich der Kontakt zwischen ihnen, es läutet eine Glocke, weckt ihn, und die Miktion wird gehemmt, bis er die Toilette erreicht. Nach dem Schema des klassischen Konditionierens ist die Glocke der UCS, die Blasenausdehnung der CS und das Erwachen und die Sphinkterkontraktion die bedingte Reaktion. Nach mehreren Malen genügt der Reiz der Blasenausdehnung, um eine Sphinkterkontraktion hervorzurufen.

Crosby (1950) hat einen Apparat eingesetzt, durch den ein elektrischer Schock auf den Rücken gegeben wurde, sobald das Bett naß wurde. Er glaubt, daß Urin-Nässe als ein (körperlich unangenehmer) Reiz für die Hemmung der Miktion dient, und daß Konditionierungsbehandlungen dadurch wirksam werden, daß sie das unangenehme Gefühl erhöhen. Jones (1960) gab eine detaillierte Analyse dieser Behandlung in Form von sich bildenden kortikalen „Überwachungsmechanismen". Er meint, es bestünden keine grundlegenden Unterschiede zwischen den Methoden, die Mowrer und Crosby anwandten. Crosbys Methode hat den Nachteil, möglicherweise für das Kind zu traumatisch zu sein.

Lovibond (1964) hat die theoretischen Grundlagen und die Konditionierungsmethoden, die bei der Enuresis eingesetzt werden, zusammengefaßt. Gegenüber dem klassischen Konditionierungsmodell, das zur Erklärung der wirksamen Methode mit dem Enuresis-Alarmgerät herangezogen wird, hat er Bedenken, da der CS (Blasendehnung) nicht neutral ist in bezug auf die konditionierte Reaktion der Sphinkterkontraktion. Zusätzlich löschen klassisch konditionierte Reflexe meist sehr schnell, wohingegen die erwähnte Methode andauernde Heilungen vom Bettnässen bringen kann. Lovibond meint, daß diese Behandlung ein Beispiel für traumatisches Vermeidungslernen ist, wobei das Geräusch oder die elektrische Reizung die Schmerzreize (UCS) sind, die die Sphinkterkontraktion als Vermeidungsreaktion aufbauen, und die Sphinkteröffnung, nicht die Blasendehnung, ist der konditionierte Reiz. Während der Behandlung folgt der Sphinkteröffnung der aversive Reiz des Geräusches oder Schocks, und die Sphinkteröffnung wird so zum konditionierten Stimulus der Vermeidungsreaktion. Um eine derartige Konditionierung zu erleichtern, sollte der Sphinkterschluß sowohl den unangenehmen Reiz als auch den konditionierten Reiz beenden. Lovibond konstruierte ein Instrument mit einem Doppelsignal, das einen lauten Ton erzeugt, wenn das Urinieren auftritt. Das Signal dauert etwas weniger als eine Sekunde. Das ist geringfügig länger als die Latenz des Sphinkterschlusses, so daß die Reaktion ein Entkommen sowohl vom unangenehmen Reiz als auch vom konditionierten Reiz ermöglicht. Dem ersten Signal folgt eine einminütige Stille, dann ertönt ein Brummer, bis er abgeschaltet wird. Der Brummton soll Hilfe zum Trocknen der Drahtmatten und Wechseln des Bettuchs herbeirufen.

Lovibond hat verschiedene Bekräftigungspläne untersucht, um den Widerstand gegen die Löschung der Blasenkontrolle zu erhöhen, und Young u. Turner (1965) haben über die Anwendung von Methamphetamin berichtet, was zwar die Geschwindigkeit des Konditionierens bei einigen Patienten erhöht, aber auch zu einer schnelleren Löschung führen kann. Dies wird in Kapitel 5 besprochen.

Stottern. Man hat versucht, positives Konditionieren einzusetzen, um Stotterern normales Sprechen beizubringen. Die Ätiologie dieser Störung ist unklar, jedoch werden sowohl konstitutionelle wie psychologische Faktoren eine Rolle spielen. Angst, die an den Vorgang des Sprechens konditioniert ist, könnte ein Grund sein; Stottern tritt entweder überhaupt nur oder verstärkt in belastenden sozialen Situationen auf. Obwohl Angst sowohl das Sprechen unterbrechen und Vermeidungsreaktionen, wie Blockieren oder Wiederholen, verursachen kann, wird man damit jedoch die Störung nicht völlig zureichend erklären können (YATES, 1963). Eine Verhaltenstherapie, die ein Vermeiden der Angst durch die Desensibilisierung anstrebte, und andere Techniken haben nicht viel Erfolg bei der Beseitigung des Stotterns gehabt.

Wie sich zeigte, kann die Manipulation der eigenen Sprechwahrnehmung bei einer Person „Stottern" hervorrufen und mildern. Verzögertes Hören des Gesprochenen (delayed auditory feedback), bei dem das von der Person Gesprochene ihr durch Kopfhörer mit einer Verzögerung von 0,18 sec zurückgespielt wird, unterbricht normales Sprechen. Stottern konnte manchmal beseitigt werden, wenn man Methoden anwandte, die das auditory feedback ändern. CHERRY u. SAYERS (1956) führten die Technik des „Hinterherredens" (shadowing) ein, bei der der Patient das vom Experimentator Gesprochene oder vom Tonband Gehörte laut wiederholt, wobei er ein bis zwei Worte hinterher hinkt. Stottern kann auch unterdrückt werden, wenn man gleichzeitig laut liest oder wenn auditory feedback durch weißen Schall ganz unterdrückt wird. Über klinische Anwendung von Techniken des Hinterherredens haben MARLAND (1956), MACLAREN (1960) und KONDAS (1967 b) berichtet, sie sind jedoch selten als alleinige Basis für die Behandlung benutzt worden.

Wie man empirisch gefunden hat, beherrschen die meisten Stotterer sehr schnell Silbensprechen oder rhythmisches Sprechen, und man hat das zur Behandlung genutzt. ANDREWS u. Mitarb. (1964) unterrichteten stotternde Kinder im Silbensprechen und wiesen sie an, dieses Sprechmuster in Alltagssituationen zu verwenden. MEYER u. MAIR (1963) entwickelten ihre Technik nach folgender Beobachtung: ein von außen aufgezwungener Rhythmus (meist durch ein Metronom) beseitigt das Stottern bei den meisten Patienten, wenn sie angewiesen worden waren, übereinstimmend mit dem Schlag zu sprechen. Diese Technik war jedoch nur während der Behandlungsstunden erfolgreich. Außerhalb des Behandlungszimmers, wo die Belastungen größer sein können und wohin die Kontrolle nicht ausgedehnt werden konnte, waren jedoch die meisten Patienten nicht in der Lage, rhythmisch zu sprechen. Um diese Schwierigkeiten zu überwinden, wurde eine elektronische Vorrichtung benutzt, die hinter dem Ohr getragen werden konnte. Das Instrument erzeugt hörbare Klicks, die in Frequenz und Amplitude geregelt werden können. Damit wurde nun ein Übungsprogramm mit vier Schritten ausgearbeitet. Die erste Stufe umfaßt das Training mit dem Metronom und das Festlegen der optimalen Frequenz. Während der zweiten Stufe trägt der Patient das Instrument am Ohr und soll mit ihm in zunehmend belastenden Situationen seines Alltags sprechen. Wenn genügend Vertrauen erzielt wurde, wird der Patient in der dritten Stufe gebeten, das Instrument abzuschalten, aber weiterhin so zu sprechen, als ob es noch ertöne. Allmählich kann er zu normaler Frequenz und Sprechweise übergehen. Wenn Angst oder eine Schwierigkeit auftritt oder vorausgesehen werden kann, muß das Gerät sofort wieder angeschaltet werden. In der letzten Stufe, wenn zeitweise bei abgeschaltetem Gerät flüssig gesprochen worden ist, wird es völlig weggelassen. Wenn bei diesem Stand irgendeine Schwierigkeit auftreten sollte, muß das Sprechen sofort auf Silbensprechen verlangsamt werden. Wenn das nicht ausreicht, muß der Apparat erneut getragen und wenn nötig angeschaltet werden. Offenbar kann sich bei dieser Methode eine reziproke Hemmung der Angst entwickeln, wenn ein gestuftes Trainingsprogramm eingeführt wird; warum aber ein Rhythmus Kontrolle über das Stottern auszuüben vermag, bleibt unsicher. Es scheint nicht so, als ob der Rhythmus lediglich ablenken würde, da unrhythmische Schläge das Stottern nicht verbessern (FRANSELLA u. BEECH, 1965; FRANSELLA, 1967). Außerdem kann die Wirksamkeit des Metronoms nicht auf ein bloßes Verlangsamen des Sprechens von Stotterern zurückgeführt werden.

Miktionshäufigkeit. Ein anderes Beispiel für positives Konditionieren aufgrund eines geänderten Wahrnehmungs-Feedback liefert eine geniale Technik, die JONES (1956) anwandte, um die angstbedingte Miktionshäufigkeit bei einem Patienten zu behandeln. Normalerweise tritt das Gefühl, Wasser lassen zu müssen, bei einem individuell verschiedenen, inneren Blasendruck auf. Bringt man ein Manometer so an, daß der Patient den gemessenen Druck ablesen kann, so kann man entsprechend dem ablesbaren Druck einen konditionierten Reflex zur Miktion trainieren. Damit kann der Harndrang durch Angabe des kritischen Blasendrucks hervorgerufen werden. Jones benutzte ein ähnliches Gerät für seinen Patienten, fälschte jedoch den Manometermaßstab, so daß sich zunehmende Mengen von Urin in der Blase ansammeln konnten, ohne den vom Patienten zu sehenden Druckpegel zu erhöhen.

Unwillkürliche Bewegungen. Das Grundprinzip in der Behandlung von verschiedenen unwillkürlichen Bewegungen, wie Tics, Krämpfen, Schiefhals, ist ähnlich dem der anderen schon beschriebenen Methoden des positiven Konditionierens. Mit Entspannungsübungen zielt man darauf ab, die bei den abnormen Bewegungen beteiligten Muskeln ruhig zu stellen. Außerdem trainiert man aktive Muskelbewegungen, die mit den abnormen Bewegungen unvereinbar sind.

Aversionstherapie

Die Aversionstherapie ist wohl die bekannteste, gleichzeitig aber auch die umstrittenste Form der Verhaltenstherapie. Sie wurde meist zur

Behandlung von Verhaltensweisen verwandt, die für das Individuum nachteilig sein können, und die üblicherweise auch sozial mißbilligt werden. Alkoholismus, Medikamentensucht, Homosexualität, Transvestitismus und Fetischismus sind die am häufigsten mit Aversion behandelten Verhaltensweisen. Folgendes Prinzip liegt der Behandlung zugrunde: es soll eine gelernte Aversion auf die unerwünschte Gewohnheit erzeugt werden, entweder, indem man einen unangenehmen Reiz setzt, wenn die Handlung ausgeführt wird, oder durch Koppeln des unangenehmen Reizes mit den Reizen, die normalerweise das Verhalten auslösen. Die Quintessenz der Aversionsbehandlung besteht darin, eine konditionierte Angstreaktion an das unerwünschte Verhalten und seine Merkmale zu koppeln, und das soll zum Erlernen einer unvereinbaren Reaktion führen. Es erscheint berechtigt, die Aversionstherapie als ein weiteres Beispiel für die Konditionierung inkompatibler Reaktionen anzusehen.

Es wurde eine große Zahl von Aversionstechniken eingesetzt, von denen wir hier nur einige aufgreifen können. Genaue Zusammenfassungen über die Behandlung von Alkoholismus und sexuellen Störungen sind von Franks (1966) und Feldman (1966) publiziert worden. Bis vor kurzem waren Emetin und Apomorphin, Erbrechen auslösende Substanzen, die am häufigsten angewendeten aversiven Reize. Bei der einen Methode wird der Alkoholiker in einen Raum gebracht, in dem sich eine Bar mit verlockend arrangierten alkoholischen Getränken befindet. Er bekommt eine Injektion von Emetin-Hydrochlorid (dem Emetikum), Pilokarpin (um Schwitzen und Speichelfluß anzuregen) und Ephedrin (um einen gefährlichen Blutdruckabfall zu verhindern). Außerdem erhält er Emetin in Salzlösung oral, was angeblich den Magen reizen und die Menge der zu erbrechenden Flüssigkeit im Magen erhöhen soll. Sobald der Patient Übelkeit verspürt, muß er an einer Auswahl seiner Lieblingsgetränke riechen und schmecken, vor allem, wenn die Übelkeit ihren Höhepunkt erreicht. Eine große Brechschale steht bereit. Aversionsbehandlungen werden zunächst täglich gegeben, später folgen „Booster"-Behandlungen in unregelmäßigen Abständen, um einen Rückfall zu verhindern. Zwischen den Behandlungsstunden soll der Patient möglichst nach freier Wahl alkoholfreie Getränke zu sich nehmen, damit eine Unterscheidung zwischen alkoholischen und nichtalkoholischen Getränken gefestigt wird. Einige Therapeuten setzten dieses Vorgehen bei Alkoholikergruppen ein.

Man hat ähnliche Aversionsmethoden benutzt, um sexuelle Deviationen zu behandeln. In der Zeit der provozierten Übelkeit kann man Homosexuellen Fotografien von nackten Männern zeigen, die sie vorher als sexuell attraktiv bewertet hatten. Transvestiten und Fetischisten kann man Fotografien ihrer bevorzugten Objekte zeigen oder sie sich mit Kleidung des anderen Geschlechts bekleiden oder den Fetischgegenstand anfassen lassen. Manchmal wurden zusätzliche „Hilfen" eingebaut. Es könnte sein, daß die bei den wirklichen Erlebnissen auftretenden Phantasien durch den Therapeuten während der Behandlung verstärkt werden. Deshalb kann man Tonbandaufnahmen, die das Verhalten des Patienten und die darauf folgenden Unannehmlichkeiten beschreiben, bei der Behandlungssitzung benutzen und sie auch zwischen den Sitzungen dem Patienten vorspielen.

Man kann versuchen, neben der Aversionsbehandlung von sexuell Devianten das heterosexuelle Interesse zu steigern, indem man Fotografien oder Filme von attraktiven Frauen zeigt. Die Aversionstherapie allein zielt darauf ab, eine bestimmte Reaktionsweise zu unterdrücken. Es kann jedoch nicht immer erwartet werden, daß diese automatisch durch eine angepaßte Reaktion ersetzt wird. Andere Behandlungsarten müssen eventuell dafür eingeführt werden.

Viele Therapeuten setzten die Aversionstherapie des Alkoholismus mit Antabus (Disulfiram) fort, einem Medikament, das den normalen Abbau des Alkohols stört. Ein Patient, der während der Behandlung mit Disulfiram Alkohol zu sich nimmt, reagiert schwer mit Hautrötung, Kopfschmerzen, Übelkeit und Erbrechen. Dies sind die Symptome, die beim Zusammentreffen der Droge mit Alkohol auftreten. Allerdings weiß der Patient, der seine Tabletten am Morgen genommen hat, daß er so reagiert, falls er trinkt. Insofern kann sich also eine neue Koppelung zwischen Alkohol und unangenehmer Reaktion ergeben, die mithelfen kann, das Trinken zu verhindern.

Die Verwendung von Emetika bei der Aversionsbehandlung hat viele Nachteile, weshalb sie heutzutage seltener benutzt werden. Emetin und Apomorphin haben toxische Nebenwirkungen, und es ist über Todesfälle dabei berichtet worden. Sehr kranke Patienten müssen von der Behandlung ausgeschlossen werden. Apomorphin hat außerdem eine einschläfernde Wirkung, die den Konditionierungsvorgang erschweren kann, aber viel wichtiger für die Erschwerung der Konditionierung ist die zeitliche Unsicherheit, wann nämlich die Übelkeit beginnt, wie stark sie ist und wie lange sie anhält. Beim klassischen Konditionieren sollte der Zeitintervall genau kontrolliert werden, und das ist bei der Verwendung von Emetin und Apomorphin fast unmöglich. Bei den beschriebenen Methoden folgte der CS dem UCS, und das ist rückwirkendes Bedingen, das weniger wirksam ist. Eysenck (1968 a) meinte, daß beim aversiven Konditionieren die Verbindung zwischen CS und UCR eher als die zwischen CS und UCS von kritischer Bedeutung ist. Als Beispiel führt er die Behandlung des Alkoholismus mit Emetika an, wobei die Injektion der Droge vor dem CS (Alkohol) gegeben wird. Nach Eysenck wäre das ein Fall von rückwirkendem Konditionieren mit Darbietung des UCS vor dem CS. Jedoch ist es fraglich, ob die Injektion selbst als der UCS für die Übelkeit angesehen werden soll. Es scheint vernünftiger zu sein, die afferente Erregung des Brechzentrums als den UCS zu bezeichnen, dabei würden UCS und UCR fast gleichzeitig erlebt. Aber es ist immer noch wichtig, die Zeit des Einsetzens von UCS und UCR zu kennen, um ein erfolgreiches Konditionieren zu gewährleisten.

Diese Überlegungen haben dazu geführt, die in diesen Techniken enthaltenen Schwierigkeiten zu umgehen. Raymond (1964) benutzte Apomorphin bei der Alkoholikerbehandlung, verbrachte aber die ersten Sitzungen damit, die Mindestdosis, die eben Übelkeit hervorruft, und die genaue Zeitfolge zu bestimmen. Dem Patienten wurde dann eine geringe Menge Alkohol unmittelbar vor der erwarteten Übelkeit zu trinken gegeben, und er wurde am Trinken gehindert, sobald die Übelkeit abzunehmen begann.

Sanderson u. Mitarb. (1963, 1964) prüften experimentell, wie wirksam eine medikamentös herbeigeführte Muskel- und Atemlähmung als aversiver Reiz bei der Alkoholikerbehandlung ist. Sie verwendeten Succinyl, das bei intravenöser Injektion eine völlige Muskellähmung für 60 bis 90 sec herbeiführt, ohne daß gleichzeitig das Bewußtsein beeinträchtigt ist. Der Patient ist daher unfähig, sich zu bewegen, zu atmen oder zu sprechen, bleibt jedoch bewußtseinsklar. Das Succinyl wurde in eine schon liegende Infusion unmittelbar dann eingespritzt, nachdem der Patient sein Gewohnheitsgetränk betrachtet und gerochen hatte. Ein kleiner Schluck wurde ihm kurz vor der zu erwartenden Lähmung gegeben. Weitere Erfahrungen mit dieser Technik sind mittlerweile veröffentlicht worden und werden in den nächsten zwei Kapiteln abgehandelt.

Die Änderungen der traditionellen pharmakologischen Aversionsmethoden stellen eine Verbesserung dar, sie haben jedoch noch viele Nachteile. Deshalb haben einige Untersucher die Verwendung eines elektrischen Schocks als aversiven Reiz propagiert (z. B. Barker, 1965; Rachman, 1965a). Vorteilhaft ist die genauere Kontrolle darüber, wann der Reiz einsetzt, wie stark er ist und wie lange er dauert und die Möglichkeit, partielle Bekräftigung zu benutzen. Außerdem ist die Gefahr erheblicher Nebenwirkungen viel geringer, weniger Patienten müssen wegen körperlicher Erkrankungen ausgeschlossen werden, und die Behandlung ist sowohl für den Patienten als auch für den Therapeuten und für das Pflegepersonal weniger umständlich. Wilson u. Davison (1969) mahnen zur Vorsicht bei der unterschiedslosen Auswahl aversiver Reize. Sie weisen auf experimentelle und klinische Befunde hin, daß Geschmacksreize leichter auf einen UCS wie Übelkeit konditioniert werden, als auf einen elektrischen Schock, während auditive, visuelle und taktile CS leichter auf einen elektrischen Schock konditionierbar sind. Wenn sich das bestätigen ließe, müßte man mehr darauf achten, den angemessenen aversiven Reiz zu geben. Wenn man eine Aversion gegen Geruch und Geschmack von Alkohol erreichen will, könnten geruchs-, geschmacks- oder übelkeitserzeugende Reize wirksamer sein als ein elektrischer Schlag.

Von vielfältigen Prozeduren, in denen elektrische Schocks nach dem Muster des klassischen Konditionierens angewandt worden waren, ist berichtet worden. Das empfohlene Schockgerät sollte eine relativ hohe Spannung (85 bis 150 V) und eine konstante sehr niedrige Stromstärke von 0,005 Ampère oder weniger liefern (Fried, 1967). Es ist üblich, vor jeder Sitzung die Schwellenwerte der elektrischen Reizung für ein unangenehmes Gefühl und Schmerz zu bestimmen und als unangenehmen Reiz Intensitäten zwischen diesen Schwellen zu wählen. In der Behandlung Homosexueller wurden elektrische Schocks verabreicht, während man gleichzeitig Fotografien von nackten Männern zeigte (z. B. THORPE u. SCHMIDT, 1964; THORPE u. Mitarb., 1964 a) und sexuell aufreizende Wörter, die tachystoskopisch dargeboten wurden (THORPE u. Mitarb., 1964 b). Ähnliche Techniken sind bei anderen Formen sexueller Deviationen angewendet worden. Bei Alkoholikern sind Anblick, Geruch und Geschmack des Alkohols sowie Wörter und Suggestionen, die normalerweise mit Trinken assoziiert werden, zusammen mit elektrischen Schocks gegeben worden. Man kann auch den Patienten dazu bringen, sich die abweichende sexuelle Handlung oder die sie begleitende Phantasie so lebhaft wie möglich vorzustellen, und dem Therapeuten anzuzeigen, sobald das Bild klar vor Augen steht, damit dann ein Schock verabreicht werden kann (z. B. MAX, 1935; MCGUIRE u. VALLANCE, 1964). Obwohl es oft als ein Vorgehen nach dem Muster des klassischen Konditionierens beschrieben ist, könnte man es auch als ein Beispiel für das Lernen am Erfolg interpretieren, da der UCS von der Phantasiereaktion des Patienten abhängt. MCGUIRE u. VALLANCE (1964) haben ein kleines, tragbares Gerät entwickelt, das der Patient mit nach Hause nehmen kann. Er versetzt sich selbst einen elektrischen Schlag, wenn er in Versuchung kommt, sich der sexuellen Phantasie zu überlassen. Eine andere Form der Selbstbehandlung war in einer vorläufigen Mitteilung von KUSHNER (1967) berichtet worden. Alkoholiker können sich einen Schock an die Fingerbeere geben, wenn sie Tonbandaufnahmen mit Reizen hören, die mit ihrem Trinken zusammenhängen.

Die Mehrzahl der Therapeuten haben Modelle des klassischen Konditionierens angewandt, wenn sie versuchten, Furcht an den unangebrachten, anziehenden Reiz zu koppeln. Die mit Aversion behandelten Verhaltensstörungen schließen aber sichtbare instrumentelle Reaktionen genauso ein wie vermittelnde Anteile, und diese Reaktionen können einer Verhaltensänderung unterworfen werden. Tatsächlich könnte das Lernen am Erfolg eine angemessene Behandlungsmethode sein, weil experimentelle Beweise nahelegen, daß Reaktionen, die nach dem Muster des Vermeidungskonditionierens erlernt wurden, resistenter gegen Löschung sind als klassisch konditionierte Reaktionen. FELDMAN (1966) befürwortet in einer ins einzelne gehenden Diskussion von Aversionstechniken die Anwendung von instrumentellem Flucht- oder Vermeidungslernen, bei dem Flucht oder Vermeidung des aversiven Reizes davon abhängig gemacht wird, ob das Individuum sich von dem früher anziehenden Reiz zurückzieht.

Verschiedene Techniken nach dem Muster des Fluchtlernens sind eingesetzt worden. BLAKEMORE u. Mitarb. (1963) behandelten einen Transvestiten. Sie verlangten von ihm, sich die von ihm bevorzugte Frauenkleidung anzuziehen und sich im Spiegel zu betrachten (die

Handlung, die ihm die höchste Lust bereitete). Dabei stand er auf einem Gitter, das elektrisch geladen werden konnte und mit dem man an die Füße elektrische Schläge verabreichen konnte. Während er sich anzog, wurden zu irgendeiner Zeit eine Reihe von elektrischen Schlägen oder Brummtönen gegeben, bis der Patient sich völlig angezogen hatte. Bei der Hälfte der Durchgänge wurden Schläge, sonst der Brummer gegeben. Die Verteilung war zufällig, so daß der Patient nicht wußte, welche Signale er zu welchem Zeitpunkt des Anziehens erhalten würde. Fünf Durchgänge mit einminütiger Pause dazwischen wurden in halbstündigen Abständen über sechs Tage gegeben. Insgesamt waren es 400 Durchgänge.

Marks u. Gelder (1967) haben Transvestiten und Fetischisten behandelt. Sie haben ein Warnsignal gegeben, 60 bis 120 Sekunden, nachdem der Patient begonnen hatte, sich Kleidung des anderen Geschlechts anzuziehen oder das fetischistische Objekt anzufassen. Ein bis drei elektrische Schocks wurden dann in zufälligen Abständen gegeben und beendet, sobald alle Stücke weggeworfen worden waren. Sie benutzten eine partielle Bekräftigung mit 25 Prozent der Durchgänge ohne elektrischen Schlag. Die Autoren führten auch Phantasiebestrafung ein, bei denen der Patient signalisieren sollte, sobald er eine klare Vorstellung des angegebenen Aspektes des devianten Verhaltens hatte. Nach dem Signal wurden ein oder zwei Schläge gegeben, die das Bild verschwinden ließen.

Ähnliche Methoden des Fluchttrainings sind bei der Behandlung von Fettsucht und Alkoholismus eingesetzt worden. Meyer u. Crisp (1964) gaben zwei übergewichtigen Patienten irgendwann, während sie sich ihren Lieblingsspeisen näherten oder sie aßen, elektrische Schläge. Sobald die Speise weggeschoben wurde oder das Essen aufhörte, beendete man die Schocks. Sobald Vermeidungsverhalten eintrat, wurde den Patienten das verführerische Essen für zunehmend lange Zeit angeboten, während man die Häufigkeit der elektrischen Schläge verminderte. Blake (1965) hat Alkoholiker behandelt, wobei er Schocks von zunehmender Stärke verabreichte, nachdem die Patienten begonnen hatten, Alkohol in den Mund zu nehmen, und noch bevor sie ihn geschluckt hatten. Der Schock wurde beendet, sobald sie den Alkohol ausspuckten. Blake wandte einen 50prozentigen zufälligen Verstärkungsplan an und ein grünes Licht als Signal zum Spucken bei den nichtverstärkten Versuchen. Hsu (1965) kombinierte operantes und klassisches Konditionieren in einer Situation, in der den Alkoholikern ein Tablett mit Gläsern, worauf Bier, Wein, Whisky, Milch, Wasser und Fruchtsaft stand, angeboten wurde, die sie in beliebiger Reihenfolge trinken mußten. Ein elektrischer Schlag wurde automatisch immer dann gegeben, wenn ein alkoholisches Getränk gewählt wurde. In der vierten Sitzung wurde der Patient gebeten, fünf der sechs Getränke zu trinken und in der nächsten vier von den sechs.

Weitere Änderungen in der Aversionstherapie ergaben sich aus der sorgfältigen Berücksichtigung der theoretischen Grundlage von Natur und Wirkung der Bestrafung. Es spielen dabei semantische und psychophysiologische Aspekte mit. Wie bereits in Kapitel 2 erwähnt wurde, hat MOWRER (1950) darauf hingewiesen, daß die Wirkung der Bestrafung von der zeitlichen Reihenfolge abhängt. Wenn die Strafe vor einer Belohnung liegt, wird die Handlung unterdrückt, wohingegen sie verstärkt wird, wenn die Belohnung der Strafe vorausgeht. An Kindern wurde mit sozialer Bestrafung nachgewiesen, wie wichtig diese zeitliche Reihenfolge ist (ARONFREED u. REBER 1965). EYSENCK (1964) meinte, daß die sorgfältig arrangierte zeitliche Folge die Aversionsbehandlung von der „Bestrafung", wie sie üblicherweise verstanden wird, unterscheidet. Strafe ist eine relativ künstliche und verzögerte Folge einer Handlung, und man würde ihr zu geringen Einfluß auf die betreffende Gewohnheit zutrauen. Dagegen wird bei der Aversionstherapie der aversive Reiz gesetzt, bevor eine positive Verstärkung aus der Handlung gezogen werden kann. Natürlich ist es in der Praxis oft schwierig, eine zeitliche Abfolge von Bruchteilen von Sekunden zu bewerkstelligen.

Die Auswirkungen von Bestrafung sind komplex und oft schwer vorherzusehen. Schon 1944 zeigten Arbeiten von Estes, daß durch Strafe beseitigte Reaktionen offenbar nur unterdrückt sind, daß sie aber wieder auftauchen können, sobald die Strafe geringer wird oder aufhört. Die Bestrafung kann tatsächlich verhindern, daß eine Gewohnheit gelöscht wird, wenn sie nämlich so stark unterdrückt wird, daß sie nicht mehr ohne positive Konsequenzen auftritt. Aber es gibt auch Hinweise darauf, daß Bestrafung sowohl Reaktionen schwächen (CHURCH, 1963; SOLOMON, 1964) als auch stärken kann (GREENWALD, 1965). Diese paradoxe Wirkung kann eintreten, wenn die Bestrafung ein Verhalten betrifft, das selbst schon eine angstbedingte Vermeidungsreaktion ist. Die Strafe erhöht möglicherweise die Angst und stärkt daher die Vermeidungsreaktion. EYSENCK u. RACHMAN (1965) halten es für möglich, daß die Aversionstherapie ein angstbedingtes Verhalten sogar verschlechtern kann. Wenn ein Patient trinkt, um seine Angst zu vermindern, könnte er auch trinken, um die Angst vor den Schmerzen der Bestrafung zu reduzieren. In Übereinstimmung damit konnte BEECH (1960) zeigen, daß bei sehr ängstlichen Personen der Schreibkrampf durch Aversionstherapie noch verschlimmert wird.

Die Folgen der Bestrafung werden anscheinend durch Art und Intensität des aversiven Reizes, den Zeitpunkt, zu dem er gegeben wird, und den Grad der Angst der betreffenden Person sowie ihre frühere Erfahrung mit Bestrafung bestimmt. Strenge Bestrafung kann zum Zerfall des Verhaltens und zu unangepaßten Reaktionen führen. Entsprechend diesen Überlegungen hat man mehr Wert darauf gelegt, neue angemessene Verhaltensweisen zu entwickeln, die die unangepaßten ersetzen könnten. RAYMOND (1964) benutzte während der Aversionstherapie bei Alkoholikern eine Wahlsituation. Dem Patienten wird, ohne daß man ihm das vorher erklärt oder angekündigt hat, eine Salzlösung anstelle des Apomorphin injiziert, das in den vorhergehenden Sitzungen immer gegeben worden war. Im Behandlungsraum befinden sich alkoholische und nichtalkoholische Getränke. Wenn der Patient ein nichtalkoholisches Getränk trinkt (was in unregelmäßigen Abständen vorkommt), ermutigt ihn der Therapeut und versichert ihm, daß er keine Übelkeit empfinden und nicht erbrechen wird. Die operante Reaktion der Auswahl eines nichtalkoholischen Getränkes wird belohnt durch eine nette Atmosphäre und das Ausbleiben des aversiven Reizes.

Ein ähnliches Vorgehen stellt die von THORPE u. Mitarb. (1964b) beschriebene Technik des Nachlassens der Aversion (aversion relief) dar. Diese Autoren benutzten verbale Merkmale in der Behandlung von Homosexuellen. Der Patient hat eine Reihe von Wörtern laut vorzulesen, sobald sie auf einem Bildschirm projiziert werden, und erhält dabei einen elektrischen Schlag. Das letzte Wort ist ein Entlastungswort, wie z. B. „heterosexuell", wobei kein Schlag gegeben wird. Sollte der Patient die nichtentlastenden Wörter nicht laut vorlesen, erhält er einen stärkeren Schock. Mit Recht kritisiert Feldman diesen Teil der Technik, weil der Patient dafür bestraft wird, wenn er ein früher für ihn anziehend wirkendes Wort nicht laut vorliest. Daher ist eigentlich eine Stärkung dieser Reaktion zu erwarten und nicht ihre Eliminierung.

WILDE (1964) baute einen Entlastungsreiz bei seiner Behandlung von Rauchern ein. Er benutzte eine Vorrichtung aus zwei elektrisch betriebenen Ventilatoren, die auf einer Drehscheibe angebracht waren. Der eine Ventilator blies heißen Zigarettenrauch in das Gesicht des Rauchers, der andere nach Menthol riechende Luft von Zimmertemperatur. Der Patient wurde gebeten, seine bevorzugte Zigarette anzuzünden und zu rauchen, währenddessen der aversive Reiz gegeben wurde. Der Patient sollte das Rauchen solange wie möglich fortsetzen. Wenn er die Zigarette ausdrückte und sagte: „Ich möchte das Rauchen aufgeben", wurde die üble Luft durch erfrischende „Mentholluft" ersetzt. Bei jeder Sitzung wurden einige Durchgänge vorgenommen. Beendet wurde die Sitzung, indem der Patient eine Zigarette anzündet, ohne einen aversiven Reiz zu bekommen, in der Hoffnung, daß das Anzünden der Zigarette kein Vergnügen mehr macht.

GOLDIAMOND (1965) benutzte DAF (delayed auditory feedback) als aversiven Reiz, wobei er ein Hörgerät, das eine Verzögerung verursachte, vom Patienten tragen ließ. Das Gerät kann von der Person an- und ausgeschaltet werden, und auch die Verzögerungszeit kann auf die beste Wirkung eingestellt werden. Man kann diese Methode auch außerhalb des Behandlungszimmers anwenden, was einer der großen Vorteile ist.

Feldman (FELDMAN u. MACCULLOCH, 1965; FELDMAN, 1966) hat eine Aversionstherapie entwickelt, bei der der größte Nutzen aus den bisher bekannten Ergebnissen von Lernexperimenten gezogen werden sollte. Anfangs wurde diese Methode in der Behandlung von Homosexuellen angewendet, sie ist jedoch in jüngster Zeit auch auf andere sexuelle Deviationen ausgedehnt worden. Aus den schon diskutierten Gründen wurde Vermeidungslernen mit elektrischen Schlägen als aversive Reize angewandt. Zusätzlich versuchten sie, folgende Prinzipien einzuführen, die, wie nachgewiesen worden ist, die Löschungsresistenz erhöhen:

1. Verteilte statt massierte Behandlungsstunden.
2. Die unmittelbare Aufeinanderfolge von Reiz und Reaktion wird die ganze Behandlung hindurch beibehalten.
3. Die Stärke des elektrischen Schlages sollte nach Zufall um den von dem Patienten als unangenehm angegebenen Wert schwanken und sollte nicht schrittweise erhöht werden.
4. Es sollte teilweise Verstärkung gewählt werden, bei der die belohnten und nichtbelohnten Versuche nach Zufall wechseln.
5. Der Plan der teilweisen Verstärkung sollte Quoten- und Intervallbekräftigung enthalten.
6. Die Zeit zwischen dem Einsetzen des unerwünschten Verhaltens und dem Beginn des aversiven Reizes sollte variiert werden.
7. Die Behandlungssituationen sollten realistisch und abwechslungsreich sein.

Zusätzlich zu diesen Überlegungen plädieren die Autoren dafür, realistische Fotografien zu verwenden, weil diese Reize leicht gehandhabt werden können. Sie betonen auch, wie sehr man neue, das alte Verhalten ersetzende Verhaltensweisen fördern soll, und schlagen vor, „Entlastungs"-Reize zum allmählichen Heranführen an solche Verhaltensweisen zu verwenden. Schließlich halten sie es für notwendig, zunächst die Aversion auf wenig anziehende Reize zu etablieren und dann eine Reizhierarchie hinaufzugehen bis zu den anziehendsten Reizen. Die umgekehrte Reihenfolge empfehlen sie für die Entlastungsreize. Ihre Behandlungstechnik scheint die meisten der erwähnten Bedingungen zu erfüllen. Der homosexuelle Patient ordnet eine Reihe von Dias von Männern und Frauen je nach dem Grad, wie er sie als sexuell attraktiv empfindet. Es sitzt vor einem Projektionsschirm und kann mit einem Schalter das Dia abschalten. Die Dias werden den zwei Hierarchien folgend projiziert, beginnend mit dem wenig attraktiven Mann und der anziehendsten Frau. Zunächst werden Dias von Männern für 8 Sekunden projiziert, und es folgt ein Schock, wenn der Patient sie nicht in dieser Zeit abgeschaltet hat. Wenn ein stabiles Vermeidungsverhalten aufgebaut worden ist, werden drei Versuchstypen zufallsverteilt eingeführt. Beim ersten ist jeder Versuch des Patienten, das Dia abzuschalten, sofort erfolgreich. Beim zweiten gibt es eine sich ändernde Verzögerung zwischen der Betätigung des Schalters und dem Verschwinden des Dias. Beim dritten werden die Versuche nicht belohnt, das heißt der Patient erhält einen Schock, gleichgültig, ob er die Vermeidungsreaktion der Schalterbetätigung ausgeführt hat oder nicht. Darüber hinaus erscheint in 40 Prozent aller Durchgänge nach

Zufall für 10 Sekunden ein Dia einer Frau, sobald der Patient das Dia eines Mannes abgeschaltet hat. Der Patient kann das Dia der Frau nochmals erbitten, diese Bitte wird jedoch nur nach Zufall erfüllt. Die Abstände zwischen zwei Durchgängen variieren zwischen 15 und 35 Sekunden, und etwa 25 Reizdarbietungen werden in einer Sitzung von 20 Minuten gegeben.

Die bisher beschriebenen Aversionstechniken wurden meist bei Leuten angewandt, die ein abnormes Verhalten boten. Jedoch ist Aversionsbehandlung auch bei Problemen anderer Natur, wie Gedanken und Zwängen, angewandt worden (z. B. KUSHNER, 1967; WOLPE, 1958). Der Patient kann einen tragbaren Schockapparat anwenden, wenn störende Gedanken oder Impulse auftreten. Auch sind unwillkürliche Bewegungen mit Aversionstherapie angegangen worden. LIVERSEDGE u. SYLVESTER (1955) behandelten eine kleine Gruppe von Patienten mit Schreibkrampf. Dieser Zustand hat die Komponenten Tremor und Krampf. Um den Tremor zu beseitigen, mußten die Patienten einen Griffel in eine Reihe immer kleinerer Löcher einführen. Immer, wenn an den Rand angestoßen wurde, schloß sich ein Stromkreis, und die freie Hand erhielt einen Schock. Der nächste Schritt war das Nachzeichnen von Kurven und Zickzacklinien in eine Metallplatte, und jedes Abweichen von der Linie löste einen Schock aus. Um dem Krampf entgegenzuarbeiten, mußte der Patient mit einem Spezialstift schreiben, der so konstruiert war, daß ein bestimmter Daumendruck ebenfalls einen Schock auslöste, der an der anderen Hand gegeben wurde. Ein ähnliches Prinzip ist bei der Behandlung des Schiefhalses angewandt worden (BRIERLEY, 1967).

Die meisten der beschriebenen Aversionsmethoden sind unangenehm, und die meisten Therapeuten zögern, sie anzuwenden, solange bessere Behandlungsmöglichkeiten verfügbar sind. Sicherlich sind auch ethische Überlegungen angebracht, die in Kapitel 7 besprochen werden. Um einige dieser Widerstände zu überwinden, wurde eine Technik ausgearbeitet, bei der äußere Darbietung unangenehmer Reize nicht erforderlich ist. Stattdessen stützt sich die Therapie auf vorgestellte oder innere Reize, von denen man vermutet, daß sie denselben Gesetzmäßigkeiten unterliegen wie das sichtbare Verhalten. Wahrscheinlich erwähnte LAZARUS (1958) erstmalig eine derartige Technik, als er einem Patienten mit einer Zwangsneurose suggerierte, daß er ängstlich werde, wenn er sich sein Zwangsverhalten vorstelle, und ruhig, wenn er der Versuchung, es auszuführen, widerstehe. GOLD u. NEUFELD (1965) fügten in einem Behandlungsprogramm vorgestellte homosexuelle Situationen ein, denen unmittelbar aversive Vorstellungen, wie die Gegenwart eines Polizisten, folgten. Ein ähnliches Vorgehen wendete KOLVIN (1967) an, sie nannte es „aversive Vorstellungstherapie". CAUTELA (1966, 1967) berichtet von mehreren Fällen, an denen er die erfindungsreiche Abwandlung dieses Vorgehens zeigt, die er „covert sensitization" nennt. Ein Alkoholiker lernte sich zu entspannen und sich lebhafte Vorstellungen sowohl von dem ihn befriedigenden Alkoholtrinken als auch von unangenehmen Erlebnissen, wie Übelkeit und Erbrechen, zu machen. In den folgenden Sitzungen sollte sich der Patient entspannen und wurde gebeten anzuzeigen, sobald er sich den Anblick eines Glases mit Alkohol und den Wunsch, es zu ergreifen, vorstellen konnte. Wenn er die Vorstellung anzeigte, wurde er gebeten, noch bevor er in der Vorstellung das Glas ergriff, sich Übelkeit und Erbrechen vorzustellen. Er sollte diese Prozedur zu Hause fortsetzen. DAVISON (1968a und b) benutzte eine abgewandelte Methode zur Behandlung eines Sadisten und eines Jugendlichen mit einer Verhaltensstörung.

HOMME (1965) hat eine „control-of-coverants"-Technik beschrieben. Coverants sind innere Reaktionen wie Gedanken und Phantasien. Der Patient lernt Selbstkontrolle, indem er eine innere Reaktion macht, die unvereinbar mit dem unerwünschten beobachtbaren Verhalten ist. Ein Gewohnheitsraucher wurde ermutigt, sich, sobald er rauchen wollte, eine Situation vorzustellen, in der er nicht zum Rauchen aufgelegt ist (z. B. nachdem er einen Film über Lungenkrebs gesehen hat). Wenn er die innere Reaktion mit Erfolg herbeiführen konnte, wurde eine Belohnung (z. B. Tasse Kaffee) gegeben, um die Reaktion zu stärken.

Die Erfahrung mit inneren Techniken ist begrenzt und die Anwendungsbreite und -wirksamkeit noch nicht überprüft. Sie haben einige Vorteile vor den herkömmlichen Aversionsmethoden, aber auch Nachteile. Sie erscheinen relativ einfach, doch stellt die fehlende Kontrolle über die wichtigen Reize einen ernsthaften Mangel dar.

Negative Übung (negative practice)

Die Behandlungsmethoden, die auf die negative Übung zurückgehen, und die manchmal auch als Erschöpfung, Sättigung oder Extinktion bezeichnet werden, sind von dem Prinzip hergeleitet, daß massierte, unbelohnte Übungen einer erlernten Reaktion zu ihrer Löschung führen.

Lange vorher war schon gefordert worden, daß sich wiederholende Gewohnheiten, wie Tics, beseitigt werden könnten, wenn man den Probanden dazu bringen kann, sie willentlich zu wiederholen (DUNLAP, 1932). LEHNER (1954) faßte die Literatur über die negative Übung bis 1951 zusammen und gab eine Übersicht darüber, wie er selbst die Methode angewandt hatte. YATES (1958) hat die Grundlage dieser Behandlung besprochen und untersuchte die optimalen Bedingungen für die Beseitigung von multiplen Tics bei einem Patienten. Er erklärte sie mit der Zweifaktorenlerntheorie und meinte, einige Tics seien triebreduzierend, das heißt Vermeidungsreaktionen, die ursprünglich in einer traumatischen Situation gelernt worden waren. Andere Tics, vor allem bei Kindern, könnten nachgeahmt sein oder eine Vermeidungsreaktion auf einen unangenehmen Reiz, wie einen engen Kragen, darstellen. Um das Auftreten eines Tics in bestimmten Momenten zu erklären, bemühte er den Hullschen Begriff der Multiplikation von Gewohnheitsstärke des Tics und der gegenwärtigen Triebstärke der Angst. Massierte Übung des Tics soll zu einem Aufbau reaktiver Hemmung führen, und die Löschung des Tics wird durch konditionierte Hemmung erfolgen. Weiterhin sollte man keine Zunahme der Stärke der Gewohnheit erwarten, da sie schon auf ihrem Maximum ist. Eine erfolgreiche Behandlung denkt man sich als die Löschung einer erlernten Angewohnheit von maximaler Stärke durch massierte, unbelohnte Übung. Soweit Hull die Extinktion auf ein Konditionieren der unvereinbaren Reaktion, nämlich des Ruhens, zurückführt, könnte negative Übung selbst als eine Variante des Gegenkonditionierens angesehen werden. In der Durchführung scheint es jedoch gerechtfertigt, es als unterschiedlich anzusehen. Der Therapeut drängt dem Patienten keine unvereinbare Reaktion auf. Man vermutet, daß sie als ein Ergebnis der massierten Übung auftritt.

Yates war mehr am experimentellen Aspekt als an der Behandlung interessiert, er wollte die beste Methode für die negative Übung herausfinden. Das normale Vorgehen bestand in einem Minimum von fünf einminütigen Perioden massierter Übung jedes Tics mit dazwischengeschobenen Pausen von einer Minute. Es fanden zwei Sitzungen täglich statt, eine beaufsichtigte der Therapeut, die andere führte der Patient zu Hause aus. Die Höchstdauer massierter Übung für einen Tic war eine Stunde. Nach vier Sitzungen hatte der Patient eine Pause von drei Wochen. Yates fand die besten Ergebnisse, wenn ausgedehnte massierte Übungen mit ausgedehnten Ruhepausen verbunden wurden. Der Tic muß so genau und intensiv wie möglich nachgeahmt und bis zur Erschöpfung wiederholt werden, um einen hohen Grad reaktiver Hemmung zu erreichen (Wolpe u. Lazarus, 1966).

Rafi (1962) behandelte zwei Patienten mit Tics mit der Methode von Yates, wobei er in einem Falle zwei Stunden intensiver Übung mit einer einwöchigen Pause kombinierte. Lazarus (1961 b) beschreibt ein ähnliches Vorgehen, und Walton (1961, 1964) hat Chlorpromazin und ein Barbiturat vor den Sitzungen mit massierter Übung gegeben, wobei er sich auf die theoretische Annahme stützte, daß jede Angstminderung die Toleranz gegen reaktive Hemmung herabsetzen und so eine konditionierte Hemmung fördern würde.

Clark (1966) hat negative Übungen in der Behandlung des Gilles-de-la-Tourette-Syndroms benutzt. Der Patient wurde aufgefordert, die bevorzugte Obszönität so oft wie möglich laut zu wiederholen. Eine Minute Übung wurde abgewechselt mit einer Minute Pause. Ein elektrischer Schlag wurde gegeben, wenn andere Wörter während der Behandlungssitzung dazwischen geschoben wurden, oder wenn ein Tic in der Pause auftrat. Um während der Übungsminute willentlich eingelegten Pausen entgegenzuwirken, wurde der Patient gebeten, die Wörter gleichzeitig mit Metronomschlägen zu sprechen.

Mit Methoden, die der negativen Übung ähnlich sind, ging man auch das Stottern an. Der Stotterer wird aufgefordert, sein Stottern zu „fälschen", indem er die Silben absichtlich wiederholt (MEISSNER, 1946), oder jedes gestotterte Wort in einem laut gelesenen Text solange wiederholt, bis er den Text flüssig lesen kann (SHEEHAN, 1951; SHEEHAN u. VOAS, 1957). Die letzteren Autoren dachten, daß sie damit eher das flüssige Reden bekräftigen als die Vermeidungsreaktion des Stotterns. CASE (1960) ließ seine Patienten ihr Stottern so genau wie möglich wiederholen und verabreichte elektrische Schläge, um den emotionalen Zustand herbeizuführen, der vermutlich beim Stottern besteht.

Auch andere Behandlungsarten werden mit den Begriffen der reaktiven Hemmung oder konditionierten Hemmung erklärt und werden daher als Beispiele für negative Übung genannt. WALTON (1960) meinte, daß ein Symptom durch nichtbekräftigte Übung und die darauffolgende konditionierte Hemmung beseitigt wird, wenn sekundäre Bekräftigungen, die das Symptom unterhalten, entzogen werden können. Er untermauerte seine These mit dem Beispiel eines Patienten, der eine lang andauernde Neurodermitis und „zwanghaftes Kratzen" aufwies. Man glaubte, daß diese Phänomene durch sekundäre Belohnung aufrechterhalten wurden. Als man die Umwelt so geändert hatte, daß die vermuteten Bekräftigungen nicht mehr auftraten, verschwanden das Kratzen und Hautveränderungen. Jedoch brauchte der Patient sein Kratzen nicht in massierter Übung auszuführen (tatsächlich hätte dies zu einer erheblichen Zerstörung der Haut geführt), und es ist daher zweifelhaft, ob man diese Behandlungsart als negative Übung bezeichnen soll.

Behandlung durch Reizüberflutung (Implosion)

Die theoretische Grundlage der bisher diskutierten Behandlungsmethoden war entweder das Gegenkonditionieren einer unvereinbaren Reaktion oder die Löschung einer instrumentellen Vermeidungsreaktion durch massierte nichtbelohnte Übung. Der Begriff Überfluten wurde zuerst von POLIN (1959) benutzt, um eine Extinktionsprozedur zu beschreiben, bei der Ratten andauernd einem CS ausgesetzt waren, jedoch eine früher erlernte Vermeidungsreaktion ausführen konnten. Das Ziel der Reizüberflutung ist die Löschung der Angst selbst durch nichtbelohnte Übung. Der Patient muß in der gefürchteten Situation bleiben und alle auftretende Angst erleben, und er wird an der Flucht aus der Situation gehindert.

Von Tierversuchen kann man ableiten, daß eine Reaktion schneller gelöscht wird, wenn man die Flucht vor einem konditionierten angsterregenden Reiz verhindert oder verzögert (s. LOMONT, 1965). Man hat verschiedene theoretische Erklärungen für den zugrunde liegenden Vorgang gegeben. Man kann z. B. einen konditionierten Angstreiz, der keine wirkliche Gefahr darstellt, für die Vermeidungsreaktion verantwortlich machen. Dann sollte man erwarten, daß die Unterbindung der Vermeidungsreaktion zur Löschung des CS führt, worauf dann die üblicherweise auftretende Diskrimination im klassischen Konditionieren folgt. Solange die Vermeidungsreaktion auftritt, kann keine Diskrimination erfolgen. Eine andere Erklärung dafür, warum beim Reizüberfluten die Angst gelöscht wird, ist das Auftreten konditionierter Angsthemmung nach massierter Übung. Wenn man eine kognitive Erklärung anstrebt, kann man das Überfluten als eine Änderung der Erwartung auffassen, indem das Individuum erfährt, daß ein bestimmter konditionierter Angstreiz keine Gefahr mit sich bringt: der Patient erfährt ein günstiges Ergebnis seiner Realitätstestung.

Stampfl und seine Kollegen (Stampfl u. Levis, 1967, 1968) haben in einigen Veröffentlichungen die Methode der „Implosion" herausgestellt und eine theoretische Grundlegung versucht. Sie erklären neurotische Symptome nach der Zweifaktorenlerntheorie als konditionierte Angst und Vermeidungsreaktionen, die auf einen zunächst unangenehmen Reiz hin auftreten. Sie betonen jedoch, wie wichtig innere Vorgänge, wie Gedanken und Impulse, sind, die sekundär konditioniert werden und dann als angsterregende Reize wirken.

Bei der Reizüberflutung beginnt man daher mit diagnostischen Explorationen, in denen sowohl die äußeren wie inneren Merkmale, die sichtbare und innere (covert) Angstreaktionen auslösen, herausgearbeitet werden sollen. Eine Hierarchie von aufeinanderfolgenden Vermeidungsmerkmalen wird aufgestellt. Unten in der Hierarchie stehen die Angstreize, die dem Probanden bewußt sind und meistens die Symptome verursachen. Die dem primär aversiven Reiz näherstehenden aufeinanderfolgenden Merkmale rangieren in der Hierarchie an höherer Stelle. Diese Reize können oft nur während der Therapie sichtbar werden und sind meist psychodynamischer Natur, wie aggressive und sexuelle Konflikte einschließlich Kastrationsangst und ödipale Wünsche.

Die Behandlung geht so vor sich, daß sich der Patient die gefürchtete Situation möglichst lebhaft vorstellen und alle damit verbundenen Emotionen erleben soll. Der Therapeut versucht, die Angst des Patienten auf einer möglichst hohen Stufe zu halten, was man durch Beschreibung immer stärker furchterregender Szenen, die sich der Patient vorstellen muß, erreicht. Dabei werden solche Reizfolgen hinzugenommen, deren Beteiligung der Therapeut vermutet. Zuerst werden die unten in der Hierarchie stehenden Punkte dargeboten und erst, wenn die Angst anfängt zu sinken, werden höhere Punkte eingeführt. Einzelsitzungen dauern 30 bis 60 Minuten und werden zu einem Zeitpunkt abgebrochen, an dem die Angst vermindert ist. Nach mehreren solchen Sitzungen zusammen mit dem Therapeuten wird der Patient angewiesen, die Szenen selbst zu wiederholen, bis die Angst reduziert ist.

Die Reizüberflutung fordert zu einem Vergleich mit Wolpes systematischer Desensibilisierung heraus, weil bei beiden der Patient den angstauslösenden Reizen ausgesetzt wird. In der systematischen Desensibilisierung ist eine Hemmung der Angst erforderlich, damit die Gegenreaktion auftreten kann, während die Reizüberflutung eine sehr hohe Angsterfahrung für eine Löschung anstrebt. Stampfl übernimmt einige Freudsche Vorstellungen über innere Konflikte, da sie auf einer operationalen Ebene durchaus verwertbar sind, sofern sie Angst auslösen (STAMPFL u. LEVIS, 1968).

Es gibt einige Veröffentlichungen über die Reizüberflutung. HOGAN (1966) gibt eine Übersicht über kurzzeitige Behandlungen von Psychotikern. HOGAN u. KIRCHNER (1967) behandelten 21 Studenten, die eine Rattenphobie hatten. Die Therapie bestand nur in einer Sitzung von Reizüberflutung von 30 bis 40 Minuten. LEVIS u. CARRERA (1967) behandelten zehn Neurotiker ambulant mit zehn Sitzungen von jeweils einer Stunde Dauer.

MALLESON (1959) verwandte eine ähnliche Behandlungsmethode bei einem Studenten mit Examensangst, indem er ihn sich sehr störende Examenssituationen vorstellen ließ, ohne ihn zu entspannen. Die Sitzungen waren massiert. Der Autor erwähnt nur kurz, daß er ähnlich bei Agoraphobikern vorging. WOLPIN u. RAINES (1966) behandelten zwei Patienten mit Schlangenfurcht und baten sie, sich für zehn Minuten die schlimmsten Punkte der Angsthierarchie vorzustellen. MEYER (1966) berichtet über die Behandlung zweier Patienten mit Zwangshandlungen. Sie wurden dazu überredet, die gefürchteten und die Zwangshandlungen auslösenden Gegenstände anzufassen, wurden jedoch daran gehindert, die Zwangshandlungen auszuführen. Um das zu erreichen, wurde eine Reihe von Methoden eingesetzt, wie Ermutigung, Ablenkung, Überwachung und Trennung von Gegenständen, die zur Ausführung der Zwangshandlungen nötig sind (z. B. Waschbecken). Meyer beschrieb seine Behandlung in kognitiven Begriffen, wie Änderung der Erwartung oder Wirklichkeitserfahrung, und sah in ihr nicht eine Reizüberflutung.

Lernen am Erfolg (operantes Konditionieren)

Diese Behandlungsmethode hat ihre Wurzel in dem System des operanten Konditionierens (SKINNER, 1938). Danach kann Verhalten durch positive und negative Verstärker geändert werden, und neue Verhaltensmuster können durch Verhaltensformung (shaping) und Diskrimination gelernt werden (siehe Kapitel 2). Skinner war vorwiegend experimentell orientiert und führte Laborversuche mit Ratten und Tauben aus. Später wurde die Methode des Lernens am Erfolg hauptsächlich durch das Werk von LINDSLEY (z. B. LINDSLEY u. SKINNER, 1954; LINDSLEY, 1956, 1960) erfolgreich angepaßt, um menschliches Verhalten zu studieren. Zunächst interessierte man sich dafür, welche Arten des Verhaltens experimentell kontrollierbar waren und welche bei einem Verhaltensdefizit langsam aufgebaut werden können. Das Verhalten von Psychotikern und Schwachsinnigen wurde zuerst untersucht. In letzter Zeit hat diese Forschung eine zunehmende Zahl von Therapeuten beeinflußt, so daß Techniken des Lernens am Erfolg nun bei vielen psychiatrischen Störungen verwendet werden.

Das auffallendste Charakteristikum der Skinnerschen Methode besteht darin, sich auf ein spezifisches, beobachtbares Symptom, das „Fehlverhalten", und die auf es folgenden Änderungen in der Umgebung, die es verstärken und unterhalten, zu konzentrieren. Als therapeutische Maßnahmen manipuliert man die Verstärkungen, um eine Verhaltensweise zu löschen und sie durch angepaßtere zu ersetzen. Erwünschte Reaktionen werden belohnt, dagegen bei unerwünschten die Belohnung vorenthalten (time out). Fehlt das angemessene Verhalten, wird schrittweise Annäherung an die notwendige Verhaltensweise bekräftigt, bis sie ausgeprägt ist. Obwohl das Gewicht mehr auf beobachtbares Verhalten als auf „innere seelische Zustände" gelegt wird, glaubt man doch, daß Verbalverhalten und innere (covert) Reaktionen in derselben Weise kontrollierbar sind.

In der Literatur gibt es zahlreiche Beispiele dafür, wie Lernen am Erfolg bei psychiatrischen Patienten angewandt werden kann (z. B. Sidman, 1962; Bachrach, 1964; Eysenck, 1964; Ullmann u. Krasner, 1965; Lovaas, 1966 Davison, 1969).

Es ist relativ einfach zu sehen, wie die Behandlung durch das Modell des Lernens am Erfolg beeinflußt ist, und tatsächlich wirkt sie dadurch oft sehr geradlinig und naiv. Dennoch kann ein therapeutisches Programm, so wie es geplant und ausgeführt wird, vielfältige Vorgehensweisen enthalten, die oft sehr viel Erfindungsgeist erfordern. Im Rahmen dieses Buches ist es unmöglich, alle angewandten Behandlungsarten zu beschreiben. Wir geben Beispiele für die Methoden, die in der Behandlung von schizophrenem Verhalten einschließlich Wahnideen, Mutismus und Denkstörungen, von neurotischen Störungen, störenden Angewohnheiten und organischen Hirnstörungen benutzt wurden.

Ayllon und seine Kollegen haben in mehreren Untersuchungen gezeigt, wie man die Techniken des Lernens am Erfolg unangepaßtes oder sozial störendes Verhalten von in geschlossenen Stationen hospitalisierten Schizophrenen ändern kann (Ayllon u. Michael, 1959; Ayllon u. Haughton, 1962; Ayllon, 1963). Sie bemerkten, daß das Pflegepersonal durch besondere Aufmerksamkeit gerade das unerwünschte Verhalten von Patienten bekräftigte, wie exzessives Waschen, Schrubben des Bodens, Sammeln und Horten, und Essensstörungen. Das Personal wurde angewiesen, entsprechend dem Verhalten des Patienten, Belohnung zu geben und zu unterlassen. Erwünschtes Verhalten wurde durch Zuwendung, Gespräche, Essen und Zigaretten belohnt. Mit anderen Worten, unerwünschtes Verhalten wurde mißbilligt und erwünschtes gelobt. Den Patienten, die gewöhnlich überredet werden mußten, zum Essen zu kommen, wurde bei Verspätung verboten, den Speiseraum zu betreten. Dabei wurde den Patienten vorher nicht mitgeteilt, welche Änderung in ihrem Verhalten gefordert wurde. In einer späteren Studie (Ayllon u. Azrin, 1964) wurde untersucht, wieviel jeweils verbale Instruktionen und positive Bekräftigung dazu beitrugen, Schizophrene und Schwachsinnige dazu zu bringen, ihr Geschirr zu holen, bevor sie den Kaffeeraum betraten. Dabei zeigte sich, daß eine Kombination von beidem am besten wirkte.

Auch verbales Verhalten kann nachweislich durch abhängig gemachte Belohnung geändert werden (Greenspoon, 1962; Williams, 1964). Bei drei Schizophrenen trat sinnvolles Reden häufiger auf und „Geschwätz" seltener, wenn man sinnvolles Reden sozial bekräftigte (Ayllon u. Haughton, 1964). Bei drei Patienten mit einer paranoiden Schizophrenie konnten der Therapeut und das Pflegepersonal die häufige Äußerung von Wahnideen verringern, indem sie die wahnhaften Feststellungen nicht akzeptieren, jedoch realistische Bemerkungen positiv bekräftigen (Kennedy, 1964). In all den beschriebenen Untersuchungen schienen gleichzeitig mit der Besserung des Zielverhaltens auch andere günstige Wirkungen einherzugehen.

Patienten mit schwereren Störungen, bei denen die gewünschten Reaktionen im Verhaltensrepertoire fehlen und die auf soziale Bekräftigung nicht ansprechen, fordern das Geschick des Therapeuten stärker heraus. Peters u. Jenkins (1954) zeigten eindrucksvoll an schwer defekten chronischen Schizophrenen, wie ein neues Verhalten schrittweise erlernt werden kann. Essen wurde als primärer Belohner gewählt, da die Patienten auf soziale Belohnung nicht ansprachen. Durch kleine Insulindosen wurde das Hungergefühl vergrößert und die Patienten wurden animiert, an immer schwierigeren Problemlösungsaufgaben, wie einfachen Labyrinthen, Lernen an Wahlmöglichkeiten und verbaler Beweisführung teilzunehmen. Als Belohnung wurden Karamelbonbons gegeben. Nachdem diese Sitzungen einige Wochen durchgeführt worden waren, wurden die Insulininjektionen unterbrochen und soziale Verstärker, die jetzt wirksamer als Essen waren, eingeführt. Sie wurden davon abhängig gemacht, ob zwischenmenschliche Probleme, die die Patienten in ihrem Alltag behinderten, gelöst worden waren.

Ein ähnliches Beispiel von Verhaltensformung stellt der Versuch von Isaacs u. Mitarb. (1960) dar, bei dem sie zwei mutistisch katatone Schizophrene zum Sprechen brachten. Bei dem einen Patienten wurde das Vorsichhinstarren kurzfristig unterbrochen, wenn er Kaugummi sah. Deshalb verwendete man Kaugummi als Belohnung für jede Augenbewegung und später für mimische Bewegungen, Bewegungen der Lippen, Lautäußerungen und zuletzt für gesprochene Wörter. Zur gleichen Zeit drängte der Therapeut den Patienten, Wörter zu sagen.

Man hat auch Nachahmung benutzt, wenn das erwünschte Zielverhalten so selten auftrat, daß Belohnung allein unwirksam blieb. So setzte SHERMAN (1965) Nachahmungsreaktion ein, um schrittweises Lernen bei chronisch mutistischen Patienten zu erzielen. Ein Patient wurde zunächst belohnt, wenn er das nichtverbale Verhalten des Therapeuten nachahmte, wie Aufstehen, Küssen und zuletzt zunehmend schwieriges Sprechen. Um ein erwünschtes Verhalten mehr durch diskriminative Reize zu kontrollieren, kann die Technik des Ausblendens (fading) benutzt werden. Wenn z. B. die Reaktionen des Patienten durch Nachahmung kontrolliert werden (z. B. wiederholt der Patient das vom Therapeuten gesprochene Wort „Pferd"), ist der nächste Schritt, den entsprechenden Reiz einzuführen (der Patient sagt: „Pferd", wenn er das Bild eines Pferdes gezeigt bekommt). Wenn man die Aufforderungen zur Nachahmung schrittweise ausblendet, kommt der Übergang zum Benennen. So erhalten die Wörter die zutreffende Bedeutung.

Auch in der Behandlung kindlicher Psychosen werden Techniken des Lernens am Erfolg immer häufiger benutzt. Hier kann autistisches und destruktives Verhalten geändert werden, und man versucht, kognitive und soziale Verhaltensweisen schrittweise aufzubauen. Reaktionsbereitschaft und Gehorsam beim Spielen wurden durch Essen als Belohner erreicht, und später führte man sekundäre Belohner ein (DAVISON, 1964). Indem man verschiedene Techniken kombinierte, konnte man Echolalie beseitigen und durch normales Sprechen ersetzen. Um das Sprechen zu entwickeln, setzte man Nachahmung und Verhaltensformung ein. Danach benutzte man zur Unterstützung verbale Aufforderungen (prompts), um die Kontrolle vom Nachahmen auf angemessene Reize übergehen zu lassen. Durch Nichtbelohnung (time out) wurde unrichtiges Verhalten beseitigt, während richtige Reaktionen durch entsprechende Belohnung angeregt und entwickelt wurden (RISLEY u. WOLF, 1967).

LOVAAS (1966) arbeitete auf einer Versuchsstation mit sechs autistischen Kindern ein wesentlich komplizierteres Programm aus. Diese Kinder stellen ein schwierigeres Problem dar, da sie von Anfang an nicht sprechen. Zunächst wird jede Lautäußerung mit Essen belohnt, dann nur Laute, die unmittelbar, nachdem der Therapeut etwas geäußert hat, produziert werden. Später muß das Kind den von dem Therapeuten vorgemachten Laut wiederholen, um eine Belohnung zu erhalten. Als nächstes müssen zwei Laute nachgeahmt und diskriminiert werden. Schrittweise lernt das Kind, dem Therapeuten jeden beliebigen Laut nachzuahmen. Schließlich werden die nachgeahmten Reize durch verschiedenen Wörtern entsprechende Reize ersetzt, so daß sie sinnvoll gebraucht werden können. LEFF (1968) hat die verschiedenen Techniken des operanten Konditionierens, die zur Behandlung von Psychosen im Kindesalter angewandt wurden, zusammengefaßt. Vor kurzem beschrieben MARTIN u. Mitarb. (1968) eine ähnliche Methode für das Training autistischer Kinder, speziell für gestörtes Verhalten, Sprache, Nachzeichnen und Reiz-Zuordnen, wobei sie betonen, wie wichtig es ist, jede mögliche Belohnung zurückzuhalten, solange das Kind unaufmerksam ist oder unerwünschtes Verhalten produziert. Sie dehnten ebenfalls die individuelle Behandlung in die Klassensituation hinein aus. Auf etwas andere Art wurde Lernen am Erfolg für die tägliche Arbeit auf einer Station mit erwachsenen Schizophrenen genutzt. Das von AYLLON u. AZRIN (1965, 1968) entwickelte System der „token economy“ ist auf sehr viel Interesse gestoßen. Sie wandten Premacks Prinzip an. Danach gilt für jedes Paar von Verhaltensweisen, die in einer Situation auftreten, daß die mit höherer Wahrscheinlichkeit auftretende als ein Bekräftiger für die weniger wahrscheinlich auftretende dienen wird (PREMACK, 1959). Beliebte Tätigkeiten, wie im Tagesraum sitzen und fernsehen, und Privilegien wurden von erwünschtem Verhalten, wie Spazierengehen, sauber gekleidet sein, Bettmachen und Teilnahme an der Arbeitstherapie, abhängig gemacht. Um die Kluft zwischen der Zeit, zu der das Zielverhalten ausgeführt wird, und der zu erwartenden Belohnung – den mit hoher Wahrscheinlichkeit auftretenden Verhaltensweisen – zu überbrücken, führten Ayllon u. Azrin Tokens (Marken) ein, die dem Patienten sofort gegeben wurden, wenn er das erwünschte Verhalten gezeigt hatte. Später konnte das wahrscheinlichere Verhalten, wie Fernsehen etc., mit den Marken „gekauft“ werden. Dieses Programm wurde von dem Pflegepersonal ausgeführt, sowohl mit Patienten, die die Station nicht verlassen konnten, als auch mit solchen, die sich schon außerhalb der Station betätigten. Kontrollierte Studien zeigten, wie die Marken die Häufigkeit des gewünschten Verhaltens erhöhten. Wenn man die Marken zufällig oder gar nicht gab, wurde das Zielverhalten seltener.

Um Verhaltensweisen zu fördern, die eine Wiedereingliederung außerhalb des Krankenhauses erleichtern könnten, hat man ähnliche Tokensysteme entworfen (z. B. GERICKE, 1965; ATTHOWE u. KRASNER, 1968). Die Behandlung wurde bei fortschreitendem Erfolg so abgewandelt, daß die Belohnung immer mehr verzögert wurde, wobei die Marken z. B. wöchentlich gegeben wurden; schließlich konnten sich die Patienten aus dem System freikaufen, indem sie eine Freikarte, anstelle der Marken, erhielten. KRASNER (1968) veröffentlichte kürzlich eine Zusammenfassung über die Anwendung von Tokensystemen.

Im Krankenhaus können die Patienten selbst an der Leitung der Station teilnehmen (FAIRWEATHER, 1964). Sie können gemeinschaftlich über Aufgabenverteilung, persönliche Probleme und die Vergabe von Vorzügen, wie Geld und Ausgangsscheine, entscheiden. Verantwortliches Handeln führte zu höherer Belohnung und Beförderung. Um die gemeinsame Verantwortlichkeit und die aktive Teilnahme jedes Patienten zu fördern, wurde die Gruppe selbst mit Vorteilen belohnt, wenn sie gute Empfehlungen gegeben hatte. Die Gruppe bestimmte auch die Entlassung und anschließende Beschäftigung ihrer Mitglieder.

Über die Behandlung von neurotischen und verhaltensgestörten Kindern gibt es zahllose Berichte. Daumenlutschen konnte man unterdrücken, indem man einen witzigen Film zeigte und ihn jedesmal unterbrach, wenn das Kind den Daumen lutschte (Baer, 1962). Man brachte ein Kind nach jeder Mahlzeit und vor dem Schlafen auf die Toilette und behandelte so eine Enkopresis. Wenn es auf der Toilette ängstlich erschien, bekam es ein Bonbon oder ein Comic-Heft. Wenn der Stuhlgang wegen Verstopfung schmerzhaft war, wurde ein Laxans gegeben. Wenn kein Stuhlgang erfolgte, bekam es weder Lob noch Strafe, wenn jedoch eine Defäkation stattfand, wurde es gelobt und bekam zu essen. Die Belohner wurden den gerade vorhandenen Interessen angepaßt, wenn ein bestimmter Belohner an Wirksamkeit nachließ. Sobald das Kind daran gewöhnt war, die Toilette zu benutzen, und aufgehört hatte, sich zu beschmutzen, erklärte man ihm, immer dann zur Toilette zu gehen, wenn es den Drang zum Stuhlgang verspüre. Eine erfolgreiche Defäkation wurde belohnt (Neal, 1963).

Therapeuten, Pflegepersonal und Patienten haben Techniken des Lernens am Erfolg ausgeführt. Natürlich ist es nur logisch, Lehrer und Eltern mit einzubeziehen, da sie unter Umständen Belohnungsweisen zeigen, die Störungen, wie Wutanfälle, Überaktivität und Abhängigkeit, fördern (z. B. Russo, 1964; Straugham, 1964; Whaler u. Mitarb., 1965; Hawkins u. Mitarb., 1966; O'Leary u. Mitarb., 1967). Bis ins einzelne werden das Auftreten und die Eigenarten des Verhaltens und die darauf erfolgende Reaktion der Lehrer und Eltern analysiert. Diese Bestandsaufnahme kann zu Hause oder in einem Spielzimmer ausgeführt werden. Der Therapeut kann daraufhin eventuell den Eltern zeigen, wie sie ihre Reaktionen ändern könnten, so daß das störende Verhalten des Kindes nicht belohnt und das erwünschte belohnt wird. Wenn eine Mutter dazu neigte, dem Kind bei einem Wutanfall besondere Aufmerksamkeit zu schenken, und es wenig beachtete, wenn es schön spielte, wird sie angewiesen, ihr Benehmen umzukehren und das konstruktive Verhalten des Kindes zu belohnen. Primäre oder soziale Belohner oder auch Marken können eingesetzt werden (z. B. O'Leary u. Mitarb., 1967). Schulphobien behandelte man mit vom Schulbesuch abhängiger Belohnung einerseits und systematischer Desensibilisierung der Schulangst andererseits (z. B. Lazarus u. Mitarb., 1965; Patterson, 1965). Entspannung, Ermutigung und schrittweises Heranführen an die Schulsituation wurden gefolgt von belohnenden Comic-Heften und Marken für die erreichten aufeinanderfolgenden Stadien des Schulbesuchs.

Zur Behandlung neurotischer Störungen von Erwachsenen sind operante Techniken selten als alleinige Methode eingesetzt worden. Bachrach u. Mitarb. (1965) behandelten eine Patientin mit schwerer Anorexia nervosa, indem sie anfänglich jede Bequemlichkeit und Gesprächsmöglichkeit einschränkten und sie als Belohner für Essen benutzten. Sowie schrittweise normal gegessen wurde und eine Gewichtszunahme auftrat, wurden soziale Bestätigungen und Privilegien gegeben. Barrett (1962) verminderte die Häufigkeit multipler Tics bei einem Patienten, der sich Musik anhörte, die bei jedem Tic unterbrochen wurde. Dies war wirksamer als Selbstkontrolle, dauernde Musik und ticabhängiges „weißes Rauschen“. Wie sich zeigte, war die Tic-Häufigkeit zwischen den Behandlungsstunden vermindert.

Man hat einige Patienten mit hysterischen Wahrnehmungsstörungen mit Konditionierungsmethoden behandelt. Dabei wurde dem Patienten gezeigt, daß eine normale Wahrnehmung auftreten kann. BRADY u. LIND (1961) behandelten eine hysterische Blindheit mit Lernen am Erfolg. Der Patient wurde gelobt und belohnt, wenn er einen Knopf in einem 18- bis 21-Sekundenintervall niederdrückte, und getadelt, wenn er außerhalb der Zeitspanne lag. Ein Brummton zeigte einen zeitlich richtigen Knopfdruck an. Nach einigen Sitzungen wurde ohne Wissen des Patienten Licht eingeschaltet, das die richtige Zeit zum Knopfdruck anzeigte. Seine Ergebnisse verbesserten sich nicht, und er wurde ängstlich. Als ihm jedoch gesagt wurde, daß ihm das Licht zur korrekten Zeitbestimmung helfen könne, verbesserte sich seine Leistung. Nach 26 Behandlungsstunden wurde er wieder ängstlich, doch gab er an, sehen zu können. Schließlich konnte er in den Sitzungen feinere visuelle Unterscheidungen treffen und auch außerhalb der Sitzungen sehen. Nach mehreren Monaten verschlechterte sich der Patient wieder und wurde erneut von ZIMMERMAN u. GROSZ (1966) untersucht. Sie konnten operante Reaktionen wieder durch visuelle Reize kontrollieren lassen und zeigten, wie wichtig soziale Anerkennung ist. In der letzten Stunde lobte man den Patienten, wenn er „wie ein Blinder“ reagierte, und kritisierte, wenn er wie ein Normalsichtiger reagierte. Dadurch wurde das Handeln des Patienten beeinflußt, er benahm sich weiterhin, als ob er blind sei.

Wie das beschriebene Verfahren zeigt, könnte es therapeutisch nützlich sein, dem Patienten die Wahrnehmung bewußt zu machen. Auch andere Lerntechniken sind dafür eingesetzt worden (z. B. HILGARD u. MARQUIS, 1940; MALMO u. Mitarb., 1952). Hilgard u. Marquis behandelten einen Patienten mit hysterischer Gefühllosigkeit und Lähmung eines Armes. Anfänglich wurden wiederholt elektrische Schläge an die gesunde Hand verabreicht als USC zum Fingerwegziehen. Dem voraus ging als CS ein ähnlicher Schock an die schmerzunempfindliche Hand. Allmählich kehrte das Gefühl in diese Hand zurück. Danach wurden der gesunden Hand sehr schwache elektrische Schläge gegeben denen starke Schläge an die „kranke“ Hand folgten. Konditioniertes Wegziehen trat dann auf.

Zum Schluß dieser Aufzählung einiger verhaltenstherapeutischer Verfahren wollen wir noch ihre Anwendung auf außerpsychiatrische Probleme erwähnen. Durch Vergabe von Marken und Gutscheinen für richtiges Lesen und Antworten sind mangelnde Erziehung und Leseschwäche bei schwachsinnigen, emotional gestörten und kulturell benachteiligten Kindern gebessert worden (STAATS u. Mitarb., 1967).

Symptome, die zumindest teilweise Folge einer Hirnschädigung sind, können ebenfalls durch Lernen am Erfolg kontrolliert werden. EFRON (1957) berichtete von einem Epileptiker, dessen Temporallappenanfälle durch einen während der Aura dargebotenen Geruch verhindert werden konnten. Durch Verbindung des Geruchs mit dem Anblick eines Armbandes konnten schließlich das Armband allein die Geruchsempfindung auslösen und den Anfall beenden. Später konnte der „Gedanke an das Armband" den Anfall verhindern, und schließlich zeigte sich, daß eine spontane Unterdrückung des Anfalls mit der „Halluzination" des spezifischen Duftes einherging, wie er in der Behandlung benutzt worden war.

Die Überaktivität eines hirngeschädigten Jungen wurde zunächst durch Verbindung eines Tons mit Belohnung (Bonbons und Geld) für jede Zehn-Sekunden-Periode, in der der Junge aufmerksam war, herabgesetzt. Danach wurde der Ton allein als Belohner für Aufmerksamkeit in der Klasse eingesetzt, und andere Belohner wurden nach den Unterrichtsstunden gegeben (PATTERSON u. Mitarb., 1965).

Als letztes Beispiel für die Anwendung von Verhaltenstherapie sei die Behandlung unwillkürlicher Bewegung bei Chorea Huntington durch MACPHERSON (1967) zitiert. Zuerst wurden intensive Entspannungsübungen gemacht. Da die Willkürbewegung eines Körperteils unwillkürliche Bewegungen an anderen Teilen des Körpers auszulösen schien, lernte der Patient dann, sich zu entspannen, während er willkürliche Bewegung ausführte. Als nächstes wurden dem Patienten über Kopfhörer die verstärkten Impulse aus dem EMG zugespielt, damit er die Gefühle zu Beginn einer unwillkürlichen Bewegung wahrzunehmen lernte. Der Beginn der Muskelkontraktion wurde so über die Kopfhörer dem Patienten angezeigt, und er konnte lernen, die afferenten Sensationen, die von der Gliedmaße zu Anfang einer unwillkürlichen Bewegung ausgehen, wahrzunehmen. Zuletzt wurde ihm beigebracht, die betroffenen Muskeln zu entspannen, sobald er die ersten Anzeichen einer Kontraktion spürte.

Schlußfolgerungen

Dieser Überblick über die hauptsächlichen, in der Verhaltenstherapie angewandten Methoden zeigt eine Vielfalt von Verfahren, die noch laufend vermehrt werden. Diese Verschiedenheit ist schon verwirrend genug, was noch durch die unterschiedliche Benennung und durch die fehlende Trennung zwischen operationalen Beschreibungen der Methoden und ihrer vermutlichen theoretischen Grundlage vermehrt wird. Es überrascht daher nicht, daß dies zu einer unerwünschten Kluft zwischen Lerntheoretikern und Verhaltenstherapeuten geführt hat (s. RACHMAN u. EYSENCK, 1966; WILSON u. EVANS, 1967, zu einer ausführlicheren Diskussion dieser Probleme).

Es wird häufig festgestllt, daß man, solange es keine „neuere Lerntheorie" (modern learning theory) gibt, auch nicht sagen kann, die Techniken der Verhaltenstherapien seien davon hergeleitet. Niemand wird behaupten, daß es eine einzelne zusammenhängende Lerntheorie gibt, die das menschliche Verhalten völlig erklären könnte. In vielen theoretischen Fragen gibt es zu wenig Übereinstimmung, als daß man nachprüfbare Voraussagen machen und Behandlungstechniken entwickeln könnte (z. B. BREGER u. MCGAUGH, 1965). Jedoch stimmt man allgemein in vielen, gut geprüften experimentellen Ergebnissen überein, die die Beziehungen zwischen verschiedenen Klassen von Variablen betreffen. Die Kontroverse bezieht sich auf die theoretische Erklärung dieser Befunde. Dieselben Phänomene können je nach Vorliebe nach HULL, SKINNER oder TOLMAN interpretiert werden, wohingegen die Behandlungsmethode nach den akzeptierten Versuchsergebnissen ausgerichtet wird. In der Praxis mag dieselbe Technik angewandt werden, ob man nun eine kognitive oder S-R-Belohnungstheorie bevorzugt.

Die Fülle der verfügbaren Techniken, ihre gegenseitige Unabhängigkeit und die Herleitung verschiedener Methoden von derselben Theorie oder ähnlicher Methoden von verschiedenen Theorien scheint mit Recht kritisiert zu werden. Die Kritik besagt, daß es schwer ist, die Verbindung zwischen der Verhaltenstherapie und den Lernprinzipien zu sehen (KIESLER, 1966). Dies ist jedoch übertrieben, wenn man die oben getroffene Unterscheidung zwischen experimentellen Ergebnissen und theoretischen Erklärungen betrachtet. Unglücklicherweise haben die Verhaltenstherapeuten selber zu der Verwirrung beigetragen, da sie ähnliches Vorgehen mit verschiedenen Begriffen belegt haben, und da sie es unterlassen haben, deskriptive und theoretische Begriffe zu trennen. Z. B. wurde der Begriff „negative Übung" als eine operationale Beschreibung einer bestimmten Behandlungsmethode eingeführt. Aber man hat sie auch mit Begriffen wie Extinktion, konditionierte Hemmung und reaktive Hemmung bezeichnet. Extinktion ist selber ein beschreibender Begriff für die Verminderung oder Beseitigung einer Reaktion durch nichtbelohnte Übung, während die anderen zwei Begriffe hypothetische Annahmen einer bestimmten Theorie zur Extinktion sind. Ganz ähnlich beschreibt „systematische Desensibilisierung" ein Vorgehen, das manchmal auch Gegenkonditionierung oder reziproke Hemmung genannt wird. Die letzteren Begriffe beziehen sich auf vermutete, der systematischen Desensibilisierung zugrunde liegende Prozesse.

Oft werden die Methoden-Unterschiede zu stark herausgestellt. Wie WILSON u. EVANS (1967) betont haben, liegt der Unterschied zwischen Extinktion und Desensibilisierung in der „Aufgliederung der Lernsituation". Die Behandlung der Enuresis mit einer Alarmanlage kann genauso gut als Beseitigen einer schlechten Angewohnheit wie als Lernen einer neuen Angewohnheit aufgefaßt werden (EYSENCK, 1960a). Ähnlich sollten operante Verfahren und klassisches Konditionieren als einander ergänzend und nicht als völlig verschieden angesehen werden. Da man sowieso dazu tendiert, mehrere Behandlungstechniken zu kombinieren, ist die übertriebene Betonung der Verschiedenheit der Methoden nicht gerechtfertigt.

Bisher sind noch keine verhaltenstherapeutischen Routinemethoden einschließlich ihrer standardisierten Anwendung experimentell gesichert worden. „Entscheidende Faktoren im Vorgehen" sind oft Folge unkontrollierter klinischer Beobachtung und bedürfen experimenteller Überprüfung. Viele der von Verhaltenstherapeuten angewendeten Behandlungen sind lange vor dem Beginn der formalen Verhaltenstherapien in Gebrauch gewesen (Breger u. McGaugh, 1965). Gerechterweise muß man aber hinzufügen, daß sie nicht so ausdrücklich und systematisch angewendet worden sind. Die Verhaltenstherapie befindet sich noch in ihren Kinderschuhen. Vorhandene Methoden werden geändert, und Neuentwicklungen können das Ergebnis strikter Analyse der Versuchsergebnisse sein. Da weiterhin die Kenntnisse im Bereich des Lernens zunehmen, können neue Fortschritte in den Behandlungsmethoden erwartet werden.

Heutzutage läßt sich der Verhaltenstherapeut von Lernprinzipien leiten, wenn er ein Behandlungsprogramm für einen Patienten entwirft. Wie er die Behandlung durchführen wird, hängt jedoch weitgehend von seinem Einfallsreichtum und den spezifischen Bedürfnissen des jeweiligen Patienten ab. Die Verhaltenstherapie bezieht sich nicht auf irgendeine spezifische Theorie oder Methode. Sie ist eher ein Vorgehen, das versucht, mittels der Ergebnisse der experimentellen Psychologie abnormes und unerwünschtes Verhalten zu ändern.

KAPITEL 5

Die Wirksamkeit der Verhaltenstherapie

Wohlklingende theoretische Formulierungen und ermutigende Berichte über die erfolgreiche Behandlung einzelner Fälle reichen noch nicht aus, die Verhaltenstherapie für die klinische Praxis akzeptabel zu machen. Es gibt keinen Ersatz für einen sauberen empirischen Nachweis der Wirksamkeit einer Behandlungsform, und zwar sowohl im Hinblick auf die Klassen von Störungen als auch auf die Patiententypen, die auf die Behandlung ansprechen. Ein solcher Nachweis kann nur durch kontrollierte Untersuchungen erfolgen, in denen das genaue Studium einer unbehandelten Kontrollgruppe, deren Patienten zum gleichen Zeitpunkt wie die Patienten der Behandlungsgruppe getestet werden, eine Mindestforderung an die methodische Genauigkeit ist. Der Kliniker wird zunächst wissen wollen, ob eine bestimmte Methode der Verhaltenstherapie Besserung über die spontane Remissionsrate hinaus liefert. Ist das der Fall, wird er diese Therapie mit den Ergebnissen anderer Therapieformen vergleichen. Schließlich wird er untersuchen, ob die Wirksamkeit der Verhaltenstherapie auf „unspezifischen" oder „spezifischen" Faktoren beruht. Wenn sich spezielle Verhaltensmechanismen als relevant erweisen, wird es endlich darauf ankommen zu zeigen, von welchem Komponenten des Verfahrens der Erfolg entscheidend abhängt. Diese Fragen bewegen sich auf einer operationalen Ebene. Darüber hinaus ergeben sich Fragen nach der Validität der theoretischen Grundlagen der Behandlungsmethoden und ihrer Folgerungen über die Ätiologie der behandelten Störungen. Diese Fragen müssen nicht unbedingt in einer engen Beziehung zueinander stehen.

In diesem Kapitel stellen wir die Ergebnisse dar, die sich auf die Anwendbarkeit und die Erfolge der Verhaltenstherapie beziehen. Im nächsten Kapitel werden wir uns bemühen, einzelne therapeutische Mechanismen zu identifizieren und theoretische Analysen diskutieren.

Breite der Anwendbarkeit

Zur Zeit kann man noch nicht mit Sicherheit sagen, bei welchen Formen psychischer Störungen die Verhaltenstherapie sich endgültig als nützlich erweisen wird. Theoretisch sollte es möglich sein, die meisten Symptome, was auch immer ihr Ursprung sein mag, durch die Methoden der Verhaltensmodifikation zu beeinflussen. Diese Verfahren sind aber aus theoretischen wie praktischen Überlegungen bisher meist bei solchen Patienten angewandt worden, die relativ isolierte Symptome aufweisen, Symptome, die durch definierbare Reize ausgelöst werden (z. B. Ängste). So ist die Behandlung phobischer Patienten mit der Methode der systematischen Desensibilisierung die am genauesten untersuchte und am besten etablierte Form der Verhaltenstherapie. Es ist wesentlich schwieriger, ein Reiz-Reaktions-Modell dort anzuwenden, wo die Symptome diffus, schlecht abgrenzbar und fluktuierend sind und die auslösenden Reize unbekannt bleiben. Viele Charakterstörungen und Neurosen fallen in diese Kategorie, ebenso die Psychosen. Dennoch hat man die Methoden der Verhaltensmodifikation versuchsweise in fast allen Bereichen der Psychiatrie angewandt.

Aus theoretischen Überlegungen und klinischer Erfahrung ergeben sich einige allgemeine Aussagen über die Anwendbarkeit der häufiger verwendeten Methoden. Die systematische Desensibilisierung erweist sich bei solchen Störungen als wirksam, in denen Ängste die Hauptrolle spielen; sie trägt wenig zum Aufbau neuer adaptiver Verhaltensweisen bei. Zu diesem Zweck sind die Methoden des operanten Konditionierens wesentlich besser geeignet, wie z. B. bei der Behandlung der Enuresis durch positives Konditionieren. Aversionstherapie eliminiert lustbetonte, aber unangepaßte Verhaltensweisen, wie Süchte und sexuelle Deviationen; sie sollte nur angewendet werden, wenn der Patient über besser angepaßte Alternativ-Reaktionen verfügt. Systematische Desensibilisierung und Aversionstherapie sind bei Kindern seltener angezeigt, bei ihnen ist das operante Konditionieren leicht durchzuführen und häufig wirksam.

Obwohl auf theoretischen und klinischen Ergebnissen beruhend, entspräche es einer falschen Anwendung der Verhaltenstherapie, wenn man an diesen Indikationsstellungen kritiklos und rigide festhielte. Die Wahl einer Behandlungsform beruht letztlich weniger auf einer speziellen Diagnose, als auf einer sorgfältigen Analyse der Probleme und Bedürfnisse jedes einzelnen Patienten. Selbst der fanatischste Skinner-Anhänger, der noch die systematische Desensibilisierung mit den Begriffen des operanten Konditionierens zu erklären versucht, wird zugeben, daß die Beseitigung einer schwere Phobie mit den Methoden des operanten Konditionierens schwierig, wenn nicht unmöglich ist. Es wird den meisten Verhaltenstherapeuten langsam klar, daß es nur sehr begrenzt nützlich ist, bestimmte therapeutische Methoden rigide mit bestimmten diagnostischen Bezeichnungen zu verbinden; allgemein verwendet man heute in den meisten Fällen eine Kombination verschiedener Methoden. Zur Zeit spielt die Verhaltenstherapie eine bedeutende Rolle bei der Behandlung der Phobien, des Alkoholismus, sexueller Deviationen, Stottern, Tics und Enuresis. Gelegentlich ist die Verhaltenstherapie erfolgreich bei Psychosen, psychosomatischen Störungen, Zwangsneurosen und Verhaltensstörungen im Kindesalter angewendet worden. In solchen Fällen wurde die Verhaltenstherapie häufig mit anderen Formen der Behandlung kombiniert.

Wirksamkeit der Verhaltenstherapie

Jeder Heilungsanspruch muß am natürlichen Verlauf einer Störung, der Häufigkeit ihrer „spontanen Remission“, gemessen werden (s. Eysenck, 1960 a, 1963 b; Eysenck u. Rachman, 1965). Unglücklicherweise sind die Ergebnisse in bezug auf „spontane“ Besserung verschiedener Störungen nicht eindeutig; um die Aussagekraft der zitierten Zahlen ist eine beträchtliche Kontroverse entstanden. In seiner bekannten Übersichtsarbeit kam Eysenck (1960 b) zu dem Schluß, daß etwa zwei Drittel schwer neurotischer Patienten innerhalb von zwei Jahren eine wesentliche oder vollständige Besserung aufweisen: er betonte, daß „jede therapeutische Methode wesentlich bessere Ergebnisse als diese aufweisen muß, wenn sie ernst genommen werden soll.“

Zahlreiche Forscher haben diese Schlüsse ernsthaft in Frage gestellt (Kiesler, 1966). Man stimmt zwar darin überein, daß eine gewisse Anzahl von Patienten mit der Diagnose „Neurose“ sich innerhalb eines Jahres deutlich oder sogar vollständig bessert, findet aber enorme Variationen der Dauer neurotischer Störungen, die von der Art der Störung und der Persönlichkeit des Patienten abhängig sind. Daraus folgt, daß es buchstäblich sinnlos ist, eine Aussage über die Prognose einer unausgelesenen Stichprobe von Patienten zu machen, die lediglich die diagnostischen Etiketten „Neurose“ oder „abnorme Persönlichkeit“ gemeinsam haben. Es gibt Hinweise darauf, daß ein bestimmter Anteil dieser „leichteren psychiatrischen Störungen“ extrem chronische Verläufe zeigt und teilweise für den höheren Anteil psychischer Störungen im Alter verantwortlich ist (Shepherd u. Mitarb., 1966). Einige neurotische Störungen, wie z. B. die Zwangsneurosen und viele Formen abnormer Persönlichkeit, haben eine wesentlich schlechtere Prognose, als die Gesamtzahl von 70 % Besserungen erwarten ließe. Dies wird durch die in den folgende Kapiteln zitierten Ergebnisse klinischer Untersuchungen verdeutlicht. Eysencks Schlüsse basierten auf zwei Untersuchungen.

Die erste war eine amerikanische Übersicht (Landis, 1937). Der Autor berichtete, daß 70 % der „neurotischen“ Patienten, die in eine Klinik eingewiesen wurden, im Laufe eines Jahres entlassen werden konnten. Die zweite war Denkers Studie über 500 amerikanische, als neurotisch bezeichnete Antragsteller bei einer Berufsunfähigkeitsversicherung (1947); 72 % davon waren nach zwei Jahren vollständig gebessert. Hospitalisierte Patienten und Antragsteller dieser Art können aber schwerlich mit den neurotischen Patienten verglichen werden, die an den Psychiater überwiesen werden. Wahrscheinlich waren die hospitalisierten Patienten schwerer, die Antragsteller weniger schwer krank. Die Hauptschwierigkeit ist jedoch, daß jede Stichprobe „neurotischer“ Patienten so heterogen ist, daß sie wenig nützliche Information liefert. Betrachtet man die Prognose, so stellen die Art, Dauer und Schwere der neurotischen Störung wichtige Variablen dar. Darüber hinaus wurden alle Patienten behandelt, über die in den erwähnten Arbeiten berichtet wird, vermutlich sogar mit interpretierender Psychotherapie. Tatsächlich ist es schwierig für Patienten, einer Behandlung zu entgehen (s. Goldstein, 1960). Schließlich waren die Methoden, mit denen man eine Besserung feststellte, in den beiden zitierten Studien unterschiedlich, sie unterschieden sich auch von den gewöhnlichen Methoden der Wirksamkeitskontrolle in der Psychotherapie. Kürzlich sind von Bergin (1967) und Kellner (1967) Übersichtsreferate über psychologische Behandlungsmethoden veröffentlicht worden, welche sowohl die therapeutischen Effekte, wie auch Mangel an Wirksamkeit und sogar schädliche Wirkungen betonten.

Es besteht wenig Zweifel daran, daß neurotische Störungen auch ohne psychiatrische Behandlung remittieren, daß solche Remissionen bei einigen Formen neurotischer Störungen häufiger als bei anderen sind. Man hat zur Erklärung dieser Tatsachen verschiedene theoretische Erklärungen versucht. Lerntheoretiker würden erwarten, daß im Laufe zufälliger Lernprozesse auch solche auftreten, die therapeutisch wirksam sind, das heißt aber, die Symptomatologie verändern. Wolpe (1958) nahm an, daß das Prinzip der reziproken Hemmung bei einigen spontanen Remissionen wirksam sei: Verhaltensweisen, die mit Angst nicht zu vereinbaren sind, können im Laufe des täglichen Lebens zufällig dort auftreten, wo sie — verbunden mit dem angstauslösenden Reiz — zu einer reziproken Hemmung der Angst führen. Eysenck (1963 a) argumentiert mit dem Lernprinzip der graduellen Löschung einer konditionierten Angstreaktion, die im Laufe der Zeit eintreten müsse, wenn der Patient die angstauslösende Situation nicht vollständig vermeide und in ihr nicht erneut den ursprünglichen Angstreizen ausgesetzt werde. Eysenck vergleicht den Zeitverlauf der „spontanen Remission" mit einer typischen Extinktionskurve. Diese beiden theoretischen Erklärungsversuche spontaner Remissionen — reziproke Hemmung oder Löschung konditionierter Vermeidungsreaktionen — sind ohne weiteres miteinander zu vereinbaren: beide greifen auf das Konzept der Hemmung zurück, um das Verschwinden des Symptoms zu erklären. Anscheinend bieten sie aber lediglich eine Erklärung für durch Angst unterhaltenes neurotisches Verhalten, das Eysenck „nichtadaptive überschüssige Verhaltensgewohnheiten" genannt hat. Tatsächlich sind aber gerade Patienten mit „überschüssigen Verhaltensgewohnheiten" durch ausgeprägtes und hartnäckiges Vermeidungsverhalten charakterisiert. Aus diesem Grunde ist eine „spontane Remissionsrate" von 70 % bei diesen Fällen unwahrscheinlich.

Bei psychiatrischen Störungen, die man als mangelhaftes Lernen angepaßter Verhaltensweisen konzipiert (Einnässen, Einkoten), kommt eine „spontane Remission" vermutlich durch erfolgreiche Lernprozesse zustande. Rachman (1963) stellt sich plötzliche oder schnelle Besserungen dieser Störungen, die gewöhnlich auf einen neuen belohnenden Anreiz hin erfolgen, als latentes Lernen vor. Eine solche Hypothese sei vor allem dann plausibel, wenn entsprechende Trainingsversuche lange Zeit ohne Erfolg geblieben waren. Das Phänomen des latenten Lernens kann experimentell demonstriert werden; plötzliche und deutliche Leistungsverbesserungen folgen auf die erstmalige Verwendung eines Belohners, während vorher lange Zeit ohne offensichtliche Belohnung vergeblich trainiert wurde.

Offensichtlich kann man das Phänomen der „spontanen Remission" bei einigen Störungen auf die Wirkung von Lernprinzipien zurückführen. Die Prüfung solcher Theorien auf ihre Validität jedoch bietet beträchtliche Schwierigkeiten, da viele Zufallsfaktoren herangezogen werden müssen. Bisher hat man nicht den Versuch gemacht, die „spontane Remission" der Depression und der Schizophrenie mit den Begriffen der Lernpsychologie zu erklären. Bei einem solchen Unterfangen würde das ätiologische Begriffssystem, die Auffassung von der Wirksamkeit der Umweltfaktoren und der Interaktionen des Patienten mit Verwandten und Freunden zu berücksichtigen sein.

Unglücklicherweise sind kritisch gesichtete und stichhaltige Berichte über die Wirksamkeit spezifischer verhaltenstherapeutischer Methoden selten. Verschiedene Veröffentlichungen über die Behandlung großer Serien von Patienten sind vernichtend kritisiert worden (s. BREGER u. MCGAUGH, 1965). Die meisten dieser Studien haben methodologische Probleme nicht angemessen berücksichtigt. Vorurteile bei der Stichprobenwahl stören häufig.

Die Feststellung einer Besserung erfolgte oft durch den Therapeuten selbst oder durch solche Personen, die bestimmte Vorurteile zeigten. Über die Zuverlässigkeit der Einschätzungsmethoden wird meist nicht berichtet. Es kommt vor, daß Patienten, die eine bestimmte Anzahl von Sitzungen nicht erreicht haben, nicht in die Resultate eingehen. Wurden verschiedene therapeutische Methoden verwendet, so vermißte man häufig ausreichende experimentelle Kontrolle darüber, welcher Effekt einer bestimmten Technik zuzuschreiben war. Häufig findet man keine Angaben über katamnestische Untersuchungen, es fehlen Kontrollgruppen. Erfolgt die Bewertung der Fortschritte nicht häufig genug, so kommen Irrtümer durch die fluktuierenden Verläufe vieler klinischer Störungen zustande.

Ein zusätzliches Problem erwächst aus den Schwierigkeiten, auf die man beim Vergleich veröffentlichter Therapieresultate stößt. Die Patientenstichproben unterscheiden sich häufig nach Art, Dauer und Schwere der behandelten Symptome, sowie nach Art und Anzahl anderer Symptome. Darüber hinaus findet man oft Unterschiede im Detail der therapeutischen Prozedur und der Bewertung des Erfolges. Es ist klar, daß Schwierigkeiten methodologischer und praktischer Art bei der Bewertung therapeutischer Erfolge bei psychiatrischen Patienten immens sind; man tut gut daran, sich das vor Augen zu halten, wenn man solche Resultate beurteilt (s. GOTTSCHALK u. AUERBACH, 1966).

Wir wollen hier keinen umfassenden Überblick über die Resultate der Verhaltenstherapie liefern, sondern beschränken uns in der Auswahl auf Arbeiten, die entweder Kontrollpersonen einbezogen, oder solche, die weniger gut kontrolliert waren, dafür aber eine große Anzahl von Patienten untersuchten und relevante Information lieferten.

Als erster veröffentlichte WOLPE (1958) eine systematische Untersuchung über Verhaltenstherapie bei erwachsenen Neurotikern. Es ist schwierig, die Ergebnisse dieses Pioniers der Verhaltenstherapie exakt zu bewerten. Seine Stichprobe umfaßte 210 Erwachsene, von denen die meisten an Angstzuständen und Phobien litten und deshalb eine private psychiatrische Praxis aufsuchten. Er verwendete überwiegend die Behandlungsmethode der systematischen Desensibilisierung, daneben gelegentlich Selbstbehauptungstraining (assertive therapy) und — als mit Angst inkompatible Reaktionen — sexuelles Verhalten. Die Behandlung dauerte im Durchschnitt zehn Monate. Wolpe verwendete eine Vier-Punkte-Skala von „geheilt" bis „nicht gebessert", mit der er fünf Bereiche abschätzte, nämlich das Symptom selbst, Produktivität, zwischenmenschliche Beziehungen, sexuelle Anpassung, Streßempfindlichkeit. Er bezeichnete etwa 90 % seiner Patienten als offensichtlich geheilt oder deutlich gebessert. Vorsicht ist bei der Beurteilung dieser bemerkenswert guten Ergebnisse deshalb geboten, weil die meisten der oben diskutierten kritischen Bemerkungen auf sie zutreffen. Insbesondere gingen in die Berechnung des Prozentwertes jene Patienten nicht ein, welche die Therapie vorzeitig abbrachen, außerdem fehlen systematische katamnestische Untersuchungen.

In seiner Arbeit von 1961 berichtete WOLPE detaillierter über die Resultate der systematischen Desensibilisierung bei 39 Patienten, die nach dem Zufall aus Patienten ausgesucht worden waren, die er persönlich mit dieser Methode behandelt hatte. Diese 39 Patienten litten an 68 „Phobien und verwandten neurotischen Verhaltensmustern". Dieser Begriff schien eine Fülle zwischenmenschlicher, sozialer und sexueller Angst zu umfassen. 35 Patienten (90 %) sprachen auf die Behandlung an, und 62 der 68 neurotischen Störungen (91 %) konnten „überwunden oder wesentlich gebessert" werden. Vier Patienten zeigten keine Besserung, und sechs Angstreiz-Hierarchien konnten nicht vollständig durchgearbeitet werden. Die mittlere Anzahl (Median) therapeutischer Sitzungen betrug zehn, und durchschnittlich elf. Zwei Sitzungen pro Hierarchie waren erforderlich. Von den 20 erfolgreich behandelten Patienten, die Wolpe über sechs Monate bis zu vier Jahren verfolgte, zeigte keiner einen Rückfall oder neue Symptome. Zwar liefert diese Studie mehr Information, es bleibt aber dennoch schwierig, endgültige Schlüsse aus ihr zu ziehen.

LAZARUS (1963) berichtete über eine weitere unkontrollierte Serie, deren 408 Patienten überwiegend mit systematischer Desensibilisierung behandelt wurden. Er verwendete aber auch gelegentlich Selbstbehauptungstraining, Rollenspiel, Angsterleichterung (anxiety relief), negative Übung und Selbsthypnose. Einige Patienten erhielten Medikamente. Zusätzlich tendierten einige Patienten dazu, sich während der üblichen Interviews abzureagieren, und „die Äußerungen der Patienten erfuhren in wohlabgemessenen Intervallen eine Interpretation, die darauf abzielte, Irrationales in ihren Verhaltensmustern aufzuzeigen und allgemeine falsche Vorstellungen zu korrigieren". Je zwei Therapeuten behandelten einen Patienten, die diagnostischen Sitzungen umfaßten häufig eine Reihe von Tests und Fragebögen. Lazarus schätzte den ursprünglichen Schweregrad für die Bereiche der Störung auf einer Fünf-Punkte-Skala ab und bezog die Feststellung einer Besserung auf Äußerungen des Patienten und, wo immer möglich, eines weiteren Informanten. Die Therapieerfolge wurden in ähnlicher Weise wie bei Wolpe abgeschätzt, jedoch scheint Lazarus stringentere Besserungskriterien verwendet zu haben. 78 % der Patienten waren deutlich gebessert. Später legte LAZARUS (1963) eine detailliertere Analyse der Resultate vor, die er bei 126 Patienten mit „schwerer und weitverzweigter Neurose" erzielte. Patienten, die jünger als 15 Jahre alt waren, Patienten mit monosymptomatischen Störungen sowie solche, die — unabhängig vom Ergebnis — weniger als sechs Stunden in Behandlung blieben, wurden in dieser Studie nicht berücksichtigt. Von diesen 126 „schwierigen Fällen" besserten sich 62 % deutlich oder sogar vollständig nach durchschnittlich 14 Sitzungen. Wenig gebesserte oder unbeeinflußte Patienten waren vor der Behandlung als neurotischer und stärker introvertiert eingeschätzt worden. Patienten mit unbestimmten Ängsten oder panikartigen Zuständen sprachen weniger gut auf die Therapie an. Mangelnde Motivation oder schlechter Rapport waren für 15 der 48 Therapieversager verantwortlich, weitere vier wurden später als „psychotisch" diagnostiziert, 26 als „nicht zu behandeln" bezeichnet, und drei konnten nicht näher bestimmt werden. Unter den 20 Patienten, die im Durchschnitt über zwei Jahre nachuntersucht wurden, fand sich ein Rückfall, und in zwei Fällen ein „eher dürftiger Hinweis" auf Symptomverschiebung. Lazarus' Untersuchung weist ebenso viele schwache Stellen auf wie die Wolpes; man beachte die allgemein geringere Besserungsrate, die vermutlich auf strengere Kriterien zurückzuführen war, und die Beobachtung, daß „schwierigere" Fälle schlechter als „einfache" auf die Behandlung ansprachen.

Einige andere unkontrollierte Studien sollen nur kurz erwähnt werden. HUSSAIN fand 1964 in einer Serie von 105 Patienten, die mit „reziproker Hemmung und Rekonditionierung" behandelt wurden, in 90 % einen Erfolg. Es bleibt fraglich, ob die Behandlungsmethode tatsächlich diese Bezeichnung verdiente. Der Autor verwendete Hypnose dazu, direkte Suggestionen zu geben, anstatt diese Methode als Werkzeug beim Training der Entspannung und Desensibilisierung einzusetzen. Bei 42 neurotischen Patienten hatten SCHMIDT u. Mitarb. (1965) in 75 % der Fälle Erfolg. 21 Patienten litten unter Sexualstörungen. Bei der Berechnung des Erfolges blieben allerdings zehn Patienten, die die Behandlung nicht beendeten, unberücksichtigt. In bezug auf prognostische Faktoren kamen die Autoren zu ähnlichen Ergebnissen wie Lazarus.

Meyer u. Crisp (1966) beschrieben die Resultate verschiedener verhaltenstherapeutischer Methoden bei 54 Patienten mit neurotischen Störungen, unter ihnen elf Stotterer. 28 Patienten wurden stationär behandelt. 44 % der Patienten besserten sich nur geringfügig, während 28 % deutlich gebessert waren. Die Behandlung dauerte im Durchschnitt 25 Sitzungen, die kürzeste Behandlung drei Sitzungen, die längste 60 Sitzungen. Die Autoren fanden unter den 49 Patienten, die sie im Durchschnitt 12 Monate lang verfolgten, nur zwei Rückfälle.

Ebenfalls mit der Methode der systematischen Desensibilisierung, „notwendigerweise und manchmal absichtlich" jedoch auch mit anderen psychotherapeutischen Methoden, behandelten Hain u. Mitarb. (1966) 27 neurotische Patienten, die an Ängsten und phobischen Symptomen litten. Die Therapeuten und ein unabhängiger Beobachter schätzten die Patienten mittels verschiedener Skalen ein. 78 % der Patienten besserten sich in bezug auf das Symptom, und bei 70 % war eine allgemeine deutliche Besserung nach einem Durchschnitt von 19 Sitzungen nachweisbar. Katamnestische Untersuchungen lagen bei 14 Patienten vor. Von den Patienten, die nach der Therapie gebessert waren, waren nach durchschnittlich einem Jahr 20 % deutlich gebessert, 47 % unverändert, 20 % wieder etwas schlechter, und 13 % zeigten einen vollständigen Rückfall.

Friedman (1966 a) verwendete bei 25 erwachsenen ambulanten Patienten mit „phobischen Symptomen" die Methode der Desensibilisierung, wobei er Entspannung mit sub-anästhetischen Dosen eines Kurzzeit-Narkotikums erzeugte. Nach durchschnittlich 12 Sitzungen hatte er in 100 % der Fälle Erfolg. Nach einer mittleren katamnestischen Untersuchungsdauer von 10.5 Monaten schätze man noch 75 % der Patienten als deutlich oder vollständig gebessert ein (Friedman u. Siverstone, 1967).

Bei Kindern verwendeten Lazarus u. Abramovitz (1962) das Vorstellen emotionsgeladener Szenen (emotive imagery) als angsthemmende Reaktion und erzielten damit in sieben von neun Fällen nach durchschnittlich 3.3 Sitzungen eine Besserung. Weder Rückfälle noch Symptomverschiebung waren nach einem Jahr nachweisbar. Lazarus (1959) behandelte 18 Kinder, die an Phobien litten, mit systematischer Desensibilisierung, wobei er Entspannung, Essen und Medikamente einsetzte und konditionierte Vermeidungsreaktionen verwendete. Alle Patienten waren nach durchschnittlich 9.4 Sitzungen deutlich oder vollständig gebessert, nach sechs bis 30 Monaten fand sich kein Rückfall.

Natürlich ist es nicht möglich, aufgrund dieser unkontrollierten Studien zwingende Schlüsse zu ziehen. Es ist aber schwierig, nicht wenigstens einen vorsichtigen Optimismus zu hegen, wenn man von 62- bis 100 %igen Erfolgsziffern der Desensibilisierungsmethode hört. Gerade deshalb ist es aber wichtig, die Ergebnisse kontrollierter Studien zu betrachten. Ansätze zu kontrollierten Untersuchungen fanden sich in den retrospektiven Studien am Maudsley Hospital, wo die Ergebnisse der Verhaltenstherapie bei neurotischen Störungen mit entsprechenden Kontrollpatienten verglichen wurden (Cooper, 1963; Cooper u. Mitarb., 1965). 29 überwiegend stationär aufgenommene Agoraphobiker und zwölf „andere Phobiker“ nahmen teil an einer Desensibilisierung in Gegenwart des tatsächlichen angstauslösenden Reizes (practical retraining). Zwölf dieser 41 Patienten erhielten zusätzlich noch die übliche Desensibilisierungsbehandlung (mit Vorstellen des angstauslösenden Reizes). Beide Methoden wurden auch bei zehn Patienten mit Zwangshandlungen angewandt. Den insgesamt 51 Patienten der Verhaltenstherapie-Gruppe standen 51 Kontrollpatienten gegenüber, die, wie auch die Patienten der Verhaltenstherapie-Gruppe, u. a. mit unterstützender Psychotherapie und Medikamenten behandelt wurden. Zwei unabhängige Beobachter beurteilten aufgrund der Krankengeschichten alle Patienten vor, unmittelbar und ein Jahr nach der Therapie. Nach Verhaltenstherapie waren 69 % der Agoraphobiker unmittelbar, und 72 % nach einem Jahr in bezug auf das Symptom gebessert. In der Kontrollgruppe waren die entsprechenden Zahlen 55 % und 60 %. Die Verhaltenstherapie bei „anderen Phobien“ war sofort in 100 %, und ein Jahr später in 67 % wirksam gewesen. Die entsprechenden Kontrollzahlen lagen bei 27 % und 45 %. Obwohl also Patienten mit „anderen Phobien“ unmittelbar nach der Verhaltenstherapie signifikant besser abschnitten als Kontrollpatienten, verwischte sich dieser Unterschied durch Rückfälle der Verhaltenstherapie-Gruppe im Laufe eines Jahres. Die Verhaltenstherapie „anderer Phobien“ dauerte durchschnittlich vier Monate im Vergleich zu neun Behandlungsmonaten der Kontrollgruppe. Agoraphobiker verbesserten sich nach Verhaltenstherapie nur wenig mehr als die Kontrollpatienten, dazu dauerte die Therapie bei ihnen länger als bei den letzteren. 30 % der verhaltenstherapeutisch behandelten Zwangsneurotiker und 44 % der entsprechenden Kontrollpatienten waren unmittelbar, 33 % bzw. 55 % ein Jahr nach der Therapie gebessert. Die Autoren kamen zu dem Schluß, daß Verhaltenstherapie allgemein nicht weniger effektiv ist als andere Therapieformen, daß sie bei monosymptomatischen Phobien aber bessere Resultate liefert. Dieser vorsichtigen Äußerung kann man zustimmen. Es besteht ein enormer Gegensatz zwischen den zitierten Ergebnissen und den Erfolgsmeldungen von Wolpe und Lazarus. Aus Gründen der Fairneß muß man jedoch darauf hinweisen, daß neben den typischen methodischen Schwierigkeiten retrospektiver Untersuchungen eine große Zahl der hier behandelten Patienten schwere chronische Störungen aufwies. Zudem befand sich die Verhaltenstherapie zum Zeitpunkt dieser Studien noch in einem frühen Entwicklungsstadium, nur wenige und eng begrenzte Verhaltenstechniken standen zur Verfügung, und aus diesen Gründen richtete man die Therapie ausschließlich gegen das Hauptsymptom.

Am Maudsley Hospital haben Gelder, Marks und ihre Kollegen ihre Untersuchungen zur Wirkung der Verhaltenstherapie fortgesetzt. In einer weiteren retrospektiven Studie berichteten Marks u. Gelder (1965) über 20 Agoraphobiker, sowie elf Patienten mit Tier- und Sozialphobien, die überwiegend mit Desensibilisierung (in der Wirklichkeit) behandelt wurden. Einige erhielten die übliche Desensibilisierungsbehandlung unter Entspannung oder Hypnose. Außerdem führte man in einigen Fällen Psychotherapie und somatische Therapieformen durch. Die Kontrollpatienten hatten keine Verhaltenstherapie erhalten. Die meisten Agoraphobiker wurden stationär behandelt. Keine signifikanten Unterschiede ergaben sich beim Vergleich der Therapieresultate der Agoraphobiker, und zwar weder unmittelbar, noch nach einem Jahr: in 55 bis 60 % war eine Besserung zu verzeichnen. Bei der Verhaltenstherapie-Gruppe war das Symptom am Ende der Therapie jedoch etwas deutlicher gebessert, ein Ergebnis, das vermutlich auf längerdauernde und häufigere Behandlung zurückzuführen war. Patienten mit anderen Phobien zeigten nach Verhaltenstherapie in allen Fällen eine Besserung, während sich die Kontrollpatienten nur in 30 % besserten. Obwohl nach einem Jahr in der Verhaltenstherapie-Gruppe Rückfälle aufgetreten waren, blieb ihr Vorsprung bestehen. Einige Patienten wiesen neue Symptome auf, und zwar in der Kontrollgruppe ebenso häufig (drei) wie in der Verhaltenstherapie-Gruppe (vier). In beiden Gruppen beobachtete man je fünfmal, daß nach einem Jahr eine Besserung über das unmittelbare Behandlungsergebnis hinaus eingetreten war. Die Resultate dieser beiden retrospektiven Studien legen dem ungehemmten Optimismus der unkontrollierten Untersuchungen nützliche Zügel an. Obwohl Patienten mit umschriebenen Phobien im allgemeinen gut auf die Verhaltenstherapie ansprechen, profitieren Agoraphobiker kaum davon. Auch die zweite Studie läßt allerdings nur begrenzte Schlüsse über den Wert verhaltenstherapeutischer Methoden bei der Agoraphobie zu, da sie retrospektiv Patienten analysierte, die in den Anfangsstadien der Verhaltenstherapie behandelt wurden. Nur ein Teil der Patienten wurde mit systematischer Desensibilisierung in der Vorstellung (im Gegensatz zur Übung in der Wirklichkeit) behandelt; es gibt Hinweise darauf, daß Training *in vivo* allein nicht die wirksamste Behandlungsmethode ist (vgl. Kapitel 6).

In drei weiteren Veröffentlichungen präsentierten Gelder u. Marks die Resultate experimenteller Verhaltenstherapien bei Phobien, wobei sowohl die Patienten als auch Änderungen ihrer Störung genauer analysiert wurden. Der Therapeut und ein unabhängiger Beurteiler schätzten an Hand von Skalen Symptomatologie und soziale Anpassung vor, während, unmittelbar nach und längere Zeit nach der Therapie ein.

Die erste Untersuchung betraf stationäre Patienten mit schwerer Agoraphobie. 20 Patienten, die sorgfältig auf Übereinstimmung in zahlreichen relevanten Variablen geprüft waren, wurden zufällig in zwei Gruppen aufgeteilt. Die eine erhielt Verhaltenstherapie (Desensibilisierung in der Vorstellung *und* in der Wirklichkeit), die andere eine „kurze, nacherzieherisch wirksame Psychotherapie". Alle Patienten fanden sich dreimal pro Wochen zu 45minütigen Therapiesitzungen ein. Zusätzlich erhielt eine gleiche Zahl von Patienten beider Gruppen Medikamente. „Wenn es angebracht schien", machte man mit den verhaltenstherapeutisch betreuten Patienten darüber hinaus Selbstbehauptungsübungen. Nach Abschluß der Behandlung (Verhaltenstherapie 23 Wochen, Kontrollgruppe 19 Wochen) zeigten sich sieben von zehn Patienten in jeder Gruppe in bezug auf ihr Hauptsymptom gebessert; nach einem Jahr war von dieser Besserung allerdings kaum noch etwas zu sehen. Bei beiden Gruppen waren im allgemeinen andere Symptome und die soziale Anpassung wenig geändert. Nur zwei soziale Parameter waren nach der Therapie signifikant gebessert: Arbeitsanpassung in der Verhaltenstherapie-Gruppe und zwischenmenschliche Beziehung außerhalb der Familie in der Kontrollgruppe. Am Ende der katamnestischen Beobachtung waren auch diese Besserungen nicht mehr nachweisbar.

Schwer behinderte Agoraphobiker sprechen also keineswegs dramatisch auf systematische Desensibilisierung an; wie die Untersuchung ergab, litten sie am Ende der Nachuntersuchung unter beträchtlichen sozialen Beeinträchtigungen. Andererseits beobachtete man aber nach Verhaltenstherapie eine Tendenz zu deutlicherer Besserung des Hauptsymptoms, die den Patienten erlaubte, zur Arbeit oder einkaufen zu gehen; auch traten in dieser Gruppe neue Symptome nicht vermehrt auf. Da bei der zweiten Gruppe Psychotherapie nur durchgeführt wurde, um den Faktor „persönlicher Kontakt" zu kontrollieren, kann man nichts über ihren therapeutischen Wert aussagen. Es muß betont werden, daß der hier beschriebene Versuch nicht darauf abzielte, neuere Verhaltenstechniken zu untersuchen, die heute zur Verfügung stehen.

In einer weiteren experimentellen Untersuchung verglichen GELDER u. Mitarb. (1967) die Wirksamkeit von Verhaltenstherapie, analytisch orientierter Einzel- und Gruppentherapie bei 42 ambulanten Patienten mit Agoraphobie oder anderen Ängsten. Die therapeutischen Resultate reflektieren die Tatsache, daß die Patienten dieser Studie weniger stark gestört waren als die der früheren Stichprobe. Die Methoden der Feststellung einer Besserung waren in beiden Untersuchungen gleich. 16 Patienten erhielten Verhaltenstherapie, 16 Gruppen-Psychotherapie und zehn (mangels verfügbarer Psychotherapeuten) Einzelpsychotherapie. Verhaltenstherapie umschloß Desensibilisierung in Vorstellung und Wirklichkeit, Selbstbehauptungsübungen und, wann immer angebracht, rationale Diskussion. In den Psychotherapie-Gruppen lag der Schwerpunkt auf der Interpretation der Übertragung, der Analyse von Gedanken und Gefühlen in bezug auf gegenwärtige und frühere Erfahrungen, sowie deren Relevanz für das derzeitige phobische Symptom. Während die Verhaltenstherapie bei einer Wochenstunde im Durchschnitt neun Monate dauerte, erforderte die Einzelpsychotherapie zwölf Monate lang jede Woche eine Stunde, die Gruppenpsychotherapie 14 Monate lang je $1^1/_2$ Stunden pro Wochen. Patienten aller Gruppen waren vergleichbar in bezug auf klinische Variablen, wie auch auf Häufigkeit unterstützender medikamentöser Behandlung. Die Autoren verfolgten alle Patienten zwei Jahre lang, vom Beginn der Behandlung an gerechnet. Damit betrug die Kontrolle für Verhaltenstherapie 15 Monate, für Einzeltherapie 12 Monate und für Gruppentherapie sechs Monate.

Nach sechs Monaten waren die Patienten der Verhaltenstherapie-Gruppe in bezug auf das Hauptsymptom signifikant besser als die anderen Patienten. Nach 18 Monaten war dieser Trend nicht mehr statistisch signifikant.

Neun der 16 Verhaltenstherapie-Patienten wurden zu diesem Zeitpunkt noch als deutlich gebessert bezeichnet, während diese Bewertung nur für zwei der Patienten in Gruppentherapie und drei Patienten (insgesamt nur zehn) der Einzeltherapie zutraf. Bei der Bewertung sozialer Anpassung schnitten die Verhaltenstherapie-Patienten bei Freizeitbeschäftigung signifikant besser ab als die anderen; auch in bezug auf Arbeitsverhalten zeigten die Verhaltenstherapie-Patienten eine Tendenz zu besserer Anpassung. Im Bereich freundschaftlicher Beziehungen wiesen Verhaltens- und Gruppentherapie-Patienten gleiche Besserung auf. Diese Veränderungen erfolgten in der Gruppentherapie unabhängig von der Änderung des Symptoms, während sie bei Verhaltenstherapie-Patienten erst nach Besserung des Hauptsymptoms einsetzten. Patienten in Einzelpsychotherapie verschlechterten sich nach 18 Monaten im Bereich der Familienanpassung, jedoch waren die Schätzwerte nicht signifikant; nach zwei Jahren waren diese Patienten jedenfalls im Vergleich zum Therapiebeginn gebessert.

Bei der abschließenden Bewertung (zwei Jahre nach Beginn des Experimentes), die von Sozialfürsorgern geliefert wurde, schnitt die Verhaltenstherapie-Gruppe immer noch am besten ab. In bezug auf das Symptom zeigten sich sechs wesentlich gebessert und sechs gebessert. Die entsprechenden Zahlen für die Gruppentherapie-Patienten lauteten zwei und zwei; bei den Einzeltherapie-Patienten waren drei von zehn wesentlich gebessert, und fünf von zehn gebessert. (Sieben der 12 Gruppentherapie-Patienten, die keine Besserung des Symptoms zeigten, behielten die Besserung ihrer sozialen Beziehungen bei. Es gab keinen Hinweis dafür, daß die Verhaltenstherapie-Gruppe mit einem höheren Risiko für Symptomverschiebung belastet war. Allerdings verließen vier der Patienten die Verhaltenstherapie-Gruppe innerhalb der ersten sechs Wochen. Sie wurden durch entsprechend ausgesuchte Patienten ersetzt.

Interessanterweise verringerten sich „Neurotizismus"-Werte, gemessen mit dem Eysenck Personality Inventory (EYSENCK u. EYSENCK, 1964), signifikant in der Verhaltenstherapie-Gruppe, während „Extraversions"-Werte bei den Gruppentherapie-Patienten signifikant anstiegen. Agoraphobiker besserten sich am wenigsten, und zwar in allen Therapiegruppen. Faktoren, die mit einer schlechten Prognose einhergingen, waren darüber hinaus höheres Alter bei Therapiebeginn und gleichzeitiges Auftreten mehrerer neurotischer Symptome.

In einer cross-over-Studie fanden GELDER u. MARKS (1968), daß sieben phobische Patienten, die nach zweijähriger Gruppentherapie wenig Besserung gezeigt hatten, innerhalb von vier Monaten einer Desensibilisierung eine dreimal stärkere Besserung erkennen ließen. Diese eindrucksvollen Ergebnisse lassen sich nicht als spontane Besserung erklären. Die Tatsache, daß Patienten, die von Anfang an mit Desensibilisierung behandelt worden waren, neun Monate bis zur Besserung brauchten, entspricht den Ergebnissen von LAZARUS (1961a), daß Phobiker besser auf Desensibilisierung ansprechen, wenn sie vorher an Gruppentherapie teilnahmen. Wahrscheinlich muß dieser Effekt auf Besserung anderer Symptome zurückzuführen sein, wodurch die Phobie stärker isoliert wird.

In Anbetracht der großen Schwierigkeiten, auf die Durchführung und Kontrolle klinischer Experimente dieser Art stoßen, muß man diese Arbeiten als gut kontrolliert und durchgeführt bezeichnen. Besondere Aufmerksamkeit galt der Auswahl und Beurteilung der Patienten. Selbstverständlich kann ein Experiment nie den Anspruch erheben, die Wirksamkeit eines therapeutischen Verfahrens wirklich erschöpfend zu untersuchen. Man wird immer Zweifel über die Fähigkeit der Therapeuten, die Details der Therapiedurchführung sowie über die Frage äußern können, ob die ausgewählten Techniken für bestimmte Patienten auch geeignet waren. Trotzdem gibt es eindrucksvolle Belege für die Behauptung, daß die Desensibilisierung bei Patienten mit isolierten Phobien und mittelgradigen Agoraphobien schneller als andere Formen der Psychotherapie Besserung bringen kann. Gruppentherapie kann zur Verbesserung der sozialen Anpassung führen, die ihrerseits die weitere symptomatische Behandlung von Ängsten mittels Desensibilisierung erleichtert. Es bleibt eine offene Frage, ob man mit anderen verhaltenstherapeutischen Methoden vergleichbare Verbesserungen der sozialen Anpassung erzielen könnte. Dieses Problem wurde hier nicht untersucht.

Gerade wegen der Schwierigkeiten aber, die aus dem Konflikt zwischen rigoroser experimenteller Kontrolle und der Sorge des Klinikers entstehen, seinem Patienten die beste mögliche Behandlung zukommen zu lassen, haben einige Forscher freiwillige Versuchspersonen benutzt, die zwar einige „Symptome" aufwiesen, deswegen aber weder einen Psychiater aufgesucht hatten, noch zur Behandlung überwiesen worden waren. Der Unterschied zwischen Patienten und Versuchspersonen hat nicht nur eine ethische Seite; wahrscheinlich gibt es bedeutsame Unterschiede, welche die Reaktion auf die Therapie beeinflussen. Beide, der Patient wie der Freiwillige, können große Angst vor Spinnen haben, aber nur eine kleine Zahl von Leuten mit Spinnenangst wird in eine psychiatrische Klinik eingewiesen. Es ist ebenso gut möglich, daß die überwiesenen Patienten stärker unter der Angst leiden oder stärker in ihren Tätigkeiten eingeschränkt sind, wie daß sie andere neurotische Symptome oder abnorme Persönlichkeitszüge haben. Gerade diese letzteren Faktoren haben aber, wie wir gesehen haben, einen starken Einfluß auf das Ergebnis der Desensibilisierungsbehandlung. Obwohl man also vorsichtig sein muß, wenn man von Freiwilligen zu Patienten extrapoliert, wird man doch auf diese Weise einige Aspekte der Therapie untersuchen können.

Die Möglichkeiten einer Desensibilisierung in der Gruppe wurde erstmals von LAZARUS (1961a) untersucht: bei Freiwilligen mit „Phobien" verglich er Gruppendesensibilisierung mit „konventionellen Formen interpretierender Psychotherapie". Seine Stichprobe umfaßte 11 Agoraphobiker, 15 Klaustrophobiker, vier Fälle von multiplen Phobien und fünf impotente Männer („sexuelle Phobien"). Die Versuchspersonen wurden je einem der drei folgenden therapeutischen Verfahren zugeordnet. 18 erhielten Desensibilisierung in der Gruppe, neun interpretative Psychotherapie und acht Psychotherapie und Entspannungsübungen. LAZARUS behandelte alle Versuchspersonen selbst, und zwar in Gruppen von zwei bis fünf Personen. 13 der 18 mit Desensibilisierung behandelten Personen bezeichnete er nach einem Durchschnitt von 20 Sitzungen als „geheilt", drei davon erlitten innerhalb von neun Monaten einen Rückfall. Gruppenpsychotherapie und Entspannung verhalfen zwei von neun Personen zu einer Besserung; eine davon wies nach neun Monaten wieder dieselben Symptome auf. Durchschnittlich 22 Sitzungen mit Gruppenpsychotherapie allein reichten nicht aus, um einen der „Patienten" zu bessern. Von den 15 Personen, die in den beiden zuletzt erwähnten Gruppen keine Besserung zeigten, erwiesen sich zehn nach im Durchschnitt nur zehn Sitzungen mit Gruppendesensibilisierung als „geheilt"; diese Personen erreichten das Therapieziel in halb so vielen Sitzungen wie die gebesserten Patienten der ersten Gruppe, die von Anfang an mit Desensibilisierung behandelt worden waren.

Diese Untersuchung ist nützlich insofern, als sie gezeigt hat, daß Desensibilisierung auch in Gruppen durchgeführt werden, und daß eine psychotherapeutische Vorgeschichte den Erfolg der Verhaltenstherapie beschleunigen kann. Andere Schlüsse lassen sich aus dieser Arbeit nicht ziehen, da die Versuchspersonen nicht sorgfältig genug ausgesucht waren und der Autor sowohl die Therapie als auch die Bewertung des Therapieerfolges durchführte.

LANG u. LAZOVIK (1963) untersuchten in einem gut kontrollierten Experiment die Wirkung systematischer Desensibilisierung in der Vorstellung bei 24 freiwilligen Studenten mit Angst vor Schlangen. Ein Fragebogen, ein Gespräch und die Beobachtung ihrer Reaktion gegenüber einer lebenden Schlange entschieden darüber, welche Personen an der Untersuchung teilnahmen. Die 13 Studenten der Versuchsgruppe erhielten fünf vorbereitende Sitzungen, in denen u. a. Hierarchien des angstauslösenden Objekts erarbeitet wurden, Entspannung, sowie das Vorstellen von Szenen unter Hypnose geübt wurden. Die Hälfte dieser Versuchspersonen konfrontierte man vor und nach diesen fünf Sitzungen mit der Schlange, um die Wirkung der Sitzungen zu prüfen. Im Anschluß daran erhielten die Versuchspersonen elf Sitzungen mit

Desensibilisierung unter Hypnose. Am Ende der Behandlung und sechs Monate später schätzte man das Ausmaß der Änderung. Die Kontrollpersonen, die man nach vergleichbarer Stärke der Angst ausgesucht hatte, erhielten keine Behandlung, mußten sich aber zu denselben Zeitpunkten wie die Versuchsgruppe einer Nachuntersuchung unterziehen. Die experimentelle Anordnung erlaubte nun, die Wirkung einer wiederholten beobachtbaren Vermeidungsreaktion gegenüber der Schlange, den Effekt der fünf Übungssitzungen und das Resultat der elf Therapiesitzungen getrennt abzuschätzen. Nur die systematische Desensibilisierung reduzierte die Schlangenphobie, wie sich im Interview und bei der Konfrontation mit der Schlange zeigte; nach sechs Monaten bestand die Besserung unverändert weiter. Das Ausmaß der Angstreduktion entsprach der Anzahl der erfolgreich durchlaufenen Hierarchieschritte.

Betrachtet man diese Ergebnisse, so wird man den Autoren zustimmen, daß die Desensibilisierung eine Besserung bewirkte, die weder auf die fünf vorbereitenden Sitzungen (Entspannung und Hypnose), noch auf den Grad der Suggestibilität der Versuchspersonen, noch auf die Art der therapeutischen Beziehung allein zurückgeführt werden kann. In gebührender Vorsicht verzichteten die Autoren auf den Anspruch, mit der Verringerung der Phobie bei den entsprechenden Versuchspersonen grundlegende Einstellungen oder Persönlichkeitszüge geändert zu haben.

In einer späteren Studie berichteten Lang u. Mitarb. (1966) über 44 Versuchspersonen mit Schlangenangst. Man behandelte 23 mit Desensibilisierung, führt mit zehn Versuchspersonen Entspannungsübungen und eine „Pseudopsychotherapie" durch (Gespräche mit „neutralem" Inhalt) und verfolgte elf als unbehandelte Kontrollpersonen. Eine signifikante Reduktion der Schlangenangst konnte nur in der Desensibilisierungsgruppe festgestellt werden; eine Nachuntersuchung fehlt. Aus diesem Ergebnis kann man schließen, daß die Desensibilisierung einer — sehr unvollkommenen — Annäherung an eine therapeutische Beziehung ebenso überlegen ist wie keiner Therapie.

Paul berichtete über zwei ausgezeichnet kontrollierte Untersuchungen zur systematischen Desensibilisierung gegen Redeangst bei 96 Studenten, die große Angst bei Versuchen, öffentlich zu sprechen, angaben. Das erste Experiment (Paul, 1966) teilte die Versuchspersonen in fünf Gruppen ein: 1. Systematische Desensibilisierung in der Vorstellung (15 Personen), 2. auf Einsicht abzielende Psychotherpaie (15 Personen), 3. soziale Zuwendung und eine Placebo-Prozedur (15 Personen), 4. unbehandelte Kontrollgruppe (29 Personen), 5. eine Gruppe ohne jeden zwischenzeitlichen Kontakt mit irgendwelchen Therapeuten. Die Versuchspersonen in den einzelnen Gruppen glichen sich weitgehend nach dem Testprofil einer Reihe von Angstfragebögen. Die Desensibilisierungsgruppe lieferte ihre eigene Kontrolle dadurch, daß sie einige Zeit bis zum Beginn der Therapie warten mußte. Fünf erfahrene Psychotherapeuten, die einen Intensivkurs in Verhaltenstherapie erhalten hatten, führten die Therapien durch. Die Behandlung bestand aus fünf einstündigen Sitzungen, die über einen Zeitraum von sechs Wochen verteilt lagen. Vor der Therapie testete man jede der 72 Versuchspersonen (der Gruppen 1 bis 4) mittels eines Fragebogens, physiologischer Messungen und unabhängig durchgeführter Bewertung ihres Verhaltens in einer angstauslösenden Situation (öffentliches Sprechen). Nach der Therapie wiederholte man die physiologischen Messungen und die Einschätzung des Verhaltens in der Streß-Situation. In allen Meßbereichen zeigte die Desensibilisierungsgruppe einen signifikanten Vorsprung vor der Psychotherapie- und der Placebo-(Zuwendungs-)Gruppe. Sechs Wochen später prüfte man die Versuchspersonen mit einem Fragebogen und fand dieselbe Verteilung der Besserungswerte. Symptomverschiebung trat nicht auf. Bei einer wesentlich umfangreicheren Nachuntersuchung zwei Jahre später stellte sich heraus, daß die Überlegenheit der Desensibilisierung erhalten geblieben war, daß sich diese Personen sogar weiter gebessert hatten. PAUL (1967) beobachtete weder Symptomverschiebungen noch Rückfälle.

Dieses Experiment bestätigt die oben erwähnten Ergebnisse von Lang, daß Desensibilisierung eine wirksame Maßnahme zur Beseitigung von Ängsten ist, und daß ihr Effekt nicht nur auf Suggestion oder auf die therapeutische Beziehung zurückzuführen ist. Andererseits waren natürlich fünf Therapiestunden zuwenig, um die Wirksamkeit der Einsichts-Therapie abzuschätzen.

In einem weiteren Experiment untersuchten PAUL u. SHANNON (1966) die Wirkung einer modifizierten Desensibilisierungsbehandlung. 50 Versuchspersonen, die man aus der Warteliste und der Kein-Kontakt-Gruppe (5) des vorherigen Experimentes zusammenstellte (in Gruppe 5 war keine spontane Reduktion der Angst eingetreten), wurden in fünf Gruppen zu je zehn eingeteilt. Je fünf Versuchspersonen der ersten Gruppe erhielten Desensibilisierung in der Gruppe, dazu intensive Gruppendiskussion „mit der Zielsetzung einer Nacherziehung, das heißt Steigerung des Selbstvertrauens, Verbesserung der zwischenmenschlichen Beziehungen, Abschätzung der eigenen Wirkung". Diese Gruppe traf sich neunmal in Abständen von einer Woche. Sie lieferte eigene Kontrollwerte, weil sie sechs Wochen bis zum Beginn des Experimentes warten mußte. Die vier übrigen Gruppen setzten sich zusammen aus „individuelle Desensibilisierung", „Einsichts-Psychotherapie", „Placebo-Zuwendung" und „Keine-Therapie-Kontrollgruppe". Die fünf Therapeuten der oben referierten Studie führten auch diesmal alle Therapien durch. Man beschränkte die Einzeltherapien auf fünf Sitzungen, die über sechs Wochen verteilt waren. Die Methoden zur Bewertung der Erfolge waren ähnlich wie in der vorigen Untersuchung, deren Ergebnisse bestätigt werden konnten. Zusätzlich fand man, daß die Veränderung im Verhalten der ersten Gruppe (Desensibilisierung in der Gruppe, Diskussionen) „gleich günstig oder besser als bei Einzelbehandlung war. Man fand nicht nur keine Symptomverschiebung, sondern stellte anhand der Noten fest, daß sich die akademischen Leistungen der ersten Gruppe signifikant gegenüber unbehandelten Kontrollpersonen verbessert hatten. Diese Ergebnisse waren, neben weiterer Verbesserung, auch nach zwei Jahren noch nachweisbar (Paul, 1968).

Diese gute Untersuchung bestätigte erneut, daß Gruppendesensibilisierung wirksamer als Einzelbehandlung war. Es bleibt abzuwarten, ob sich diese Ergebnisse bestätigen lassen, da die entsprechende Gruppe von Versuchspersonen häufiger behandelt wurde und auch häufiger Gelegenheit zu „nacherzieherischer Diskussion" hatte.

Zeisset (1968) beschrieb eine ähnliche Untersuchung, bei der Desensibilisierung, Entspannung und Zuwendung-Placebo in der Behandlung einer Gruppe von Patienten verglichen wurden, die auf Befragen Angst angaben. 48 stationäre Patienten (drei Fälle von „Neurosen" und 45 Fälle von „Funktioneller Psychose") wurden in vier Gruppen aufgeteilt. Während die erste mit systematischer Desensibilisierung behandelt wurde, gab der Therapeut der zweiten Gruppe Entspannungsübungen und die nachdrückliche Suggestion, daß es ihnen gelingen werde, die in der auslösenden Situation auftretende Angst zu kontrollieren. Die dritte Gruppe erhielt eine gewisse Zuwendung und Gelegenheit zu neutraler Diskussion (vergleichbar zu Pauls Zuwendung-Placebo-Gruppe), und die vierte Gruppe diente als nichtbehandelte Kontrolle. Je ein Therapeut führte in jeder Gruppe vier Sitzungen durch. Vor und nach der Therapie beurteilte man die Patienten nach eigenen Angaben, einer von den Schwestern anzukreuzenden Liste ängstlicher Verhaltensweisen, und einer von zwei unabhängigen Beobachtern auszufüllenden Liste beobachtbarer Angstreaktion während eines psychiatrischen Gesprächs.

Die beiden ersten Gruppen (Desensibilisierung und Entspannung plus Suggestion) zeigten eine signifikant stärkere Besserung als die beiden letzteren, und zwar sowohl in bezug auf beobachtbare Angst als auch auf Selbsteinschätzung. Zwischen der Desensibilisierungs- und der Entspannungs-Suggestions-Gruppe fanden sich ebensowenig signifikante Unterschiede wie zwischen den beiden letzten Gruppen. Die Geschwindigkeit, mit der die Desensibilisierung vollzogen wurde, sowie die signifikant geringere Frequenz, mit der während der Desensibilisierung Angst signialisiert wurde, stehen im Gegensatz zu vorher zitierten Arbeiten. Da aber die Untersuchung sich auf stationäre Patienten richtete, ist sie mit den obigen Studien, die Freiwillige untersuchten, ohnedies nicht streng vergleichbar. Mögliche Gründe für die abweichenden Ergebnisse werden im nächsten Kapitel diskutiert.

Aversionstherapie

Aufgrund einer umfassenden Übersichtsarbeit über Ergebnisse der Aversionstherapie bei Alkoholikern kam Franks (1966) zu dem Schluß, daß die Mehrzahl der Arbeiten derart unzulängliche Information über

Prozeduren, Kontrollen, Besserungskriterien und Katamnesen enthalten, daß der Anspruch auf Wirksamkeit dieser Therapie „buchstäblich nicht zu beurteilen war". Die meisten Untersuchungen größerer Patientenserien, über die ausreichende Information vorliegt, verwendeten anstelle der elektrischen aversiven Reize pharmakologische; darüber hinaus versäumte man, die entsprechenden Prinzipien des klassischen Konditionierens auf die Behandlung anzuwenden. Andere Therapeuten kombinierten Aversionstherapie mit anderen Behandlungsmethoden, so daß es schwer fällt, die Wirkung der Aversionstherapie zu isolieren. In den größeren Serien wird über eine Abstinenzrate von insgesamt 50 % nach unterschiedlicher Katamnesedauer berichtet. THIMANN (1949), der im Laufe von sieben Jahren 282 Alkoholiker behandelte, fand bei der Nachuntersuchung von 245 Patienten in 125 Fällen totale Abstinenz (eingeschlossen waren neun Patienten, die nach einem Rückfall erneut erfolgreich behandelt worden waren). LEMERE u. VOEGTLIN (1950) berichteten über 4468 Patienten, die in einem Zeitraum von 13 Jahren behandelt wurden. In 4096 Fällen lagen Katamnesen vor; 44 % der Patienten blieben nach der ersten erfolgreichen Therapie abstinent. Von den 878 Rückfällen, die erneut behandelt wurden, blieben 39 % im Anschluß an die Behandlung abstinent. Insgesamt betrug die Abstinenzrate 51 %. Bei der genaueren Analyse der Resultate fand Franks, daß 60 % wenigstens ein Jahr lang abstinent blieben, 51 % zwei Jahre lang, 38 % fünf Jahre lang und 23 % über mindestens zehn Jahre. Im Gegensatz zu diesen Untersuchungen konnte WALLERSTEIN (1957), der Aversionsbehandlung, Antabus, Gruppen-Hypnose und Milieu-Therapie bei 178 Alkoholikern im Laufe von 2½ Jahren verglich, nach einer Kontrolldauer von einem Jahr nur 24 % Besserung durch Aversionsbehandlung feststellen.

Nur wenige Berichte enthalten Angaben über die Verwendung elektrischer aversiver Reize bei Alkoholikern. Von den 40 Alkoholikern, die HSU (1965) behandelte, gaben 20 die Therapie vorzeitig auf, und sieben weitere erlitten innerhalb von sechs Monaten nach Therapiebeginn einen Rückfall. BLAKE (1965, 1967) veröffentlichte die Resultate der Behandlung von 37 Alkoholikern, die mit einer Kombination von elektrischer Aversionstherapie und Entspannung behandelt wurden, und 25 Patienten, bei denen er nur elektrische Aversionstherapie anwandte. Die insgesamt 62 Privatpatienten gehörten höheren sozioökonomischen Schichten an. Sechs Monate nach der Behandlung waren 52 % aller Patienten abstinent, 10 % waren gebessert. Nach 12 Monaten waren noch 39 % abstinent und gebessert.

Über die Resultate einer Aversionsbehandlung des Alkoholismus, bei der mit Succinylchlorid ein Atemstillstand induziert wurde, berichten nur wenige Veröffentlichungen. Wenige Patienten, meist solche mit schlechter Prognose, sind mit dieser Methode behandelt worden (vgl. MADILL u. Mitarb., 1966; FARRAR u. Mitarb., 1968).

Es ist derzeit nicht möglich, die Ergebnisse der Aversionstherapie mit der Methode der „verdeckten Sensibilisierung" (covert sensitization, „coverant method") zu beurteilen, da noch zuwenig Ergebnisse vorliegen. ANANT (1968) berichtete, daß 25 seiner 26 Patienten über einen Zeitraum von 14 bis 21 Monaten nach der Therapie völlig abstinent blieben. Dagegen fanden ASHEM u. DONNER (1968) nach einer Katamnesedauer von sechs Monaten nur bei sechs von 15 so behandelten Patienten noch Abstinenz.

Unbehandelte Alkoholiker haben eine schlechte Prognose. Offenbar gibt es keine spontane Remission. KENDALL u. STATON (1965) fanden, daß von 67 unbehandelten Alkoholikern, die ohne Behandlung über durchschnittlich 6.7 Jahre verfolgt wurden, nur einer abstinent geworden war; Selbstmorde und Todesfälle waren häufiger als Rückkehr zu normalem Alkoholkonsum. Andere Behandlungsformen lieferten unterschiedliche Resultate. Eine Art „Erste Hilfe", die aus „Austrocknen" in der Klinik, Tranquilizern, Hilfe bei persönlichen, familiären und sozialen Schwierigkeiten, sowie der Anregung bestand, sich den „Anonymen Alkoholikern" anzuschließen, lieferte in 5% der Fälle Abstinenz und in 20% der 68 Patienten, die über zwei Jahre verfolgt wurden, Besserung (VALLANCE, 1965). DAVIES u. Mitarb. (1956) verfolgten 50 Alkoholiker, die für zwei bis drei Monate in der Klinik behandelt worden waren und zwei Jahre lang Antabus erhielten. 36% blieben während des größten Teils dieses Zeitraums abstinent. GLATT (1961), der über 94 Alkoholiker, überwiegend aus höheren sozio-ökonomischen Schichten, berichtete, fand zwei Jahre nach Beginn einer intensiven Therapie (anfänglich Klinikaufenthalt, später Gruppentherapie und intensive Nachsorge) in 33% eine weitgehende und in 33% eine deutliche Besserung. 90% der Rückfälle traten innerhalb von sechs Monaten nach Therapiebeginn auf.

Behält man die oben ausgesprochene Warnung im Auge, so wird man lediglich sagen können, daß die Aversionstherapie bei Alkoholikern beim Vergleich mit anderen Methoden nicht schlecht abschneidet. Es wird weiteren Untersuchungen überlassen bleiben zu zeigen, daß die Aversionsbehandlung einen wesentlichen Beitrag zur Kontrolle dieser schweren Störung leisten kann.

Auch über die Ergebnisse der Aversionsbehandlung bei sexuellen Deviationen ist wenig bekannt. FREUND (1960) berichtete über Resultate der Aversionstherapie mit Apomorphin bei 67 Homosexuellen. Bei solchen Patienten, die in ihrem Verhalten fast ausschließlich homosexuell orientiert waren, schloß sich eine zweite Behandlungsphase an, die auf die Steigerung heterosexueller Interessen abzielte. Zu diesem Zwecke zeigte man ihnen etwa 7 Stunden nach einer Injektion von Testosteron Filme von nackten Frauen. Die Patienten erhielten höchstens 24 Sitzungen mit Aversionstherapie; solche, die weniger als fünf Behandlungssitzungen mitmachten, wurden von der Nachkontrolle ausgeschlossen. 62 Patienten wurden nach drei Jahren erneut untersucht. Nur drei von den 20 Patienten, die von Gerichten zur

Behandlung überwiesen worden waren, erreichten eine geringgradige heterosexuelle Adaptation, die jedoch nur einige Wochen währte. Unter den restlichen 47 Patienten fand man in 12 Fällen eine längerdauernde heterosexuelle Orientierung, jedoch blieben homosexuelle Wünsche erhalten. Nur sechs Patienten gaben an, während der Kontrollperiode keine homosexuellen Kontakte gehabt zu haben.

MORGENSTERN u. Mitarb. (1965) behandelten 19 Transvestiten mit Apomorphin-Aversionstherapie. Sechs der Patienten schieden aus, ehe die Behandlung (drei Sitzungen am Tag, insgesamt 39 Sitzungen) abgeschlossen war. Bei der Nachuntersuchung nach acht Monaten bis vier Jahren zeigte sich, daß sieben der 13 behandelten Patienten die inadäquate Kleidungsgewohnheit vollständig aufgegeben hatten und daß sechs sich nicht mehr so häufig wie früher als Transvestiten zeigten. Bei den ersteren fand man eine Besserung auch in anderen Bereichen. Symptomverschiebung konnte nicht festgestellt werden.

MACCULLOCH u. FELDMAN (1967) nehmen für ihre Methode des Schock-Vermeidungslernens, die im vorigen Kapitel beschrieben wurde, bessere Erfolge in Anspruch. 36 ihrer 43 homosexuellen Patienten durchliefen das ganze therapeutische Programm und wurden über wenigstens ein Jahr verfolgt. 25 Patienten (56 % der gesamten Stichprobe) wurden als deutlich gebessert bezeichnet; 13 davon berichteten über heterosexuellen Geschlechtsverkehr ohne jede homosexuelle Praxis oder Phantasie, sieben hatten heterosexuellen Kontakt aufgenommen, es aber noch nicht bis zum Geschlechtsverkehr gebracht, und fünf versuchten noch, heterosexuelle Kontakte aufzubauen oder heterosexuelle Phantasien zu entwickeln.

Im Gegensatz dazu fanden BANCROFT u. MARKS (1968), die über elektrische Aversionstherapie bei 19 Homosexuellen und Pädophilen berichteten, daß bei einer anfänglich hohen Besserungsrate von 72 % nur ein Patient auch nach zwei Jahren noch deutlich gebessert war und vier Patienten noch etwas gebessert waren. Bessere Ergebnisse erzielten die Autoren mit 16 Transvestiten, Fetischisten und Sadomasochisten, von denen nach einem Jahr noch 75 % gebessert oder sogar fast vollständig gebessert waren.

Es hat sich als schwierig erwiesen, Homosexuelle zu behandeln. Obwohl es voreilig wäre, über die Ergebnisse der Schock-Vermeidungs-Prozeduren etwas Endgültiges auszusagen, sind doch die Ergebnisse vielversprechend; sie schneiden beim Vergleich mit anderen Therapieformen günstig ab (vgl. FREUND, 1960, BIEBER u. Mitarb., 1962). Verhaltenstherapeutische Methoden liefern möglicherweise bedeutsame Beiträge zur Betreuung von Patienten mit sexuellen Deviationen. Persönlichkeitsstruktur und Motivation der Patienten begrenzen den therapeutischen Erfolg. Stellt das abnorme sexuelle Verhalten den größten Anteil des sexuellen Verhaltens des betreffenden Patienten, so ist die Behandlung mit jeder Methode erschwert.

SYLVESTER u. LIVERSEDGE (1960) verwendeten Aversionstherapie bei Schreibkrampf und ähnlichen Störungen. Sie berichteten über anfängliche Besserungen (50 bis 100 % in bezug auf das Symptom) bei 29 von 39 Patienten. In fünf Fällen kam es während der Kontrollperiode, die ein bis 54 Monate umfaßte, zu Rückfällen. Beech (1960) konnte diese guten Resultate bei einer Serie von vier Patienten nicht erzielen, seine Patienten wiesen vermutlich stärkere Persönlichkeitsstörungen auf als die Patienten von Sylvester u. Liversedge.

Positives Konditionieren

Jones (1960) und Lovibond (1964) fassen die Ergebnisse der Verhaltenstherapie bei Enuresis nocturna zusammen. Ein Vergleich der verschiedenen Patientenserien ist schwierig, weil das therapeutische Vorgehen verschiedenartig war, Störungen von unterschiedlichem Ausmaß behandelt wurden und Erfolgskriterien sowie Katamnesedauer schwer vergleichbar waren. Jones zitiert 15 Arbeiten, die über die Behandlung von insgesamt 1446 Enuretikern (im Alter zwischen drei und 28 Jahren) mit dem Mowrerschen oder dem Crosbyschen Apparat berichteten; er kommt zu dem Schluß, daß 76 % aller Patienten (zwischen 30 und 100 % in verschiedenen Studien) geheilt wurden und die Behandlung in 14 % (zwischen 0 und 30 %) keinen Erfolg erbrachte. Es ist allerdings schwierig, sich über die von Jones angegebene Tabelle (S. 400, 1960) klarzuwerden, in der die Resultate zusammengefaßt wurden, da die Besserungskriterien „geheilt", „deutlich gebessert" und „fehlender Erfolg" nicht eindeutig definiert sind und einige der Prozentsummen über 100 liegen. Zudem stimmen einige Zahlen auch nicht mit den von Lovibond zitierten überein, der in seiner Arbeit über 14 Einzelarbeiten (von denen neun auch bei Jones zitiert werden) berichtet. In diesem Sammelreferat sind die Ergebnisse von 604 Behandlungsversuchen zusammengefaßt. Zu Beginn der Behandlung hörte im Mittel bei 90 % der Patienten (Streubreite 65 bis 100 %) das Einnässen auf, die Ergebnisse sind aber in bezug auf Rückfälle weniger eindeutig. Zwar fand man eine mittlere Rückfallquote von 14 % (Streuung von 8 bis 52 %) nach Katamnesedauer von zwei bis 54 Monaten, aber es ist auch deutlich, daß die Rückfallquote um so höher war, je länger die Katamnese war. Lovibond fand eine Korrelation von 0.7 zwischen der angegebenen Rückfallrate und der Zeitdauer der Nachkontrolle.

Young u. Turner (1965), die die Wirkung antriebssteigernder Medikamente auf den Konditionierungsprozeß bei Enuretikern untersuchten, berichteten über die Ergebnisse der Behandlung bei 299 Kindern, die wenigstens dreimal pro Woche einnäßten. Die in der Wohnung durchgeführte Behandlung dauerte an, bis man 14 aufeinanderfolgende „trockene Nächte" registrieren konnte. Als therapeutischer Fehlschlag wurde bezeichnet, wer dieses Kriterium nicht nach vier Monaten durchgehender Therapie erreichte. Die Wirkung der Medikamente testeten die Autoren, indem sie die Kinder drei Therapiegruppen zuordneten. Im nächsten Kapitel werden die Ergebnisse dieser Studie im Detail disuktiert, hier interessieren zunächst nur die 105 Kinder (durchschnittliches Alter 8.1 Jahre), die nur mit dem Apparat behandelt wurden. Diese Therapie führte in 64.8 % zum Erfolg. In 29.5 % wurde die Therapie vorzeitig abgebrochen, und in 5.7 % kam es zu Fehlschlägen, weil der Summer die Kinder nicht aufweckte. Nach einem Jahr fanden die Autoren in 13.2 % einen Rückfall; von den 41 Kindern, die nach einem Jahr trocken geblieben waren, und die man über 40 bis 63 Monate verfolgt hatte, wiesen weitere 31.7 % einen Rückfall auf (TURNER u. YOUNG, 1966).

KAHANE (1955) teilte 59 enuretische Kinder in drei Gruppen ein. Die erste Gruppe, 21 Kinder, erhielt die übliche Behandlung mit Drahtmatte und Summer (bell and pad), die zweite (22 Kinder) erhielt dieselbe Behandlung nach einer Wartezeit von einigen Monaten. Die dritte Gruppe von 16 wurde lediglich untersucht und auf die Warteliste gesetzt, aber nicht behandelt. Alle Kinder der ersten Gruppe zeigten einen anfänglichen Erfolg, aber 13 der 21 zeigten innerhalb von sieben Monaten einen Rückfall. Zehn der 22 Kinder in der zweiten Gruppe hörten auf einzunässen, während sie noch auf Behandlung warteten, und es fand sich ein Rückfall. Von den Kindern der dritten Gruppe wurden nur zwei „trocken", eins davon näßte später wieder ein.

Über ein weiteres kontrolliertes Experiment zur Behandlung des Einnässens berichteten WERRY u. COHRSSEN (1965), die 70 Kinder untersuchten. Mit Matratze und Summer wurden 22 Kinder behandelt, 21 erhielten Kurzpsychotherapie (neun Sitzungen innerhalb von drei Monaten), und 27 Kinder bildeten die nichtbehandelte Kontrollgruppe. Die drei Gruppen waren parallelisiert in bezug auf Alter, Geschlecht, soziale Stellung, Schweregrad der Enuresis und „Ausmaß emotionaler Störungen". Die Behandlung mit dem Apparat dauerte so lange an, bis das Kind entweder einen Monat lang trocken geblieben war oder die Behandlung vier Monate gedauert hatte. Zu diesem Zeitpunkt fand man in der Konditionierungsgruppe in 80 % eine Besserung, während in Psychotherapie- und Kontrollgruppe eine Besserung nur in 30 % der Fälle auftrat. Symptomverschiebung wurde nicht beobachtet.

Die Resultate der kontrollierten Untersuchungen legen den Schluß nahe, daß man bei der Enuresis mit Konditionierungsmethoden Erfolge erzielen kann, die bei Kontrollgruppen nicht auftreten. Unglücklicherweise beobachtet man eine beträchtliche Rückfallquote, und man wird zu berücksichtigen haben, wie der Vergleich langandauernder Verhaltenstherapie mit spontaner Remission und den Ergebnissen anderer Therapiemethoden ausfällt. Zur Rate der Spontanremission liegen nicht genug Untersuchungen vor. LOVIBOND (1964) stellte bei einer Beobachtung über ein Jahr hinweg fest, daß unter den Dreijährigen 25 % und unter den Elfjährigen noch 16 % Spontanheilungen zeigen. Wie allerdings Young u. Turner zu Recht feststellen, berücksichtigen die Schätzwerte der spontanen Besserung in verschiedenen Lebensaltern nicht diejenigen „Besserungen", die lediglich durch den Besuch einer Klinik auftreten. Wie Kahanes Ergebnisse zeigen, besserten sich einige Patienten, während sie auf der Warteliste standen. Sowohl Jones als auch Lovibond zitieren Ergebnisse, nach denen die Konditionierungsmethode sowohl der Behandlung mit stimulierenden Medikamenten, welche die Schlaftiefe verringern, als auch der Behandlung mit parasympatikolytischen Medikamenten, welche die Miktion hemmen, überlegen ist. Lovibond faßte die Ergebnisse der Psychotherapie bei insgesamt 195 Patienten aus drei der detailliert dargestellten Studien zusammen.

In 50 % der Fälle kam es zu einem baldigen Aufhören des Einnässens (Streubreite 25 bis 64 %). Es fehlen katamnestische Berichte, und zur Zeit scheint es nicht möglich, den Erfolg der Psychotherapie bei Enuresis nocturna zu beurteilen. Dagegen sind die Ergebnisse über die anfänglichen Erfolge der Konditionierungstherapien bei der Enuresis eindrucksvoll, sie treten bei einer beträchtlichen Zahl von Patienten ein.

Zur Behandlung des Stotterns sind eine Reihe von Methoden angegeben worden, die einen Erfolg bei dieser Störung aufzuweisen haben, es gibt jedoch nur wenige Veröffentlichungen über Behandlungserfolge bei größeren Serien von Patienten. Kondas (1967 b) berichtete über die Resultate einer Therapie bei 17 Stotterern (von acht bis 16 Jahren), die mit der Methode des „Hinterherredens" (shadowing) und Atemübungen unter Entspannung behandelt wurden. Nach Abschluß der Behandlung schätzte man 70.6 % als geheilt oder wesentlich gebessert ein; zum Zeitpunkt der Nachuntersuchung, die frühestens nach drei Jahren stattfand, waren noch 58.8 % geheilt.

Reizüberflutung oder Implosionstherapie

Es ist sicher zu früh, derzeit die Wirksamkeit sowie die Anwendungsbreite dieser verhaltenstherapeutischen Methode zu beurteilen. Bis jetzt gibt es nur sehr wenige veröffentlichte Berichte über jeweils nur wenige Fälle. Hogan (1966) berichtete über ermutigende Erfolge der Implosionstherapie, die er als Kurzmethode bei stationär behandelten, psychotischen Patienten anwendete. Levis u. Carrera (1967) beschrieben eine kontrollierte Untersuchung über Implosionstherapie bei neurotischen, ambulant behandelten Patienten. Zehn mit Implosion behandelte Patienten (jeweils zehn Sitzungen) wurden mit drei Kontrollgruppen verglichen, deren erste für die gleiche Zahl von Sitzungen „konventionelle" Psychotherapie erhielt. Die nächste Gruppe wurde durchschnittlich über 37 Sitzungen mit konventioneller Psychotherapie behandelt, und zwar von einem der Implosions-Therapeuten, der zu diesem Zeitpunkt noch nicht über die Implosionstechnik informiert war (zur Kontrolle der Therapeuten-Variablen). Die dritte Gruppe erhielt keine Behandlung. Die Angaben auf der MMPI-Skala zeigten eine signifikante Verbesserung nur innerhalb der Experimentalgruppe. Boulougouris u. Marks (1969) veröffentlichten eine Voruntersuchung, nach der sie im Durchschnitt nach 14 Implosionssitzungen bei drei von vier Phobikern (zwei Agoraphobiker und ein Spinnenphobiker) ein vielversprechendes Resultat fanden; der Patient, der nicht auf diese Behandlung ansprach, war der einzige, der über diffuse Angst (free-floating anxiety) klagte.

Wie sich in einer Untersuchung an Studenten zeigte, vermochten 14 von 22 Versuchspersonen, die vorher Angst vor Ratten hatten, nach nur einer Behandlungssitzung eine Ratte in die Hand zu nehmen; nur zwei der 22 Kontrollpersonen brachten dasselbe fertig (Hogan u. Kirchner, 1967). Eine andere Untersuchung an Studenten mit Schlangenangst (Hogan u. Kirchner, 1968) verglich Implosionstherapie (zehn Personen), „eklektische verbale Therapie" bei zehn Personen und „Bibliotherapie" (zehn Personen). Nach nur einer 45minütigen Implosionssitzung konnten sieben der zehn Personen eine Schlange aufheben, während dies nur vier Personen der zweiten und nur einer Person der dritten Gruppe gelang. Als die 15 Therapieversager der beiden letzten Gruppen ebenfalls 45 Minuten lang einer Implosionstherapie ausgesetzt worden waren (cross-over), konnten weitere zehn Personen die Schlange aufheben.

Operantes Konditionieren

Die Mehrzahl der gegenwärtigen Fülle von Berichten über die Technik des operanten Konditionierens beschäftigen sich mit Einzelfällen oder sehr kleinen Gruppen. Arbeiten, die über eine größere Zahl von Versuchspersonen berichten, sind häufig rein experimenteller Natur und testen eher die Anwendungsmöglichkeiten des Modells „operantes Konditionieren" als wirkliche Therapiemethoden.

Bei ihrer Untersuchung der Wirkung einer kontingenten Nahrungsbelohnung auf das Problemlösungsverhalten von chronisch Schizophrenen mit Insulin-induziertem Hunger teilten Peters u. Jenkins (1954) Patienten in drei Gruppen zu je 12 ein. Die Patienten der ersten Gruppe erhielten Insulin und unmittelbar danach bei korrekter Problemlösung Süßigkeiten. Die Patienten der ersten Kontrollgruppe, welche die Wirkung von Insulin und persönlicher Zuwendung abschätzen sollte, erhielten eine vergleichbare Dosis Insulin und ebenfalls Süßigkeiten, die aber unabhängig von der Lösung der Aufgaben verabreicht wurden (nichtkontigente Belohnung). Die zweite Kontrollgruppe blieb unbehandelt. Die Autoren beurteilten die Patienten sowohl im Anschluß an die dreimonatige Experimentierphase, als auch sechs Monate später. Die Patienten der ersten Gruppe zeigten eine signifikante Verbesserung ihres sozialen Verhaltens, gemessen an der Anzahl auf den Stationen beobachteter Ausbrüche von Gewalttätigkeiten und Selbstbeschädigung, sowie am Anstieg häuslicher Besuche. King u. Mitarb. (1960) bestätigten das Ergebnis, daß ein Problemlösungs-Programm, das mittels operanten Konditionierens aufgebaut wurde, bei hospitalisierten Patienten zu einer signifikanten Verbesserung ihres klinischen Zustandsbildes führen kann. Die Autoren stellten vier Gruppen von je zwölf Patienten zusammen. Die Experimentalgruppe (operantes Konditionieren) stand einer Psychotherapie-Gruppe, einer „Erholungstherapie"- Gruppe und einer unbehandelten Kontrollgruppe gegenüber. Die Patienten der ersten Gruppe waren signifikant stärker gebessert und behielten ihre Verbesserung länger bei als die Patienten der übrigen Gruppen.

Über den Gebrauch von sogenannten „Münz-Ökonomien" auf Stationen mit chronisch hospitalisierten Patienten liegen bisher erst vorläufige Ergebnisse vor. Atthowe u. Krasner (1968) beobachteten 60 überwiegend chronisch schizophrene Patienten zunächst über einen Zeitraum von sechs Monaten und dann elf Monate lang unter dem Regime einer Münz-Ökonomie. Dabei lieferten die Patienten ihre eigenen Kontrollwerte. Eine Reihe von Verhaltensweisen, wie Teilnahme an Gruppenaktivitäten und bewilligtes Ausgehen, besserten sich signifikant. Darüber hinaus konnten während der Behandlungsphase doppelt so viele Patienten entlassen werden wie in den elf Monaten davor. Allerdings mußte die Hälfte der Entlassenen innerhalb von neun Monaten erneut aufgenommen werden.

Wenn kleine Patientengruppen selbst das Verhalten auf Station mit den Mitteln des operanten Konditionierens programmieren, kann es ebenfalls zu besserer sozialer Anpassung, verkürztem Klinikaufenthalt und später besseren Arbeitsleistungen kommen. Fairweather (1964) verglich parallelisierte Gruppen erwachsener Schizophrener, wobei 48 Patienten die übliche stationäre Behandlung erhielten und 111 Patienten auf Kleingruppen-Stationen verteilt waren. Er fand, daß die letzteren signifikant besser waren, wenn man sie bei der Nachuntersuchung in bezug auf die oben angeführten Variablen verglich. In bezug auf die Rückfallquote schnitten diese Patienten aber nicht besser ab. In einer zweiten Untersuchung konnten Fairweather u. Mitarb. (1969) aber zeigen, daß operantes Konditionieren auf der Station, welches nach der Entlassung in einem Gemeinschaftswohnheim weitergeführt wird, einer signifikant größeren Zahl von Patienten hilft, ihre Verbesserung — gemessen an der Arbeitsanpassung — aufrechtzuerhalten.

Schwitzgebel u. Kolb (1964) verglichen die Ergebnisse operanten Konditionierens bei 20 jugendlichen Delinquenten mit dem Verhalten einer unbehandelten Kontrollgruppe, deren Mitglieder in bezug auf Alter, Art des ersten Vergehens, Nationalität, Religionszugehörigkeit, Wohnort und Dauer des Gefängnisaufenthaltes parallelisiert waren. Die Delinquenten der ersten Gruppe erhielten kleine, gewöhnlich finanzielle, Belohnungen für gute Führung, Aufzeichnung von Selbstgesprächen (über persönliche Erfahrungen) mit einem Tonbandgerät und Durchführung konstruktiver Aufgaben. Nach neunmonatiger Teilnahme an diesem Projekt wurden sie entlassen, sie nahmen danach entweder Vollarbeit an, besuchten Berufsschulen oder schlossen sich dem Militär an. Eine drei Jahre später durchgeführte Nachuntersuchung zeigte, daß diese Behandlung sowohl die Häufigkeit als auch das Ausmaß weiterer Verstöße gegen das Gesetz reduziert hatte, nicht jedoch die Anzahl derer, die ins Gefängnis oder in die Besserungsanstalt zurückkehrten mußten.

Aus dem Blickwinkel des bisherigen Übersichtsreferates über die Resultate der Verhaltenstherapie mag man sich nun die Frage stellen, ob Verhaltenstherapie „wirksam ist". In dieser Form ist die Frage allerdings zu weit gestellt, als daß sie sinnvoll beantwortet werden könnte: es hieße nämlich, hier Homogenität vorzutäuschen, wo keine existiert, und die bereits diskutierte Annahme zu bekräftigen, daß Patienten wie Therapie uniform seien. Es ist aber sinnvoll zu fragen, welche Symptomklassen bei welchen Patiententypen mit welchen Therapiemethoden beseitigt werden können, und in welchem Ausmaß und für welche Zeitdauer dies geschieht. Zur Zeit können wir aufgrund kritisch gesichteter Ergebnisse nur Teilantworten von unterschiedlichem Zuverlässigkeitsgrad geben. Nun ist die Verhaltenstherapie eine junge Disziplin, und wie vorläufig und unvollständig auch die Versuche sein mögen, ihre Wirksamkeit abzuschätzen, die Ergebnisse brauchen den Vergleich mit Wirksamkeitsuntersuchungen bei anderen Psychotherapieformen nicht zu scheuen. Dies ist nun ganz und gar kein Grund zur Selbstzufriedenheit. Weitere klinische und experimentelle Untersuchungen verhaltenstherapeutischer Verfahren sind dringend nötig.

Bis jetzt gibt es wenigstens keine Hinweise darauf, daß verhaltenstherapeutische Methoden schlechtere Ergebnisse als andere Verfahren geliefert haben, wie wir bei den zitierten Vergleichsuntersuchungen gesehen haben. Dauer und Häufigkeit der Verhaltenstherapie war im allgemeinen geringer, und es gibt keinerlei Anhaltspunkte dafür, daß sie schädlich oder gefährlich ist. Insbesondere hat man nicht bestätigen können, daß das Auftreten neuer Symptome, nach denen man wegen ihrer Vorhersage aus psychoanalytischen Theorien besonders intensiv gesucht hatte, ein besonderes Risiko der Verhaltenstherapie sei. Tatsächlich tauchen während des Therapieverlaufs neue Symptome auf; zusätzlich kann es unliebsame „soziale Rückwirkungen" geben. Sie erscheinen aber bei Verhaltenstherapie nicht häufiger als bei anderen Formen der Psychotherapie oder bei fehlender Therapie. Es ist schwierig, ein „neues Symptom" zu definieren und festzustellen, daß es eine Beziehung zum behandelten Symptom aufweist. Dieses Problem ist kürzlich von CRISP (1966) und CAHOON (1968) diskutiert worden, und man geht wohl nicht fehl in der Annahme, daß Symptomsubstitution kein besonderes Risiko darstellt, wenn man mit verhaltenstherapeutischen Methoden bestimmte Symptome gebessert hat. Dieses Ergebnis hat einige theoretische Bedeutung insofern, als man Symptome als Ergebnis zugrunde liegender Störungen betrachtet hat — wie die Flecken bei Masern —, und man dann voraussagen muß, daß die Beseitigung der Symptome zu ihrem späteren Wiederauftreten oder zum Erscheinen neuer Symptome führen wird, solange die grundlegende Störung bestehen bleibt. In der psychiatrischen Literatur finden sich Berichte über dramatische und gefährliche Fälle von Symptomverschiebung. BOOKBINDER (1962) zitiert beispielsweise zwei solche Fälle, die nach Hypnosetherapie auftraten, und gibt zu bedenken, daß die Plötzlichkeit der Symptombeseitigung eine wichtige Variable bei der Verursachung der Symptomverschiebung sein könne. Andererseits geben Lernprinzipien gewisse Hinweise darauf, unter welchen Umständen Symptomverschiebung eintreten oder nicht eintreten würde, wenn man z. B. bestimmte therapeutische Verfahrensweisen ignoriert (CAHOON, 1968).

Es scheint auch, als könnten verhaltenstherapeutische Methoden auch dann zur Besserung oder sogar zur Beseitigung eines Symptoms führen, wenn man weder in betonter Absicht noch systematisch versucht hat, Ursache und Entwicklung des Symptoms zu verfolgen oder gar die Patientenpersönlichkeit drastisch zu verändern. Man muß allerdings im Auge behalten, daß man bis jetzt nur ausgewählte Gruppen von Patienten mit Verhaltenstherapie behandelt hat, meist solche mit relativ isolierten Symptomen. Die Resultate waren bei Patienten, die an mehrfachen Störungen litten, relativ weniger gut.

Es ist hinreichend belegt, daß Versuchspersonen und Patienten mit isolierten Phobien besser auf systematische Desensibilisierung ansprechen, als auf andere Therapieformen, wie Individual- oder Gruppenpsychotherapie, Entspannungsübungen, Suggestion oder Hypnose, oder keine Therapie. Es gibt jetzt Hinweise darauf, daß Implosion (Reizüberflutung) und Modellernen (Imitation) bei der Behandlung bestimmter Phobien ebenfalls erfolgreich sein können. Eine Agoraphobie mittleren Ausmaßes scheint ebenfalls durch Desensibilisierung stärker gebessert zu werden, als durch individuelle oder Gruppenpsychotherapie. In Fällen schwerer Agoraphobie hat die Verhaltenstherapie nicht so gute Erfolge aufzuweisen, sie sind aber immer noch etwas besser als die Ergebnissse anderer Psychotherapien.

Einige Untersuchungsergebnisse, die in diesem Kapitel zitiert wurden, lassen Zweifel daran aufkommen, ob es gerechtfertigt ist, die von Eysenck angenommene Rate spontaner Remission (70 %) als Vergleichsbasis für die Beurteilung der Behandlungserfolge bei Neurosen heranzuziehen; die geschilderte Variationsbreite therapeutischer Ergebnisse ist nämlich beträchtlich.

In bezug auf die Wirksamkeit der Aversionstherapie sind die Ergebnisse nicht einheitlich. Die frühen Versuche, Alkoholismus mit pharmakologischen Aversionsmethoden zu behandeln, lieferten keine eindrucksvollen Ergebnisse. Obwohl die Erfahrung damit noch stark begrenzt ist, scheint doch die Methode des Vermeidungslernens elektrischer Schläge vielversprechend zu sein und eine Rolle bei der Behandlung von Transvestiten, Sadomasochisten, Fetischisten und Homosexuellen übernehmen zu können. Diese Störungen erweisen sich für gewöhnlich als resistent gegenüber anderen Therapieformen, einschließlich der Psychoanalyse.

Bei Enuresis scheint die Konditionierungsmethode das wirksamste Verfahren, einen anfänglichen Erfolg zu erzielen, die hohe Rückfallquote ist aber unbefriedigend. Die wenigen ausgedehnten Untersuchungen über operantes Konditionieren in der Klinik zeigten eindeutig, daß man mit dieser Methode Verhalten beeinflussen kann. Sowohl die Sprache als auch das soziale Verhalten chronisch schizophrener Erwachsener und autistischer Kinder konnten verbessert werden, und diese Besserung betraf auch das Verhalten außerhalb der Klinik. Wie heroisch jedoch solche Therapieprogramme auch gewesen sind, ihre therapeutische Wirkung ist bis jetzt enttäuschend gewesen. Nur begrenzt trat eine Generalisation des operanten Verhaltens in der Außenwelt auf, und die Wiederaufnahmerate ins Krankenhaus war wenig beeinflußt.

Verhaltenstheoretiker haben sich nicht übermäßig durch das Auftreten von Rückfällen nach Verhaltenstherapie beeindrucken lassen, sie haben Rückfälle mit lerntheoretischen Begriffen erklärt. EYSENCK (1963 a) argumentierte, daß Rückfälle bei Patienten mit „überzähligen Störungen" selten sein müßten, weil Extinktionsprozesse, wie sie zufällig im Laufe des Lebens auftreten, zugunsten des Therapeuten wirken. Dieselben Lernmechanismen, die zur Erklärung der Entwicklung der ursprünglichen Störungen herangezogen werden, müssen auch das Auftreten neuer Symptome oder die Wiederkehr alter Symptome erklären. Im Falle der sozial unerwünschten Verhaltensweisen allerdings, die mit Aversionstherapie behandelt werden, wird die Extinktion, die nach Therapieende einsetzt, zu einer Abschwächung der konditionierten Vermeidungsreaktion führen, welche den Therapie-„Erfolg" darstellte. Eysenck weist darauf hin, daß es keine experimentellen Untersuchungen gibt, welche diese Hypothesen stützen, meint aber, daß klinische Ergebnisse sie in gewisser Weise bestätigen. Kürzlich spekulierte EYSENCK (1968 a), daß Aversionstherapie erfolgreich langandauernde Vermeidungsreaktionen bei solchen Patienten etabliere, bei denen die Inkubation (der Lernprozeß) stärker sei als der Extinktionsprozeß.

Zusammenfassend kann man sagen, daß die bisher zusammengetragenen Ergebnisse einige verhaltenstherapeutische Methoden als wirksam bei bestimmten Formen psychiatrischer Störungen ausweisen. Wahrscheinlich ist das Ausmaß der Erfolge durch die Konzepte und methodologischen Forderungen kontrollierter Experimente beeinträchtigt worden. Theoretische Überlegungen haben zu dem Versuch geführt, die Möglichkeiten bestimmter Lernmodelle voll auszuschöpfen. Diejenigen, beispielsweise, welche Skinners System übernommen haben, konzentrierten ihre Untersuchungen auf klinische Probleme und wohldefinierbare Verhaltensakte, die dem Paradigma des operanten Verhaltens am besten entsprachen. Methodologische Überlegungen erzwingen ein Ausmaß an Kontrolle, welches die standardisierte Anwendung therapeutischer Verfahren begünstigt, ein Vorgehen, das offensichtlich individuelle Differenzen stillschweigend ignoriert. Unglücklicherweise muß dieser Ansatz eng begrenzt, fast zwangsjackenartig bleiben. Man kann das nicht in vollem Umfang vermeiden. Als eines von mehreren taktischen Verfahren, und im Zusammenhang mit Ergebnissen, die an Einzelfällen in natürlicheren Situationen gewonnen wurden, kann der streng experimentelle Ansatz wichtige Information liefern. Wenn man sich allerdings ausschließlich auf die experimentelle Methode beschränkte, würde man damit unausweichlich die Chancen vermindern, die volle Reichweite der Verhaltenstherapie zu entdecken.

KAPITEL 6

Neuere Untersuchungen I: Die spezifischen Prozesse psychologischer Behandlungsmethoden

In den vorigen Kapiteln haben wir theoretische Grundlagen sowie einzelne Methoden der Verhaltenstherapie beschrieben und in einigen Fällen den empirischen Nachweis ihrer Wirksamkeit geführt. Nun validiert die Demonstration der Wirksamkeit, selbst wenn dies in kontrollierten Versuchen geschieht, keineswegs die Theorie; sie beweist auch nicht, daß die therapeutische Wirksamkeit auf spezifische verhaltenstherapeutische Prozeduren zurückzuführen ist. Die therapeutische Situation ist stets so komplex, sie enthält so viele Patienten-, Therapeuten- und Therapievariablen, daß einige davon unvermeidlich bei der Beschreibung und Analyse der Therapie nicht berücksichtigt werden. Wann immer man eine Auswahl trifft, z. B. in bezug auf die Daten, die in einem therapeutischen Versuch zu beachten sein werden, riskiert man aus Unwissen oder Vorurteilen, bedeutsame Variablen zu übersehen. Über „spezifische" Faktoren hinaus, die vermutlich eine Rolle im therapeutischen Prozeß spielen, gibt es auch „unspezifische" Faktoren, wie Art der Überweisung, Aufnahme in einer Klinik, diagnostische Gespräche, Erwartung in bezug auf Therapien, klinische Pflege, Suggestion, Überredung und die therapeutische Beziehung (vgl. FRANKS, 1960). Ohne rigorose experimentelle Kontrolle kann man therapeutische Veränderungen nicht mit Sicherheit einzelnen Variablen zuschreiben. Natürlich ist es erstrebenswert, die entscheidenden Faktoren einer erfolgreichen Behandlungsmethode zu identifizieren: der Erfolg würde die theoretischen Überlegungen präzisieren und die therapeutischen Werkzeuge schärfen.

In diesem Kapitel wollen wir einige der theoretischen Überlegungen und experimentellen Untersuchungen betrachten, die sich mit der Rolle „spezifischer" Lernprozesse bei der Verhaltenstherapie befassen. Im nächsten Kapitel werden wir dann die Rolle kognitiver Prozesse und „unspezifischer" Faktoren in der Verhaltenstherapie behandeln und einige andere psychologische Behandlungsformen untersuchen, die einen Therapieeffekt haben können; dabei werden wir prüfen, ob diese Behandlungsformen einiges Licht auf die Prozesse der therapeutischen Änderungen werfen können.

Experimentelle Untersuchungen über Desensibilisierung, Reizüberflutung und Imitation

Eine beträchtliche Anzahl von Untersuchungen konzentrierte sich auf die systematische Desensibilisierung. Dabei unterschied man, grob gesagt, zwei Aspekte. Der erste betraf die Überprüfung bestimmter Prozeßvariablen, wie z. B. die Einführung immer stärkerer angstauslösender Reize und das Konditionieren einer nicht mit Angst zu vereinbarenden Reaktion, wie Entspannung. Der zweite Aspekt hat mit der Validität von Wolpes theoretischer Erklärung seiner Methode, dem Begriff der „reziproken Hemmung", zu tun. Gerade in bezug auf dieses Problem hat Lomont (1965), der aufgrund tierexperimenteller Ergebnisse meinte, der grundlegende Prozeß bei der systematischen Desensibilisierung sei ein Extinktionsprozeß, zu intensiver Forschungsarbeit angeregt. Offensichtlich liefert das Vorgehen der systematischen Desensibilisierung ja die Gelegenheit zur Löschung konditionierter Angstreaktionen, wenn der konditionierte Angstreiz dem Patienten dargeboten wird, ohne daß dieser anschließend auch dem unkonditionierten aversiven Reiz ausgesetzt wird. Wolpe verwirft diese Erklärung aufgrund der Beobachtung, daß konditionierte Vermeidungsreaktionen sehr resistent gegen Löschprozeduren sind. Andererseits mag dies auf die Tatsache zurückzuführen sein, daß Vermeidungsreaktionen im täglichen Leben für gewöhnlich eine für Löschung ausreichende Exposition gegenüber den konditionierten Angstreizen verhindern. Im Gegensatz dazu verlangt man in der therapeutischen Situation vom Patienten, sich einen angstauslösenden Reiz für längere Zeit vorzustellen, während derer er keine Vermeidungsreaktionen ausführen kann. Die gewöhnlich zu beobachtende hohe Löschresistenz von Vermeidungsreaktionen in nichtrestriktiven Situationen schließt also nicht aus, daß Löschvorgänge in der Therapiesituation eintreten. Kimble (1961) berichtete, daß Ausnahmen von der Regel, „Vermeidungsreaktionen haben eine hohe Resistenz gegen Löschung", geradezu peinlich häufig sind.

Es trägt nicht gerade zur Klärung dieses Problems bei, wenn fehlende Trennung zwischen operationalen Definitionen und theoretischen Konstrukten (vgl. Evans u. Wilson, 1968) zu terminologischer Unschärfe führt. Der Begriff „Extinktion" beispielsweise bezeichnet eine experimentelle Prozedur, während „Gegenkonditionierung" manchmal eine theoretische Erklärung der klassischen Extinktion beinhaltet, zum anderen aber gelegentlich als Bezeichnung für eine praktische Prozedur verwendet wird, in der es explizit um eine Konditionierung neuer Reaktionen auf den konditionierten Reiz geht. Im Hinblick auf die neurophysiologischen Prozesse, von denen Wolpe annimmt, daß sie „reziproke Hemmung" bewirken, sollte man diesen Begriff nur zur Beschreibung der theoretischen Erklärung der „reziproken Hemmungs-Therapie" verwenden. Wolpe allerdings verwendet „reziproke Hemmung" und „Gegenkonditionierung" austauschbar, so daß unklar bleibt, in welchem Sinne diese beiden Begriffe verwendet werden. Dadurch wird es schwierig, Äußerungen zu interpretieren wie „... Es ist immer noch eine offene Frage, ob man zur Erklärung der Therapie durch reziproke Hemmung das Konzept der reziproken Hemmung, oder Gegenkonditionierung, für adäquater halten sollte als Löschung" (LOMONT, 1965), oder „... Dies bedeutet auch, daß es sich bei dem beteiligten Lernprozeß wahrscheinlich eher um konditionierte Hemmung als um Löschung handelt" (RACHMAN, 1965 b).

Für gewöhnlich hat das Verfahren der systematischen Desensibilisierung drei spezifische Komponenten. Die erste besteht darin, den Patienten wiederholt konditionierten Angstreizen auszusetzen. Die zweite umfaßt ein graduelles Vorgehen, indem man mit am wenigsten intensiven Reiz beginnt und zu den stärkste Angst auslösenden Reizen fortschreitet. Die dritte Komponente ist ein explizites Konditionieren einer Alternativreaktion, beispielsweise der Entspannung, gleichzeitig mit dem Auftreten des angstauslösenden Reizes (CS). Wenn der Effekt der systematischen Desensibilisierung allein von der wiederholten Darbietung von Angstreizen abhängt (erste Komponente), könnte experimentelle Löschung die Wirksamkeit erklären. Selbst wenn das schrittweise Vorgehen zum therapeutischen Erfolg beitrüge, könnte man deren Wirksamkeit immer noch im Rahmen der experimentellen Löschung erklären. Wenn allerdings die dritte Komponente der systematischen Desensibilisierung (gleichzeitiges Hervorrufen einer Alternativreaktion und Darbieten eines Angstreizes) das Therapieergebnis beeinflußt, müßte man daraus schließen, daß die Wirksamkeit der systematischen Desensibilisierung von einer Gegenkonditionierungs-Prozedur abhängt, ob Löschung nun hinzukommt oder nicht.

Mehrere Tierexperimente und Untersuchungen an Menschen sind in diesem Zusammenhang bedeutsam. LOMONT (1965) zitiert eine Reihe von Tierexperimenten, in denen eine ganz oder teilweise verzögerte Fluchtreaktion (aus einer konditionierten angstauslösenden Situation) zu einer Abschwächung konditionierter Vermeidungs- und Angstreaktionen führte. Bei diesen Experimenten schloß man die Versuchstiere in der Experimentierkammer ein, oder man verhinderte das Auftreten einer Vermeidungsreaktion durch Curare-induzierte Muskellähmung. Das Experiment von DELUDE u. CARLSON (1964) zeigt ebenfalls, welchen Effekt ein verlängertes Aussetzen gegenüber einem bedingten Angstreiz hat. In diesem Versuch wurde die Löschung einer Vermeidungsreaktion bei Ratten beschleunigt, indem man die Zeitdauer der aversiven Reizung verlängerte, ohne die Durchführung der Vermeidungsreaktion zu beeinträchtigen.

Der Nachweis von Angstreduktion durch Reizüberflutung (Implosion, vgl. Kapitel 4) ist in diesem Zusammenhang deshalb relevant, weil er dafür Hinweise liefert, daß langzeitige aversive Reizung sogar ohne gleichzeitiges Hervorrufen einer inkompatiblen Reaktion einen therapeutischen Effekt haben kann. LOMONT (1965) wies darauf hin, daß

Einschließen allein zwar die angelernte Vermeidungsreaktion verhindern kann, aber nicht unbedingt zur Löschung der konditionierten Angstreaktion führt. Die Dauer des Angstreizes könnte eine entscheidende Rolle dabei spielen, ob die Angst bei Versuchspersonen ansteigt oder abfällt. WOLPIN u. RAINES (1966) fanden, daß das Vorstellen der am meisten angstauslösenden Situationen, einschließlich der Kriteriums-Situation „Aufheben einer Schlange", schon nach zehn Minuten eine Schlangenfurcht reduzierte. HOGAN u. KIRCHNER (1967) zeigten die erfolgreiche Anwendung von Reizüberflutungsprozeduren in der Behandlung von Rattenphobien, wobei die Versuchspersonen sich für 40 Minuten die schrecklichsten Szenen vorstellen mußten. RACHMAN (1966 a) gelang es dagegen nicht, bei drei Versuchspersonen Spinnenphobien zu beseitigen, wenn er die Instruktion gab, sich die meistgefürchtete Szene (aber nicht die Kriteriumsreaktion) für die Dauer von zwei Minuten vorzustellen. Beim Versuch, diese abweichenden Ergebnisse zu erklären, wies Rachman darauf hin, daß Dauer, Intensität und Art der Reizdarbietung kritische Faktoren im Löschprozeß seien. Sowohl Wolpin u. Raines als auch Hogan u. Kirchner setzdie Patienten dem Angstreiz länger aus als Rachman. Darüber hinaus instruierten Wolpin u. Raines, wie WILSON (1967) betont, ihre Versuchspersonen, sich eine erfolgreiche Situation vorzustellen, nämlich das Erreichen der Kriteriumsreaktion „Schlange in der Hand halten"; die Versuchspersonen Rachmans dagegen mußten sich die am stärksten angstauslösende Situation vorstellen und nicht die Kriteriumsreaktion. Andererseits verbesserten sich die Versuchspersonen von Hogan u. Kirchner, auch ohne daß sie sich die Kriteriumsreaktion vorstellten. Dies führte STAUB (1968) zu der Annahme, daß die Dauer der Exposition gegenüber dem angstauslösenden Reiz der kritische Faktor für den Erfolg von Reizüberflutungs-Prozeduren darstellt. Er stellt sich vor, daß langzeitige Exposition zu einem hohen Erregungsniveau führt, welches homöostatische Hemmungsmechanismen aktiviert. Zusätzlich führt Staub an, daß langfristige Exposition den Versuchspersonen Gelegenheit gibt festzustellen, daß keine widrigen Folgen auftreten.

Natürlich ist die Frage der „Realitätsprüfung" oder der Änderung von Erwartungen im Bereich der Implosionsverfahren komplexer als bei der Desensibilisierung. Während die Versuchspersonen beim Desensibilisieren sich konditionierte Angstreize vorstellen, die in Wirklichkeit ungefährlich sind, umfaßt Implosionstherapie gelegentlich das Vorstellen von furchteinflößenden Szenen, die auch in Wirklichkeit gefährlich wären. Vermutlich lernt die Versuchsperson, zwischen Vorstellung und Realität zu unterscheiden. Stampfl nimmt an, daß alle in der Vorstellung auftretenden aversiven Reize sekundär konditionierte sind. Der Kliniker wird vermutlich von dem sehr großen Ausmaß emotionaler Erregung beeindruckt sein, zu dem es unter der Implosionsbehandlung kommt (Stampfl, Levis, Carrera, Hogan, Kirchner); er wird eine gewisse Ähnlichkeit zum „Abreagieren" finden, wie man es spontan oder während einer Psychoanalyse, einer Hypnosetherapie oder einer Narkoanalyse beobachtet. Auf ein solches „Abreagieren" folgt oft unmittelbar Besserung oder sogar Heilung, unglücklicherweise kommt es aber bei vielen Patienten zu einem Rückfall. Die theoretischen Formulierungen der therapeutischen Wirkung des Abreagierens sind nicht einheitlich. Es ist durchaus möglich, daß die guten Resultate der Implosionstherapie von der Extinktion der Angstreaktionen abhängen, und zwar als Resultat der Feststellung und Vorstellung derjenigen Reize, welche die Angstreaktion auslösten. Die andere Erklärungsmöglichkeit, die einen unspezifischen, angstvermindernden Effekt des Abreagierens oder Katharsis annimmt, der sich auch auf andere neurotische Symptome erstreckt, und der vom Ausmaß der emotionalen Erregung und ihres Ausdrückens eher abhängt, als vom tatsächlichen Inhalt der Phantasien, muß ebenfalls in Betracht gezogen werden. Vergliche man empirische Daten über das Abreagieren mit oder ohne spezifische angstauslösende Reize, so ließe sich dieses Problem der Klärung näherbringen. Weitere Untersuchungen müssen auch den vermutlich starken Placebo-Effekt kontrollieren, den eine so dramatische und furchteinflößende Behandlungsmethode hat.

Die bisher diskutierten Untersuchungen lehren, daß ein Verzögern der Möglichkeiten, aus einer aversiven Situation zu entkommen, zur Löschung von Vermeidungsreaktionen und Angstreaktionen führen kann, auch ohne daß man eine offensichtliche Gegenkonditionierungs-Prozedur hinzufügt. Reizüberflutung und Implosionsverfahren, in denen die Versuchspersonen konditionierten Angstreizen über längere Zeit ausgesetzt sind, können zur Löschung der Angst führen. Andererseits bieten die systematische Desensibilisierung und weitere Gegenkonditionierungsverfahren ausdrücklich die Möglichkeit, neben der Konfrontation mit dem konditionierten Angstreiz, eine Alternativreaktion auszulösen und zu verstärken. Führt nun der Zusatz einer Gegenkonditionierungsmethode auch zu einer stärkeren Reduktion der Angst, als man aufgrund von Löschprozessen erwarten würde?

Nur wenige Versuche sind unternommen worden, Gegenkonditionierungsmethoden und Löschungsverfahren kontrolliert zu vergleichen. In einer solchen Arbeit unterwarfen Gale u. Mitarb. (1966) 18 Ratten einem Verfahren klassischen Konditionierens, bei dem ein Ton mit einem starken elektrischen Schlag gepaart wurde. Als objektives Maß der konditionierten Furcht galt dabei das Ausmaß an Defäkation. Entsprechend dem Gewicht der im Versuch ausgeschiedenen Fäzes wurden drei Gruppen gebildet. Die erste Gruppe erfuhr eine Löschprozedur, in der eine Reihe von Tönen in sukzessiver Annäherung an den ursprünglichen konditionierten Ton (CS) gegeben wurden. Der zweiten Gruppe gab man über diese Prozedur hinaus Nahrung, ein Reiz, welcher eine Reaktion auslöst (Fressen), die mit Angst unvereinbar ist. Die dritte Gruppe galt als Kontrollgruppe für die Wirkung des Zeitintervalls zwischen den Tests. Gemessen an der Defäkation zeigte die zweite Gruppe eine signifikant schnellere Reduktion der konditionierten Furcht als die erste Gruppe; der Extinktionsversuch allein führte aber noch zu einer signifikant schnelleren Angstreduktion als Ablauf der Wartezeit allein (Gruppe 3). Unter den Bedingungen dieses Experimentes erwies sich also ein Gegenkonditionierungsverfahren einer alleinigen Löschprozedur als überlegen. Allerdings fand man keinen Unterschied im Ausmaß der Rekonditionierung bis zur ursprünglichen Angstintensität. Als eine mögliche Erklärung dieses letzten Phänomens führt man an, daß die Tiere der zweiten Gruppe eher mit Angst zu reagieren aufhörten als die Tiere der Extinktionsgruppe, und deshalb an mehreren "Über-Extinktion-Hinaus"-Versuchen teilnahmen.

Gambrill (1967) verglich in einem Experiment die Wirksamkeit von Gegenkonditionierung und Löschverfahren in der Verringerung konditionierter Vermeidungsreaktionen. 43 Ratten lernten, durch Drehen an einem Rad einen drohenden Schlag zu vermeiden. Entsprechend ihrer Reaktionsrate wurden die Tiere auf fünf Gruppen verteilt. Die Tiere der ersten Gruppe lernten, einen Hebel anzuheben, um Futter zu erreichen; im Anschluß an dieses Training unterwarf man sie einer Gegenkonditionierung, wobei der Hebel weiter Nahrung lieferte und ein Ausbleiben der Vermeidungsreaktion (Rad drehen) nicht zu elektrischen Schlägen führte (Extinktion). Die Tiere der zweiten Gruppe erhielten ein vergleichbares Training, jedoch lieferte der Hebel während der „Gegenkonditionierung" keine Nahrung. Auch die Tiere der dritten Gruppe lernten, den Hebel anzuheben; während der Vermeidungs-Löschphase war der Hebel jedoch nicht im Käfig. Im Gegensatz dazu hatten die Tiere der vierten Gruppe nicht die Kontingenz Hebel-Nahrung erfahren, während der zweiten Phase befand sich der Hebel aber im Käfig. Die Tiere der fünften Gruppe schließlich waren einer reinen Löschprozedur ausgesetzt.

Nur die Gegenkonditionierung (Gruppe 1), bei der eine bekräftigte Alternativreaktion dem Tier zur Verfügung stand, war wirksamer als die klassische Löschungsprozedur (Gruppe 5) bei der Verringerung von Vermeidungsreaktionen. Dieser Unterschied war nur in der ersten Sitzung deutlich. Als nach den ersten drei Sitzungen die Alternativreaktion dadurch ausgeschaltet wurde, daß man den Hebel entfernte, zeigten nur die Tiere der ersten Gruppe einen signifikanten Anstieg an Vermeidungsreaktionen. Nach zehn Löschungssitzungen war unter allen Bedingungen das Vermeidungsverhalten eliminiert. Das Ausmaß der dabei beobachtbaren Verzögerung korrelierte mit dem Grad, zu dem eine alternative Verhaltensweise in das Verfahren eingebaut war. Diese Ergebnisse bestätigen Gales Befunde, nach denen Gegenkonditionierung bei gleichzeitiger Löschung signifikant schneller Vermeidungsreaktionen reduziert als Löschung allein. In beiden Versuchen fand man, daß auch eine reine Löschprozedur zu einer gewissen Verringerung des Vermeidungsverhaltens führt. Gambrills Experiment spricht jedoch dafür, daß eine Gegenkonditionierung, wie die Kombination von Verstärkung und Löschung, zu einer unmittelbaren

Unterdrückung von Vermeidungsreaktionen führt; verhindert man die neu gelernte Reaktion, so beobachtet man vermehrt Vermeidungsreaktionen.

Gambrill verzichtete auf die graduelle Darbietung der mit Vermeidungsreaktionen assoziierten Reize. Lomont weist darauf hin, daß dieses „Prinzip der Progression" bei der „reziproken Hemmung" einen wesentlichen Anteil darstellt, der nicht hinreichend untersucht ist. Die meisten tierexperimentellen Untersuchungen auf diesem Gebiet haben sich mehr mit der Löschung des am meisten angstauslösenden Reizes beschäftigt und die Löschung der gesamten Angsthierarchie nicht betrachtet. In einem von Lomont nicht erwähnten Experiment verglichen Kimble u. Kendall (1953) zwei Löschvorgänge. Beim ersten wurde der bedingte Angstreiz (CS, Licht) wiederholt in seiner ursprünglichen Intensität präsentiert, beim zweiten erschien der bedingte Reiz (Licht) in langsam steigender Intensität. Im ersten Falle nahm die Häufigkeit von Vermeidungsreaktionen langsamer ab.

Die Ergebnisse eines von Agras (1965) durchgeführten Experimentes unterstützen Lomonts These, daß ein Löschprozess in die „reziproke Hemmung" eingeht. Während der systematischen Desensibilisierung von sechs Phobikern fand man ein beträchtliches Ausmaß „spontaner Angsterneuerung" (gemessen am elektrischen Hautwiderstand) bei Reizen, die vorher erfolgreich desensibilisiert waren. Spontane Erholung, so kommentierte Lomont, ist aber bei Löschprozeduren eine geläufige Beobachtung; dagegen ist es schwer vorstellbar, wie dieses Ergebnis durch eine reine Gegenkonditionierung erklärt werden könnte, in der die Angstreaktion aufgrund einer Ersatzreaktion beseitigt wird.

Aufgrund der bisher besprochenen Ergebnisse neigen wir dazu, Lomonts früher geäußerter Meinung (1965) zuzustimmen: es bleibt unklar, in welchem Maße die Wirksamkeit der Wolpeschen systematischen Desensibilisierung von Gegenkonditionierung oder Löschung abhängt. Neue Ergebnisse an menschlichen Versuchspersonen betonen allerdings den Beitrag der Gegenkonditionierung.

Lomont u. Edwards (1967) führten ein Experiment zur Frage durch, ob die Wirksamkeit der systematischen Desensibilisierung vom gleichzeitigen Auftreten muskulärer Entspannung und Vorstellen der Angstsituation abhänge, und ob Gegenkonditionierung oder Löschung den therapeutischen Effekt befriedigender erkläre. Die komplexe Versuchsanordnung schloß strikte Kontrollen ein. 22 weibliche Studenten mit Angst vor Schlangen wurden in zwei Behandlungsgruppen eingeteilt. Die Probanden der einen Gruppe erhielten eine modifizierte systematische Desensibilisierung, bei der sie unter der Vorstellung der Angstsituation ein mechanisch standardisiertes Maß muskulärer Spannung aufrechterhielten. Auf das Ende der Vorstellung, oder aber auf das Signalisieren von Angst, folgten 20 Sekunden Entspannung. Bei der Behandlung der zweiten Gruppe entfiel lediglich die Entspannung. Die Ergebnisse zeigten, daß drei von fünf Angstmaßen durch die systematische Desensibilisierung signifikant oder nahezu signifikant stärker gebessert wurden als durch die Löschprozedur, die sich als völlig unwirksam erwies.

Auch DAVISON (1968c) untersuchte Behandlungsmethoden bei Studenten mit Schlangenfurcht. 28 Probanden, parallelisiert in bezug auf die Intensität von Vermeidungsreaktionen, wurden vier Behandlungsverfahren zugeordnet. Acht Studenten erhielten die übliche systematische Desensibilisierung. Acht machten eine „Pseudo-Desensibilisierung“ durch, die sich von der ersteren dadurch unterschied, daß anstelle der angstauslösenden Vorstellungsinhalte völlig neutrale und irrelevante traten, nämlich Kindheitsszenen gepaart mit Entspannung. Die Probanden der dritten Gruppe stellten sich die Stufen der gleichen Angsthierarchie, welche die erste Gruppe durcharbeitete, ohne körperliche Entspannung vor. Die vier Probanden der letzten Gruppe erhielten keine Behandlung. Die Probanden der zweiten und dritten Gruppe waren fest an ihre entsprechenden Partner in der ersten Gruppe „angekoppelt“, um zu erreichen, daß sie gleich viele und lange Sitzungen mitmachten und den gleichen Reizen ausgesetzt waren. Das Verhalten aller Probanden wurde vor und nach der Therapie in einem Schlangen-Vermeidungstest (ähnlich wie bei LANG u. LAZOVIK, 1963) und in bezug auf eine 10-Punkte-Selbstbeurteilungsskala für Angst verglichen. Alle Behandlungsmethoden wurden von ein und demselben Therapeuten durchgeführt, höchstens neun Sitzungen fanden statt, und ein Versuchsleiter, der nicht behandelte, schätzte die Besserung ein. Die Ergebnisse zeigen, daß die Probanden nur unter der systematischen Desensibilisierung eine signifikante Verringerung sowohl des Vermeidungsverhaltens als auch der Angstangabe aufwiesen. Fünf von acht Versuchspersonen durchliefen innerhalb von neun Sitzungen die gesamte Angsthierarchie, vier davon vollbrachten die höchste Leistung, nämlich die Schlange in die Hand zu nehmen. Die Probanden der Pseudo-Desensibilisierungs-Gruppe verbesserten sich ebenfalls etwas, aber nicht signifikant. Nur einer unter ihnen konnte am Schluß der Behandlung die Schlange in die Hand nehmen. Von den Studenten der letzten beiden Gruppen zeigte keiner eine Besserung, keiner konnte die Schlange in der Hand halten. Es fiel auf, daß Probanden in der dritten Gruppe (Vorstellen ohne Entspannung) unter der Behandlung häufiger Angst signalisierten als die Probanden der Desensibilisierungs-Gruppe. Zwischen Angstreduktion und Annäherungsverhalten fand man eine Korrelation von 0.81. Diejenigen Probanden, welche die größte Angstreduktion erfuhren, zeigten also auch den größten Zuwachs an Annäherungsverhalten.

Diese gut kontrollierte Untersuchung zeigt also, daß weder die graduierte Reizdarbietung allein, noch Entspannung allein eine Angstverminderung und Senkung des Vermeidungsverhaltens bewirken: erst die Kombination der beiden Verfahren war wirksam. Seine Ergebnisse unterstützen, so der Autor, „. . . die Hypothese, daß die Verhaltensänderungen aufgrund der Desensibilisierung einen Gegenkonditionierungs-Prozeß reflektieren", insofern als es die Assoziation der angsthemmenden Entspannung mit den Angstreizen ist, welche signifikante Veränderungen hervorruft. Die Untersuchung bestätigt darüber hinaus die Wirksamkeit der systematischen Desensibilisierung bei der Behandlung isolierter Ängste von freiwilligen Versuchspersonen und liefert indirekte Hinweise darauf, daß dieses Ergebnis nicht allein durch die Erwartungen der Versuchspersonen in bezug auf Verbesserung oder Interaktion mit dem Therapeuten erklärt werden kann.

RACHMAN (1965 b) hatte dasselbe Problem mit einer ähnlichen Versuchsanordnung studiert. 12 freiwillige Versuchspersonen mit Spinnenangst wurden in vier Behandlungsgruppen eingeteilt: systematische Desensibilisierung, schrittweise Darbietung aversiver Reize ohne Entspannung, Entspannung allein, unbehandelte Kontrollgruppe. Eine signifikante Angstreduktion fand sich nur bei den Probanden der Desensibilisierungs-Gruppe, die Besserung bestand auch noch nach drei Monaten. RACHMANS Schlußfolgerungen, die wegen der kleinen Zahl der Versuchspersonen etwas vorsichtiger formuliert waren, deckten sich mit denen DAVISONS. RACHMAN weist allerdings darauf hin, daß seine Resultate nicht die Schlußfolgerung erlauben, Löschung sei nie verantwortlich für die Verringerung von Angst, sondern lediglich, daß „... in diesem Zusammenhang Hemmung der wirksamere Prozeß ist."

KONDAS (1967 a) führte eine weitere vergleichbare Untersuchung durch, bei der er systematische Desensibilisierung, graduelle Reizdarbietung und Entspannungsverfahren bei der Behandlung von 23 Schulkindern und 13 Psychologiestudenten mit offensichtlich exzessiver Schul- oder Examensangst verglich. Die Behandlungen wurden in Gruppen durchgeführt, und die Ergebnisse wurden mittels einer Furchtskala, sowie der Beobachtung des Händeschwitzens in Schulexamenssituationen abgeschätzt. Im allgemeinen bestätigen seine Ergebnisse die von RACHMAN und DAVISON; im Gegensatz zu den oben zitierten Ergebnissen fand er auch nach Behandlung mit Entspannung allein eine signifikante Verbesserung bei der Beantwortung von Angstfragebögen bei den Kindern. Unglücklicherweise war diese Untersuchung nicht gut kontrolliert. Es fehlte der Versuch, die verschiedenen Gruppen nach Angstintensität zu parallelisieren, die Anzahl der Behandlungssitzungen wurde nicht konstant gehalten, die Kinder in der „nur-Entspannungs"-Gruppe wurden dazu angehalten, sich auch im Klassenzimmer zu entspannen, und die Validität der Ergebniseinschätzung ist ungewiß. Aus diesen Gründen könnte das Ergebnis, daß Entspannung allein zu einer Verbesserung führt, die sich in dem Angstfragebogen niederschlägt, durch eine Unsauberkeit der Versuchsanordnung bedingt sein. Andererseits hatte ZEISSET (1968) in einer oben zitierten Untersuchung ebenfalls festgestellt, daß Entspannung wirksam Angst reduzieren konnte (Angst vor Interviews bei stationären psychiatrischen Patienten). In Anbetracht der Tatsache, daß ZEISSET keinen Versuch unternahm, in seiner „Entspannungs-plus-Anwendung"-Gruppe eine neue Reaktion „gegenzukonditionieren", ist es schwierig, deren Wirksamkeit zu erklären. Es ist höchst unwahrscheinlich, daß Suggestion dabei eine Rolle spielte, da die Zuwendung-Placebo-Gruppe keine Verbesserung zeigte. Davison (1969) nahm an, daß erfolgreiches Entspannungstraining den Versuchspersonen das Gefühl vermittle, die eigene Angst reduzieren und sich selbst beherrschen zu können. Die Gewißheit dieser neuen Fähigkeit würde die Versuchspersonen dazu führen, auch zwischen den Behandlungssitzungen sich dann zu entspannen, wenn phobische oder verwandte Reize auftreten, und sich somit selbst zu desensibilisieren.

Cooke (1968) verglich die Wirksamkeit systematischer Desensibilisierung, gradueller Darbietung einer Angsthierarchie ohne Entspannung und Entspannung allein bei der Reduktion von Angst vor Ratten. Freiwillige Studenten wurden in fünf Gruppen zu je zehn Versuchspersonen eingeteilt. Die erste Gruppe verbrachte eine Sitzung mit Entspannungsübungen und eine Sitzung mit der Konstruktion der Hierarchie, es folgten fünf Sitzungen mit systematischer Desensibilisierung. Die Probanden der zweiten Gruppe machten – nach zwei gleichen anfänglichen Sitzungen, Entspannungsübungen und Hierarchiekonstruktion – fünf Sitzungen durch, in denen die graduierten Angstreize ohne Entspannung dargeboten wurden. Die dritte Gruppe erhielt nach den entsprechenden beiden Anfangssitzungen fünf Sitzungen mit Entspannungsübungen. Die Probanden der vierten Gruppe nahmen nur an einer Sitzung teil, in der die Hierarchie konstruiert wurde, die der fünften Gruppe erhielten keine Behandlung. Das Ausmaß der Rattenfurcht wurde nach einem Fragebogen (fear survey schedule, FSS) und dem Verhalten in einem Vermeidungstest, das von drei unabhängigen Beurteilern beobachtet wurde, eingeschätzt. Aus den Resultaten geht hervor, daß sowohl die systematische Desensibilisierung, als auch die graduierte Darbietung allein eine signifikante Verbesserung bewirkten. Wie schon Lang u. Lazovik (1963) feststellten, zeigten Versuchspersonen, welche die ganze Hierarchie durchliefen, die stärkste Besserung. Cooke kommentierte, daß ein Löschprozeß die therapeutischen Ergebnisse besser erkläre als Gegenkonditionierung. Tatsächlich würde man erwarten, daß die systematische Desensibilisierung sich als überlegen erweisen würde, wenn Gegenkonditionierung signifikant am therapeutischen Prozeß beteiligt wäre. Andererseits ist es durchaus möglich, daß es tatsächlich zu einer Gegenkonditionierung kam: Die Versuchspersonen hatten gelernt, sich zu entspannen, und hätten sich unbemerkt entspannen können, während die Hierarchieschritte durchlaufen wurden; sie hätten sich auch in Gegenwart des Versuchsleiters ruhig fühlen können. Jedenfalls waren sie instruierte worden zu signalisieren, wenn sie sich ängstlich fühlten, und die einzelnen Schritte wurden dargeboten, bis sie keine Angst mehr hervorriefen. Während eines solchen Verfahrens könnte es durchaus zur Gegenkonditionierung kommen.

In einem anderen Zusammenhang fanden FOLKINS u. Mitarb. (1968), daß das Vorstellen von Szenen ohne Entspannung (kognitives Memorieren) einem Verfahren überlegen war, das man als angenähert analog zur systematischen Desensibilisierung bezeichnen könnte; ebenso war das Vorstellen allein der Entspannung allein überlegen bei der Reduktion der Angst, welche von einem Film eines tödlichen Unfalls hervorgerufen wurde. Dies legt nahe festzustellen, daß auch andere Verfahren als die systematische Desensibilisierung emotionale Reaktionen reduzieren können. Natürlich stellte diese Untersuchung keinen adäquaten Test auf die Wirksamkeit der systematischen Desensibilisierung dar.

Über Ergebnisse von Untersuchungen zu spezifischen Prozessen in der systematischen Desensibilisierung, die in einem gänzlich anderen klinischen Milieu durchgeführt wurden, berichtete MOORE (1965). Diese Autorin verglich systematische Desensibilisierung, Entspannungs- und Suggestionstherapie und Entspannungstherapie allein bei 12 nacheinander in die Thoraxabteilung eines allgemeinen Krankenhauses aufgenommenen asthmatischen Patienten. Während der systematischen Desensibilisierung wurden drei Hierarchien verwendet. Die erste betraf den asthmatischen Anfall selbst, die zweite setzte sich aus Situationen zusammen, in denen relevante allergische oder infektiöse Faktoren eine Rolle spielten, und die dritte bestand aus psychologischen Streßsituationen, die von „psychodynamischen Vorstellungen" abgeleitet waren. Während der Entspannungs-Suggestionsbehandlung lernten die Patienten, sich tief zu entspannen. Zusätzlich gab man ihnen die Suggestion, daß sich das Leiden in spezifizierter, verschiedenartiger Weise bessern würde. Alle Patienten sollten sich auch zu Hause entspannen. MOORE verwendete einen Versuchsplan, bei dem die Patienten ihre eigenen Kontrolldaten lieferten. Sechs Kombinationen und Sequenzen von Behandlungsarten wurden verwendet. Ein Erwachsener und ein Kind wurden jeweils einer dieser sechs Behandlungsklassen zugeordnet. Jeder Patient wurde im Verlauf von 17 Wochen mit zwei der drei oben genannten Behandlungsarten therapiert (wöchentlich eine Sitzung, jeder Kurs dauerte acht Wochen, eine Woche Pause zwischen den beiden Kursen). Das Ausmaß der Besserung schätzte man aufgrund einer Kombination subjektiver Angaben über die Häufigkeit von Asthmaanfällen und objektiver Ventilationsmessungen ab. Patienten aller Behandlungsgruppen berichteten über anfängliche Besserung, aber während diese Besserung in der Desensibilisierungsgruppe schrittweise anstieg, nahm sie in den anderen Gruppen ab. Eine Verbesserung der Ventilation fand sich ebenfalls bei allen Therapieverfahren, bei Desensibilisierung war sie aber signifikant größer. Da jeder Patient mit zwei Verfahren behandelt wurde, eignete sich die Studie nicht zur Analyse der Dauerhaftigkeit der Ergebnisse. Allerdings erlitt keiner der Patienten, welcher an einer Desensibilisierung teilnahm, innerhalb von sechs Monaten nach der Therapie einen Rückfall.

Diese Untersuchung ist deswegen bedeutsam, weil sie anstelle von Freiwilligen echte Patienten untersuchte und gleichzeitig die erste kontrollierte Untersuchung der Wirksamkeit der systematischen Desensibilisierung beim Asthma bronchiale darstellt. Unglücklicherweise begrenzt die Versuchsanordnung die Möglichkeit, aus diesem Experiment Schlüsse zu ziehen. So gestattet sie z. B. nicht, in genauer Weise festzustellen, ob die erste Behandlungsform die zweite beeinflußte. Darüber hinaus isoliert der Versuch nicht den Effekt einer graduellen Reizdarbietung von der Wirksamkeit alleiniger Entspannung. Der Versuch weist aber nach, daß die systematische Desensibilisierung sowohl der Entspannung als auch der Kombination von Entspannung und Suggestion überlegen war. Aus diesen Gründen ist die Schlußfolgerung der Autorin aber nicht gerechtfertigt, daß „reziproke Hemmung der entscheidende Faktor bei der Desensibilisierung ist".

Marks u. Mitarb. (1968) verglichen die Wirkung der systematischen Desensibilisierung und einer Behandlungsform, bei der Suggestion und durch Hypnose induzierte Entspannung kombiniert wurden, bei phobischen Patienten. Ambulante Patienten (insgesamt 28) wurden nach dem Zufallsprinzip in zwei Behandlungsgruppen unterteilt. Die Patienten, welche mit systematischer Desensibilisierung behandelt wurden, erhielten die Aufgabe, auch in der Wirklichkeit diejenigen Situationen zu üben, die sie sich ohne Angst vorstellen konnten. Den Patienten der anderen Gruppe gab man nachdrückliche allgemeine Suggestionen der Besserung, während sie sich in Hypnose befanden. Von ihnen verlangte man weder, daß sie sich spezielle angstauslösende Situationen vorstellten, noch daß sie realiter schrittweise übten. Patienten beider Gruppen nahmen an zwölf Behandlungssitzungen in wöchentlichen Abständen teil. Patienten, die keine Besserung zeigten, erhielten nach einer sechswöchigen Pause einen zwölfwöchigen Kurs in der alternativen Behandlungsform. Nach Abschluß dieser „crossover"-Behandlung waren 23 Patienten mit Desensibilisierung, 18 Patienten mit Hypnose behandelt worden.

Behandlungsfortschritte wurden vom Patienten, seinem Therapeuten und einem unabhängigen Beobachter vor, während und nach der Behandlung abgeschätzt; nach einem Jahr testete man mittels Fragebögen die Schwere des Symptoms sowie die soziale Anpassung. Ein psychiatrisch ausgebildeter Sozialfürsorger unterhielt sich mit den Patienten vor der Therapie, unmittelbar danach und ein Jahr danach. Einige Symptom- und Persönlichkeitsfragebögen und drei Suggestibilitätsskalen mußten vor Therapiebeginn ausgefüllt werden.

Die Ergebnisse weisen auf, daß beide Behandlungsformen zu einer signifikanten Besserung der behandelten Phobie führten. Obwohl alle Beurteiler darin übereinstimmten, daß Desensibilisierung eine deutlichere Besserung hervorrief als Hypnose, zeigte nur ein Satz von Schätzwerten eine signifikante Überlegenheit. Von 29 Variablen erwies sich nach statistischer Analyse keine als prognostisch relevant. Auch die Item-Analyse eines schon früher zusammengestellten prognostischen

Fragebogens (Gelder u. Mitarb., 1967) ergab in dieser Untersuchung keine prognostisch bedeutsamen Items. Allerdings fand sich eine signifikante Korrelation zwischen Introversion und Besserung unter Hypnose.

Marks u. Mitarb. (1968) scheinen von dem Fehlschlag eines Nachweises signifikanter Unterschiede zwischen systematischer Desensibilisierung und hypnotischer Suggestion bei der Behandlung phobischer Patienten nicht wenig betroffen. In der Diskussion der vermutlichen Gründe dieser Ergebnisse vermuten sie, und zwar aufgrund früherer Ergebnisse, daß eine Beurteilung nach 24 Wochen wohl einen signifikanten Unterschied gezeigt hätte. Zusätzlich weisen sie darauf hin, daß eine Teilwirkung der Suggestion darin bestehen könne, antizipierende Angst zu verringern, so daß der Patient sich selbst der angstauslösenden Situation aussetzen und „in vivo", durch praktisches Training, desensibilisieren kann. Es ist auch denkbar, daß sich einige Patienten unter der Hypnose tatsächlich angstauslösende Szenen vorstellten, so daß man von einer Desensibilisierung in der Vorstellung sprechen könnte. Suggestion während der Entspannung hat zweifellos einen gewissen therapeutischen Effekt; die konsistenten Ergebnisse dieser und anderer Untersuchungen, die zugunsten der systematischen Desensibilisierung sprechen, zeigen aber, daß Suggestion, wie auch immer sie wirken mag, nicht für alle therapeutischen Ergebnisse verantwortlich gemacht werden kann.

Obwohl die experimentellen Untersuchungen zur systematischen Desensibilisierung beim Menschen einigermaßen widersprüchliche Ergebnisse gebracht haben, scheinen die Resultate doch anzuzeigen, daß die Kombination von Entspannung und schrittweiser Darbietung angstauslösender Reize die stärkste Wirkung hervorbringt. Wenn das tatsächlich der Fall ist, so kann man die systematische Desensibilisierung nicht ausschließlich auf klassische Löschung zurückführen: es muß eine Gegenkonditionierung beteiligt sein. Natürlich kann man diese Schlüsse nur auf die systematische Desensibilisierung anwenden, nicht aber auf Reizüberflutung oder Implosionsverfahren.

Auf den ersten Blick mag es den Anschein haben, als seien systematische Desensibilisierung und Reizüberflutung zwei entgegengesetzte Verfahren, die nicht von denselben Lernprinzipien abgeleitet werden könnten. Tatsächlich ist es ja das Ziel der ersten Methode, jede Angst vom Patienten fernzuhalten, während die zweite gerade darauf abzielt, maximale Angst auszulösen und aufrechtzuerhalten. Dieser Unterschied beruht aber auf der unterschiedlichen theoretischen Fundierung der beiden Verfahren. Das erste beruht auf dem Prinzip der Gegenkonditionierung, das zweite auf Löschung während nichtverstärkter Versuche. Es ist logisch durchaus vertretbar, die Existenz mehrerer Prozesse zu postulieren, mittels derer erlernte Reaktionen modifiziert werden können. Den Kliniker würde lediglich interessieren, ob Gegenkonditionierungs- oder Extinktionsverfahren wirksamer sind, und ob die Wahl der Methode vom Typ des Patienten oder der

Art der zu behandelnden Störung abhängt. Die Lernprozesse der Aneignung und Löschung lassen sich durch Variablen wie Drogen und Versuchsvariablen wie massierte vs. verteilte Übung in unterschiedlichem Maße beeinflussen; diese Variablen werden vom Therapeuten nach Maßgabe der angenommenen Therapieprinzipien manipuliert.

So verglichen RAMSAY u. Mitarb. (1966) die Effekte massierten und verteilten Trainings bei der systematischen Desensibilisierung gegen verschiedene Tierphobien bei 20 freiwilligen Psychologiestudenten. Die massierte Behandlung bestand aus zwei 40-Minuten-Sitzungen (eine Sitzung pro Tag), die verteilte Übung aus vier 20-Minuten-Sitzungen, von denen ebenfalls jeden Tag eine stattfand. Alle Versuchspersonen machten bei beiden Verfahren mit, die Hälfte erhielt zunächst das erste, die andere Hälfte das zweite, und nach einer Woche wechselte das Verfahren. Beide Prozeduren bewirkten eine signifikante Reduktion der Angst, die verteilte Übung erwies sich aber als signifikant überlegen. (5-Prozentniveau für den einseitigen Test). Dieses Ergebnis entspricht anderen Daten über den günstigen Einfluß der verteilten Übung auf den Aneignungsprozeß und scheint damit für die Hypothese zu sprechen, daß an der Desensibilisierung ein Gegenkonditionierungsprozeß beteiligt ist.

Auch verschiedene andere Aspekte der systematischen Desensibilisierung sind empirisch untersucht worden. Verhaltenstherapeuten nehmen im allgemeinen an, daß während der Behandlung die Angstreaktion auf jedes Item der Hierarchie auf Null reduziert werden muß. Nach Wolpes Prinzip der reziproken Hemmung ist aber nicht nur vollständige, sondern auch teilweise Unterdrückung der Angst ausreichend. RACHMAN u. HODGSON (1967) versuchten das Ausmaß der Angstreaktion festzustellen, das man erreichen muß, ehe man zur nächsten Szene in der Hierarchie fortschreitet. Zehn freiwillige Versuchspersonen mit Spinnenangst wurden in zwei Gruppen unterteilt und in bezug auf die ursprüngliche Angst parallelisiert. Subjektive Angstschätzungen („Angst-Thermometer") wurden für jedes Item zu Anfang und nach der dritten Darbietung verlangt. In der ersten Gruppe reduzierten die Therapeuten die Angst vor jeder Szene auf Null, in der zweiten Gruppe nur auf 50 %. Die Ergebnisse beim objektiven Vermeidungstest und bei den subjektiven Angsteinschätzungen zeigten, daß eine vollständige Unterdrückung der Angst nicht signifikant bessere Ergebnisse erbrachte, und daß die partielle Unterdrückung mit geringerer Therapiedauer auskam.

Die offensichtliche Wirkung teilweiser Angstunterdrückung wirft eine Reihe praktischer und theoretischer Fragen auf. Zunächst einmal müssen diese Ergebnisse in weiteren Untersuchungen bestätigt werden (vgl. BEECH, 1969). Wenn die neue Reaktion tiefer körperlicher Entspannung in Gegenwart einiger Angst aufgebaut werden kann, so sind Entspannung und Angst nicht inkompatible Reaktionen. Wenn das der Fall sein sollte, ist schwer zu verstehen, warum Entspannung als Resultat der systematischen Desensibilisierungsbehandlung nicht Angst auslöst! Einige Autoren haben die Annahme, daß muskuläre Entspannung Angst hemmt, einer kritischen Betrachtung unterzogen. WOLPE (1958) akzeptierte die Überlegung von JACOBSON (1938, 1964), daß tiefe körperliche Entspannung Angst deswegen hemmt, weil die Reduktion propriozeptiver Rückmeldungen von den entspannten Mukeln mit dem Erlebnis von Angst nicht zu vereinbaren sei. Allerdings hat DAVISON (1966) darauf hingewiesen, daß im Tierversuch mehrfach Angstreaktionen auch dann aufgebaut werden konnten, wenn die Tiere medikamentös vollständig muskulär gelähmt waren. Versuchspersonen, die medikamentös in einen Zustand muskulärer Lähmung versetzt werden, geben Angsterlebnisse an; die gesamte Situation ist geradezu als aversiver Reiz verwendet worden (vgl. Aversionstherapie). Diese Ergebnisse lassen sich nicht mit dem Standpunkt von Wolpe und Jacobson in Einklang bringen. Davison glaubt an einen Unterschied zwischen einer vom Patienten selbst eingeleiteten und einer medikamentös induzierten Entspannung, und bietet zwei Hypothesen zur Erklärung der angstreduzierenden Wirkung muskulärer Entspannungsübungen an. Die erste leitet sich aus der Beobachtung ab, daß eine Vielzahl von Reaktionen, die mit Angst nicht zu vereinbaren sind, in Verfahren der „reziproken Hemmung" eingesetzt wurden, nämlich Essen, sexuelle Reaktionen, Selbstbehauptung und emotional getönte Vorstellungen ebenso wie muskuläre Entspannung. Diesen inkompatiblen Reaktionen könnte die Fähigkeit gemeinsam sein, einen positiven affektiven Zustand hervorzurufen. Selbstinduzierte muskuläre Entspannung könnte einen solchen positiven Affektzustand aufrufen, eine medikamentös hervorgerufene Lähmung nicht. Nach der zweiten Hypothese sind die efferenten motorischen Impulse, welche die selbstinduzierte Muskelentspannung vermitteln (im Gegensatz zur Curare-Lähmung), für die Hemmung der Angst verantwortlich.

Überhaupt könnte die Affektlage der Versuchsperson entscheidender als ihr Muskeltonus sein. Die Verfahren, mit denen man muskuläre Entspannung hervorruft, enthalten suggestive Komponenten, manche Verfahren zielen geradezu auf einen hypnotischen Zustand ab. RACHMAN (1968) stellt dieselben Überlegungen an wie Davison und weist darauf hin, daß Entspannung nur scheinbar eine notwendige Komponente der Desensibilisierung ist, und daß es keine überzeugenden Beweise dafür gibt, daß man ohne muskuläre Entspannung nicht auskommen kann. Therapeutische Erfolge waren auch dann zu beobachten, wenn die Patienten, wie beim praktischen Üben in angstauslösenden Situationen, physisch aktiv waren, oder nur sehr kurze Gelegenheit hatten, Entspannung zu üben.

Darüber hinaus hat man gefunden, daß unter Entspannung, so wie sie nach der Wolpeschen Methode eingeleitet wird, der subjektive Eindruck der Ruhe nicht immer von verringerter elektromyographischer Aktivität begleitet ist (GELDER, 1968). Schließlich gibt es genügend Hinweise darauf, daß verbale Suggestionen, die auf das Entstehen bestimmter emotionaler Zustände abzielen, tatsächlich zu entsprechenden Veränderungen physiologischer Parameter führen können.

Auch die sogenannten Tranquilizer und andere sedierende Medikamente hat man eingesetzt, um Entspannung zu erreichen. In einem Versuch zur Wirksamkeit von Desensibilisierung unter Kurzzeitnarkotika untersuchten Yorkston u. Mitarb. (1968) zwölf stationäre Patienten mit schwerer Agoraphobie. Um den Effekt des Kurznarkotikums zu isolieren, unterschied man vier Prozeduren. In der ersten desensibilisierte man unter Narkotikum-Entspannung, wobei man verbale Entspannungssuggestionen vermied. Das zweite Verfahren bestand aus Desensibilisierung unter verbal vermittelter Entspannung und Injektion mit Kochsalzlösung, beim dritten Verfahren führte man eine Desensibilisierung ohne jede Injektion durch, während die vierte Prozedur Injektionen des Narkotikums ohne Desensibilisierung testete. Die Versuchsanordnung sah vor, daß jeder Patient an zwei der vier Therapieverfahren teilnahm (eine Stunde täglich, fünf Tage lang). Unabhängige Beobachter schätzten die Patienten mittels Fragebögen, Schätzskalen und eines Vermeidungstestes vor und nach jeder Therapieform ein. Die Resultate zeigten keine signifikante Besserung in irgendeiner der Gruppen. Nach der Meinung der Autoren läßt dies nicht darauf schließen, daß die Desensibilisierung unter einem Kurznarkotikum notwendigerweise die Therapie der Wahl für schwer agoraphobische stationäre Patienten ist. Dieser Schluß ist nicht von der Hand zu weisen, aber man muß sich fragen, warum dieses Ergebnis den Erwartungen nicht entsprach. Nach den klinischen Ergebnissen, die über die Behandlung schwer agoraphobischer stationärer Patienten vorliegen (vgl. Gelder u. Marks, 1966), erscheint die Erwartung einer signifikanten Besserung nach nur fünf einstündigen Desensibilisierungssitzungen einigermaßen optimistisch. In einem Versuchsplan, der sich auf die Erforschung eines therapeutischen Verfahrens richtet, sollte man jedenfalls versuchen, eine Therapieform zu prüfen, die vermutlich eine positive Wirkung hat – wenn man negative Schlußfolgerungen vermeiden will (Laurence, 1962). Yorkston u. Mitarb. (1968) gehen aber in der sehr nützlichen Einleitung ihrer Arbeit auf zwei Bedeutungen ein, die „systematische Desensibilisierung“ haben kann. Die erste ist weit gefaßt und enthält den Aufbau einer therapeutischen Beziehung, Diskussionen über die Ätiologie, Erklärung der Behandlung, Ermutigung und Interesse an der individuellen Art des Patienten, sich zu bessern, neben der eigentlichen systematischen Desensibilisierung und dem praktischen Training. Die zweite Bedeutung ist enger und enthält allein die systematische Desensibilisierung in der Vorstellung. Es scheint so, als hätte man in dieser Untersuchung den Versuch gemacht, systematische Desensibilisierung in diesem engeren Sinne zu studieren. Der relative Beitrag der systematischen Desensibilisierung der Phobie in der Vorstellung und beim praktischen Training in der angstauslösenden Situation bleibt unklar. Wir werden später in diesem Kapitel auf einige experimentelle Ergebnisse zu diesen Problemen eingehen und die Schwierigkeiten, die bei der Abschätzung der „unspezifischen" Faktoren bei der systematischen Desensibilisierung im weiteren Sinne auftreten, im nächsten Kapitel diskutieren.

Obwohl muskuläre Entspannung keine notwendige Bedingung bei der systematischen Desensibilisierung zu sein scheint, und ein Zustand der Ruhe oder Entspannung durch Suggestion, Hypnose oder Medikamente induziert werden kann, wäre es doch voreilig, diese Methode jetzt schon über Bord zu werfen. Die meisten Untersuchungen zur Wirksamkeit der systematischen Desensibilisierung bei psychiatrischen Patienten sind unter muskulärer Entspannung durchgeführt worden. Es ist durchaus möglich, daß muskuläre Entspannung die verläßlichste Methode darstellt, bei neurotischen Personen einen Ruhezustand zu induzieren. Weitere Untersuchungen werden bestimmen müssen, ob dies die Methode der Wahl ist.

Lader u. Wing (1966) haben eine andere theoretische Interpretation des Desensibilisierungsprozesses bei psychiatrischen Patienten vorgebracht, die für das Problem der Bedeutung muskulärer Entspannung ebenso bedeutungsvoll ist wie für das ganze Prinzip der Gegenkonditionierung. In einer Reihe von Versuchen, mit dem Ziel, zuverlässige Angstindikatoren zu finden, die eine Unterscheidung zwischen normalen und ängstlichen Personen erlauben und auch auf sedierende Medikamente ansprechen würden, kamen sie zu dem Ergebnis, daß sie spontane Fluktuation des Hautwiderstandes in Ruhe (PGR) und die Abnahmerate dieses PGR auf wiederholte identische auditorische Reize (Habituation) den gewünschten Kriterien entsprachen. Die Habituationsrate war bei Patienten mit starken Ängsten umgekehrt proportional zum Erregungsniveau (gemessen am Ausmaß der spontanen Fluktuation des PGR). Bei hohem Erregungsniveau ist die Habituation, vor allem zu Anfang, verzögert; ist das Erregungsniveau niedrig, kommt es schneller zu Habituation. Wenn die Versuchsperson übererregt ist, führt jede Reizdarbietung zu höherer Aktivierung, und eine Habituation tritt nicht ein. Die Autoren vermuten, daß die Habituationsgeschwindigkeit jeder einzelnen Versuchsperson zu jeder Zeit von zwei Variablen bestimmt wird: einer angeborenen Habituationskomponente und dem gegenwärtigen Erregungsniveau. Bei einem „schnellen Habituierer" hebt ein wiederholter Reiz anfänglich die Erregung, die dann während der Habituation abfällt. Ein „langsamer Habituierer" wird durch wiederholte Reizdarbietung in immer höhere Aktivation versetzt, es kommt zu immer langsamerer Habituation. Ähnlich beeinflußt das Erregungsniveau die Habituation. Auf einem niedrigen Niveau schreitet die Habituation rasch fort, während es auf einem hohen Niveau nicht nur nicht zur Habituation kommt, sondern der PGR sogar unter Reizwiederholung noch zunimmt. Lader u. Mathews (1968) geben zu bedenken, daß es ein kritisches Erregungsniveau zu geben scheine, oberhalb dessen es nicht zur Habituation komme, sondern zu einem Angstanstieg, ja bis zur Panik, wenn der Patient wiederholt dem angstauslösenden Reiz ausgesetzt werde.

Auf der Grundlage dieser Ergebnisse und theoretischer Überlegungen postulierten LADER u. WING, daß eine therapeutisch wirksame „systematische Desensibilisierung" auf Habituation gegenüber angstauslösenden Reizen beruhe, die zum Zeitpunkt eines entspannungsinduzierten niedrigen Erregungsniveaus gegeben würden. Mit dieser Interpreation vereinbar ist die Beobachtung von LADER (1967), daß Patienten mit monosymptomatischen Phobien insofern normalen Versuchspersonen gleichen, als sie weniger spontane Fluktuation im PGR und schnellere Habituation als Patienten mit diffusen Angstzuständen, sozialen Ängsten oder Agoraphobie aufweisen. Darüber hinaus sprechen die „schnellen Habituierer" besser auf Desensibilisierung an (LADER u. Mitarb., 1967); dies stimmt mit der klinischen Beobachtung überein, daß einfache Phobien am besten auf diese Art der Behandlung ansprechen. Die beobachtete Korrelation zwischen isolierter Phobie, Fehlen von allgemeiner Angst und Panikattacken, niedrigem Erregungsniveau und Reaktion auf Behandlung durch Desensibilisierung legen den Gedanken nahe, daß Habituation der einer therapeutischen Veränderung zugrunde liegende Prozeß sein könne.

Es gibt zusätzliche Hinweise darauf, daß eine Reduktion eines hohen allgemeinen Angstniveaus eine nachfolgende Desensibilisierung erleichtern kann. Tranquilizer und Sedativa sowie Inhalation von Kohlendioxyd sind bei Patienten mit unspezifischer Angst (free floating anxiety) eingesetzt worden. FRIEDMAN u. SILVERSTONE (1967) berichteten über erfolgreiche Anwendung eines Kurznarkotikums, und YEUNG (1968) befürwortet die Gabe von Diazepam. Auf eine präfrontale Leukotomie, die allgemeine Angst reduziert (LEVINSON u. MEYER, 1965; MARKS u. Mitarb., 1966), folgte eine erfolgreiche Desensibilisierung von Zwangssymptomen, die vorher nicht auf diese Behandlung ansprachen (WALTON u. MATHER, 1963). MARKS u. Mitarb. (1966) wiesen auf einen Patienten hin, der sich nach Leukotomie unter der Desensibilisierung besserte.

LADER u. MATHEWS (1968) glauben, daß ihr Modell einer Habituation bei niedrigem Erregungsniveau (s. o.) die Wirksamkeit der systematischen Desensibilisierung besser erklären könne als Wolpes Theorie der reziproken Hemmung. Allerdings scheinen ihre Argumente nicht zwingend; sie selbst geben zu, daß weitere Untersuchungen nötig sind. MARKS u. Mitarb. (1966) stellen sich vor, daß eine Reihe von Faktoren zum Therapieerfolg durch systematische Desensibilisierung beitragen, und daß bei Patienten mit niedrigerem allgemeinen Angstniveau Habituation und Gegenkonditionierung eine größere Rolle spielen als Suggestion, während bei höherem Erregungsniveau Suggestion eine bedeutendere Rolle zu spielen scheine.

Offensichtlich schafften die Kombination von Entspannung und wiederholter Reizdarbietung bei der systematischen Desensibilisierung die Bedingungen, unter denen Habituation stattfindet. Auf den ersten

Blick scheinen zwischen den verschiedenen Interpretationen der systematischen Desensibilisierung – Habituation bei niedrigem Erregungsniveau, Gegenkonditionierung, Extinktion – beträchtliche Unterschiede zu bestehen. Lader u. Wing betonen ein „niedriges Erregungsniveau", während der Begriff „Gegenkonditionierung" überwiegend die Technik hervorhebt, unter der man vermutlich ein „niedriges Erregungsniveau" erreicht. Lader u. Wing ziehen den Begriff „Habituation" dem Begriff „Extinktion" zur Beschreibung der Verminderung der Angstreaktion vor. Es ist schwierig festzustellen, ob der Unterschied zwischen den beiden Interpreationen auf einer semantischen, theoretischen, neurologischen oder psychologischen Ebene liegt. Trotz einiger begrifflicher Verwirrung muß man festhalten, daß der Begriff „Habituation" im allgemeinen nur auf die Verringerung unkonditionierter Reaktionen angewendet wurde, nämlich z. B. Verringerung der Orientierungs- oder Schreckreaktion nach wiederholter Darbietung eines Reizes (Galambos u. Morgan, 1960; Thompson u. Spencer, 1966). Die Verringerung konditionierter Reaktionen, die durch konditionierte Reize hervorgerufen werden, blieb ausgeschlossen. Sokolov (1963) beschrieb unterschiedliche Zeitverläufe für Orientierungsreaktionen und bedingte Reaktionen während des Konditionierungsversuchs und wies auf die mehr vorübergehende Wirkung der Habituation hin. Auf dem Niveau einer Verhaltensanalyse kamen Thompson u. Spencer zu dem Ergebnis, daß Habituation und Extinktion neun gemeinsame parametrische Kennzeichen aufweisen und deshalb als identische Prozesse bezeichnet werden müssen, mit der Ausnahme, daß Extinktion einen vorangehenden Konditionierungsprozeß impliziert. Vermutlich sind an den beiden Prozessen ähnliche, wenn nicht identische, neurophysiologische Vorgänge beteiligt; da diese aber noch nicht im einzelnen beschrieben werden können (vgl. z. B. Kimble, 1961; Glaser, 1966; Stein, 1966) könnte es von Nutzen sein, an den Unterschieden in den operationalen Definitionen der Habituation und Extinktion festzuhalten. Wir sehen uns außerstande, die physiologischen Theorien der Habituation und Extinktion kritisch zu besprechen. Allerdings weist auch Napalkovs (1963) Experiment darauf hin, daß es aus klinischen Gründen sinnvoll ist, die beiden Begriffe auseinanderzuhalten: in diesem Versuch habituierte die Reaktion von Hunden auf einen unbedingten aversiven Reiz, nicht aber die (bedingte) Reaktion auf einen allein gegebenen bedingten aversiven Reiz; hierdurch kam es zu einem anhaltenden Blutdruckanstieg, der trotz 900 Extinktionssitzungen über sechzehn Monate nachweisbar war. Weist man darauf hin, daß die Hunde zu sehr erregt waren, um gegenüber dem CS zu „habituieren", dann ist nicht einzusehen, warum sie gegenüber dem UCS habituierten. Darüber hinaus spricht folgendes Ergebnis gegen die Habituationshypothese: psychiatrisch unauffällige Versuchspersonen (im allgemeinen nicht durch hohes Erregungsniveau gekennzeichnet) sprechen im allgemeinen weniger gut auf Verfahren an, in denen die „Angstreize" zwar graduell, aber ohne Entspannung dargeboten werden. Vielleicht weist auch die offensichtliche Wirkung der Reizüberflutung, die vermutlich zu einem sehr hohen Erregungsniveau führt, ebenfalls darauf hin, daß außer „Habituation bei niedrigem Erregungsniveau" auch andere Mechanismen Angst verringern oder ausschalten können.

Obwohl es voreilig wäre, definitive theoretische Schlüsse zu ziehen, legen klinische Überlegungen nahe, einstweilen am Modell der Gegenkonditionierung festzuhalten. Wie wir gesehen haben, sprechen die Mehrzahl der klinischen und experimentellen Ergebnisse zugunsten von Verfahren, die eine Gegenkonditionierung enthalten; diese, und nicht experimentelle Löschung allein, scheint der wirksamste Faktor der systematischen Desensibilisierung zu sein.

Eine andere, von den bisher besprochenen unabhängige Erklärung des Prozesses der Desensibilisierung stammt von Valins u. Ray (1967), die ihr theoretisches Modell von kognitiven Theorien der Emotion ableiten (Schachter, 1964). Personen, die einer systematischen Desensibilisierung unterworfen werden, sind besonders motiviert, ihre phobische Einstellung und ihr Verhalten von neuem zu analysieren, weil sie feststellen, daß Reize, die sie früher „aufregten", jetzt keine physiologische Wirkung mehr haben. Zwei Gruppen von Studenten mit entsprechender Angst vor Schlangen und elektrischen Schlägen nahmen an folgendem Experiment teil: der Versuchsgruppe zeigte man Diapositive, auf denen das Wort „Schlag" zu lesen war, man gab ihnen gleichzeitig geringe elektrische Schläge an die Finger und zeigte zehn Diapositive von Schlangen. Über Lautsprecher hörten die Studenten (vorgetäuscht) Herzschlagveränderungen als „Reaktion" auf die ersteren Diapositive. Die „Pulsfrequenz" stand in keiner Beziehung zu den Schlangenbildern, stieg aber an, wenn der elektrische Schlag gegeben wurde. Studenten der Kontrollgruppe zeigte man die gleichen Dias und spielte dieselben „Pulsfrequenzen" in den Versuchsraum, wobei man ihnen sagte, daß letztere irgendein zufälliges Geräusch seien. Später durchgeführte Schlangen-Vermeidungstests zeigten, daß Annäherungsverhalten an die Schlange bei der Experimentalgruppe signifikant verbessert war. Für ihr zweites Experiment suchten die Autoren Studenten aus, die eine überdurchschnittliche Angst vor Schlangen hatten. Anstelle von Diapositiven zeigten sie eine lebendige Schlange in einem Glaskäfig, sonst war die Versuchanordnung ähnlich. Auch hier fand man eine signifikante Verbesserung im Annähern bei der Experimentalgruppe. Diese Ergebnisse sind interessant, man müßte allerdings ausschließen können, daß das Anhören „des eigenen" monotonen Herzschlags Entspannung und dadurch Gegenkonditionierung hervorruft. Zweitens schließen die bisherigen Ergebnisse nicht aus, daß die Versuchspersonen deutliche Änderungen der eigenen Herzfrequenz wahrnahmen. Obwohl diese Untersuchung darauf aufmerksam macht, daß kognitive Prozesse für das Erfahren von Emotionen wichtig sein können, bleibt endlich immer noch nachzuweisen, daß das Verfahren auch bei Patienten mit schweren Ängsten ähnliche Ergebnisse liefert, wenn es klinische Bedeutung gewinnen soll.

In weiteren experimentellen Untersuchungen hat man versucht, den Zeitverlauf von Angstreduktion und autonomen Reaktionen unter und nach der Desensibilisierung festzustellen. LAZARUS u. RACHMAN (1960) machten auf eine zeitliche Verzögerung in der Wirkung der Desensibilisierung aufmerksam. Einige Patienten spürten eine Verminderung ihrer Angstreaktion auf bestimmte Reize erst einige Zeit nachdem diese in der Vorstellung desensibilisiert worden waren. LANG u. LAZOVIK (1963) fanden, daß subjektive Besserungsangaben hinter objektiven Veränderungen des Vermeidungsverhaltens herhinkten. Daten aus Vermeidungstests unterschieden Patienten der Behandlungs- und Kontrollgruppen sofort, während das bei den subjektiven Angaben erst bei der Nachkontrolle der Fall war. Es scheint möglich, daß eine ähnliche Diskrepanz zwischen objektiver und subjektiver Besserung bei den Patienten von Lazarus u. Rachman aufgetreten war.

Sicherlich ist das Ausmaß der Generalisation auf die Situationen des täglichen Lebens genauso entscheidend für den therapeutischen Erfolg bei psychiatrischen Patienten wie die Geschwindigkeit der Angstreduktion (vgl. HAIN u. Mitarb., 1966; MEYER u. CRISP, 1966). DAVISON (1968c) weist darauf hin, daß schon aus theoretischen Gründen ein vollständiger Transfer von vorgestellten Szenen auf reale Situationen deswegen nicht erwartet werden könne, weil es unwahrscheinlich bleibe, daß Angsthierarchien alle Elemente der Phobie eines Patienten einschlössen. Zwei Untersuchungen beschäftigen sich mit diesen Problemen.

RACHMAN (1966b) untersuchte, wie schnell die Desensibilisierung in der Vorstellung auf reale Situationen generalisiert. Das Hauptziel der Untersuchung war, „nach zeitlichen Verzögerungen zu suchen und exakt den Zeitpunkt zu bestimmen, zu dem Generalisation einsetzt." Von ebenso großer Bedeutung sind der Zeitverlauf und das Auftreten von Rückfällen nach der Behandlung. „Spontane Wiederkehr" von Angstreaktionen auf Reize, die bereits erfolgreich desensibilisiert waren, fand AGRAS (1965). Rachman untersuchte nun drei freiwillige Versuchspersonen mit Angst vor Spinnen, die einem angstauslösenden Reiz (im Zusammenhang mit Spinnen) ausgesetzt wurden und das Ausmaß der Angst abschätzen mußten. Die Probanden wurden dann in bezug auf denjenigen Reiz desensibilisiert, der beim erstmaligen Vermeidungstest verwendet worden war; nach der Behandlung testete man sie erneut mit denselben Verfahren (Vermeidungstest und Angstschätzung), und zwar unmittelbar und vierundzwanzig Stunden, drei Tage oder eine Woche nach der Behandlung. Gemessen an den Angstschätzungen kam es unmittelbar zu einer gewissen Übertragung von der Vorstellung auf die Realsituation in 82 % der Beobachtungen. Dieser Transfer war in keinem Falle vollständig, und in einem kleinen Teil der Fälle gaben die Probanden sogar eine Steigerung der Angst nach der Desensibilisierung intensiv angstauslösender Reize an. Die unmittelbare Angstreduktion war nicht immer stabil; in etwa 40% der Beobachtungen kam es zu einem gewissen Rückfall. In anderen Fällen wiederum kam es während der Kontrollperiode zu einer weiteren Verbesserung. Die Arbeit sagt nichts Näheres über die Faktoren aus, welche die Stabilität der Angstreduktion beeinflussen.

Der vorläufige Charakter dieser Untersuchung macht stichhaltige Schlüsse unmöglich. Man wird weitere Untersuchungen mit psychiatrischen Patienten anstellen müssen. Wenn Desensibilisierung sofort und unter begrenzten und eher artifiziellen Laboratoriumsbedingungen auf ihre Wirksamkeit in bezug auf identische Reize getestet wird, muß man mit einem irreführend hohen Ausmaß an Generalisation rechnen. AGRAS (1967) nimmt an, daß Patienten mit phobischen Symptomen sich nicht unmittelbar nach jeder Desensibilisierungssitzung in die gefürchtete Situation begeben und deshalb keinen Profit aus der Wirkung unmittelbaren Transfers ziehen können. Auf der praktischen Ebene bestätigte Rachmans Ergebnisse diejenigen von AGRAS (1965) darin, daß einige Versuchspersonen eine teilweise Wiederkehr von Angstreaktionen auf Reize zeigten, gegen die sie in früheren Sitzungen bereits erfolgreich desensibilisiert worden waren. Für AGRAS könnte dies eine Erklärung für klinische Rückfälle nach Desensibilisierung sein und darauf hinweisen, daß alle Stufen einer Hierarchie vollständig desensibilisiert sein sollten. Die Verstärkung einer Angstreaktion auf eine partiell desensibilisierte Szene könnte zu Generalisation und damit einem totalen Rückfall führen. Der Therapeut sollte zu Beginn jeder Behandlungssitzung prüfen, ob die Desensibilisierung der schon durchschrittenen Stufen auch erhalten geblieben ist. In diesem Zusammenhang ist das Ergebnis von WOLPE (1963) interessant, wonach die Anzahl der zur Angstverminderung nötigen Wiederholung von Szenen nicht für alle Stufen einer Hierarchie gleich ist. Wenn die Furcht im Verhältnis zur Nähe des phobischen Reizes (z. B. Tiere) ansteigt, dann steigt auch die Anzahl der nötigen Desensibilisierungsschritte mit zunehmender Nähe. Andererseits bedarf es bei Ängsten, die mit dem Abstand von einem sicheren Ort steigen (z. B. Agoraphobie), zwar anfänglich vieler, später aber immer weniger Wiederholungen. Dasselbe Phänomen wurde auch in RACHMANS (1966 b) Untersuchung beobachtet.

AGRAS (1967) untersuchte das Problem des Transfers bei fünf agoraphobischen Patienten. Als Maß des Fortschrittes bei der Desensibilisierung dienten Verschiebungen des Prozentsatzes von Szenen, die ohne Angstsignalisieren vorgestellt werden konnten, in bezug auf die Gesamtzahl der Szenen. Der Autor prüfte die Generalisation der Angstreduktion in zwei Testsituationen. In der ersten mußte sich der Patient vor Beginn der Desensibilisierungssitzung fünf Stunden der Hierarchie vorstellen, wobei das Ausmaß der Angst an der Veränderung des Logarithmus der Leitfähigkeit der Haut (PGR, korrigiert nach Grundaktivität) bestimmt wurde. Das zweite Testmaß bestand aus den vom Patienten selbt detailliert angegebenen zurückgelegten Entfernungen (Verhalten in der aktuellen angstauslösenden Situation). Um das Besserungskriterium zu erreichen, benötigen die Patienten zwischen fünfzehn und siebzig Sitzungen. Vier der Patienten wurden am Schluß der Behandlung als gebessert oder deutlich gebessert bezeichnet. In bezug auf den Transfer des Gelernten waren die Ergebnisse unterschiedlich. Bei drei Patienten, einschließlich jenem, der sich nicht besserte, folgte die Reduktion des PGR genau dem Verlauf der Desensibilisierung, was auf eine enge Beziehung zwischen dem Vorstellen einer Szene unter der Desensibilisierung und der Testsituation hindeutet. Ein Patient allerdings wies eine Verzögerung auf, und bei einem anderen fehlte jeder Transfer während der überwiegenden Anzahl der Behandlungen. Die Besserung in der objektivierbaren Leistung hinkte bei drei von vier Patienten hinter dem Fortschritt bei der Desensibilisierung her; der Patient, bei dem eine solche Verzögerung der objektiven Leistung nicht zu beobachten war, zeigte wiederum keinen Transfer auf die Testszenen.

Die Ergebnisse dieser Untersuchung scheinen nicht mit denen von Rachman übereinzustimmen, was ohne weiteres auf Unterschiede der Methode zurückzuführen sein könnte. Agras untersuchte Patienten, deren Phobien einer Therapie stärker zu widerstehen scheinen, als die Ängste „normaler" Versuchspersonen. Agras weist auch darauf hin, daß ein unmittelbarer Test, bei dem der Patient in Gegenwart des Therapeuten der angstauslösenden Situation ausgesetzt ist, geradezu eine Form des Transfer-Trainings sein könnte. Er nimmt an, daß die Variabilität der veröffentlichten Ergebnisse über Ausmaß und Geschwindigkeit der Generalisation von Faktoren wie „Abhängigkeit des Patienten von seinem Therapeuten" und „Motivation des Therapeuten" abhängt.

Kürzlich haben Agras u. Mitarb. (1968) nachgewiesen, daß ein Lob des Therapeuten ein wirksamer sozialer Verstärker ist, das heißt die Entfernungen steigert, die ein Agoraphobiker zurücklegt. Er kam zu dem Schluß, daß der durch Vorstellen der gefürchteten Sitauation ausgelöste PGR nicht als zuverlässiger Indikator des tatsächlichen therapeutischen Fortschrittes zu betrachten ist.

Dieses letztere Ergebnis entspricht teilweise den Resultaten von Hoenig u. Reed (1966), die vier Patienten mit monosymptomatischen Phobien behandelten und zwei verschiedene Methoden zur Erfolgskontrolle verwendeten. Bei der ersten Methode wurde der PGR auf ein Schlüsselwort (Angstreiz) gemessen, das in einen Wortassoziationstest eingefügt wurde; außerdem maß man den PGR während der Vorstellung eines Angstreizes und während der Darbietung des wirklichen Angstreizes. Die zweite, mehr klinisch konventionelle Kontrollmethode stützte sich überwiegend auf verbale Äußerungen des Patienten und seiner Familie. Die Behandlung und klinische Prüfung wurde ohne Kenntnis der physiologischen Ergebnisse durchgeführt. Die Untersuchung zeigte, daß zwischen klinischen Daten und Veränderungen im PGR beträchtliche Unterschiede bestehen können. Die physiologische Reaktion auf den verbalen Reiz stimmte mit der klinischen Beurteilung besser überein, als die Reaktion auf vorgestellte und/oder reale Situationen.

Es finden sich zahlreiche Hinweise darauf, daß autonome Maße die Verhaltensmanifestationen und die subjektiven Empfindungen der Angst reflektieren können. In dem Maße, wie sie eine zusätzliche Informationsquelle für die schwierige Aufgabe erschließen, Veränderungen des emotionalen Zustandes zu messen, könnten sie für klinische und prognostische Zwecke bedeutsam werden (LADER u. Mitarb., 1967; GELDER u. MATHEWS, 1968; KELLY u. WALTER, 1968). Allerdings bedarf es teurer und umfangreicher Apparaturen, deren Aufzeichnungen nur unter beträchtlichen Schwierigkeiten beurteilt werden können (MARTIN, I., 1960; MARTIN, B., 1961; 1969; VENABLES u. MARTIN, 1967). Darüber hinaus sind die Korrelationen zwischen autonomen Maßen und klinischer Bewertung weder bei intraindividuellen noch bei interindividuellen Vergleichen stets hoch. Wo Diskrepanzen auftreten, wird sich der Therapeut eher seinem Patienten anschließen und dem beobachtbaren Verhalten sowie den subjektiven Erlebnissen den Vorzug vor irgendwelchen physiologischen Variablen geben. Die großen Schwierigkeiten bei der Auswahl, der Ableitung und der Interpretation psychophysiologischer Variablen als Maß für klinische Ängste beruhen auf der Unsicherheit, die sowohl das Ausmaß der Reaktionsspezifität als auch der Interkorrelation zwischen verschiedenen autonomen Variablen belastet.

Das Problem, wie man die Ergebnisse der Desensibilisierung am besten auf reale Situationen übertragen könne, hat COOKE (1966) zu einer weiteren Untersuchung angeregt; dieser Autor verglich Desensibilisierung in der Vorstellung und in vivo bei Versuchspersonen mit niedrigem und hohem allgemeinen Angstniveau. Zwölf freiwillige weibliche Versuchspersonen, die sich sehr stark vor Ratten fürchteten, wurden aufgrund ihrer Testwerte in einem Emotionalitätsfragebogen in zwei Gruppen mit unterschiedlichem Angstniveau eingeteilt. Aus jeder Gruppe wurden zwei Versuchspersonen nach dem Zufall einer von drei Bedingungen zugeordnet: Desensibilisierung in vivo oder in der Vorstellung sowie Kontrolle ohne Behandlung. Die Probanden der Versuchsgruppen erhielten je vier Sitzungen. Alle wurden vor und fünf Tage nach der Behandlung mit folgenden Methoden untersucht: Vermeidungstest, Angsteinschätzung, Fragebögen über allgemeine Angst und Furcht vor Ratten, Emotionalitätsfragebögen. Zwei klinische Psychologen führten die Therapie und drei unabhängige Beobachter die Messungen durch. Bei beiden Versuchsgruppen, und zwar etwas deutlicher noch bei der in-vivo-Gruppe, verbesserten sich alle Schätzwerte über die spezielle Furcht signifikant. Das ursprüngliche allgemeine Angstniveau erlaubte keine Unterscheidung zwischen der Anzahl vollständig durchgeführter Hierarchieschritte oder dem Ergebnis des direkten Trainings in vivo. Unter der Desensibilisierung in der Vorstellung durchliefen die Probanden mit geringer allgemeiner Angst signifikant mehr Hierarchieschritte als die anderen; die Probanden mit hohem allgemeinen Angstniveau zeigten aber eine größere Abnahme der speziellen Rattenfurcht. Dieses Ergebnis (ängstliche Probanden bessern sich genauso gut wie weniger ängstliche) steht im Gegensatz zu oben zitierten Untersuchungen mit psychiatrischen Patienten und Pauls Ergebnissen bei Freiwilligen mit Angst vor öffentlichem Sprechen. In Anbetracht der kleinen Zahl der von Cooke untersuchten Probanden bedarf dieser Punkt weiterer Abklärung. Allerdings muß man sagen, daß die überwiegende Mehrzahl der Untersuchungen keine exakte Korrelation zwischen dem Fortschritt bei der systematischen Desensibilisierung in der Therapiesituation und dem Verhalten der Versuchsperson in der Realität geliefert haben. Offenbar haben auf diesen Prozeß eine große Zahl von Variablen einen Einfluß, und es dürfte naiv sein anzunehmen, daß sich alle auf einer Skala allgemeiner Emotionalität abbilden lassen.

Eine weitere Untersuchung, die sich mit der unterschiedlichen Wirkung von vorgestellter und tatsächlicher Exposition während der Desensibilisierung befaßt, ist von Garfield u. Mitarb. (1967) angestellt worden. In einer Voruntersuchung wurden sieben Freiwillige mit Schlangenphobie in zwei Gruppen eingeteilt. Vier Personen erhielten acht Sitzungen einer Desensibilisierung in der Vorstellung, und drei Probanden erhielten außer dieser Behandlung vier weitere in-vivo-Sitzungen. Die Therapieergebnisse schätzte man aufgrund des Vermeidungsverhaltens vor und nach der Behandlung ein. Alle Versuchspersonen besserten sich signifikant; wenig überraschen kann das Ergebnis, daß diejenigen, welche ein zusätzliches Training in vivo erhielten, wiederum signifikant stärker gebessert waren. Natürlich lassen solche Voruntersuchungen keine endgültigen Schlüsse zu; die Erwartung aber, daß eine Kombination von Desensibilisierung in Vorstellung und Realität der Vorstellung allein überlegen ist, läßt sich unterstützen. Barlow u. Mitarb. (1969) verglichen Desensibilisierung in der Vorstellung und in der Realität bei zwanzig Studenten mit Angst vor Schlangen. Beide Behandlungsmethoden benutzten Entspannung und das schrittweise Darbieten einer Hierarchie. Desensibilisierung in vivo lieferte im Vermeidungstest und im PGR signifikant bessere Ergebnisse als das klassische Verfahren, das lediglich den PGR auf vorgestellte Reize senkte.

Bis jetzt gibt es erst wenige Untersuchungen über die „stellvertretende“ Desensibilisierung von Phobien. Bandura u. Mitarb. (1967) studierten 48 Kinder, die in Gegenwart von Hunden ausgeprägtes Vermeidungsverhalten zeigten. Die Kinder wurden in vier Gruppen eingeteilt. Kinder der ersten Gruppe nahmen an „Imitationssitzungen“ teil, die im „erfreulichen Rahmen“ einer Party stattfanden, und in denen sie ein angstfreies gleichaltriges Kind, das Modell, bei seinen zunehmend ausgedehnten und intensiven Interaktionen mit einem Hund beobachteten. Die zweite Gruppe erhielt dieselbe Behandlung in einem neutralen Rahmen; die Kinder der dritten Gruppe beobachteten während einer entsprechenden Party lediglich den Hund (Kontrollgruppe „Anblick des Hundes"), während die vierte Gruppe nur an der Party teilnahm und weder der Hund, noch das „Modell" zu sehen waren. Vermeidungsverhalten gegenüber dem Testhund und einem unbekannten Hund war bei allen Gruppen einen Monat später verringert; die beiden „Modell-Verfahren" führten aber zu einer signifikant stärkeren und dauerhafteren Verbesserung. Der „freundliche Rahmen" der Kinderparty trug wenig zu diesem Ergebnis bei.

In einer weiteren kontrollierten Untersuchung verglichen BANDURA u. MENLOVE (1968) bei 48 drei- bis fünfjährigen Kindern mit Furcht vor Hunden die Wirkung von Filmen, in denen entweder nur ein Kind mit einem Hund oder verschiedene „Modellkinder" mit einer Vielzahl von Hunden spielten, auf das Ausweichen vor Hunden. Obwohl unmittelbar nach der Behandlung die Angstangaben der behandelten Kinder signifikant geringer als die der unbehandelten Kontrollgruppe waren, zeigte sich die erwartete Überlegenheit der multiplen Modellprozedur (gemessen am Auftreten der Kriteriumsreaktion „einen Hund anfassen") erst nach einer Kontrollperiode von einem Monat. Unmittelbar nach der Behandlung fand man keinen Unterschied zwischen behandelten und unbehandelten Kindern, was den Anteil an erreichten Kriteriumsreaktionen betraf. Ein weiteres interessantes Ergebnis, das mit den Ergebnissen bei der systematischen Desensibilisierung in der Vorstellung korrespondiert, war die Beobachtung, daß ein „Hang zu starken emotionalen Reaktionen", der von den Eltern mittels eines Fragebogens angegeben wurde, die Angstreduktion durch Modellverfahren einschränkte.

RITTER (1968) verglich die Wirksamkeit der Beobachtung eines angstfreien Modells („vikariierende Desensibilisierung") mit einer Methode, die Beobachtung mit der Möglichkeit verknüpfte, während der Beobachtungsperiode das Modell oder das Angstobjekt zu berühren. 44 präadoleszente Kinder mit Angst vor Schlangen wurden in entsprechende Behandlungsgruppen und eine nichtbehandelte Kontrollgruppe eingeteilt. Die Behandlung bestand aus zwei Sitzungen zu je 35 Minuten. Wie erwartet, resultierten beide Verfahren in einer signifikanten Verringerung des Vermeidungsverhaltens während des Kontrolltests; die kombinierte Prozedur (80% der Kinder konnten die Kriteriumsreaktion durchführen) erwies sich der stellvertretenden als überlegen (53.3% der Kinder). Die Kinder der Kontrollgruppe besserten sich nicht. Die subjektiven Angstäußerungen der Kinder (während des Vermeidungstests) zeigten Veränderungen in der erwarteten Richtung, die aber nicht signifikant waren.

BANDURA u. Mitarb. (1968) stellten einen weiteren Methodenvergleich an: sie untersuchten „Modellierung" und Desensibilisierung bei der Behandlung von Schlangenfurcht bei Jugendlichen und Erwachsenen. 45 Versuchspersonen wurden entsprechend ihrem Verhalten in eine von vier Gruppen eingeteilt. Die erste Gruppe sah einen Film, der furchtlose Erwachsene und Kinder in Situationen zeigte, die zunehmend mehr Angst bei den Probanden hervorriefen. Die Versuchspersonen waren dabei entspannt und konnten selbst bestimmen, wie lange sie den Film ansehen wollten. Die zweite Gruppe beobachtete lebende Modelle und nahm schrittweise intensiver am Modellverhalten (Annäherung und Berührung der Schlange) teil. Die dritte Gruppe wurde mit systematischer Desensibilisierung in der Vorstellung behandelt. Die vierte (nichtbehandelte Kontrollgruppe) nahm lediglich an den verhaltensorientierten Interviews teil. Die Ergebnisse weisen das zweite Verfahren (lebendes Modell in Kombination mit Anleitung zur Teilnahme) als das effektivste aus. Symbolisches Modellieren (erste Gruppe) und systematische Desensibilisierung (dritte Gruppe) riefen merkliche Abschwächung des Vermeidungsverhaltens hervor, während die Kontrollgruppe unverändert blieb. Alle Probanden, die bei der letzten Stufe des Annäherungstests versagt hatten, erhielten dann die zweite Behandlung. Das ängstliche Verhalten konnte bei allen Versuchspersonen innerhalb weniger kurzer Sitzungen beseitigt werden. Zusätzlich bewirkte diese Methode die deutlichste Abnahme selbstgeschätzter Angst und generalisierte am meisten auf soziale und andere Ängste.

O'Neill u. Howell (1969) stellten einen weiteren Vergleich zwischen systematischer Desensibilisierung in der Vorstellung, Modellierung mittels einschlägiger Fotografien und in der Realität an. Alle drei Methoden bewirkten bei freiwilligen Schlangenphobikern signifikante Verbesserungen, ohne daß sich signifikante Unterschiede zwischen ihnen nachweisen ließen.

Alle diese Untersuchungen weisen darauf hin, daß diese Form der Behandlung um so effektiver ist, je lebensnaher die Darbietung und je größer das Ausmaß der Teilnahme des Patienten an den Handlungen des Modells ist.

Experimente zur Konditionierung bei Enuresis

Lovibond (1964) stellte eine Übersicht über die Literatur zur Enuresis zusammen und berichtete über seine eigenen experimentellen Untersuchungen an Tieren und enuretischen Kindern. Einige dieser Arbeiten sind bereits in früheren Kapiteln diskutiert worden. Obwohl noch keine Einigkeit über die Ätiologie der Enuresis und die theoretischen Grundlagen der Konditionierungsbehandlung besteht, gibt es genügend Hinweise darauf, daß Mowrers und Crosbys Methoden sowie Lovibonds „Zwei-Signale-Methode" die Enuresis beheben können, ohne unliebsame psychologische Reaktionen hervorzurufen. Der Leser wird sich daran erinnern, daß Lovibond eher dem Paradigma einer konditionierten Vermeidungsreaktion als dem klassischen Konditionieren zuneigte. Er führte eine ausgedehnte Untersuchung zum Vergleich dreier Behandlungsmethoden durch; 36 Kinder wurden nach dem Zufall einer dieser Methoden zugeordnet. Die Behandlung wurde fortgesetzt, bis das Kriterium, etwa 14 aufeinanderfolgende „trokkene“ Nächte, erreicht war. Sobald die Kinder sieben aufeinanderfolgende „trockene“ Nächte aufweisen konnten, erhöhte man die abendliche Flüssigkeitsaufnahme. Eine Therapie galt als Versager, wenn das Kriterium nach fünfzig Verstärkungen (Einnässen und Signal) noch nicht erreicht war. Wie vorhergesagt, wies die Zwei-Signale-Methode die größten Erfolge, gemessen an der Anzahl der notwendigen Verstärkungen bis zum Kriterium, auf. Allerdings war die Rückfallquote hoch (vier bis fünf Kinder in jeder Gruppe von 12 Kindern) und die Lovibondsche Hypothese, daß diese Methode zu einer größeren Resistenz gegen Löschung führen müßte, konnte nicht bestätigt werden. Die Tatsache allerdings, daß die Behandlung auch ohne Aufwecken des Kindes zum Erfolg führen kann, und daß die ausgeschiedene Urinmenge während der Behandlung schrittweise geringer wird, spricht nach Lovibonds Ansicht für die Hypothese, daß vom Akt der Harnentleerung ausgehende Reize zum bedingten aversiven Reiz werden.

Lovibond führte weitere Experimente durch, die überwiegend um das Problem der Rückfälle kreisten. Sidman u. Mitarb. (1957) hatten bereits nachgewiesen, daß Vermeidungsverhalten auch dann aufgebaut werden kann, wenn man den UCS allein und nicht kontingent auf irgendein Verhalten einsetzt. Lovibond fand bei Ratten, daß freie elektrische Schläge die Vermeidungsreaktion während und nach Löschungsperioden aufrechterhielten. Er untersuchte nun die Wirkung von „falschem Alarm“ bei der Mowrer- und der Zwei-Signale-Methode. Zwanzig Kinder, die in bezug auf Alter, Geschlecht und Häufigkeit des Bettnässens parallelisiert worden waren, wurden (zufallsmäßig ausgewählt) mit dem Mowrer- oder dem Zwei-Signale-Apparat behandelt. Die Hälfte der Kinder in jeder Behandlungsgruppe erhielt nach den beiden ersten „trockenen“ Nächten zwölfmal, an zwölf aufeinanderfolgenden Nächten „falschen Alarm“ mit Klingel oder Summer. Kinder, die das Erfolgskriterium von 14 trockenen Nächten nicht erreichten, erhielten für den Rest der Behandlung falsche und korrekte Signale in zufälliger Reihenfolge. Tatsächlich erreichten aber alle Kinder das Kriterium des Erfolges; innerhalb der Gruppen bestanden nur geringe Unterschiede in bezug auf die mittlere Zahl der Verstärkungen bis zum initialen Verschwinden des Symptoms, die geringer als im vorangegangenen Experiment war. Entsprechend der Erwartung war die Anzahl von Rückfällen innerhalb der ersten drei Monate geringer in der Gruppe, die falschen Alarm erhielt; der Unterschied war aber nicht signifikant. Die endgültige Rückfallrate (nach drei bis 24 Monaten) war bei dieser Gruppe aber fast ebenso hoch (50 %) wie nach dem Standardverfahren (60 %). Lediglich mit dem Mowrerschen Gerät erreichte man eine geringgradig größere Steigerung der Löschresistenz.

Bis jetzt weisen die Untersuchungen Lovibonds darauf hin, daß die Zwei-Signale-Methode zwar zu einem früheren Therapieerfolg, aber zu einer höheren Rückfallquote als die Mowrersche Methode führt. Lovibond meinte, diese unterschiedlichen Therapieergebnisse könnten auf zwei Unterschiede der Methoden (Reizdauer und -intensität) zurückzuführen sein. Der schnelle Erfolg der ersteren scheine eher durch ihre Entkommens-Komponente bedingt, als durch die Intensität des aversiven Summerreizes; der zwar schwächere, aber dafür länger andauernde Reiz bei der Mowrer-Methode sei für die größere Löschresistenz verantwortlich. Ein Apparat, der einen starken initialen Reiz liefere, welcher von einem schwächeren, aber langdauernden Reiz gefolgt würde, müßte die Vorzüge beider Apparate kombinieren. Lovibond zog auch die Alternativhypothese in Betracht, daß die Überlegenheit der ersten Methode auf dem Einsatz eines intensiveren aversiven Reizes beruhe, und nicht auf die Möglichkeit eines Vermeidungstrainings zurückzuführen sei. Wenn die Konditionierungsmethode auf passivem Vermeidungslernen beruhen sollte, bei dem die Harnkontinenz Teil einer unbedingten Reaktion, und nicht eine bedingte Reaktion ist, würde sich die zweite Hypothese schon aus theoretischen Gründen ergeben. In diesem Falle müßten Intensität und Dauer des aversiven Reizes die wichtigsten Variablen während der Lernphase sein.

Um diese Probleme zu klären, führte Lovibond eine Untersuchung mit Ratten und eine weitere mit bettnässenden Kindern durch. Aus dem Tierversuch ergab sich, daß die Intensität (und nicht das zeitliche Muster oder die Dauer) des elektrischen Schlages für den Aufbau einer passiven Vermeidungsreaktion die kritische Variable war, während die Resistenz gegen Löschung größer war, wenn man schwache Anfangsschläge von relativ langer Dauer gab. Das Experiment mit den Bettnässern ordnete 24 Versuchspersonen entweder dem Mowrer-Instrument zu oder einem modifizierten Zwei-Signale-Gerät, bei dem ein kurzer intensiver Reiz einem schwächeren aber längerdauernden voranging. Die Untersuchung ergab keine signifikanten Unterschiede, jedoch bewirkte der modifizierte Apparat eine etwas schnellere Akquisition, und das Mowrer-Gerät führte zu einer etwas größeren Löschresistenz.

Damit weisen die drei Untersuchungen vorläufig darauf hin, daß ein kurzer intensiver Reiz eine schnellere Akquisition und eine geringere Löschresistenz bewirkt, und zwar gleichgültig, ob dieser Reiz von einem zweiten (weniger intensiven aber längerdauernden) gefolgt wird, oder ob falscher Alarm verwendet wird. Lovibond berichtete über zwei weitere Untersuchungen, eine an Ratten und eine an enuretischen Kindern, in denen er die Vorhersage testete, daß intermittierende Verstärkung die Löschresistenz einer passiven Vermeidungsreaktion steigere. Die Standardprozedur des Vermeidungslernens sorgt für kontinuierliche Verstärkung und dürfte deshalb in dieser Beziehung weniger wirkungsvoll sein. Das Rattenexperiment erfüllte diese Erwartung: die Lerngeschwindigkeit einer passiven Vermeidungsreaktion war unter intermittierenden intensiven elektrischen

Schlägen, die in 50 % der Versuche appliziert wurden, sehr ähnlich dem Verlauf der Lernkurve unter kontinuierlicher schwacher Bekräftigung. Partielle Verstärkung mit schwachen Schlägen oder Schlägen variabler Intensität resultierte in signifikant geringerer Lerngeschwindigkeit. Die drei Formen intermittierender Verstärkung lieferten im Vergleich zur kontinuierlichen, aber schwachen Bekräftigung signifikant größere Löschresistenz. Eine signifikant größere Löschresistenz ergab sich nach intermittierenden starken elektrischen Schlägen (im Vergleich zu intermittierenden weniger intensiven Schlägen).

Bei sechzehn Kindern, die mit dem üblichen Zwei-Signale-Gerät behandelt wurden, gab man den Eltern einen Plan mit zufallsverteilten Bekräftigungen und wies sie an, nach diesem Plan an bestimmten Nächten das Gerät auszuschalten. Zum Vergleich zog man die Ergebnisse dreier früherer Untersuchungen mit Enuretikern heran. Während eines Jahres zeigten nur drei Kinder (19 %) einen Rückfall, vergleichsweise näßten 35 % und 44 %, die kontinuierlich mit dem Mowrer- oder dem Lovibond-Apparat behandelt worden waren, wieder ein. Allerdings erreichte die Verringerung der Rückfallrate unter partieller Bekräftigung nicht das statistische Signifikanzniveau.

Man hat an Lovibonds Arbeiten vor allem kritisiert, daß die untersuchten Kinder eine stark selektierte Stichprobe darstellten. Obwohl seiner Ergebnisse nicht eindeutig sind, liefern die Arbeiten ein gutes Beispiel für eine systematische Untersuchung der Probleme im Bereich einer bestimmten Verhaltensanomalie und regen zu weiteren Experimenten an.

Young u. Turner (1965), deren Arbeit bereits im vorigen Kapitel besprochen wurde, testeten die Hypothese, daß stimulierende Drogen den Konditionierungsprozeß beschleunigen (vgl. Eysenck, 1957; Franks u. Trouton, 1958). Der Apparat der Firma Eastleigh (Summer und Drahtmatten) wurde in der Behandlung von 105 Kindern eingesetzt; bei weiteren 85 Kindern kombinierte man ihn mit Dexamphetamin in einer Dosierung von 5 bis 15 mg, und eine dritte Gruppe von 110 Kindern erhielten 2.5 bis 7.5 mg Methamphetamin. In allen Gruppen war der Anteil an Fehlschlägen vergleichbar, die beiden Gruppen, in denen Medikamente eingesetzt wurden, sprachen aber signifikant schneller auf die Therapie an; Dexamphetamin war dem Methamphetamin signifikant überlegen. Allerdings ergaben die Nachuntersuchungen, die über neun Monate bis zu fünf Jahren liefen und 142 Kinder umfaßten (Turner u. Young, 1966), daß die Dexamphetamin-Gruppe signifikant häufigere Rückfälle (75.6 % gegenüber 43 %) als die Methamphetamin-Gruppe zeigte. Am besten schnitt die ohne Medikamente behandelte Gruppe ab (signifikant geringste Rückfallrate, 31.7 %). Damit führte das schnellere Erreichen der Harnkontinenz unter Medikation zu drastischen Rückfällen. Diese Untersuchung wirft viele Fragen auf. Insbesondere wäre es interessant festzustellen, ob eine langsame Verringerung der Dosis die hohe Rückfallrate eindämmen könnte.

Bei einem Versuch, Eysencks Hypothese über die Beziehung zwischen Introversion und Geschwindigkeit des Konditionierungsprozesses zu testen, gab YOUNG (1965) 79 Enuretikern vor der Behandlung das Jugendformular des MPI (Maudsley Personality Inventory, FURNEAUX u. GIBSON, 1961). Die Rückfallrate der Extravertierten war signifikant größer als die der Introvertierten, was für eine Beziehung zwischen Extraversion und schneller Löschung sprach.

Aversionstherapie

Es ist verständlich, daß Kliniker davor zurückschrecken, Bestrafung als Therapie bei ihren Patienten einzusetzen. Trotz des traditionellen Gebrauchs von Strafmethoden durch Eltern, Lehrer, ja die ganze Gesellschaft, findet man wenige Versuche, Patiententypen und Arten von Störungen festzustellen, bei denen Aversionstherapie Erfolge liefert und Indikationen für diese Behandlung zu präzisieren. Solche Untersuchungen werden die üblichen Kriterien der Erfolgsbeurteilung einer Therapieform zu beachten haben, nämlich den Wunsch des Patienten, die Wirksamkeit, unerwünschte Nebenwirkungen, ob andere Verfahren zur Verfügung stehen, und wie der Verlauf ohne Behandlung sein wird. Die Forschung in dieser Richtung hat sich auf die Suche nach prognostischen Variablen, Verbesserung der Therapiewirkung und die Frage konzentriert, ob die aversive Reizung eine notwendige Bedingung für den Therapieerfolg ist.

MORGENSTERN u. Mitarb. (1965) untersuchten 19 Patienten, die um eine Behandlung gegen Transvestitismus nachsuchten, mit einer Batterie aus neun Tests. Sechs der Patienten versäumten, an der Behandlung teilzunehmen, sechs besserten sich beträchtlich nach der Therapie, und sieben gaben das abnorme Ankleiden völlig auf. Bei der getrennten Untersuchung dieser drei Ergebnisgruppen ergab sich, daß die „geheilte“ Gruppe signifikant weniger neurotisch (gemessen am N-Wert des MPI) war. Darüber hinaus sprach diese Gruppe besser auf ein verbales Konditionierungsverfahren an und wies weniger „Weiblichkeit“ auf einer Männlichkeit-Weiblichkeit-Skala auf; schließlich waren diese Probanden intelligenter, weniger ängstlich und nicht so introvertiert, jedoch erreichten diese Unterschiede das Signifikanzniveau nicht. Interessanterweise zeigte die Leichtigkeit, mit der eine Lidschlagkonditionierung zustande kam, keine Beziehung zum Ergebnis der Therapie, während dies beim verbalen Konditionieren der Fall war. Die Autoren vertraten die Meinung, daß bei der Aversionstherapie operantes Konditionieren beteiligt sei. Man kann annehmen, daß auch die Sprache einen bedeutenden Anteil an dieser Methode hat.

Wie erinnerlich, argumentierten FELDMAN u. MACCULLOCH (1965), daß ein Vermeidungslernen bei der Aversionstherapie vermutlich wirksamer als klassisches Konditionieren sei, und wandten eine solche Methode bei der Behandlung der Homosexualität an (vgl. Kapitel 4).

MacCulloch u. Mitarb. (1965) verfolgten die Latenzzeiten der Vermeidungsreaktionen und die Pulsfrequenzveränderungen nach der Darbietung von Fotografien mit nackten Männern während der Behandlung von vier Patienten. Das Ergebnis, daß diejenigen Patienten, die sich unter der Therapie besserten, eine schrittweise Verringerung der Vermeidungslatenz zeigten, spricht für eine spezifische Rolle des Vermeidungslernens beim therapeutischen Erfolg. Bei Patienten, die keine Besserung zeigten, fand man auch keine Verminderung der Reaktionslatenz. Entsprechend fand sich bei einem mit Erfolg behandelten Patienten ein konditionierter Pulsanstieg, während eine derartige Reaktion bei einem Patienten ohne Therapieerfolg nicht nachweisbar war.

Marks u. Gelder (1967) berichteten in einer detaillierten Untersuchung über den Verlauf elektrischer Aversionstherapie bei drei Transvestiten und zwei Fetischisten. Diese Behandlung richtete sich bekanntlich sowohl auf beobachtbares Verhalten wie auf Phantasien. Das Behandlungsergebnis wurde aufgrund klinischer Untersuchungen, Auftreten von Erektionen (zur Methode vgl. Bancroft u. Mitarb., 1966) und Einstellungsänderungen gemessen am semantischen Differential (Marks, 1965; Marks u. Sartorius, 1968), abgeschätzt. Erektionen, die während einschlägiger Phantasien auftraten, sowie abnormes Verhalten während der Therapie wurden beseitigt. Allerdings trat nur ein geringes Ausmaß an Generalisation ein, so daß jedes Kleidungsstück von neuem aversiv gemacht werden mußte. Erektionen bei normaler heterosexueller Stimulierung wurden durch die Therapie nicht beeinflußt, und die Einstellungsänderungen beschränkten sich in erwarteter Weise nur auf die Kleidungsstücke, gegen die sich die Behandlung richtete. Als auch die Phantasien in die Aversionsbehandlung einbezogen wurden, beobachtete man, daß die Patienten zunehmend lange Zeit brauchten, um sich die betreffende Szene vorzustellen, bis sie sich die Szene schließlich überhaupt nicht mehr vorstellen konnten. Vor der Behandlung gingen Erektionen oft der Phantasie voran; nach der Behandlung traten Erektionen nicht mehr auf. Dieser graduelle Anstieg der Latenz und die Abnahme von Erektionen traten nur nach aversiver Stimulation auf. Marks (1968) nimmt an, daß dies eine interne bedingte Vermeidungsreaktion und keine willkürliche Reaktion ist, und betrachtet dies als Beispiel für eine experimentell hervorgerufene Verdrängung. Nur einige Patienten zeigten, während sich diese Verdrängung entwickelte, Anzeichen von Angst; physiologische Angstzeichen waren nicht immer nachweisbar. Viele Patienten erlebten während der Behandlung Depressionen, Angst oder Reizbarkeit. Ein Patient klagte über langdauernde Symptome der Reizbarkeit und über den Verlust seiner kreativen Fähigkeiten, die sechs Monate nach Entlassung aus der Klinik anhielten, bis er schließlich in seine fetischistischen Gewohnheiten zurückfiel. Offensichtlich haben wir es hier mit einem Beispiel von Symptomverschiebung zu tun, wobei der Fetischismus durch Reizbarkeit ersetzt wurde. Eine andere mögliche Erklärung ist, daß der abnorme Sexualtrieb nicht vollständig beseitigt worden war. Patienten, die ihre devianten sexuellen Gefühle verloren hatten, zeigten in anderen Bereichen ihres Lebens Besserungen, während Depressionen und Reizbarkeit möglicherweise vor oder während der Behandlung oder bei einem Rückfall aufgetreten waren. Ein Patient, der nach Rückfall in sein abnormes Verhalten einen Selbstmordversuch unternahm, hatte schon früher aus Anlaß transvestitischen Verhaltens Depressionen entwikkelt. Symptomverschiebung scheint also nicht ein besonderes Risiko der Aversionstherapie zu sein; jedoch können die Patienten sowohl während der Therapie als auch unbehandelt, psychologische Reaktionen zeigen, die einer Behandlung bedürfen.

Madill u Mitarb. (1966) beschrieben eine klinische Untersuchung über drogeninduzierte Apnoe in der Aversionstherapie des Alkoholismus. Ihr Ziel war festzustellen, ob ihre Methode den Anforderungen des klassischen Konditionierens genügte, ob sich eine konditionierte emotionale Reaktion auf den Alkohol ausbildete, ob die Patienten Vermeidungsreaktionen gegenüber dem Alkohol zeigten, und ob eine klinische Besserung nachweisbar war. 45 Alkoholiker wurden zufällig auf drei Gruppen verteilt: Konditionierungsgruppe (CS und UCS); Pseudokonditionierung (nur UCS); Kontrollgruppe (nur CS). Zunächst erhielt jeder Patient eine kleine Menge seines Lieblingsgetränkes, die er ansehen, riechen und schmecken mußte. Dieser Vorgang wurde dreimal wiederholt. Die Patienten der Konditionierungsgruppe erhielten dann das Getränk innerhalb von zehn Sekunden vor dem Eintritt des UCS (durch Succinylchlorid induzierter Atemstillstand); bei den Patienten der zweiten Gruppe wurde der Atemstillstand ohne vorheriges Trinken eingeleitet. Danach erhielten alle drei Gruppen erneut je dreimal das alkoholische Getränk. Psychogalvanischer Reflex, Atem- und Pulsfrequenz, Muskelspannung und EKG wurden kontinuierlich abgeleitet, und die Dauer des Atemstillstandes sowie die Geschwindigkeit, mit der die Angst einsetzte, sowie deren Intensität, wurden beobachtet. Die Trink- und sonstigen allgemeinen Gewohnheiten der Patienten wurden drei Monate vor und drei Monate nach der Therapie beurteilt.

Der Beginn des Atemstillstandes, nicht seine Dauer, schien die Aversion am stärksten zu beeinflussen. Bei allen Gruppen entwickelte sich unmittelbar nach der Behandlung eine generalisierte Angstreaktion. Diese Reaktion war bei der Konditionierungs- und Pseudokonditionierungsgruppe schneller und intensiver als bei der Kontrollgruppe, jedoch war dieser Unterschied nicht statistisch signifikant. Generalisiertes Vermeiden von Alkohol fand sich aber bei den Patienten der beiden Behandlungsgruppen signifikant häufiger. Auch die Menge des aufgenommenen Alkohols verringerte sich bei den beiden ersten Gruppen signifikant, und die Patienten tranken weniger oft in den Stammlokalen, die sie vor der Behandlung bevorzugten. Trotzdem fand sich zwischen den drei Gruppen kein signifikanter Unterschied in der Reduktion des erlebten Dranges nach Alkohol oder in der Anzahl der abstinent verbrachten Tage.

Das Gesamtergebnis dieser Therapie war also gering, doch muß man gerechterweise hinzufügen, daß die für diese Therapie ausgesuchten Patienten vermutlich bei jeder Therapie eine schlechte Prognose gehabt hätten. Die Autoren kamen zu dem Schluß, daß die Methode nicht ausreichte, das Trinkverhalten zu ändern, obwohl sie mit Erfolg bedingte aversive emotionale Reaktionen lieferte. Ein unerwartetes Ergebnis der Untersuchung war der fehlende Unterschied im Ergebnis von Konditionierung und „Pseudokonditionierung". Auf den ersten Blick scheint dies dafür zu sprechen, daß keine der nach Behandlung beobachteten Veränderungen auf Konditionierung durch Gleichzeitigkeit zurückzuführen sei. Die Autoren weisen aber darauf hin, daß es auch in der zweiten Gruppe zu einem Konditionierungsprozeß habe kommen können, da ja der Alkohol in der Behandlungssituation dreimal dargeboten wurde, ehe man den Atemstillstand hervorrief. Die durch das Verfahren ausgelöste Angst könnte mit dem Alkohol assoziiert worden sein. Selbstverständlich waren sich die Patienten auch der Tatsache bewußt, daß sie einer angsterfüllenden Erfahrung deshalb ausgesetzt wurden, weil sie Alkoholiker waren. Das wichtige Ergebnis dieser Untersuchung aber ist, daß der Aufbau einer bedingten (aversiven) emotionalen Reaktion nicht ausreicht, operantes Verhalten (Trinken von Alkohol) zu ändern. Die Autoren weisen auf experimentelle Untersuchungen hin, aus denen hervorgeht, daß Verhaltensweisen, die durch Bestrafung hervorgerufen wurden, durch neuerliche Bestrafung nicht zu beseitigen sind (vgl. HOLZ u. AZRIN, 1961; SOLOMON, 1967). Darüber hinaus ist es möglich, daß Alkoholiker trinken, um Angst und Spannung zu verringern. Bei solchen Patienten würde die Aversionstherapie eine spezielle Angst vor Alkohol den allgemeinen Ängsten hinzufügen und damit eine „doppelt motivierte Vermeidungssituation" hervorbringen. In Anbetracht der schlechten Resultate und dieser theoretischen Überlegungen wird ein ausgedehnteres Behandlungsprogramm befürwortet.

In diesem Zusammenhang sind die Untersuchungen von BLAKE (1965, 1967) relevant. Wie bekannt, verglich er die Wirksamkeit einer Kombination von Entspannung und Aversionstherapie mit alleiniger Aversiontherapie bei Alkoholikern. Die Begründung für die Verwendung einer solchen kombinierten Methode lag in der Annahme EYSENCKS (1960 a), daß eine bedingte Aversion (gegen Alkohol) nicht aufrechterhalten bleibt, wenn der dem Trinken zugrundeliegende Angsttrieb unverändert bestehen bleibt. Die Patienten in BLAKES Entspannungs-Aversions-Gruppe erhielten ein Entspannungstraining mit der Instruktion, die Entspannung im täglichen Leben einzusetzen, um auftretende Spannungen zu verringern. Nach durchschnittlich 12 Entspannungssitzungen unterwarf man sie einem Vermeidungslernen mit elektrischen Schlägen. Die Kontrollgruppe, deren Patienten in bezug auf Alter, Geschlecht, soziale Schicht, Intelligenz, Chronizität des Alkoholismus und psychiatrische Diagnose parallelisiert waren, erhielten lediglich Aversionstherapie. Nach 12 Monaten konnten noch 59 % der ersten und 50 % der zweiten Gruppe als abstinent oder gebessert bezeichnet werden; dieser Unterschied war aber statistisch nicht signifikant.

Eine Schwäche dieser Untersuchung, war, wie BLAKE selbst betonte, daß die Hypothese nicht streng genug geprüft werden konnte, weil die Patienten nicht aufgrund des Vorhandenseins oder Fehlens „neurotischer Ängste" ausgesucht worden waren. Abgesehen davon ist es zweifelhaft, ob ein Entspannungstraining allein ausreicht, um Angst zu vermindern. Sicherlich ist eine systematische Desensibilisierung gegen spezielle angstauslösende Situationen wirksamer. Schließlich ist schwer verständlich, warum eine Zusatzprozedur, nämlich ein „Erwecken von Motivation", das auf eine Steigerung der Motivation zur Therapie abzielte (die Patienten wurden instruiert, über ihr Trinken und damit zusammenhängende Probleme nachzudenken), unter Entspannung durchgeführt wurde.

Operantes Konditionieren

In diesem Bereich haben sich die Untersuchungen hauptsächlich darauf konzentriert, nachzuweisen, daß die Verhaltensänderungen nach operantem Konditionieren durch verhaltenskontingente Bekräftigung hervorgerufen werden. In den meisten dieser Untersuchungen waren die Versuchspersonen psychotische Patienten, und das Ziel der Untersuchung war nicht immer ein unmittelbarer therapeutischer Nutzen.

Verschiedene Untersuchungen haben nachgewiesen, daß verbales Verhalten in erwarteter Weise durch kontingente Bekräftigung beeinflußt werden kann. AYLLON u. HAUGHTON (1964) berichteten über eine ausgedehnte Untersuchung an drei Psychotikern mit Halluzinationen. Die Schwestern registrierten zunächst die anfängliche Häufigkeit, in der „krankhaftes" verbales Verhalten (Sprechen über Halluzinationen) auftrat, und bestimmten dann die Wirkung von Bekräftigung und Weglassen von Bekräftigung auf die Häufigkeit dieses Verhaltens. Belohnte man „Sprechen mit psychotischen Inhalten", so stieg seine Häufigkeit, unter Extinktionsbedingungen wurde es seltener. Eine Umkehrung dieses Belohnungsplanes erbrachte den umgekehrten Effekt. ULLMANN u. Mitarb. (1965) bekräftigten während eines zwanzigminütigen Gesprächs selektiv „krankhaftes Sprechen" oder „gesundes Sprechen". Sechzig chronisch schizophrene Männer wurden mit einem von drei Verfahren untersucht. In der ersten Gruppe belohnte man Sprechen mit abnormen Inhalten. Die Patienten der zweiten Gruppe wurden für normale Äußerungen belohnt, und die Patienten der dritten Gruppe erhielten eine Belohnung, wenn sie Hauptwörter im Plural verwendeten. Dabei bestand die Belohnung aus einem Lächeln, Nicken und ermutigenden „mmh-mmh" des Versuchsleiters.

Aus den Ergebnissen geht hervor, daß abnorme Sprachinhalte bei den Patienten der zweiten Gruppe abnahmen, während sie bei den beiden anderen Gruppen häufiger wurden.

Wilson u. Walters (1966) verglichen, wie wirksam zwei verschiedene Prozeduren die Sprechhäufigkeit bei nahezu stummen Schizophrenen steigerten. Vier Patienten saßen mit einem redseligen Vorbild zusammen und erhielten eine Geldbelohnung, wenn sie über Szenen sprachen, die auf Diapositiven gezeigt wurden. Vier weitere Patienten wurden (in derselben Situation) nicht für verbale Äußerungen belohnt. Eine dritte Gruppe sah lediglich die Diapositive an, ohne daß sie ein Vorbild hatten oder belohnt wurden. Alle Patienten erhielten die gleiche Geldmenge, aber die Patienten, bei denen Sprechen nicht direkt belohnt wurde, erhielten diese Summe am Ende der Sitzungen, ob sie gesprochen hatten oder nicht. In der zweiten Phase des Experimentes wurden alle Versuchspersonen mit der Modell-plus-kontingente-Verstärkung-Methode weiterbehandelt. Ein Anstieg der Sprechrate wurde in den beiden ersten Gruppen beobachtet; er war ausgeprägter in der ersten Gruppe. Während der zweiten Phase besserten sich alle Versuchspersonen (aus allen Gruppen) signifikant.

Ayllon u. Azrin (1965) führten über einen Zeitraum von fast drei Jahren sechs verwandte Experimente durch, mit denen sie die Bekräftigungswirkungen von Münz-Ökonomien (vgl. Kapitel 4) zu testen versuchten. Bei allen Experimenten handelte es sich um Einzelfallstudien (der Patient liefert seine „eigene Kontrolle"). Wenn die Reaktionshäufigkeit unter einem bestimmten Plan der Verstärkung gemessen war, setzte man einen anderen Plan ein und kehrte schließlich wieder zum ursprünglichen Plan zurück (A-B-A-Versuchsplan). Es zeigte sich, daß die Münzen effektiv die Auswahl freiwilliger Arbeiten bestimmten: auch nichtbevorzugte Arbeiten wurden unter der Münzbelohnung häufig gewählt; die nichtkontingente (freie) Verteilung von Münzen senkte die Teilnahme an den Arbeitssitzungen, während die gänzliche Aufhebung der Ökonomie zu einer signifikanten Verschlechterung der Leistungen bei der Arbeit führte. Die Mitarbeiter in diesem Programm konnten die betreffenden Kontingenzen durch gesprochene oder geschriebene Instruktion aufbauen.

In einer weiteren — bereits erwähnten — Untersuchung verglichen Ayllon u. Azrin (1964) den relativen Beitrag verbaler Instruktion und positiver Bekräftigung beim Aufbau adäquater Eßvorbereitungen (die Patienten mußten ihr Eßgeschirr aufnehmen, ehe sie den Speisesaal betraten). Achtzehn Frauen, meist Schizophrene, wurden untersucht. Wenn sie das Zielverhalten zeigten, wurden sie mit einer Extraportion belohnt. Man beobachtete nur eine geringfügige Verbesserung, und zwar deshalb, weil vor Beginn der Behandlung nur wenige Patientinnen Ansätze zum erwünschten Verhalten zeigten. Sobald man den Patientinnen gesagt hatte, daß sie belohnt würden, wenn sie mit ihrem Eßgeschirr in den Speisesaal kämen, wurde das erwünschte Verhalten sehr häufig. Um festzustellen, ob die verbale Instruktion allein einen vergleichbaren Effekt habe, führte man ein zweites Experiment mit einer ähnlichen Patientenstichprobe durch. Sie erhielten dieselben Instruktionen wie in der ersten Untersuchung, aber keine Extraportion als Belohnung. Wenn sie allerdings ihr Besteck usw. nicht aufnahmen, mußten sie vor dem Eßraum warten. Unter dieser Prozedur stieg die Häufigkeit des Zielverhaltens auf 40 bis 70 %. Als man eine Extraportion als Belohnung hinzufügte, stiegen diese Zahlen auf 90 bis 100 %. Ayllon u. Azrin schlossen daraus, daß verbale Instruktionen gelegentlich unumgänglich für den Aufbau erwünschten Verhaltens sind, das dann durch positive Belohnung aufrechterhalten wird.

Eine Reihe von Untersuchungen widmeten sich dem Problem, eine Generalisation der Ergebnisse aus Laborexperimenten in die tägliche Umwelt zu erreichen. ULLMANN u. Mitarb. (1964) gelang bei Schizophrenen eine signifikante Steigerung an Gemeinsamkeits-Assoziationen in einem Wort-Assoziationstest; dieses Ergebnis generalisierte aber nicht auf einen Test, in dem Zeichnungen von Menschen eingesetzt wurden. MICHENBAUM (1966) zeigte, daß kontingente soziale Belohnung, die sich auf verbale Reaktionen richtete, die abstraktes Denken in einem Sprichworttest anzeigten, eine signifikante Besserung bewirkte, die auf einen neuen, aber verwandten begrifflichen Test generalisierte.

Unter der Annahme, daß eine Steigerung des emotionalen Ausdrucks zu einer Verbesserung der interpersonellen Beziehung in der Gruppentherapie führen müsse, setzten ULLMANN u. Mitarb. (1961 a und b) eine Technik verbalen Konditionierens ein, mit der der Gebrauch emotionaler Worte beim Erzählen einer Geschichte sozial verstärkt wurde. Das Verhalten der Gruppenpatienten wurde dann von einem unabhängigen Beobachter erneut beurteilt. In einer Untersuchung zeigte die Versuchsgruppe die erwartete Verbesserung der persönlichen Beziehung während der Gruppensitzungen, bei der zweiten Untersuchung waren die Ergebnisse nicht eindeutig.

Bei der Beurteilung der Methoden des operanten Konditionierens findet man eindrucksvolle experimentelle Ergebnisse, nach denen die beobachteten Veränderungen verbalen wie nichtverbalen Verhaltens von psychotischen Patienten vom kontingenten Einsatz primärer und sekundärer Bekräftigung abhängen. Operante Methoden sind bei Menschen erst in den letzten zwanzig Jahren untersucht worden; und die meisten Untersuchungen (bis auf die neueren Arbeiten über Münz-Ökonomie-Programme) sind experimenteller und nicht therapeutischer Natur gewesen. Die Forschung sollte sich vor allem darauf konzentrieren, die Ergebnisse experimenteller Sitzungen auf das tägliche Leben zu übertragen. Man sollte auch realisieren, daß der Versuch, alle Verhaltensstörungen mittels einiger Aspekte verbalen und nichtverbalen operanten Konditionierens erklären zu wollen, zu ungerechtfertigten Vereinfachungen führen könnte.

Zusammenfassend sollte man betonen, daß einer der eindrucksvollsten Aspekte der Verhaltenstherapie — bedenkt man ihre kurze Existenz – die Anzahl an experimentellen Untersuchungen ist, die sie angeregt hat, und zweitens die Bereitwilligkeit, mit der die Verhaltenstherapeuten ihre grundlegenden Annahmen kritisch betrachten und mit empirischen Methoden die Wirksamkeit ihrer Therapien testen. Man sollte diese Objektivität nicht aus den Augen verlieren, nur weil einige ihre Energie darauf verwenden, ungezügelte Attacken gegen andere Therapieformen zu unternehmen. Immerhin gibt es zahlreiche Belege dafür, daß spezielle verhaltenstherapeutische Methoden bestimmte abnorme Verhaltensweisen modifizieren können. Diese Ergebnisse stimmen mit den Prinzipien, von denen sich die Behandlungsformen ableiten, überein, doch fehlt noch der schlüssige Beweis, wie diese Prinzipien im einzelnen wirken. Gleichzeitig haben die Untersuchungen Ergebnisse geliefert, die neue Fragen und Probleme aufgeworfen haben und weiterer Untersuchungen bedürfen.

Es scheint, als sei die Kombination von schrittweiser Darbietung und Entspannung der wichtigste Faktor bei der systematischen Desensibilisierung, und dieses Ergebnis spricht in erster Linie für einen Prozeß der Gegenkonditionierung. Die Methode der systematischen Desensibilisierung bietet aber auch die Möglichkeit zur Extinktion und Habituation, die zur therapeutischen Wirkung beitragen könnten. Es gibt auch Hinweise darauf, daß die Kombination von Desensibilisierung in der Vorstellung und in der Realität der alleinigen Desensibilisierung in der Vorstellung überlegen ist. Dem entspricht die Erfahrung, daß symbolisches modellorientiertes Verhalten und Desensibilisierung der Kombination von Modellernen in vivo und praktischer Teilnahme unterlegen sind.

Man tut gut daran, sich zu erinnern, daß die Mehrzahl der Untersuchungen über systematische Desensibilisierung und Modellernen an freiwilligen Versuchspersonen und nicht an psychiatrischen Patienten durchgeführt wurden, so daß man die Ergebnisse nicht automatisch übertragen kann; ohne Replikationen für diese Population bleiben die Ergebnisse begrenzt übertragungsfähig. Andere Therapiemethoden sind nicht so eingehend untersucht worden, aber auch hier beginnen sich interessante Ergebnisse zu zeigen; so findet man bei der Aversionstherapie, daß bedingte emotionale Reaktionen und Vermeidungsverhalten aufgebaut werden.

KAPITEL 7

Neuere Untersuchungen II: Kognitive Variablen und unspezifische Prozesse psychologischer Behandlungsmethoden

Eine Vielfalt psychologischer Behandlungsmethoden nimmt für sich bestimmte Therapieerfolge in Anspruch, obwohl sie sich von unterschiedlichen theoretischen Grundlagen ableiten. Es liegt nahe anzunehmen, daß es eine oder mehrere Variablen gibt, die allen Therapieformen gemeinsam sind und die für den Therapieerfolg verantwortlich sind; es ist Aufgabe der Forschung, diese Variablen zu identifizieren. Die Verhaltenstherapeuten haben postuliert, daß Lernprozesse ein kritischer Faktor sind, und haben für diese Hypothese zutreffende Ergebnisse zusammengetragen. Die psychodynamische Theorie betont das Erreichen emotionaler Einsichten und die Erfahrung einer therapeutischen Beziehung als notwendige Bedingungen des Therapieerfolges. Es ist denkbar, daß diese beiden Ansätze lediglich in der Terminologie differieren, oder aber daß sie sich in ihren theoretischen Formulierungen oder auch im therapeutischen Vorgehen unterscheiden. Man findet verschiedene Versuche, für Lerntheorie und Psychoanalyse gemeinsame Grundlagen zu finden.

Die theoretische Erklärung des psychotherapeutischen Prozesses umschließt Einsicht in die unbewußten Konflikte und Abwehrmechanismen, welche die Symptome und Persönlichkeitsstörungen darstellen, ihre Auflösung oder Modifikation, Ich-Reifung und die Entwicklung reifer Verhaltensmuster. Der Patient gewinnt Einsicht durch den Prozeß der Exploration und Interpretation freier Assoziationen, durch Übertragung und Widerstand. Die Auflösung von Konflikten und die Modifikation der Abwehrmechanismen vollzieht sich mittels wiederholter Konflikt-Auslösung (Durcharbeiten) unter der Einsicht, daß die Ängste nur mehr von historischem, nicht aber von gegenwärtigem Interesse sind (Realitätstestung). Ich-Reifung und Anpassung von Verhaltensmustern erwartet man als Resultat der Kombination von Abbau der Abwehrmechanismen und der Erfahrung einer Beziehung zum Therapeuten, der vermeidet, spontan oder durch Drängen des Patienten eine Rolle anzunehmen, welche die unangepaßten Reaktionen des Patienten aufrechterhalten könnte.

SHOBEN (1949) nahm an, daß an allen psychotherapeutischen Verfahren drei voneinander abhängige psychologische Prozesse beteiligt seien.

„Erstens ist es die Aufhebung der Verdrängung und die Entwicklung von Einsicht durch das symbolische Wiederauflebenlassen von Angstreizen; zweitens die Verringerung der Angst durch einen Prozeß der Gegenkonditionierung, indem die angstauslösenden Reize mit der angenehmen Reaktion auf die therapeutische Beziehung gekoppelt werden; und drittens ist es ein Prozeß der Umerziehung, bei dem der Patient mit Hilfe des Therapeuten lernt, realistische Ziele zu formulieren und gleichzeitig das Verhalten erwirbt, diese Ziele zu erreichen."

Shoben warnt davor, daß sich seine Beschreibung lediglich auf plausible Hypothesen und dürftige Analogien stütze, sie liefere aber eine bestechende lernpsychologische Erklärung der Theorie und Methode der Psychotherapie. Auch Dollard u. Miller (1950) betonten die Wichtigkeit des Aufhebens von Verdrängungen dadurch, daß die unbewußten angstauslösenden Reize im ersten Stadium der Psychotherapie erkannt und benannt würden. Die nachsichtige Haltung des Therapeuten ermutige den Patienten, Angstreize zu erleben (auf die keine bestrafende Konsequenz folgt), so daß sie schrittweise gelöscht werden.

Wie man sieht, ist es durchaus möglich, postulierte Prozesse der Psychotherapie in der Sprache der Lernpsychologie darzustellen. Psychodynamische Theorien unterscheiden sich in der Bedeutung, die sie der Einsicht und Faktoren der Beziehung als Vermittler des Therapieerfolges beimessen, die Bedeutung der Beziehung zum Therapeuten wurde aber immer mehr betont. Betrachtet man das tatsächliche Vorgehen in der Psychotherapie, die Exploration von Gefühlen und Beziehungen, so wird klar, daß dabei Angstreize aufgedeckt und Vermeidungsreaktionen ausgelöst werden können. Die besonderen Umstände der therapeutischen Beziehung schaffen die Gelegenheit für Löschung oder Gegenkonditionierung. Zusätzlich vermag der Therapeut als Modell für Imitation zu dienen (vikariierende Löschung) und eine Quelle positiver und negativer Verstärkung in einem Prozeß operanten Konditionierens zu sein. Gerade weil in der Psychotherapie die Möglichkeit für den Therapeuten gegeben sein könnte, die ganze Breite der von Verhaltenstherapeuten verwendeten Lernprozesse einzusetzen, kann der Verhaltenstherapeut die Erfolge der Psychotherapie mittels der Prinzipien der Lernpsychologie erklären. Er würde hinzufügen, daß Psychotherapie einen umständlichen und unsicheren Weg darstellt, Verhaltenstherapie zu betreiben, und daß deren eigene Behandlungsstrategie eine systematischere und effektivere Lernsituation zur Modifikation unerwünschten Verhaltens bereithält. Wilson u. Smith (1968) lieferten eine Demonstration der möglichen Rolle einer Gegenkonditionierung in der Psychotherapie; in ihrer Untersuchung ermutigten sie zwei Patienten, freie Assoziationen unter tiefer muskulärer Entspannung zu liefern. Für den Typ der von ihnen behandelten Patienten ist das Ausmaß der in einer kleinen Zahl von Sitzungen offensichtlich erzielten Besserung eindrucksvoll. Gegenkonditionierung scheint der entscheidende therapeutische Prozeß gewesen zu sein, doch bedarf es weiterer Untersuchungen, ehe man irgendwelche Schlüsse ziehen kann.

Viele Forscher haben die Bedeutung des Lernens in der Psychotherapie betont (vgl. MOWRER, 1950; BANDURA, 1961, 1969; ALEXANDER, 1963; PIERS u. PIERS, 1965; MARKS u. GELDER, 1966). Einige haben Psychotherapie als einen grundsätzlich von verbalen Interaktionen, das heißt verbalem Konditionieren abhängigen Prozeß gesehen (vgl. KRASNER, 1958; KANFER, 1961; s. auch FRANKS, 1966), andere haben dagegen den Unterschied zwischen verbalem Konditionieren und Psychotherapie betont und hervorgehoben, daß in der letzteren komplexere emotionale Veränderungen vor sich gehen (vgl. LUBORSKY u. STRUPP, 1962).

Vermutlich wird niemand leugnen, daß verbales Konditionieren selbst in den sogenannten nichtdirektiven Psychotherapien vorkommen kann(vgl. z. B. die Untersuchung von TRUAX, 1966 b, die später diskutiert wird). Ob der Theoretiker oder Kliniker diese Tatsache begrüßt und für wünschenswert erklärt, wird von seiner Einschätzung der Bedeutung solcher Prozesse für das Erreichen des Therapieziels abhängig sein. Der Psychotherapeut erwartet, daß bei seinem Patienten Verhaltensänderungen auftreten, die aus einer neuen Art zu fühlen und zu denken hervorgehen, die ihrerseits in einer Behandlungssituation sich entwickelt, die überwiegend durch verbale Kommunikation bestimmt ist. (Offensichtlich bedingt dies Einschränkungen in bezug auf den Patiententyp, der psychotherapeutisch behandelt werden kann. FRIEDMAN (1966 b) dagegen berichtete über die erfolgreiche Behandlung einer Hundephobie bei einem Taubstummen, dem unter Entspannung mit einem Kurzzeitnarkotikum eine Hierarchie von Hundebildern gezeigt wurde. Abgesehen von theoretischen Überlegungen ist ein solcher Patient schwer in einer psychotherapeutischen Situation vorstellbar.) Man erwartet also, daß die in der Therapie sich einstellenden neuen Erfahrungsweisen auch die Erfahrungen und das Verhalten außerhalb der Therapie beeinflussen werden. Bezeichnet man Psychotherapie als verbales Konditionieren, so wird man annehmen müssen, daß Änderungen verbalen Verhaltens auch Veränderungen in anderen Verhaltensbereichen hervorrufen können (siehe METZNER, 1961; KRASNER, 1963, 1965). Zu dieser Frage gibt es wenige Untersuchungen, jedoch legt die ausgedehnte Verwendung der Sprache in der Erziehung nahe, eine solche Wirkung anzunehmen. Bei normalen Kindern haben experimentelle Untersuchungen eine direkte Übertragung von verbalem auf nichtverbales Verhalten nachgewiesen (vgl. LOVAAS, 1961, 1964). BRODSKY (1967) untersuchte dieses Problem an zwei hospitalisierten retardierten Jugendlichen. Bei einem Mädchen bekräftigte man soziales Verhalten in einer strukturierten Situation; unter dieser Behandlung kam es zu einem Anstieg sozialen Verhaltens, der auf eine Spielplatzsituation generalisierte und schließlich auch auf das in Interviews gezeigte verbale Verhalten. Den zweiten Patienten belohnte man für soziale Äußerungen während eines Gesprächs. Obwohl verbales Konditionieren zu beobachten war, generalisierte der Anstieg sozial wünschenswerter Äußerungen weder auf die oben genannte strukturierte Situation noch auf das Verhalten auf dem Spielplatz. Obwohl man aus einer so begrenzten Studie keine allgemeinen Schlüsse ziehen kann, scheint die Übertragung von verbalem auf nichtverbales Verhalten nicht immer automatisch zu sein. LURIA (1961) hat Hinweise darauf geben können, daß verbales Verhalten nur dann nichtverbales Verhalten kontrolliert, wenn das äußerliche verbale Kommando „verinnerlicht" ist.

Es ist ein gesichertes Ergebnis, daß in Situationen, die entweder als Analogon einer Psychotherapie (verbales Konditionieren, GREENSPOON, 1962) oder als echte Psychotherapie aufzufassen sind (vgl. BANDURA, 1961; FRANK, 1961), systematische Veränderungen im verbalen Verhalten auftreten. Allerdings sind die Hinweise auf eine Generalisation dieser Wirkungen von der therapeutischen Situation auf andere Verhaltensweisen spärlich (ZAX u. KLEIN, 1960; KANFER, 1961; GREENSPOON, 1962). Mit diesen Problemen verwandt ist die Rolle der Einsicht in der Psychotherapie, die eines der Hauptziele bei verschiedenen Formen der Psychotherapie ist (vgl. FENICHEL, 1946; ROGERS, 1951; SULLIVAN, 1953). Man stellt sich vor, daß Selbsterkenntnis der Ursache des eigenen Verhaltens dem Patienten erlaubt, dieses Verhalten zu ändern. In Lernbegriffen: Es kommt zu einem Diskriminationslernen, wobei diskriminative Reize aufgedeckt und unangepaßte Reaktionen gelöscht werden. Wenn in der Einsichtstherapie (und vermutlich auch bei der Reizüberflutung) Angstreaktionen ausgeschaltet werden sollen, muß der Patient wissen, wie er zu der Angstreaktion kam. Auf der anderen Seite findet man bei den meisten Formen der Verhaltenstherapie die Tendenz, kognitive Prozesse zu umgehen (zum Vergleich von „Einsichts-" und „Aktions-" Therapie s. LONDON, 1964).

Viele Therapeuten halten die Bedeutung der „Einsicht" für den therapeutischen Erfolg für fraglich. ALEXANDER u. FRENCH (1946) beispielsweise betrachten Einsicht als Resultat, nicht als Voraussetzung von Veränderungen. HOBBS (1962) meinte, daß Persönlichkeitsveränderungen auch unabhängig von Einsicht auftreten können, die manchmal ein Nebenprodukt solcher Veränderungen sei. Zu diesem Problem gibt es keine klaren experimentellen Ergebnisse. HEAP u. SIPPRELLE (1966) kamen zu dem Ergebnis, daß Einsicht nichts mit der Löschung einer operanten verbalen Verhaltensweise zu tun habe, während COLE u. SIPPRELLE (1967) zeigten, daß das Bewußtsein der Veränderung mit der Löschung einer klassischen PGR-Reaktion positiv korrelierte. Wie bereits erwähnt, kann das Erkennen der Kontingenz das operante Konditionieren bei Patienten beeinflussen. BANDURA (1969) liefert einen ausgezeichneten Überblick über experimentelle Untersuchungen zur Beziehung zwischen Bewußtsein und Verhaltensänderung; er kommt zu dem Schluß, das das Bewußtwerden zwar ein wirksamer unterstützender Faktor, aber weder eine notwendige, noch eine ausreichende Bedingung für klassisches oder operantes Konditionieren ist.

Offensichtlich ist die Rolle der „Einsicht" kompliziert. Sicherlich sollte man nicht meinen, sie könne stets das Verhalten beeinflussen. Es muß untersucht werden, welche Art von Symptomen in welcher Situation durch Einsicht zu modifizieren sind.

Möglicherweise sind Ursprung und Art des Symptoms in diesem Zusammenhang relevant. Die bereits beschriebene Untersuchung von Bridger u. Mandel (1964) liefert ein Beispiel für die Bedeutung der Herkunft eines Symptoms; in diesem Experiment erhielt eine Gruppe von Versuchspersonen nach einem CS einen starken elektrischen Schlag, während die Probanden der anderen Gruppe zwar gewarnt wurden, sie würden einen Schlag erhalten, aber tatsächlich nie einen erhielten. Alle Probanden zeigten bedingte PGR-Reaktionen auf den CS. Als man aber die Elektroden entfernte und den Probanden sagte, sie würden keine Schläge mehr erhalten, erfolgte in der nur verbal bedrohten Gruppe eine sofortige Löschung, nicht aber in der Gruppe, die tatsächlich Schläge erhalten hatte. Bridger u. Mandel nehmen an, daß bei Patienten, deren Phobie ein Resultat eines physischen Traumas ist, verbale Manipulationen nicht ausreichen; solche Patienten müssen echte Extinktionsversuche erleben. In der Sprache des klassischen Konditionierens würde das heißen, daß man zur Modifikation eines Verhaltens, das durch das „erste Signalsystem" gesteuert wird, dieses System auch einer entsprechenden neuen Erfahrung unterwerfen muß; wo allein das „zweite Signalsystem", die Sprache, beteiligt ist, kann man eine subjektive Erwartung allein durch das Medium der Sprache beseitigen. Der in der oben zitierten Untersuchung nachgewiesene fehlende Effekt einer verbalen Instruktion bei der Löschung (einer bedingten Realangst) entspricht der klinischen Erfahrung, daß die Ängste phobischer Patienten nicht dadurch reduziert werden, daß sie wie meist als unrealistisch angesehen werden.

Sowohl Lerntheoretiker als auch Psychodynamiker halten Ängste für die Hauptgrundlage neurotischer Störungen; sie nehmen an, daß Symptome durch den Drang zur Angstreduktion zustande kommen und aufrechterhalten werden (Abwehrmechanismen). Allerdings gibt es keinen Hinweis darauf, daß nur auf diesem Wege Symptome sich entwickeln und persistieren. Einige Verhaltensstörungen könnten auch als Resultat mangelnder Lerngelegenheiten für adäquates Verhalten aufgefaßt werden, oder sie könnten durch fehlangepaßtes Lernen entstehen, das durch unbeständige oder unpassende Anwendung von Bekräftigungen gekennzeichnet ist. Darüber hinaus könnten sich einige Symptome (durch Generalisation) von ihrer ursprünglichen Angstquelle trennen und durch sekundäre Verstärker aufrechterhalten bleiben. Ein Beispiel dafür ist das Ergebnis von Walton u. Mather (1963), daß bei vor kurzer Zeit entstandenen Zwangssymptomen eine Behandlung ausreichte, die sich auf den „bedingten Vermeidungstrieb" richtete, während in chronischen Fällen sowohl die ursprüngliche Quelle der Angst als auch die Rituale direkt therapeutisch angegangen werden mußten. Die Autoren meinten, die Ausführung der

Rituale sei bei den chronisch gestörten Patienten nicht länger abhängig von der ursprünglichen Angst. Zusätzlich zur Erhaltung durch sekundäre Verstärkung können einige Störungen, wie unbeabsichtigte Bewegungen (Tics) oder Süchte, als Resultat biochemischer oder durch Wiederholung bedingte strukturelle Veränderungen, autonom werden. Die relative Unwirksamkeit von Psychotherapie und systematischer Desensibilisierung bei solchen Störungen sowie ihre Besserung nach negativer Übung oder Aversionstherapie unterstützen die Hypothese, daß sie nicht durch Angst aufrechterhalten werden.

Neben der Möglichkeit, daß Symptome, die früher durch Angst entstanden, nun aber nicht mehr davon abhängig sind, sollten Verhaltenstherapeuten aber kognitive Faktoren nicht aus den Augen verlieren, die bei einigen Störungen von entscheidender Bedeutung sein könnten. Valins u. Ray (1967) haben nachgewiesen, daß eine kognitive Neuorientierung Ängste reduzieren kann. Die Bedeutung von Denkprozessen und Gefühlen ist auch im Bereich des operanten Konditionierens betont worden (Holland u. Skinner, 1961; Hefferline, 1962; Staats u. Staats, 1963; Homme, 1965). Diese „coverants" werden bei einigen operanten Therapiemethoden berücksichtigt. Verbale Instruktionen sind mit Erfolg dort eingesetzt worden, wo es galt, den Aufbau eines Zielverhaltens zu beschleunigen (vgl. Ayllon u. Azrin, 1964, 1965). Peterson u. London (1965) haben die Rolle kognitiver Faktoren in der Verhaltenstherapie betont und gemeint, daß die in drei Sitzungen zum Erfolg führende Behandlung eines Dreijährigen mit schwerer Verstopfung durch die Kombination von verbaler Instruktion und Belohnung zustande kam. Die Bedeutung von Konzepten und Phantasien bei der Entstehung und Erhaltung beobachtbarer Verhaltensstörungen spiegelt sich in der Beachtung, die neuere Aversionstechniken solchen Prozessen schenken. Ähnlich zeigen die Anwendung z. B. der gefühlsbetonten Vorstellung als Gegenkonditionierungsreaktion sowie die Annahme, daß eine Desensibilisierung in der Vorstellung auf manifestes Verhalten generalisiert, daß auch Verhaltenstherapeuten „subjektive seelische Erfahrungen" akzeptieren und an deren starken Einfluß auf beobachtbares Verhalten glauben. In Anbetracht ihrer Vielfalt und Komplexität scheint die formale Verwendung, die die menschliche Sprache und „innere seelische Erfahrungen" in den meisten verhaltenstherapeutischen Verfahren gefunden haben, bedeutungslos und banal. Die historischen Gründe für diese Tatsache mag man in dem Anspruch der Verhaltenstherapie sehen, sich von der experimentellen Lernforschung abzuleiten, die überwiegend auf Tierexperimenten basiert; darüber hinaus ist sie im klinischen Bereich bei solchen Störungen eingesetzt worden, in denen differenziertere kognitive Verfahren entweder zu Fehlschlägen führten oder nur geringe Erfolge aufzuweisen hatten.

Einige Verhaltensstörungen könnten ausschließlich auf falschen Einstellungen oder Vorstellungen beruhen, deren Korrektur durch einfache Erklärungen, Instruktionen oder Demonstrationen zu schnellen

„Heilungen" führen könnte. Unglücklicherweise ist es sehr selten, daß eine länger anhaltende Störung, die zur Einweisung in eine psychiatrische Klinik geführt hat, auf so einfache Maßnahmen anspricht. Gerade weil solche Störungen nicht durch einfache Erklärungen beseitigt werden können, sucht man ja den Ratschlag eines Spezialisten. Weil aber die kognitive Störung sehr komplexer Art sein kann, muß auch die Behandlung komplex sein, sie kann aber immer noch überwiegend kognitiv orientiert bleiben. Eine Theorie, welche kognitive Organisationsformen als grundlegend für Persönlichkeitsentwicklung und Neurose bezeichnet, ist von KELLY (1955) entwickelt worden; sie dient als Basis für die Untersuchung des persönlichen Konstruktsystems einzelner Individuen (vgl. BANNISTER u. MAIR, 1968).

In Anbetracht dieser Überlegungen, die wir nur kurz andeuten konnten, sollten Verhaltenstherapeuten versuchen festzustellen, ob die Störung ihres Patienten vorwiegend im motorischen, autonomen oder kognitiven Bereich liegt. Eindeutige Fälle, die nur in eine der drei Kategorien passen, gibt es jedoch selten; gewöhnlich findet man eine Mischung aller (vgl. ängstlich-zwanghafte Patienten). Trotzdem neigen viele Verhaltenstherapeuten dazu, Verhaltenstherapie und systematische Desensibilisierung oder operantes Konditionieren synonym zu verwenden, und der Patient wird deshalb gelegentlich in eine „theoretische Zwangsjacke" eingeschnürt; ein so undifferenziertes Denken führt nur zu häufig zu einer falschen Anwendung der Verhaltenstherapie. Lazarus hat auf die Schwächen eines derart eng begrenzten Ansatzes hingewiesen und eine „Breitspektrum-Verhaltenstherapie" befürwortet, die bei komplexen Fällen aus einer Kombination verschiedener verhaltenstherapeutischer Verfahren besteht. Der Therapeut bedient sich dabei der Lernprinzipien, um sie in expliziter Form und systematisch im Rahmen eines Therapieplanes einzusetzen.

Abgesehen von solchen Faktoren, die man als spezifisch für bestimmte psychologische Behandlungsmethoden bezeichnet, wie z. B. Einsicht und Lernprozesse, gibt es andere Faktoren, die in den meisten Behandlungsformen eine Rolle spielen und deshalb als „unspezifisch" bezeichnet werden. In diese Kategorie fallen eine Reihe von Therapeuten-, Patienten- und Interaktionsvariablen. So hat man dem Verfahren der Suggestion beträchtliche Aufmerksamkeit geschenkt, das bei manchen Therapieformen ein wesentlicher Faktor ist. Allerdings spielt die Suggestion in vielen Therapieprozessen eine Rolle, von denen man glaubt, daß dort Einsicht oder Lernen von größter Bedeutung sind. Stellt sich lediglich aufgrund von Suggestionen ein Therapieerfolg ein, so zeigen sich manche Theoretiker wenig beglückt über dieses Ergebnis, weil nach ihrer Theorie die Besserung kaum anhaltend sein dürfte. Untersuchungen körperlicher wie seelischer Therapien versuchen stets eine Kontrolle über Suggestion und Placebowirkungen einzubauen. Dies ist auch die Begründung für den sogenannten Doppel-Blind-Versuch zur Medikamentenprüfung, bei dem die Patienten entweder die zu prüfende Droge oder einen unwirksamen Stoff erhalten und beurteilt werden, ohne daß sie oder die Untersucher wissen, was sie erhielten. In vielen derartigen Untersuchungen zeigten etwa 30 % der mit der unwirksamen Substanz behandelten Patienten signifikante Besserungen oder Verschlechterungen, sie wurden deshalb als „positiv oder negativ auf das Placebo reagierend" bezeichnet. Obwohl die meisten solcher Veränderungen im subjektiven Bereich liegen, können auch physiologische Veränderungen auftreten (BEECHER, 1955; LIBERMANN, 1962; HONIGFELD, 1964). Man hat zwar oft angenommen, der Placeboeffekt sei eine Funktion der Suggestion, jedoch sind die Korrelationen zwischen Tests auf Suggestibilität und den gefundenen Placeboreaktionen nicht sehr hoch. Höchstwahrscheinlich ist die Reaktion auf Placebos kein stabiler Persönlichkeitszug (LIBERMAN, 1964; SHAPIRO, 1968), sondern ist von den jeweiligen klinischen und umgebungsbedingten Faktoren abhängig. Natürlich könnte man eine Placeboreaktion auch als Konditionierungsergebnis bezeichnen, da man das Placebo als einen bedingten Reiz auffassen könnte, der aufgrund vorangehender Kopplungen „Medikation-Besserung" eine Besserung hervorruft (vgl. KNOWLES, 1963). Einige Ergebnisse weisen darauf hin, daß Vertrauen zu Ärzten, wohlmeinende Haltung gegenüber Krankenhäusern und Medikamenten, ein hohes Ausmaß an Unbehagen (einschließlich Angst und Depression) sowie Extraversion mit positiven Placeboreaktionen assoziiert sind (BLACK, 1966). Eine wichtige Variable für den Placeboeffekt ist der Arzt. Man weiß schon lange, daß Ärzte auch dann ganz unterschiedliche Therapieerfolge erzielen können, wenn sie dasselbe Medikament bei derselben Art von Patienten anwenden. Der Einfluß des Therapeuten kann zu einem generellen Anstieg oder Abfall der therapeutischen Wirksamkeit führen, kann aber auch subtilere Wirkungen haben. Bei einigen Ärzten ergab sich eine differentielle Wirkung im Doppel-Blind-Versuch, während sich bei anderen Ärzten ein solcher Unterschied nicht zeigte (UHLENHUTH u. Mitarb., 1959; JOYCE, 1962). Therapeutenvariablen können also sogar einen größeren Einfluß auf den Patienten haben, als ihn pharmakologisch wirksame Substanzen ausüben.

Placeboeffekte können bei psychologischen Behandlungsmethoden eine ebenso große Rolle spielen wie bei der Drogenbehandlung. Gibt man während des ersten Interviews ein Placebo, so kann gegen Ende des Gesprächs eine signifikante Reduktion einiger subjektiver Symptome (Angst und Depression) nachweisbar sein. Eine solche subjektive Besserung (im Gegensatz zur verbesserten Lebensanpassung) kann über lange Zeit stabil bleiben und scheint auch nicht zur Dauer der Psychotherapie in Beziehung zu stehen (FRANK, 1961; FRANK u. Mitarb., 1962). Tatsächlich kommt es zu einiger Besserung sogar schon, ehe das Placebo gegeben wird. Der Placeboeffekt kann entweder durch das diagnostische Gespräch allein vermittelt werden, oder sogar durch eine Pille, von der der Patient erfährt, daß sie unwirksam ist (PARK u. COVI, 1965). Offensichtlich müssen an diesem Prozeß sowohl die Erwartung des Patienten als auch Aspekte der Kommunikation zwischen Therapeut und Patient beteiligt sein. GOLDSTEIN (1962, 1968) hat betont, daß die Erwartung des Patienten das Therapieergebnis beeinflußt, und FRIEDMAN (1963) hat eine signifikante Korrelation zwischen der Erwartung des Patienten auf Besserung und dem Ausmaß der nach dem ersten Gespräch erlebten Besserung gefunden. Die Besserungserwartung kann auch dadurch gesteigert werden, daß man dem Patienten von der psychotherapeutischen Methode berichtet und ihm sagt, in welcher Weise sie ihm zur Besserung verhelfen wird (HOEHN-SARIC u. Mitarb., 1965). Auch das Festlegen einer zeitlichen Begrenzung für die Behandlung kann einen günstigen Effekt auf das Ergebnis haben (PHILLIPS u. WIENER, 1966).

Man hat derartige Einflüsse als Hoffnungen, Vertrauen, Suggestionen, Erwartungen und als ein Vorgeben von Strukturen und Bedeutungen aufgefaßt (FRANK, 1968). Beispielsweise könnten mancherlei Erklärungen oder Interpretationen, seien sie nun zutreffend oder nicht, dann eine günstige Wirkung haben, wenn sie vom Patienten akzeptiert werden, weil sie sein Verhalten verständlich erscheinen lassen und deshalb auch weniger Angst machen. Die theoretischen Formulierungen solcher Prozesse beziehen sich sowohl auf Konditionierung als auch auf „Übertragung". Man hat keinen Grund anzunehmen, daß diese Faktoren – wie auch immer die theoretische Erklärung aussieht – nicht auch in der Verhaltenstherapie einen bedeutenden Effekt haben. MARKS u. Mitarb. (1968) haben angenommen, daß Suggestion deshalb Ängste verringern könne, weil sie die vorwegnehmende Angst des Patienten reduziere und damit ein praktisches Training in vivo ermögliche. PAUL (1966) meinte, daß der Placeboeffekt der therapeutischen Aufmerksamkeit (der 50 % der Besserung unter der systematischen Desensibilisierung und fast 100 % der Besserung unter der Einsichtstherapie erklärte) überwiegend Erwartungen und Einstellungen beeinflußte und nicht durch eine direkte Modifikation emotionaler Reaktionen wirkte.

In der klinischen Praxis erklärt der Verhaltenstherapeut für gewöhnlich dem Patienten, wie seine Symptome zustandekamen, was sie weiter aufrechterhält, und wie man Lernprinzipien einsetzen kann, um sie zu verändern. Darüber hinaus sagt man dem Patienten meist auch, wie hoch die Erfolgsrate der Behandlung ist, an der er aktiv teilnehmen wird; auch der Enthusiasmus und die Erwartungen des Therapeuten können für den Patienten deutlich werden.

LAZARUS (1968 b) stellte eine Voruntersuchung an, in der er die Wirkung einer vor der Desensibilisierung gegebenen Erklärung testete. Von acht Patienten, die ohne vorherige Erklärung behandelt wurden, besserten sich nur vier, während fünf von sechs „ähnlichen" Patienten, denen man vor der Therapie eine Erklärung gab, eine Besserung zeigten. In derselben Veröffentlichung berichtete Lazarus über den Versuch, den Anteil von Suggestion und Strukturierung der Behandlung in der Verhaltenstherapie abzuschätzen. Dreißig Patienten wurden in drei Therapiegruppen eingeteilt. Die Patienten der ersten Gruppe wurden mit einer Kombination verhaltenstherapeutischer Verfahren, die Patienten der zweiten Gruppe mit „interpretierender Psychotherapie" behandelt, während man die Patienten der dritten Gruppe einer Prozedur unterwarf, die man als Test für Suggestion und Strukturierung ansah, und die aus vier Phasen bestand: Überprüfung entscheidender persönlicher Erlebnisse; Diskussion der Bedeutung einiger Reaktionen im „Vervollständigen-Sie-diesen-Satz-Test"; Diskussion über das Konzept der Selbstverwirklichung; Übung der visuellen und auditorischen Wahrnehmung. Man sagte diesen Patienten, sie würden aufgrund des Ergebnisses kurzer Prüfungen von Phase zu Phase aufsteigen. Allen Patienten war gesagt worden, daß diese Behandlung nur aus zwölf Sitzungen bestehen würde und daß man, falls erwünscht, an anderem Ort an einer weiteren Therapie teilnehmen könne. Die Ergebnisse einer Fragebogenuntersuchung zeigten, daß sich alle Patienten besserten und daß kein signifikanter Unterschied zwischen den verschiedenen Gruppen bestand, obgleich sowohl Verhaltenstherapie als auch strukturierte Therapie etwas bessere Ergebnisse als Psychotherapie lieferten. Der Autor selbst gibt einige offensichtliche Mängel seiner Untersuchung an, er kommt aber zu dem Schluß, daß die Teilnahme an einem in Schritten strukturierten Programm, das dem Patienten vorher erklärt wird und in dem er auf jeder Stufe ein Erfolgserlebnis hat, wahrscheinlich die therapeutische Wirksamkeit steigert. Leitenberg u. Mitarb. (1969) wiesen nach, daß die Kombination von therapeutischen Instruktionen und positiver Bekräftigung durch Lob die Wirkung der systematischen Desensibilisierung bei freiwilligen Versuchspersonen mit Angst vor Schlangen signifikant steigerte. In einer späteren Untersuchung (Oliveau u. Mitarb., 1969) ergab sich, daß die therapeutische Instruktion einen signifikanten Effekt hatte, daß aber verbales Lob nach erfolgreicher Vorstellung einzelner Hierarchieschritte unwirksam war. Offensichtlich beeinflussen Faktoren wie Suggestion, Erwartung bei Patient und Therapeut, Erklärung und Strukturierung die Art der sich entwickelnden Beziehung zwischen Patienten und Therapeut, wie diese auch umgekehrt von der Beziehung her beeinflußt werden. Die Bedeutung der therapeutischen Beziehung ist von Psychotherapeuten stets anerkannt worden, während sie von Verhaltenstherapeuten bis vor kurzem noch vernachlässigt wurde. Wilson u. Mitarb. (1968) haben versucht, ihre Wirkungen mit Lernbegriffen zu erklären. Über ihre Bedeutung, ihre Natur und die an ihr beteiligten kritischen Faktoren herrscht keine Übereinstimmung (vgl. die Diskussion von Goldstein u. Mitarb., 1966). Auf diesem Gebiet herrscht ein Mangel an experimentellen Daten, der teilweise auf methodische Schwierigkeiten, teilweise aber auch darauf zurückzuführen ist, daß die Verhaltenstherapeuten seine Bedeutung unterschätzt haben. Rosenthal (1966) hat in einer Serie von Untersuchungen die Aufmerksamkeit auf die nichtverbale Kommunikation zwischen Versuchsleiter und Versuchsperson in experimentellen Situationen gelenkt und nachgewiesen, wie sie das Verhalten der Versuchspersonen beeinflußt. In einem Experiment schienen die Erwartungen des Therapeuten für etwa 50 % der beobachteten Abweichung verantwortlich zu sein. Man kann mit Sicherheit annehmen, daß ähnliche Einflüsse (oft völlig unbemerkt) auf eine therapeutische Beziehung einwirken. Die auf das Therapieergebnis gerichteten Erwartungen des Therapeuten korrelieren mit dem tatsächlichen Ergebnis, und seine prognostische Beurteilung hängt ab vom Ausmaß der Kongruenz zwischen dem Patienten und ihm selbst, und zwar bezogen auf den sozioökonomischen Hintergrund, Erziehung und Charakterzüge. In einer Reihe von Untersuchungen, die sich überwiegend auf die von ROGERS (1951) angegebene Form der Psychotherapie richteten, konnten TRUAX u. CARKHUFF (1963, 1964; TRUAX, 1966 a) nachweisen, daß es positive Korrelationen zwischen den drei Therapeutenvariablen Einfühlungsvermögen, Wärme und Echtheit und einem erfolgreichen Therapieergebnis gab. Diese Arbeiten sind deshalb so eindrucksvoll, weil sie zuverlässige Schätzwert-Skalen der Therapievariablen verwendeten und es möglich war, die Ergebnisse durch eine Untersuchung einer anderen Phsychotherapieform kreuzweise zu validieren. Kürzlich berichteten TRUAX u. Mitarb. (1968), daß eine Besserung nach Psychotherapie auch mit „Therapeutenfähigkeit" korreliert, die von unabhängigen Beobachtungen eingeschätzt wird. Wie im Kapitel 1 dargestellt, hat Carl Rogers betont, die drei von ihm überwiegend eingesetzten Faktoren repräsentierten Einstellung des Therapeuten und würden nicht kontingent auf spezielle Gesprächsinhalte oder Verhaltensweisen des Patienten folgen. Dagegen spricht eine weitere von TRUAX (1966 b) durchgeführte Untersuchung. Fünf klinische Psychologen analysierten zufällig ausgesuchte Stichproben von Tonbandaufnahmen einer von Rogers erfolgreich durchgeführten Einzelbehandlung. Die Ergebnisse zeigten, daß Rogers auf fünf von neun untersuchten Aspekten des Patientenverhaltens unterschiedlich reagierte, und daß vier von diesen fünf Verhaltensarten signifikant häufiger wurden. Der Therapeut machte wesentlich einfühlsamere und „echtere" Bemerkungen, wenn der Patient klare Äußerungen von sich gab, Einsicht erkennen ließ, oder sich in einem ähnlichen Stil wie der Therapeut äußerte, so daß ein signifikanter Bekräftigungseffekt auftreten konnte. Diese Studie zeigt aber vor allem, daß eine Verhaltensanalyse einiger an psychotherapeutischen Verfahren beteiligter Parameter möglich ist. Truax wies darauf hin, daß man mit einigem Gewinn sogar die Wirkung von Rate, Intensität und Plan der Bekräftigung auf die zur Verstärkung ausgesuchten Verhaltensweisen untersuchen könnte. Ebenso wie die Arbeiten über verbales Konditionieren und nichtverbale Kommunikation zeigen diese Ergebnisse, daß der Therapeut unbeabsichtigterweise den Patienten selbst in einer nichtdirektiven Therapie beeinflussen kann; diese Tatsache muß man sich vergegenwärtigen, wenn man aus therapeutischen Daten auf die Validität psychodynamischer Theorien schließt.

Ähnliche Ergebnisse belegen den Einfluß von Therapeuten- und Beziehungs-Variablen auf das Ergebnis der Verhaltenstherapie. SCHMIDT u. Mitarb. (1965) beispielsweise verglichen die Resultate, die vier Psychologen von ähnlichem Ausbildungsgang und theoretischer Orientierung durch Verhaltenstherapie erzielten. Der Vergleich zwischen den Therapeuten ergab signifikante Unterschiede in der Anzahl der unter der Therapie gebesserten Patienten und der Anzahl vorzeitig abgebrochener Therapien. KOENIG u. MASTERS (1965) versuchten, drei Behandlungsformen bei schweren Gewohnheitsrauchern zu vergleichen (Desensibilisierung, Aversionstherapie und unterstützende Beratung). Jeder der sieben Therapeuten behandelte zwei Patienten mit einer der drei Methoden für die Dauer von neun Sitzungen. Die Reduktion des Rauchens zeigte keine Beziehung zu einer der Therapieformen, jedoch war die Korrelation des Erfolges mit bestimmten Therapeuten signifikant. Erfolgreiche Behandlung war positiv mit den Erwartungen der Patienten über das Ergebnis, und negativ mit ihrer Einschätzung wünschenswerter Eigenschaften ihrer Therapeuten korreliert. Dieses Ergebnis kann aber nicht als entscheidender Test für die Wirksamkeit verschiedener Verfahren gegen das Rauchen angesehen werden, da es unwahrscheinlich ist, daß in diesem Falle eine einzelne Methode eine therapeutische Veränderung mit sich bringt. CRISP (1966) fand einen Hinweis auf eine Beziehung zwischen klinischer Veränderung unter Verhaltenstherapie und der Einstellung des Patienten zu seinem Therapeuten, die mittels der Methode von KELLY (1955; „repertory grid") gemessen wurde.

Viele Therapeuten halten eine permissive Haltung für eine wichtige Bedingung therapeutischer Veränderung. Man nimmt an, daß die permissive Annahme, welche die angstauslösenden Gefühle und Gedanken des Patienten von seiten des Therapeuten erfahren, zur Reduktion der Angst führen werde. Einen gewissen Hinweis für einen solchen Mechanismus findet man in den Ergebnissen von DITTIES (1957 a und b), der eine graduelle Angstverminderung (gemessen am PGR) und ein Nachlassen von Vermeidungsreaktionen fand, wenn der Therapeut eine permissive Haltung einnahm.

Es scheint durchaus möglich, einige der Prozesse, die an der therapeutischen Beziehung beteiligt sind, welche ihrerseits zu Verhaltensänderungen führt, zu identifizieren und zu messen. Die theoretischen Formulierungen dieser Prozesse und ihrer Bedeutung werden natürlich unterschiedlich sein. Die Theorien eines „Rollenspiels", der Übertragung oder der Lernprinzipien scheinen sich nach Sprache und Begriffsbildung zu unterscheiden, sie beschreiben aber ähnliche Prozesse. So kann man beispielsweise die emotionale Beziehung, die sich zwischen Patient und Therapeut entwickelt, im psychoanalytischen Sprachgebrauch als Übertragung emotionaler Reaktionen, die sich in der Kindheit gegenüber den Eltern zeigten, auf den Therapeuten bezeichnen;

in der Sprache des klassischen Konditionierens ist der Therapeut ein bedingter Reiz, der emotionale Reaktionen auslöst, während in der Sprache des operanten Konditionierens der Therapeut als eine starke Quelle diskriminativer und verstärkender Reize, vor allem sozialer Reize, aufgefaßt werden kann. Bandura hat immer wieder darauf hingewiesen, wie der Therapeut als hochgeschätztes Modell handelt, dessen Einstellungen, Werte und Verhaltensmuster vom Patienten nachgeahmt werden. Belohnt der Therapeut den Patienten in irgendeiner Weise, so erwerben seine Meinungen einen hohen sekundär verstärkenden Wert.

Einige der in diesem Buch besprochenen verhaltenstherapeutischen Untersuchungen haben versucht, „unspezifische" Variablen wie die therapeutische Beziehung und ihre Dauer zu kontrollieren. Es gibt eindrucksvolle Ergebnisse, wie z. B. die von Davison, Gelder und Paul, die dafür sprechen, daß man die Besserung bei manchen phobischen Störungen nicht nur auf solche Variablen zurückführen kann; in der systematischen Desensibilisierung gibt es einen eigenen Faktor, der für das bessere Ergebnis verantwortlich ist. Nichtsdestoweniger ist es äußerst schwierig, diese unspezifischen Faktoren unter Kontrolle zu halten, wenn die Nachfrage nach einer bestimmten Therapie, die Erwartungen von Patienten und Therapeuten sowie die Art der therapeutischen Beziehung in undurchsichtiger und einzigartiger Weise mit einer bestimmten Behandlungstechnik verknüpft sind. Aus diesem Grunde muß man sich sagen, daß experimentell angelegte Therapien, die eine Kontrolle über die „therapeutische Beziehung" zu gewinnen versuchen, nur eine ganz spezielle Form der Beziehung unter Kontrolle bekommen, die sich oft als nicht gerade „therapeutisch" erweist. Die Diskussion neutraler Themen oder ein 45minütiges Gespräch, in dem die möglichen Gründe von Ängsten diskutiert werden, ergeben eine andere Beziehung, als wenn der Therapeut eine aktivere Rolle einnimmt, wie z. B. während der systematischen Desensibilisierung, der Implosionstherapie, während des Abreagierens unter Suggestion, Hypnose, oder sogar während einer nichtdirektiven Psychotherapie. Die Beziehung wird natürlich auch von Persönlichkeitsvariablen beeinflußt. Aus diesen Gründen ist es buchstäblich unmöglich, „die Beziehung" zufriedenstellend unter Kontrolle zu halten. Anders gesagt, scheint es unmöglich zu sein, die Beziehung von der Art der gerade stattfindenden Interaktion zu trennen; jeder derartige Versuch muß zu groben Vereinfachungen führen. Die Kritik ist berechtigt, daß die Verhaltenstherapie gegenüber diesen Variablen zunächst zu wenig Interesse gezeigt hat. Entdeckung und systematische therapeutische Anwendung relevanter Faktoren und Prozesse werden ohne Zweifel die Wirksamkeit der Therapie insgesamt verbessern. Möglicherweise spielen die Beziehungs-Variablen bei einigen Therapieformen und bei bestimmten Patiententypen eine größere Rolle als bei anderen. Bei Patienten mit Ängsten vor Personen, und bei Behandlungsformen, die operantes Konditionieren oder Modellernen einsetzen, mag die therapeutische Beziehung eine größere Rolle spielen, als bei der Desensibilisierung eines Patienten mit einer monosymptomatischen Phobie. DONNER u. GUERNEY (1969) wiesen nach, daß die Desensibilierung gegen Prüfungsangst bei freiwilligen Versuchspersonen fast ebenso wirksam war, wenn sie durch ein Tonband kontrolliert, wie wenn sie von einem Therapeuten überwacht wurde. Die Art der benötigten Beziehung könnte je nach Behandlungsmethode und Patiententyp unterschiedlich sein. Eine permissive therapeutische Atmosphäre mag bei Patienten mit exzessiven Ängsten und Schuldgefühlen hilfreich sein, während sie Unterscheidungslernen bei einem Patienten mit antisozialem Betragen hindern könnte.

In der Literatur ist immer wieder die Bedeutung der Motivation des Patienten, seines Angstniveaus und seines Persönlichkeitstyps für die Prognose diskutiert worden. Man findet aber nur begrenzte und manchmal entgegengesetzte Untersuchungsergebnisse. Am besten scheint das Ergebnis gesichert, daß Patienten mit zahlreichen Ängsten oder neurotischen Symptomen weniger gut auf die Verhaltenstherapie ansprechen. Man könnte sich vorstellen, daß Angst zu einem generellen Trieb führt, der verschiedene Handlungstendenzen unterschiedslos aktiviert (KIMBLE, 1961). Angst jeglicher Ursache, äußeren oder inneren Ursprungs, könnte jeden Versuch hemmen, irgendein Symptom allein zu behandeln. Gegenwärtig ist allerdings eine generalisierte Angst keine Kontraindikation für die Verhaltenstherapie; sie wird aber zu ihrer Behandlung einer Kombination verschiedener Methoden bedürfen. Die Motivation des Patienten wird insofern immer von Bedeutung sein, weil sie den Patienten zur Behandlung führt und seine weitere Mitarbeit sichert; so wird sie auch das Ergebnis beeinflussen.

Zusammenfassend kann man sagen, daß die Forschung in diesem Bereich beginnt, die Wirkungen solcher Unwägbarkeiten wie der therapeutischen Beziehung systematisch zu erkunden; dasselbe gilt für die Erwartungen, deren sich der Kliniker stets intuitiv bewußt war, wenn dieses Bewußtsein ihm auch noch nicht erlaubte, solche Variablen experimentell zu manipulieren, und ihn bisher nicht zu testbaren Hypothesen führte. Im jetzigen Stadium ist es möglich, solche Prozesse im Rahmen der Lernprinzipien und der allgemeinen Psychologie neu zu formulieren. Die Verhaltenstherapie sollte diese Aspekte der Therapie nicht beiseite lassen, sondern sie im Rahmen ihrer eigenen Theorie nützlich machen. Die in diesem Kapitel besprochenen unspezifischen Faktoren haben unvermeidlich an jeder Therapieform einen Anteil, und es wäre naiv anzunehmen, man könne irgendeine Therapie in ihrer „ursprünglichen" Form anwenden.

Unserer Anschauung nach ist die Verhaltenstherapie ein therapeutischer Ansatz, der auf der expliziten und systematischen Verwendung von Lernprinzipien beruht, welche von experimentalpsychologischen und klinischen Ergebnissen abgeleitet sind. Die Verhaltenstherapie stammt nicht von irgendeiner speziellen psychologischen Theorie her, noch bietet sie notwendigerweise standardisierte Therapieverfahren für spezielle Störungen. Keine therapeutische Strategie wird ausgeschlossen, vorausgesetzt, sie wird zur optimalen Ausnutzung von Lernprozessen entworfen.

KAPITEL 8

Die klinische Anwendung der Verhaltenstherapie

In diesem Kapitel werden wir einige der Probleme diskutieren, mit denen sich ein Verhaltenstherapeut konfrontiert sieht, wenn er in einem klinischen Rahmen an der Behandlung psychiatrischer Störungen arbeitet. Probleme entstehen bei der Auswahl von Patienten, von Symptomen, die behandelt werden sollen, von Therapiemethoden, von Therapeuten und bei der Durchführung der Therapie. Wir werden versuchen, diese Punkte in konstruktiver Weise zu diskutieren, indem wir unsere eigenen Erfahrungen mit einer Vielzahl verhaltenstherapeutischer Methoden zugrunde legen, die wir bei der Behandlung von etwa 150 Patienten gewonnen haben, welche unter psychoneurotischen Störungen litten (überwiegend phobische Ängste).

Bedingt durch die Anlehnung der Verhaltenstherapie an die experimentelle Psychologie, sind die meisten Verhaltenstherapeuten Psychologen ohne medizinische Qualifikation, das heißt sie sind nicht qualifiziert, eine medizinische Untersuchung und eine entsprechende Behandlung von Patienten durchzuführen, die an einer körperlichen Krankheit leiden könnten und medizinischer Behandlung bedürfen. In einigen verhaltenstherapeutischen Verfahren werden aber medizinische Verfahren eingesetzt, z. B. Medikamente zur Entspannung oder zur Erzeugung einer Aversion benutzt. Darüber hinaus findet die Behandlung von Patienten in einem professionellen Rahmen statt, der dem Therapeuten und dem Patienten anerkannte Rollen zuweist, die bei beiden zu einem Sicherheitsgefühl führen, weil die grundlegenden beruflichen Verhaltensregeln (durch gesetzliche Sanktionen gestützt) festliegen. Aus diesen Gründen besteht die Gewohnheit (die sowohl dem Interesse des Patienten als auch dem Schutz des an der Behandlung beteiligten Personals dient), dem Psychiater die Verantwortung für die Gesamtbehandlung eines jeden Patienten aufzuerlegen. Er wird die anfänglichen diagnostischen Maßnahmen einleiten und kann dann diejenigen Patienten, bei denen er sich durch Verhaltenstherapie eine Besserung erhofft, an einen entsprechenden Therapeuten überweisen. Hält auch der Verhaltenstherapeut eine solche Behandlung für indiziert, dann wird er die Behandlung übernehmen, die Verantwortung dafür aber mit dem Psychiater teilen. Aus naheliegenden Gründen wird also der Psychiater vorsichtig bei der Überweisung seiner Patienten vorgehen und wissen wollen, zu welcher diagnostischen Formulierung der Verhaltenstherapeut bei jedem Patienten kommt und welches therapeutische Verfahren er im einzelnen anzuwenden gedenkt. Die Ängste des Psychiaters werden durch bestimmte Therapieformen nicht gerade verringert, wenn sich z. B. Patient und Therapeut Prozeduren wie der Aversionstherapie oder dem Training in vivo gegenübersehen, die außerhalb des anerkannten medizinischen Behandlungsrahmens fallen. Manchmal wird der Psychiater solche Prozeduren zurückstellen, um seine beruflichen Interessen und fachliche Geltung zu schützen. Im allgemeinen scheint es letztlich durchaus als im Interesse des Patienten gehandelt, wenn man eine doppelte Verantwortung fordert. Sicherlich wird eine solche Regelung zu guten Resultaten führen, wenn zwischen Psychologen und Psychiatern die Kommunikation und das Verständnis gut sind. Unglücklicherweise findet man diesen Idealfall selten. Die Situation wird durch solche Autoren erschwert, die in ihren verhaltenstherapeutischen Publikationen andere Richtungen in arroganter Weise attackieren und für die Verhaltenstherapie außerordentliche Erfolge „auf der Grundlage moderner Lerntheorie" beanspruchen. Dies führt zu dem Eindruck, als hätte der Verhaltenstherapeut ein Wundermittel, ein Repertoire wohletablierter routinemäßiger Behandlungsmethoden. Wie wir gesehen haben, trifft dies bei weitem nicht zu; solche fälschlichen Darstellungen führen nur zu falschen Erwartungen, entweder zu übergroßem Optimismus oder zu einer Abneigung gegenüber der verhaltenstherapeutischen Methode.

Man ist sich einig darüber, daß eine solche Polemik (mag sie auch zu einer Neuorientierung in Theorie und experimenteller sowie klinischer Forschung geführt haben) mehr Schaden als Nutzen gestiftet hat. Diskussionen zwischen Verhaltenstherapeuten, Psychotherapeuten und Psychiatern sollten Sprachschwierigkeiten ausräumen und zu einem besseren gegenseitigen Verständnis führen. Sie erbringen nach unserer Erfahrung meist beträchtliche Übereinstimmung in bezug auf ätiologische Überlegungen und mögliches therapeutisches Vorgehen. Ein Wahrheitsmonopol besitzt niemand, alle Behandlungsmethoden weisen gewisse Erfolge auf.

Auswahl von Patienten für die Verhaltenstherapie

Zur Zeit wird ein Psychiater – angenommen, er zieht die Verhaltenstherapie bereits in Betracht – überwiegend solche Patienten überweisen, deren Störungen recht gut im Rahmen eines Reiz-Reaktions-Modells dargestellt werden können. In der Praxis besteht die überwiegende Anzahl der Überweisungen aus Patienten mit relativ isolierten Phobien oder Verhaltensstörungen. Patienten mit ausgedehnteren Symptomen dagegen, z. B. generalisierten Ängsten, Depersonalisation und Zwangssymptomen, oder solche, die in den meisten Lebensbereichen eine schlechte Anpassung zeigen (entsprechend etwa den Kategorien „gemischte Neurose" und Charakterstörungen), werden ebensowenig überwiesen wie Patienten mit Psychosen. Diese Selektionskriterien sind durch frühe Veröffentlichungen bekräftigt worden, nach denen die Verhaltenstherapie am erfolgreichsten bei isolierten spezifischen Symptomen ist. Eine andere Art von Patienten, die in unserer Abteilung zunehmend häufig zur Aufnahme kommen, sind Depressive oder Patienten mit komplexen neurotischen Störungen, die sich bereits unter medikamentöser oder psychotherapeutischer Behandlung gebessert haben, aber noch bestimmte Symptome wie Phobien oder Zwangsrituale aufweisen, die auf Verhaltenstherapie ansprechen könnten. Eine dritte Art von Patienten leidet an komplexen Störungen, die unter anderen Behandlungsmethoden nicht gebessert werden konnten, und bei denen die Verhaltenstherapie als letzte Rettung angesehen wird.

Vom praktischen Standpunkt her sind diese Selektionskriterien ein Spiegelbild unseres gegenwärtigen Wissensstandes, sie liefern grobe Anhaltspunkte. In Anbetracht der zunehmenden Gewißheit aber, daß verhaltenstherapeutische Verfahren auch bei einigen komplexen Neurosen und bei Psychosen mit Erfolg angewandt werden können, wird man diese Selektionskriterien zu ändern haben. Tatsächlich deuten unsere eigenen Ergebnisse darauf hin, daß keine enge Beziehung zwischen der Klassifikation von Störungen als „einfach" und „komplex" und ihrem Ansprechen auf Verhaltenstherapie besteht. Einige Patienten mit monosymptomatischen Phobien besserten sich nicht, während andere mit chronischen und ausgedehnten Störungen, bei denen man die Verhaltenstherapie als letzte Rettung ansah, in einem erstaunlichen Ausmaß gebessert werden konnten. Das Problem ist, daß es wenige anerkannte Kriterien für die Vorhersage verhaltenstherapeutischer Erfolge gibt, und daß man keine absoluten Kontraindikationen kennt.

Am Beginn einer jeden Untersuchung ist es nützlich, zu einer formellen psychiatrischen Diagnose zu kommen. Diese weist oft auf eine erste Therapieform hin, wie beispielsweise die körperliche Behandlung in der Mehrzahl der organischen und endogenen Psychosen. In weniger klar umrissenen Fällen von Neurosen und Verhaltensstörungen ist es wichtig festzustellen, ob sie mit einer psychotischen Störung einhergehen oder die Folge einer therapierbaren körperlichen Erkrankung sind, in welchem Falle die Verhaltenstherapie kaum als erste in Betracht gezogen wird. Eine solche Kombination von Störungen findet man aber nur in einer Minderzahl von Fällen. Wir haben gesehen, wie komplex die Bedingungen sein können, die für den Beginn und die Aufrechterhaltung gestörter Verhaltensmuster verantwortlich sind. Die detaillierte psychiatrische Anamnese und phänomenologische Analyse der Symptome sind ebenso erforderlich wie eine ins einzelne gehende Verhaltensanlayse. Ein psychodynamische Formulierung mag dem Verhaltenstherapeuten ebenso praktisch nützlich sein wie dem Psychiater. Erfahrene Verhaltenstherapeuten sind fast einstimmig der

Ansicht, die schwierigste Aufgabe sei die anfängliche Analyse der Symptome ihrer Patienten, von der die Wahl des therapeutischen Programms abhängt. In dieser Analyse müssen sowohl die wichtigsten Probleme des Patienten, als auch die Dimensionen bestimmt werden, entlang derer die Therapie fortschreiten sollte. Den Patienten lediglich nach seinem Hauptproblem zu fragen, oder nur sein Verhalten zu beobachten, reicht nicht aus. Ein derart beschränkter und naiver Ansatz führt oft zu einer inadäquaten Analyse und falschen Anwendung der Therapie. Einige Beispiele mögen dies verdeutlichen. Fällt ein Student mehrfach bei seinen Prüfungen durch, so könnte das auf einen oder mehrere der folgenden Faktoren zurückzuführen sein: mangelnde Intelligenz, abnorm langsame Arbeitsweise, ein hohes Angstniveau, Depression, zwanghaftes Nachprüfen der Lösungen von Aufgaben, Störung durch irrelevante Gedanken, ungenügende oder unwirksame Vorbereitung auf das Examen. Offensichtlich wird man unterschiedliche Methoden einsetzen, um die Hauptkomponenten dieses Versagens zu behandeln. Ein Kind kann beispielsweise als isoliertes Symptom eine Schulangst zeigen. Diese könnte auf Angst zurückzuführen sein, die von irgendeinem Aspekt der Schulsituation ausgelöst wird, oder auf der Trennung von zuhause beruht; das Symptom kann aber auch daraus resultieren, daß die häuslichen Beschäftigungen angenehmer sind: das Kind wird von der Mutter verwöhnt, besucht einen Jahrmarkt oder stiehlt die Münzen aus Gasuhren. Auch hier kann mehr als ein Faktor beteiligt sein, die entsprechende Behandlung ist von der genauen Diagnose abhängig. Kennt man die Quelle der Angst, bedarf es ventuell einer Gegenkonditionierung; ein Programm, das Lehrer und Eltern im Rahmen des operanten Konditionierens einsetzt, kann die Bekräftigungsbedingungen so verändern, daß der Schulbesuch attraktiver wird. Agoraphobie, Klaustrophobie und soziale Ängste erweisen sich im allgemeinen als komplexe Störungen, und die Identifikation der angstauslösenden Reize und ihrer Dimensionen kann sehr schwierig sein. So kann eine Agoraphobie als Resultat einer früheren schrecklichen Erfahrung auf der Straße plausibel gemacht werden (Verkehrsunfall), oder sie kann auf Spannungserlebnisse zurückzuführen sein, die man bei dem Gedanken spürt, möglicherweise Fremden oder, im Falle sozialer Ängste, Freunden zu begegnen. Andererseits kann das Verhalten des Agoraphobikers durch einen Verwandten verstärkt werden, der die Abhängigkeit des Patienten von ihm als wohltuend empfindet. Oftmals ist sich der Agoraphobiker spezifischer Konflikte oder Ängste bewußt, z. B. Todesangst, Furcht, jemanden töten zu müssen, oder der Wunsch zur Exhibition. Sekundäre Krankheitsgewinne, wie das Behagen, das der „invalide" Patient bei der Behandlung durch seine Angehörigen oder bei dem Gedanken empfindet, nicht zur Arbeit gehen zu müssen, können eine bedeutsame Rolle bei der Erhaltung der Symptome spielen. Phobien können auch aus dem Fehlen eines adäquaten Verhaltensmusters resultieren, das seinerseits eher auf die fehlenden Lernmög-

lichkeiten, als auf die Störung durch Angst zurückzuführen ist. Fehlen soziale Geschicklichkeit oder die Fähigkeit, sich durchzusetzen, so können auf dieser Grundlage Situationsängste entstehen.
Es ist immer wichtig festzustellen, ob Angst für das Erhaltenbleiben eines einzelnen Symptoms verantwortlich ist. Das Einkoten muß beispielsweise nicht so sehr auf Angst vor der Toilettenbenutzung oder schmerzhafter Entleerung beruhen, als durch das .Vergnügen des Selbst-Beschmutzens oder durch Verstärkungen, welche die besorgte Mutter dem Kinde vermittelt, bedingt sein. Motorische Störungen wie zwanghafte Rituale können, müssen aber nicht auf Angst beruhen; gelegentlich ist eine direkte Modifikation der Handlung angezeigt. Ähnlich ist es, bei psychotischen Patienten falsch anzunehmen, das gestörte Verhalten sei stets das Resultat fehlerhafter Pläne der Bekräftigung durch die Umwelt. Auch bei solchen Patienten könnten Ängste oder kognitive Prozesse Symptome hervorrufen; eine darauf gerichtete Behandlung wäre dann passender.
Die Verhaltensanalyse wird schwieriger, je komplexer der Fall ist. Gelegentlich hat man anfangs den Eindruck, als ließen sich eine Reihe von Symptomen auf einen gemeinsamen Nenner bringen. Ein Patient kann über Angst bei der Benutzung von Eisenbahn oder Bussen, Kino- oder Theaterbesuch, bei der Teilnahme an öffentlichen Versammlungen oder Partys sowie bei sexuellen Beziehungen klagen. Diese verschiedenen Phobien könnte man unter der Überschrift zusammenfassen: „Mit Leuten zusammen eingeschlossen sein". Dennoch bliebe es immer noch erforderlich, in jeder dieser Situationen die spezielle Quelle der Angst zu bestimmen. Der Patient mag in solchen Situationen Ohnmachtsanwandlungen gehabt haben, massiv kritisiert worden sein, oder angsteinflößende aggressive Impulse gegen andere Menschen erlebt haben. Angst vor einem Versagen oder davor, abgelehnt zu werden, kann die Grundlage mutipler Ängste sein. Im letzteren Falle könnte man versuchen, die Versagensangst zu desensibilisieren, anstatt jede der Situationsängste einzeln zu behandeln.
Bei Patienten, die bei der Verhaltensanalyse eine Anzahl offensichtlich unabhängiger Symptome aufweisen, stößt man auf ein anderes Problem. Eine Patientin mit einer Anorexia nervosa kann eine Trinkerin sein und zusätzlich über Agoraphobie und Depersonalisation klagen. Die Hauptbeschwerde eines anderen Patienten war seine Unfähigkeit, mit seiner Arbeit zu Rande zu kommen; daneben hatte er einen Waschzwang, war gegenüber Autoritätspersonen ängstlich und unterwürfig, bei seiner Frau impotent und litt unter Anfällen von Depressionen. In solchen Fällen könnte man alle diese Symptome entweder einzeln behandeln, oder aber das Symptom herausgreifen, das man für grundlegend wichtig hält. Unglücklicherweise hat der Therapeut oft kein sicheres Verfahren, um zu entscheiden, ob Symptome unabhängig oder von einer „fundamentalen" Störung abhängig sind, und deshalb hat er Schwierigkeiten bei der Aufstellung eines Therapieplanes. In solchen Fällen könnte er sich von psychodynamischen

Formulierungen leiten lassen, die die Vielfalt der Symptome zu strukturieren scheinen. Eine empirische Prüfung der verschiedenen Methoden, Symptome auszuwählen, ist dringend angezeigt.
In letzter Zeit hat man den Versuch gemacht, spezielle Fragebögen zu entwickeln (Angstfragebögen), die ein Maß für das Ausmaß und die Intensität von Ängsten, sowie einen Gesamtwert „Ängstlichkeit" liefern (Wolpe u. Lang, 1964; Geer, 1965; Manosevitz u. Lanyon, 1965). Es gibt einige Untersuchungen zu ihrer Validität und Zuverlässigkeit (vgl. Grossberg u. Wilson, 1965; Lanyon u. Manosevitz, 1966; Cooke, 1966; Rubin u. Mitarb., 1968). Diese Skalen hat man Forschern und Klinikern angeboten, die sie beim Entwurf von Therapien und der Abschätzung des Erfolges einsetzten. Sie scheinen zuverlässig und valide zu sein insofern, als sie zur Korrelation mit der objektiven Angstmessung in angstauslösenden Situationen tendieren. Rubin u. Mitarb. (1968) fanden aber bei einer Faktorenanalyse einer Skala mit 51 Punkten, daß die einzelnen Punkte aus vier größeren Bereichen stammten und nicht ausschließlich unabhängige Ängste darstellten. Daher könnte es zu Fehlern führen, wenn man einen Gesamtwert dazu verwendet, eine Stichprobe von Versuchspersonen für vergleichende Untersuchungen auszuwählen. Ein weiterer wichtiger Punkt ist, daß man diese Angstskalen für eine nichtpsychiatrische Population validiert hat und die Relevanz für psychiatrische Patienten noch nachzuweisen bleibt. Allgemeine Angstfragebögen, wie die Skala von Taylor (1953), sind in diesem Zusammenhang wenig nützlich, da sie die Ängste nicht spezifizieren. Dazu können alle Fragebögen gefälscht werden oder vom persönlichen Stil der Reaktion beeinflußt sein. Indirekte Methoden, wie die Messung autonomer Reaktionen, beseitigen nur einige der Schwierigkeiten der Fragebögen; ihre Ergebnisse korrelieren aber nicht immer mit dem subjektiven Angsterlebnis und dem Vorhandensein klinischer Symptome. Gegenwärtig sind sie deshalb eher als Forschungswerkzeuge denn als praktische Hilfen bei der Therapie zu empfehlen.
Die Art und Weise, wie sich der Patient eine Begriffswelt aufbaut, die seine Erfahrungen wie seine Symptome umfaßt, könnte durchaus relevantere Hinweise bei der Analyse seiner Verhaltensstörung liefern. Sollte sich diese Auffassung als richtig herausstellen, dann könnte die von Kelly (1955) angegebene Technik, die eine systematische Untersuchung der Bedeutung und gegenseitigen Beziehung der vom individuellen Patienten bei der Strukturierung seiner persönlichen Erfahrungen verwendeten Konzepte erlaubt, zu einer nützlichen Methode werden, die Beziehung spezifischer Symptome zueinander zu verfolgen. Gegenwärtig bleiben allerdings eine sorgfältige klinische Beobachtung, ergänzt durch die Fremdanamnese und die direkte Beobachtung des Verhaltens, die besten Untersuchungsmethoden. Es obliegt dem Therapeuten, eine pragmatische Haltung einzunehmen und zur Therapie solche Symptome auszuwählen, die den Patienten am meisten zu beeinträchtigen scheinen und am „zentralsten" liegen, und die

darüber hinaus durch verfügbare Methoden beeinflußbar scheinen. Ist das Ergebnis eines ersten Therapieversuches schlecht, so wird man die Störung des Patienten aus einem anderen Blickwinkel, und unterstützt durch eventuelle neue Information, erneut analysieren müssen. Es ist klar, daß man zu einer Entscheidung gezwungen wird, wenn man sich einer Anzahl von Symptomen gegenüber sieht, ob man zunächst ein oder einige wenige Symptome auswählen, oder alle Symptome gleichzeitig zu behandeln versuchen soll. Lazarus vertritt die Ansicht, daß man bei komplexen Störungen von Anfang an eine ganze Batterie von Methoden einsetzen sollte, die gegen alle Symptome zur gleichen Zeit gerichtet sind (LAZARUS, 1966 b; LAZARUS u. SERBER, 1968). Dies allerdings könnte praktische Schwierigkeiten bereiten und zu überflüssiger therapeutischer Aktivität führen, weil Besserungen eines bestimmten Symptoms oft dazu führen, daß sich auch andere bessern, die nicht speziell behandelt worden sind. Besserung einer Agoraphobie könnte zu verbesserter beruflicher Anpassung, Besserung der finanziellen Lage, geringerer sozialer Isolierung und Verringerung von Angst und Depression führen. Die Schwierigkeit liegt darin, schon zu Anfang „Schlüsselsymptome" zu benennen, deren Besserung mit ausgedehnterer Besserung assoziiert ist. Entwicklungsdaten, Verhaltensanalyse und psychodynamische Interpretationen können manchmal tatsächlich solche Symptome kennzeichnen. WILSON u. EVANS (1967) haben versucht, das Auftreten einer weitgreifenden Besserung nach Behandlung eines spezifischen Symptoms mittels eines Hullschen Konzeptes (Verhalten setzt sich aus verschiedenen Hierarchien von Handlungstendenzen zusammen) zu erklären. Bekräftigt oder löscht man eine Hierarchie, so neigen andere dazu, ähnlich beeinflußt zu werden. Diese Hypothese erlaubt allerdings nicht, im voraus zu bestimmen, wieviele solcher Hierarchien an den Verhaltensanomalien eines Patienten beteiligt sind. Die mangelnde Vorhersagekraft weist diese Formulierung eher als Post-hoc-Erklärung aus.

Man hat die Verhaltenstherapie in weiten Kreisen nicht nur deshalb kritisiert, weil die theoretischen Annahmen über die Ätiologie als zu naiv oder trivial angesehen wurden, sondern auch, weil sie sich therapeutischer Verfahren bedient, die Manipulation und Kontrolle über das Verhalten des Patienten implizieren. Wir sind der Meinung, daß eine solche Kritik nicht berechtigt ist. Während wir die fundamentale Bedeutung einer humanitären Haltung und der Rücksicht auf das Individuum unterstreichen möchten, sollte unseres Erachtens die ästhetische Genugtuung über eine hochdifferenzierte Philosophie nicht einen Vorrang vor anderen theoretischen Modellen haben, von denen man empirisch nachweisen konnte, daß sie dem Patienten wirksamer helfen. Patienten, die Selbstverständnis und Einsicht hochschätzen, finden sich zusätzlich benachteiligt, wenn sie psychiatrische Störungen aufweisen, die weniger gut auf „Einsichts-Psychotherapie" ansprechen: sie werden zu einer Verhaltenstherapie weniger leicht zu bewegen sein. Offensichtlich muß man also auch die Einstellungen und Er-

wartungen des Patienten berücksichtigen, und sei es auch nur deshalb, weil sie möglicherweise das Therapieergebnis beeinflussen können. Hat die diagnostische Überprüfung bei einer bestimmten Störung die jeweilige Bedeutung kognitiver und affektiver Faktoren sowie der Verhaltensaspekte ergeben, und scheint eine bestimmte Therapieform die Methode der Wahl zu sein, so sollte man dem Patienten gegenüber die Wahl dieser Behandlungsform begründen.

Für gewöhnlich zitiert der Therapeut gegenüber seinem Patienten auch experimentelle und klinische Ergebnisse, die für die Wirksamkeit der Methode sprechen. Diese Praxis ist durchaus zu befürworten, sie strukturiert die therapeutische Situation und mobilisiert Erwartung und Suggestion eines befriedigenden Ergebnisses der Therapie. Im Gegensatz zum Forscher sollte der Therapeut versuchen, maximalen Gebrauch von therapeutischen Hilfen zu machen. Überenthusiastische oder fehlerhafte Ansätze bringen natürlich Gefahren mit sich. Unserer Ansicht nach sollte man zu einer realistischen Erklärung greifen, welche die Notwendigkeit der aktiven Beteiligung und Kooperation des Patienten betont.

Hat man ein bestimmtes Symptom zur Behandlung ausgewählt, so kann man beim Versuch der experimentellen Kontrolle auf Schwierigkeiten stoßen. Soll beispielsweise eine Phobie mit Desensibilisierung behandelt werden, ist es wichtig, daß der Patient außerhalb der Therapiesituation nicht mit den angstauslösenden Reizen in Berührung kommt. Dies ist bei einer isolierten Angst vor Schlangen ziemlich leicht, ein Agoraphobiker mit ausgedehnter Angst und häufigen Panikzuständen kann es außerhalb der Therapie sehr schwierig finden, angstauslösende Situationen zu vermeiden. Aus diesen Gründen müssen viele solcher Patienten in eine Klinik aufgenommen werden, aber selbst dann kann es schwierig sein, eine angstfreie Umgebung zur Verfügung zu stellen. Symptome wie zwanghafte Gedanken und Rituale, motorische Tics und Stottern sind oft unmöglich außerhalb der Therapiesituation zu verhindern. Es bedarf eines beträchtlichen Einfallsreichtums, um diese Symptome unter irgendeine Art von Reizkontrolle zu bringen; Hospitalisierung mit kontinuierlicher Überwachung und Einschränkung der Aktivitäten können in solchen Fällen nötig werden.

Auswahl der Behandlungsmethode

Bei vielen Symptomen hat man die Wahl zwischen mehreren Methoden. Psychogenes Erbrechen oder Zwangsrituale könnten mit systematischer Desensibilisierung, Reizüberflutung, Aversionstherapie, positiver Konditionierung, operantem Konditionieren oder einer Kombination dieser Methoden behandelt werden. An dieser Stelle sollte man festhalten, daß es keine starre Zuordnung bestimmter Methoden zu bestimmten Symptomen gibt. Die Planung der Behandlung bedarf einer flexiblen Haltung gegenüber dem individuellen Patienten und einer sorgfältigen Abschätzung der möglichen Ätiologie. Wird das Symptom gegenwärtig durch Angst aufrechterhalten, könnte die Desensibilisierung als erste Behandlungsmethode eingesetzt werden. Glaubt man es abhängig von sekundärem Krankheitsgewinn (z. B. vermehrte Zuwendung von Beziehungspersonen), kann zunächst operantes Konditionieren angezeigt sein. Wenn eine instrumentelle Aktivität nachweislich nicht mehr durch Angst bedingt ist, kann Aversionstherapie oder negative Übung angebracht sein. Hält man das Symptom aber für Ausdruck eines Verhaltensdefizits (z. B. Fehlen sozialer Umgangsformen), sollte man erst einmal ein Training durch Instruktion, Imitation und Verhaltensformung (shaping) durchführen. Manchmal ist es schwer zu entscheiden, ob man den Ehemann oder seine Frau, Eltern oder Kinder behandeln soll. Es kann sich die Alternative stellen, die Feindseligkeit des einen oder die Passivität des anderen zu modifizieren. Manchmal müssen auch beide behandelt werden, und zwar entweder gemeinsam oder getrennt. Bei seiner Entscheidung für eine Behandlungsmethode muß sich der Therapeut von seiner Diagnose und seiner Kenntnis passender Methoden leiten lassen. Oft wird der Behandlungsplan entsprechend der Fortschritte des Patienten und in Anbetracht eingehenderer Kenntnisse über verhaltenswirksame Variablen modifiziert. Schließlich gibt es Hinweise darauf, daß auch Persönlichkeitsvariablen bei der Wahl der Therapiemethode relevant sind. So hat EYSENCK (1968 b) gemeint, daß Strafeffekte von der Dimension „Extraversion" beeinflußt werden. Bei Introvertierten scheint Lob ein wirksamerer Verstärker zu sein, Bestrafung ist bei Extravertierten wirksamer. Es bedarf aber weiterer Untersuchungen, ehe diese Ergebnisse beim einzelnen Patienten angewandt werden können.

Probleme bestimmter Behandlungsmethoden

Die Durchführung von Behandlungsmethoden ist oft mit Schwierigkeiten gespickt. Teilweise kommt das daher, daß es keine standardisierten Verfahren gibt. Die Meinungen über „entscheidende Faktoren des Vorgehens" differieren, ihre Verletzung ist nicht immer nachweisbar schädlich. Die meisten Schwierigkeiten entstehen, weil Patienten auf bestimmte Verfahren unterschiedliche Reaktionen zeigen.

Bei der systematischen Desensibilisierung kann es sehr schwierig sein, Angsthierarchien aufzustellen. Abgesehen von dem bereits erwähnten Problem des gemeinsamen Nenners verschiedener Symptome, kann es schwierig sein, Variablen zu identifizieren, welche die Intensität der ausgelösten Angst beeinflussen. Oft kennt der Patient die besonderen Aspekte gar nicht, die Angst auslösen; er muß dann eingehend befragt werden, sich die Szene vorstellen, oder in die betreffende Situation gebracht werden, so daß man seine Reaktion beobachten kann. Er kann die angstauslösende Situation Jahre hindurch vermieden haben und gar nicht mehr wissen, wie die Erfahrung im einzelnen aussah. Bei Tierphobien sind oft der Abstand, die Größe und die Aktivität des Tieres wichtig. Bei zwei Patienten, die nicht auf die systematische Desensibilisierung in der Vorstellung ansprachen, ergab sich während des Trainings in vivo, daß plötzliche und unerwartete Bewegungen des Tieres der Hauptfaktor bei der Angstauslösung waren; er war in den urspürnglichen Angsthierarchien nicht berücksichtigt worden.

Es gibt auch keine präzise Methode, eine Angsthierarchie so aufzubauen, daß jeder Stufenabstand einem äquivalenten Zuwachs an Angst entspricht. Glücklicherweise ist dies offenbar auch nicht notwendig. Man bittet ja den Patienten, die einzelnen Schritte in eine Rangordnung zu bringen, und man kann diesen Vorgang unterstützen, indem man reale Situationen ebenfalls rangmäßig ordnet. Erweist es sich als schwierig, gegen eine bestimmte Stufe zu desensibilisieren, so kann man ad hoc Zwischenschritte einführen. Gelegentlich bedarf es auch einer völligen Neuordnung der Hierarchie. Ist man sich der Zuverlässigkeit der Hierarchie nicht mehr sicher, so kann man die Karten mit dem Text der Vorstellungsinhalte mischen, dem Patienten erneut zum Ordnen geben und damit Diskrepanzen auflösen.

Bei der Gegenkonditionierung hat man am häufigsten die muskuläre Entspannung als inkompatible Reaktion eingesetzt. Manche Patienten erreichen aber die muskuläre Entspannung nur unter großen Schwierigkeiten; stellt sie sich dann ein, so vermißt man die subjektive Angabe von Ruhe- und Entspannungsgefühlen. Muskuläre Entspannung ist bei Kindern oft unwirksam. Manche Patienten scheinen sich speziell vor dem Entspannen und der Hypnose zu fürchten; sie geben an, Angst vor dem Verlust der Selbstkontrolle, vor ungebührlichem Verhalten oder vor dem Beherrschtwerten durch den Therapeuten zu haben. Gelegentlich kann man solche Ängste umgehen, indem man die Technik verändert und betont, daß der Patient die aktive Kontrolle über sich selbst behält. Es könnte möglich sein, die Angst vor der Entspannung selbst zu desensibilisieren. Andere Methoden (vgl. Kapitel 4), wie emotional besetzte Vorstellungen oder Angsterleichterung, können eingesetzt werden, wenn die muskuläre Entspannung nicht verwendet werden kann; die Erfahrung mit diesen Methoden ist allerdings begrenzt, und ihre Wirksamkeit ist nicht sichergestellt.

Eine andere Alternative zur Anleitung in muskulärer Entspannung ist der Einsatz von Medikamenten wie Valium (Roche) und von Kurzzeitnarkotika. Auch hier hat man noch wenig Erfahrung, es treten theoretische und praktische Probleme auf. Eine theoretische Schwierigkeit ist, daß sedierende Medikamente den Konditionierungsprozeß hemmen. Bei Patienten, die Injektionen oder Medikamente überhaupt ablehnen oder fürchten, treten ebenso praktische Probleme auf, wie wenn die Medikation zu unangenehmen Stimmungsänderungen, zum Abreagieren oder zur Medikamentenabhängigkeit führte (Reed, 1966; Sergeant u. Yorkston, 1968). Einige vorläufige Mitteilungen über drogeninduzierte Entspannung sind ermutigend, weitere Untersuchungen sollten angestellt werden (Brady, 1966, 1967; Friedman, 1966a; Friedman u. Silverstone, 1967; Kraft, 1967; Worsley u. Freeman, 1967). Die schlechten Resultate, die Yorkston u. Mitarb. (1968) erzielten, sind in Kapitel 6 diskutiert worden. Auf der Basis von Davisons Theorie über die Bedeutung der selbstinduzierten muskulären Entspannung sowie der Annahme von kognitiven Einflüssen, regten Davison u. Valins (1968) an, daß man dem Patienten gegenüber betonen solle, daß das Medikament ihm lediglich dabei helfe, sich selbst zu entspannen, und daß seine Entspannung nicht nur auf das Medikament zurückzuführen ist. Es sieht so aus, als verwende Brady eine solche Methode, wenn er das Kurzzeitnarkotium einsetzt. Davison u. Valins (1968) bemerken, daß die Wirksamkeit der sogenannten Tranquilizer auch im allgemeinen dadurch gesteigert werden könnte, daß man dem Patienten gegenüber betont, daß er sich entspannt, und ihn ermuntert, das neue Sicherheitsgefühl zu schätzen, daß er nämlich jetzt nicht mehr in Situationen Angst verspürt, die sonst Angst auslösten.

Eine graduelle Darbietung einer Hierarchie kann dadurch erschwert sein, daß der Patient es schwierig oder sogar unmöglich findet, sich die einzelnen Stufen vorzustellen, oder aber beim Vorstellen keine Angst empfindet. Man kann versuchen, dem Patienten die Verwendung aller Sinnesmodalitäten zu empfehlen, wenn er sich das Vorstellungsbild aufbaut – einige Personen kommen in bestimmten Sinnesbereichen leichter zu einer bestimmten Vorstellung. Man kann den Patienten bitten, die Szene laut zu beschreiben (Badri, 1967), oder Bilder und Tonbandaufzeichnungen einsetzen, wenn sie nachgewiesenermaßen Angst auslösen.

Die Dauer der Vorstellung bemißt man nach Auftreten eines klaren Vorstellungsinhaltes. Der Therapeut hängt also vom Patienten ab, der ihm signalisieren muß, wann er sich eine Szene klar vorstellen kann oder wann er Angst empfindet. Für gewöhnlich notiert der Therapeut auch jedes beobachtbare Verhalten, wie Bewegungen oder Gesichtsausdruck, die als Angstmanifestation aufgefaßt werden können, selbst wenn der Patient keine Angst signalisiert. „Angst“ hat ja autonome Begleiterscheinungen, Verhaltens- und Erlebniskomponenten, und es wäre unklug, eine dieser Manifestationen zu ignorieren. Lazarus (1968 b) empfiehlt, den Patienten nach jeder Szene zu befragen, um zu prüfen, ob er sich die Szene auch wirklich vorgestellt hat, und um seinen emotionalen Status abzuschätzen. Trotz sorgfältiger Überwachung der Desensibilisierungstherapie zeigen einige Patienten einen „Rückfall“ in dem Sinne, daß sie auf bereits desensibilisierte Szenen erneut mit Angst reagieren. Oft scheint das ein Resultat einer Panikattacke oder des Erlebnisses einer angstauslösenden Situation zu sein, die vor der betreffenden Therapiesitzung stattfand. Was immer auch der Grund für einen solchen Rückfall sein mag, es ist notwendig, vor dem Beginn einer jeden Sitzung nach solchen Ereignissen zu fragen und, wenn nötig, die Desensibilisierung zu wiederholen.

Auch wenn die Desensibilisierung in der Vorstellung reibungslos ablief, kann man ohne den Nachweis der Generalisation auf die Realität noch keinen Therapieerfolg verzeichnen.
Unserer Erfahrung nach ist mangelnde Generalisierung häufiger, wenn der angstauslösende Reiz (z. B. Fliegen mit dem Flugzeug, Gewitter) bei den meisten Leuten ebenfalls leichte Ängste auslöst. Tritt keine Generalisation auf die Realität ein, so sollte man sich lebensnäherer Reize wie Fotografien oder Tonbandaufnahmen bedienen oder, falls möglich, eine praktische Übung ansetzen. Die größere Wirksamkeit einer Desensibilisierung in vivo ist von Barlow u. Mitarb (1969) bei Freiwilligen mit Schlangenphobie nachgewiesen worden. Graduierte Situationen können bei manchen Phobien nur selten arrangiert werden, so z. B. bei Gewitterängsten, Agoraphobien und manchen sozialen Ängsten. Dazu verschlingen solche Verfahren viel Zeit des Therapeuten, und es kann schwierig sein, eine Gegenkonditionierungsreaktion zu finden, die verhindert, daß der Patient in solchen Situationen Angst erlebt.
Deshalb wird ein Therapieansatz, der die Desensibilisierung in der Vorstellung mit dem Training in der Realität kombiniert, von größerem Wert sein. Ist der Angstreiz derart, daß er in der Therapiesituation dargeboten werden kann, so läßt man auf die erfolgreiche Desensibilisierung eines bestimmten Reizes sofort den realen Reiz folgen, und zwar sowohl wenn der Patient noch entspannt, als auch wenn er in seinem normalen Zustand ist. Kann man, wie bei Agoraphobie, die Realität nicht im Behandlungsraum demonstrieren, so kann der Patient mit seinem Therapeuten bestimmte Spaziergänge planen. Diese werden dann in Stufen mit steigender Entfernung eingeteilt. Der Patient wird in der Vorstellung gegen die erste „Reise" desensibilisiert und muß sie dann auch tatsächlich antreten. Man ermuntert ihn, zwischen den Therapiesitzungen diejenigen Stufen zu üben, die bereits desensibilisiert wurden; er soll sich die betreffende Szene vor dem Start noch einmal unter Entspannung vorstellen, wenn er die Befürchtung hegt, er könnte diesen Gang nicht ohne Angst tun. Dieser Ansatz kombiniert die Vorzüge beider Verfahren, und eine anfängliche Desensibilisierung in der Vorstellung verringert wahrscheinlich die Notwendigkeit, die realen Situationen in kleinere Schritte zu unterteilen. Darüber hinaus scheinen die Patienten ein solches Vorgehen für realistischer zu halten und größeres Vertrauen in seine Wirksamkeit zu setzen. Das Verfahren erlaubt dem Patienten wie dem Therapeuten auch dauernd abzuschätzen, wie und in welchem Ausmaß die Generalisation fortschreitet. Unsere bisherigen Ergebnisse einer vergleichenden Untersuchung der alleinigen Desensibilisierung und der Kombination mit Training in der Realität bestätigen die Ergebnisse von Garfield u. Mitarb. (1967), daß das kombinierte Verfahren überlegen ist.
Die Untersuchungsserie, über die Bandura und seine Mitarbeiter berichteten (Bandura, 1968), und die wir bereits in verschiedenen Ka-

piteln zitiert haben, stützten die Hypothese, daß das Ergebnis der Therapie (gemessen am Nachlassen von Vermeidungsreaktionen) um so besser ist, je realitätsnäher die phobischen Reize in der Therapie eingeführt werden. So erwies es sich als besser, die phobische Versuchsperson über die alleinige Beobachtung von furchtlosen Personen, die als Modell dienten, hinaus aktiv schrittweise an Annäherungsreaktionen teilnehmen zu lassen. Diese Methode war wiederum der Beobachtung eines symbolischen Modells (Film) oder der systematischen Desensibilisierung in der Vorstellung überlegen (BANDURA u. MENLOVE, 1968; RITTER, 1968). Man muß dabei bedenken, daß diese Ergebnisse bei Versuchspersonen (einschließlich Kindern) mit Tierphobien erhoben wurden und der Bestätigung durch Untersuchungen an psychiatrischen Patienten bedürfen. Sie können aber schon jetzt Hinweise darauf geben, wie man Modellernen und aktive Teilnahme in Verbindung mit Desensibilisierung in der Vorstellung und in vivo kombinieren könnte.

Aversionstherapie wirft ethische Fragen sowie theoretische und praktische Probleme auf. Ärzte und Therapeuten müssen dafür sorgen, daß sie dem Patienten nicht mehr schaden als nützen, sie müssen entscheiden, ob man behandeln oder das Problem lieber ruhen lassen sollte, und oft aus einer Fülle von Methoden unterschiedlicher Wirksamkeit und Gefahr auswählen. Es kann also bei einer Reihe von Krankheiten zu sehr schwierigen Entscheidungen kommen. Unter den besonderen Schwierigkeiten, die mit der Aversionstherapie verbunden sind, greifen wir erstens die ethischen und emotionalen Einstellungen gegenüber dem therapeutischen Gebrauch von Strafe heraus, und zweitens die Arten von Verhaltensstörungen, bei denen Aversionstherapie eingesetzt wird. Obwohl Bestrafung von der Regierung (Strafgesetze) sanktioniert und von Eltern wie Lehrern angewandt wird, scheuen viele Leute, darunter auch die Ärzte, davor zurück, Bestrafung als Methode der Behandlung ihrer Patienten einzusetzen. Wenn Bestrafung allerdings die wirksamste oder sogar die einzig verfügbare Behandlungsmethode für eine Störung ist, die unbehandelt zu immer größerem Leiden führt, würden viele Ärzte und Patienten der Aversionstherapie zustimmen. Die zweite der oben erwähnten Schwierigkeiten leitet sich aus der Tatsache her, daß viele der Störungen, bei denen die Aversionstherapie mit Erfolg eingesetzt worden ist, eher auf soziale Mißbilligung stoßen und zu Leiden für andere, nicht aber für den Patienten selbst führen. In diese Kategorie gehören gelegentlich der Alkoholismus und die sexuellen Deviationen. Gerade hier muß dem einzelnen Fall besondere Aufmerksamkeit gewidmet werden. Einem Alkoholiker mit einer Leberzirrhose, der um Behandlung der Trunksucht nachsucht, wird man eine solche Therapie kaum deshalb verweigern, weil sie moralisch nicht tragbar ist. Bliebe Aversionstherapie in einem solchen Falle die einzig voraussichtlich erfolgreiche Methode, oder hätten sich andere Methoden bereits als erfolglos erwiesen, würden auch viele Ärzte der Aversionstherapie zustimmen. Ähnlich wird man einem Patienten nicht den psychiatrischen Rat verweigern, wenn er um Behandlung gegen Transvestitismus nachsucht, und von Angst, Schuldgefühlen und Suizidgedanken geplagt wird, und dessen Familienleben und Arbeit unliebsam in Mitleidenschaft gezogen sind. Eine psychiatrische Untersuchung könnte eine Reihe von Möglichkeiten aufzeigen, wie z. B. die symptomatische Behandlung der Angst und der Depression (Medikamente), einen Versuch, Angst und Schuldgefühle zu lindern, und dem Patienten durch Desensibilisierung oder Psychotherapie zu gestatten, seinen Transvestitismus zu akzeptieren; schließlich könnte man versuchen, die intolerante oder sogar feindselige Einstellung der Ehefrau oder Familie gegenüber den Kleidungsgewohnheiten zu modifizieren, oder den Transvestitismus selbst durch Einsichts-Psychotherapie oder Aversionstherapie zu beseitigen. Die Wahl einer Therapiemethode gründet sich in solchen Fällen auf die klinische Abwägung wünschenswerter Ergebnisse und des Risikos. Wenn die Indikation zur Aversionstherapie in dieser Weise gestellt würde, dürften viele Ärzte sie als berechtigt bezeichnen. Glücklicherweise ist es meist nicht allzu schwierig zu entscheiden, ob für einen bestimmten Patienten die Aversionstherapie ethisch begründbar ist oder nicht. Es versteht sich von selbst, daß man dem Patienten die Form dieser Therapie erklären, und daß er seine Zustimmung geben muß. Aber auch die Art seiner Zustimmung muß bedacht werden, besonders, wenn der Patient unter dem Druck eines Gerichts, eines Gefängnisdirektors, des Arbeitgebers oder der Familie steht. Der Psychiater wird es schwieriger finden zu entscheiden, ob Aversionstherapie (oder überhaupt psychiatrische Intervention) angezeigt ist, wenn der Patient überwiegend auf Drängen anderer Personen kommt; wenn der Psychiater nicht davon überzeugt ist, daß der Patient an seiner Verhaltensstörung leidet und eine Behandlung wünscht, kann es zu Meinungsverschiedenheiten kommen, ob eine psychiatrische Behandlung, besonders aber eine Aversionstherapie, gerechtfertigt ist.

Probleme treten bei der Aversionstherapie auch wegen der unvorhersehbaren Wirkungen der Bestrafung auf, die manchmal zur Unterbrechung normalen Verhaltens, gesteigerter Angst und Reizbarkeit, zeitweiliger Unterdrückung oder sogar Bekräftigung von Verhaltensweisen führen kann. Es ist selten möglich, so stabile Vermeidungsreaktionen aufzubauen, wie man sie oft bei einigen „natürlich" entstandenen isolierten Phobien findet. Wenn eine Verhaltensweise (Alkoholismus) selbst eine instrumentelle Aktivität ist, die Angst reduziert, kann der Patient in einen noch schädlicheren Doppel-Vermeidungs-Konflikt geraten, wenn man eine weitere Vermeidungsreaktion in bezug auf den Alkohol aufbaut. Solche Gründe könnten für einige der Schwierigkeiten verantwortlich sein, die man in der klinischen Praxis findet. Unter der Behandlung können Depressionen, Ängste und Feindseligkeit auftreten, die den Patienten zum Abbrechen der Behandlung verleiten. Wenn auch gelegentliche „Auffrischungssitzungen" die Stabilität der

Vermeidungsreaktionen steigern können, gibt es doch zu viele Rückfälle. Dazu trägt möglicherweise auch das spezielle Verhaltensdefizit solcher Patienten bei. Ein Patient, der beim heterosexuellen Akt Befriedigung findet, wird es leichter finden, homosexuelle Aktivität zu vermeiden, als ein Patient, dessen einzige Erfahrungen homosexuell gewesen sind. Der Aufbau angepaßter Reaktionen kann aber zu einer ungeheuer schwierigen Aufgabe werden.

Es kann auch schwierig sein, einen entsprechenden aversiven Reiz zu finden. Pharmakologische Aversion hat verschiedene Schwächen, die bereits diskutiert wurden. Habituierung gegenüber elektrischen Schlägen kommt vor, und manche Patienten sind durch elektrische Schläge überhaupt nicht zu beeindrucken. Dies trifft man aber anscheinend nicht häufiger bei masochistischen Patienten, deren sexuell erregende schmerzhafte Reize meist hochspezifisch sind. Allerdings muß man mit dem Risiko rechnen, durch Aversionstherapie einen „Elektrischen-Schlag-Fetischismus" zu induzieren (MARKS, 1968 b).

Bei der Behandlung der Enuresis mit der Methode von Klingel und Drahtmatte ist das häufigste Problem, daß der Patient durch die Klingel nicht geweckt wird, und daß es schwierig ist, den Patienten zum genauen Befolgen der Instruktionen zu bringen. Einem tiefen Schlaf kann man durch Lauterstellen der Klingel oder Medikamente entgegenwirken (Amphethamine), die den Schlaf flacher machen. Können oder wollen die Patienten nicht bei der Therapie mitarbeiten, so kann eine stationäre Behandlung nötig werden. Nach unserer eigenen Erfahrung haben die Anwendung intermittierender Bekräftigung und die graduelle Entfernung des Apparates sowie Absetzen der Medikamente (nach anfänglichem Erfolg), zunächst in der Klinik und dann zuhause, zu einer Verringerung der Rückfallquote geführt.

Die Planung bei Therapien mit der Methode des operanten Konditionierens ist oft aufwendig. Es ist meist schwierig, wirksame Verstärker zu finden und sie dann so einzusetzen, daß der Patient einem konsistenten Plan der Verstärkung gegenübersteht und nicht außerhalb der Therapiesituation andere Kontingenzen der Verstärkung vorfindet, die keine therapeutische Wirkung haben. Manche Patienten, wie retardierte Depressive und zurückgezogene Schizophrene, sprechen nicht auf soziale Verstärkung an, manchmal nicht einmal auf primäre oder generalisierte Verstärker. Wenn die zu bekräftigende Reaktion nicht im Repertoire des Patienten ist (wie z. B. die Sprache bei stummen Schizophrenen), bedarf es oft eines beträchtlichen Zeitaufwandes, um sie durch Verhaltensformung und Imitation wieder aufzubauen. BROWNING (1967) beschrieb ein Verfahren, das den simultanen Vergleich der Wirksamkeit verschiedener Kontingenzen sozialer Verstärkung bei einem bestimmten Patienten erlaubt und dem Therapeuten helfen könnte, den für die Behandlung besten Verstärker auszuwählen.

Hat man einen wirksamen Verstärker gefunden, so besteht die nächste Schwierigkeit darin, dafür zu sorgen, daß er so konsistent wie möglich von allen Leuten eingesetzt wird, die mit dem Patienten in Berührung kommen. Findet die Behandlung in einer Klinik statt, so ist es unabdingbar notwendig, daß das Pflegepersonal am Programm mitarbeitet. Das Pflegepersonal hat ja geradezu gelernt, mit Aufmerksamkeit und Sympathie zu reagieren, wann immer der Patient abnormes Verhalten zeigt. Dies scheint das unangepaßte Verhalten zu bekräftigen, das der Therapeut beseitigen möchte. Hospitalisierte Patienten sind manchmal bessere „Verhaltenstherapeuten", weil sie das unangepaßte Verhalten ihrer Mitpatienten häufiger ignorieren als belohnen. Nur in 12 % der Beobachtungen belohnten sie zum falschen Zeitpunkt (GELFAND u. Mitarb., 1967). Auf der anderen Seite fanden BUEHLER u. Mitarb. (1966), daß das asoziale Verhalten der Insassen einer Besserungsanstalt in 70 bis 80 % zu einer sozialen Bekräftigung durch andere Delinquenten führte. Das asoziale Verhalten wurde häufiger belohnt als bestraft, während sozial konformes Verhalten häufiger bestraft als belohnt wurde. Die Belohnungen der Mitarbeiter erfolgten dagegen eher inkonsistent; dies könnte ein Grund für die allgemein akzeptierte Beobachtung sein, daß die Straffälligkeit nach einem Aufenthalt in einer Besserungsanstalt eher zunimmt.

Diese Untersuchungen unterstreichen den klinischen Eindruck und weisen auf die Notwendigkeit einer engen Zusammenarbeit aller Mitarbeiter und auf die detaillierte Besprechung von Grundlagen und Plänen der Behandlung hin. Natürlich scheuen sich einige Mitarbeiter davor, eine therapeutische Rolle anzunehmen, da eine solche Rolle im Widerspruch zu ihrer eigenen Vorstellung steht. Sie können anfänglich eher mißtrauisch sein und solange nicht voll mitarbeiten, bis sie Zeugen der Wirksamkeit solcher Behandlungsmethoden sind und einsehen können, daß sie damit ihren Patienten helfen.

Das Ausmaß der Generalisation des operanten Konditionierens auf die Lebenssituation außerhalb der Klinik ist oft enttäuschend. Man muß stets nach unerwünschten Kontingenzen der Bekräftigung durch Verwandte oder andere Beziehungspersonen aus der Umgebung der Patienten suchen, welche seine Symptome aufrechterhalten. Unter Umständen kann man solche Kontingenzen abstellen und den Patienten dann in seiner natürlichen Umgebung weiterbehandeln. Es gibt bereits Vorläufer für das Einbeziehen von Familienmitgliedern in die psychiatrische Behandlung, ja sogar für größere Gruppen in therapeutischen Gemeinschaften. Schließt man die Ehepartner oder andere Familienmitglieder in die Behandlung ein, kann es ausreichen, den Partner zu instruieren, wie er sich gegenüber seinem „Patienten" verhalten solle; manchmal bedarf der Partner aber auch intensiverer Hilfe, die es ihm ermöglichen soll, seine eigenen Reaktionen auf den „Patienten" zu modifizieren. Die meisten Therapeuten halten es in Fällen mit ehelichen oder sexuellen Problemen für nützlich, beide Ehepartner zu sehen. Sie können einzeln untersucht und behandelt werden, aber die Verhaltenstherapeuten stimmen mit vielen Psychotherapeuten überein, daß eine gemeinsame Behandlung effektiver ist (MEYER u. CRISP,

1966; MADSEN u. ULLMANN, 1967; LAZARUS, 1968 c). Gelegentlich kann ein Ehepartner auch aktiv an der Behandlung der sexuellen Störungen des Patienten teilnehmen.

Allgemeine Probleme der Behandlung

Abgesehen von den Schwierigkeiten mit bestimmten Behandlungsformen, gibt es andere Schwierigkeiten, die während der Verhaltenstherapie auftreten und die diese mit anderen Formen psychiatrischer und medizinischer Behandlung teilt. So ist die genaue Untersuchung des zur Behandlung anstehenden Symptoms, vor allem bei repetitiven motorischen Störungen, wesentlich, um kleine Fortschritte festzustellen und einen vorzeitigen Abbruch oder Veränderung der Therapieform zu verhindern.

Die Motivation des Patienten kann fluktuieren oder in einem Ausmaß abnehmen, daß er nicht länger in der Behandlung mitarbeitet, sondern sie aktiv sabotiert oder aber abbricht. Eine Beziehung entwickelt sich zwischen dem Therapeuten und seinem Patienten, und beide können merken (oder sich sogar anmerken lassen), daß sie starke positiv oder negativ getönte Gefühle füreinander hegen. Feindseligkeit, Bewunderung oder ein Gefühl der Abhängigkeit können den Fortschritt der Verhaltenstherapie beeinflussen, und zwar beschleunigend oder hemmend. Solche Beziehungsfaktoren könnten ein Grund für die unter der Behandlung beobachteten Schwankungen der Stimmungen und der Intensität der Symptome sein. Jeder praktizierende Verhaltenstherapeut mit klinischer Erfahrung wird solche Phänomene bei einigen Patienten beobachtet haben. Sie scheinen Phänomenen zu entsprechen, die man im Verlauf einer Psychoanalyse beobachtet und dort als Übertragung und Widerstand konzipiert. Manchmal scheinen die Veränderungen im Zustand des Patienten zu Umweltfaktoren, wie zusätzlicher Arbeitsbelastung oder familiären Problemen, in Beziehung zu stehen. Hat man Hinweise auf Veränderungen der Motivation oder der Symptomatologie, so muß der Verhaltenstherapeut zu einer diagnostischen Einschätzung der neuen Situation kommen, und eine weitergehende psychiatrische Untersuchung kann angezeigt sein. Der weitere Kurs wird von den Faktoren abhängen, die man für die Änderung verantwortlich macht. In jedem Falle wird es wichtig sein, während der Verhaltenstherapie auch die Lebenssituation des Patienten im Auge zu behalten und auf Situationen zu achten, die Streß auslösen und den Therapiefortschritt hemmen.

Der psychiatrisch vorgebildete Sozialfürsorger könnte auf die Umweltfaktoren einwirken, psychotrope Medikamente könnten für fortdauernde Angst oder depressive Verstimmungen verschrieben werden. Glaubt man, daß die therapeutische Beziehung, die Interaktionen zwischen Therapeut und Patient, für eine unliebsame Veränderung verantwortlich sind, stehen einem verschiedene Wege offen. Man kann den Standpunkt vertreten, daß solche interpersonellen Probleme von größerer Bedeutung sind, und daß sie deshalb beispielsweise vor der Desensibilisierung einer Reiseangst behandelt werden müssen. In anderen Fällen kann man der Meinung sein, daß die Faktoren der persönlichen Beziehung nicht so wichtig sind; man kann dann entscheiden, die Verhaltenstherapie des speziellen Symptoms weiter zu verfolgen, und gleichzeitig versuchen, die Therapie vor den starken emotionalen Gefühlen dem Therapeuten gegenüber zu schützen. Man kann in solchen Fällen anstreben, den Patienten seine Gefühle darstellen zu lassen, ihm einige Erklärungen zu geben und ihn zu beruhigen. Ob bestimmte verhaltenstherapeutische Zusatzprozeduren eingesetzt werden, oder ob der Therapeut den Patienten zu einer anderen psychiatrischen Therapie weiterleitet, wird von der klinischen Nachuntersuchung abhängen.

Einige Kliniker halten die gleichzeitige Anwendung von Psychotherapie und Verhaltenstherapie für möglich (z. B. MARKS u. GELDER, 1966; MEYER u. CRISP, 1966). Unsere eigene neuere Erfahrung betonte die Schwierigkeiten, die unter einer solchen Kombination auftreten können. Eine enge Kommunikation zwischen Psychotherapeut und Verhaltenstherapeut ist unumgänglich. Die Ziele und Methoden einer jeden Therapieform müssen klar verstanden sein und dem Patienten erklärt werden. Die Gegenwart von Symptomen, einiger Angst und Depression kann besonders in den frühen Stadien der Einsichts-Psychotherapie den Patienten anfeuern, in der Therapie zu „arbeiten". Darüber hinaus können analytische Interpretationen aber sein Angstniveau anheben. Die Verhaltenstherapie kann die Psychotherapie beeinträchtigen, weil sie dem Patienten die Möglichkeit gibt, der analytischen Arbeit aus dem Wege zu gehen. Die Psychotherapie kann ihrerseits die Verhaltenstherapie behindern, wenn sie zu einem hohen Angstniveau führt, das die systematische Desensibilisierung stört. Offensichtlich kann man die beiden Therapieformen nicht immer kombinieren, und das gilt besonders für die frühen Stadien der analytischen Psychotherapie. Bei anderen Fällen wieder mag es nützlich sein, Psychotherapie mit Verhaltenstherapie zu kombinieren oder der Verhaltenstherapie eine Psychotherapie vorauszuschicken. Tatsächlich sind ja einige Formen der „Psychotherapie" im Sinne von Unterstützung, Ermutigung, Erklärung und Führung oft auch während der Verhaltenstherapie nützlich und wohltuend, sie können durchaus als Lernprozesse konzipiert werden. Beispiele, wo gleichzeitige Einsichts-Psychotherapie und Verhaltenstherapie angezeigt sind, bieten solche Patienten, die unter der Psychotherapie allgemeine Fortschritte machen, aber bestimmte Symptome, wie eine isolierte Phobie oder Alkoholabhängigkeit, aufweisen, die auf systematische Desensibilisierung oder Aversionstherapie ansprechen könnten.

Auch bei der Beendigung der Therapie und bei der Entlassung aus der Klinik können sich gelegentlich Probleme zeigen. Ängste treten auf, oder es kehren erfolgreich behandelte Symptome wieder. Vermutlich können solche Veränderungen sowohl auf das Unbehagen angesichts eines Lebens ohne (schützende) Symptome in einer weniger abgesicherten täglichen Umgebung als auch auf den Verlust von Beziehungen zurückzuführen sein, die mit angenehmen Erfahrungen assoziiert waren. Diese Probleme sind schon im vorigen Abschnitt berührt worden. Um die Schwierigkeiten bei der Entlassung vorwegzunehmen, sollte man verhindern, daß während der Behandlung eine übermäßige Abhängigkeit entsteht; zu diesem Zweck sollte man den Patienten ermutigen, mit der Außenwelt Kontakt zu halten und die Beziehungen in ihr zu pflegen, solange er stationär behandelt werden muß. Man sollte auch dem Patienten während zunehmender Besserung immer längere Besuche zuhause ermöglichen, je näher der Entlassungstermin rückt. So kann der Patient auch von der Klinik aus zur Arbeit gehen, oder die Klinik als Tagespatient aufsuchen, während er zuhause schläft, um den Übergang nicht zu dramatisch zu gestalten. In manchen Fällen mag es dem Patienten am meisten nützen, wenn die Verhaltenstherapie in seiner natürlichen Umgebung durchgeführt wird.

Es gibt keine festen Regeln über Dauer und Häufigkeit der nötigen katamnestischen Untersuchungen. Rückfälle treten mit größerer Wahrscheinlichkeit dann auf, wenn Umweltstreß auftritt, wie z. B. beim Übergang von der Klinik in die gewohnte Umgebung und den Arbeitsprozeß. Im allgemeinen pflegen die Patienten von sich aus Kontakte zur Klinik und zu ihrem Therapeuten. Aus ambulanten Gesprächen gewinnen sie Sicherheit und Unterstützung; sie sollten ihnen anfänglich in wöchentlichen Abständen gewährt werden. Entsprechend dem weiteren Fortschritt kann man die Häufigkeit solcher Besuche graduell verringern. In unserer eigenen klinischen Praxis verfolgen wir jeden Patienten für mindestens ein Jahr. Am ehesten zeigen Patienten, die mit Aversionstherapie behandelt wurden, Rückfälle; deshalb muß man sie besonders intensiv kontrollieren und Auffrischungssitzungen einplanen.

Auf dem geringen zur Verfügung stehenden Platz haben wir nur die häufigsten in der klinischen Praxis der Verhaltenstherapie auftretenden Probleme andeuten können. Wir haben dabei mögliche Schwierigkeiten, Grenzen der Behandlung, die Anforderungen an die klinische Beurteilung betont und die Intuition und Geschicklichkeit derjenigen hervorgehoben, die Verhaltenstherapie mit dem Ziel betreiben, ihren Patienten gezielt und wirksam zu helfen. Dabei bietet die „moderne Lerntheorie“ keine fertigen Lösungen. Gerade die Probleme empfinden die Verhaltenstherapeuten aber als aufregende Herausforderung; ihre tägliche Arbeit kann dagegen häufig zur Routine werden oder frustrierend sein.

KAPITEL 9

Schlußfolgerungen: Verhaltenstherapie – Gegenwärtiger Stand und weitere Entwicklung

Der gegenwärtige Stand

Man hat von der Verhaltenstherapie behauptet, sie habe das gefährliche Stadium erreicht, wo der anfängliche Enthusiasmus und der Optimismus, der jeden neuen Kult und jede neue Therapiemethode stützt, in dem Maße abzubröckeln beginnt, wie sich Meldungen über Fehlschläge und Grenzen anhäufen. In vielen solchen Fällen folgt auf die Desillusionierung ein katastrophales Absinken der Erfolgsziffern, weil die Methoden ihrer starken Placebowirkungen entkleidet werden. Die Ärzte wissen, daß „neue Bäder gut heilen". Das nächste Stadium in der Geschichte neuer Therapieformen ist eins der kritischen Besinnung, das zu einem nüchterneren Abschätzen ihrer Wirkungen und der Entdeckung führen kann, daß es auch Ähnlichkeiten zu anderen, bereits länger existierenden Formen der Behandlung gibt. In mancher Beziehung hat auch die Verhaltenstherapie diese Entwicklung durchgemacht. Anfänglich zu hoch gepriesen, haben spätere Untersuchungen gezeigt, daß sie nicht überall wertvoll ist. Soweit Schwierigkeiten aufgetreten sind, hat man versucht, ihre theoretischen Formulierungen und therapeutischen Prozeduren ad hoc auszuweiten. Man hat der Verhaltenstherapie vorgeworfen, sie sei inhuman und unwirksam; wo sie human und wirksam sei, könne man das darauf zurückführen, daß sie wohletablierte psychotherapeutische Verfahren wiederentdeckt und angewandt habe. Man hat sie auch deshalb angegriffen, weil sie sich angeblich von der modernen Lerntheorie ableite, wo es doch gar keine solche Theorie gebe. Sie plagiiere den Gebrauch der Begriffe „Reiz" und „Reaktion", die sie anders als der Physiologe verwende, oder verschleiere mit solchen primitiven Begriffen das Besondere des Menschen.

In den vorliegenden Kapiteln haben wir versucht, eine sorgfältige abgewogene Darstellung der Theorie und Praxis der Verhaltenstherapie zu geben. An vielen kritischen Äußerungen ist ein Stückchen Wahrheit; trotzdem hat die Verhaltenstherapie ein Stadium erreicht, in dem sie sich als ein nützlicher und vielversprechender Ansatz zur Analyse psychiatrischer Störungen und als (für einige Störungen) wirksame Behandlungsmethode ausweist.

Sowohl semantisch als auch theoretisch sind Reiz und Reaktion am ehesten durch ihre wechselseitige Beziehung zu definieren (s. HOCUTT, 1967; KIMBLE, 1967). Zentralnervöse Prozesse werden von allen Lerntheoretikern einbezogen; sie unterscheiden sich in der Auswahl intervenierender Variabler oder theoretischer Konstrukte. In dem Maße, wie die Verhaltenstherapeuten die Bedeutung zwischenmenschlicher Beziehungen und der persönlichen Erfahrung für die Genese und Modifikation psychiatrischer Störungen anerkennen, werden ihre Theorien und Methoden zwangsläufig denen anderer psychotherapeutischer Richtungen ähnlicher werden. Die Verhaltenstherapie wird aber voraussichtlich stets eine unverwechselbare Identität bewahren, die aus dem explizit durchgeführten Versuch resultiert, Lernprinzipien in ihren therapeutischen Methoden zu verwenden. Eine genaue Identifizierung derjenigen Faktoren, auf denen psychiatrische Störungen beruhen, ihre Modifikation durch Gegenkonditionierung oder den Erwerb angepaßter Verhaltensmuster durch Verhaltensformung, Imitation und den Einsatz generalisierter Verstärker, werden stets Kennzeichen des verhaltenstherapeutischen Ansatzes bleiben. Schon lange haben die „Behavioristen" versprochen, daß sie ihre Aufmerksamkeit den Denkprozessen zuwenden wollen und versuchen werden, sie in den Rahmen der Lerntheorien einzubeziehen. Die klinische Erfahrung mit der Verhaltenstherapie hat einen Impuls in diese Richtung gegeben.

Die frühen „behavioristischen" Formulierungen zeichneten sich durch eine rigorose Konzentration auf beobachtbares Verhalten und durch eine konsequente Nichtbeachtung physiologischer und biochemischer Betrachtungsweisen sowie der „Erfahrungsprozesse" aus. Es kann durchaus nützlich sein, die Grenzen der Erklärungs- und Vorhersagekraft eines „rein" verhaltensorientierten Ansatzes zu erforschen; die erfolgreiche Integration dieses Ansatzes mit anderen Richtungen muß aber zu erweiterten Kenntnissen führen und kann für den Therapeuten von praktischem Nutzen sein. Wegen des absichtlich begrenzten Ansatzes des frühen „Behaviorismus" war es nur natürlich, daß man die Verhaltenstherapie anfänglich bei relativ diskreten und isolierten Störungen anwandte. Diese Haltung kann auch jetzt noch damit begründet werden, daß die Verhaltenstherapie bei den isolierten Störungen „normaler" Versuchspersonen erfolgreicher gewesen ist, als bei den ausgedehnten Störungen mancher psychiatrischer Patienten. Obwohl wir nicht glauben, daß die Verhaltenstherapie allgemein bereits das Stadium „wohletablierter und standardisierter" Verfahren mit speziellen Indikationen erreicht hat, ist sie diesem Ziel bisher am nächsten gekommen bei der systematischen Desensibilisierung isolierter Phobien. Es gibt aber auch Hinweise darauf, daß die Verhaltenstherapie bei komplexeren neurotischen und Charakterstörungen einen signifikanten günstigen Einfluß haben kann. In psychiatrischen Abteilungen, zu deren Mitarbeitern ein Verhaltenstherapeut zählt, findet man, daß er Wertvolles zu Therapie und Forschung beitragen kann.

Die Forschung

Im gegenwärtigen Stadium der Verhaltenstherapie und bei der begrenzten Zahl von Verhaltenstherapeuten erhebt sich die Frage, wie sie ihre Hilfsquellen am besten nutzen können. Sollten sie ihre Kräfte darauf konzentrieren, die existierenden Therapiemethoden anzuwenden, oder sollte überwiegend die Forschung betont werden? Vermutlich wird die Verhaltenstherapie von begrenztem Wert bleiben und in Mißkredit geraten, wenn sie keine weiteren Fortschritte aufweisen kann, oder wenn sie unkritisch, aber enthusiastisch als wirksame Methode bei einer Vielzahl psychischer Störungen akzeptiert wird. Selbst beim gegenwärtigen Stand unserer Kenntnisse kann man an verschiedenen Punkten kritisch ansetzen. Therapieprogramme werden oft ohne Kenntnis der relevanten experimentellen Ergebnisse der Lern- und Allgemeinen Psychologie entworfen mit dem Resultat, daß die wirksamsten Lernprozeduren nicht zur Anwendung kommen. Hat der Therapeut eine bestimmte Methode ausgewählt, so kann er individuelle Reaktionen seines Patienten übersehen, die zu einer Änderung des Therapieplanes führen müßten. Darüber hinaus könnte die Einschätzung der ihm zur Verfügung stehenden Verhaltenstechniken den Therapeuten zur Konzentration auf einen engen Bereich verführen und deshalb inadäquate und unvollständige Behandlungsversuche liefern.

Diese Punkte sollten wohl erwogen werden, wenn man versucht, die nützlichsten Forschungsgebiete festzustellen. Derzeit ist es dringend nötig, die Wirksamkeit und Anwendungsbreite existierender Methoden zu verbessern. Die am meisten versprechenden Ansätze kommen von der Anwendung der Ergebnisse von Nachbardisziplinen her, also z. B. der Untersuchung kognitiver Prozesse und der Sozialpsychologie, die mit der Lerntheorie kombiniert werden sollten. Eine weniger eingeschränkte ätiologische Orientierung gegenüber den Verhaltensstörungen wird vermutlich adäquatere Behandlungsmethoden für die häufigen psychiatrischen Störungen liefern. Einige der erfahreneren Verhaltenstherapeuten setzten bereits jetzt eine Breitspektrum-Therapie an, die alle Quellen des unangepaßten Verhaltens treffen soll. Eine weitere Verbesserung der Therapiemethoden ist von der genaueren Untersuchung solcher Patienten zu erwarten, die nicht auf die Verhaltenstherapie angesprochen haben. Die Analyse der Variablen, die für solche Fehlschläge verantwortlich waren, könnte zur Entwicklung effektiver Methoden zu ihrer Beseitigung führen.

Obwohl Laboruntersuchungen immer nötig bleiben werden, und z. B. die im Speziallabor durchgeführten Untersuchungen über operantes Konditionieren bereits von beträchtlichem Wert gewesen sind, werden wahrscheinlich die drängenden Probleme des Klinikers nur durch klinische Untersuchungen gelöst werden können, die sich auf den Ausbau und die Generalisation der in der Klinik erreichten Besserungen auf die natürliche Umgebung des Patienten richten. Nützliche

Fortschritte könnten sich dabei aus der sorgfältigen Untersuchung einzelner Patienten während der Therapie ergeben. Man kann dabei spezifische Hypothesen über die funktionellen Beziehungen zwischen verschiedenen Symptomen aufstellen und aufgrund der genauen Beobachtung der Veränderungen des Symptoms unter der Behandlung prüfen.

Viele Lerntheoretiker haben schon lange den Versuch aufgegeben, eine allumfassende Lerntheorie zu entwerfen. Ähnlich wäre es für den Verhaltenstherapeuten wenig fruchtbar, wenn er versuchen wollte, eine einzige Theorie der (therapeutischen) Verhaltensänderung zu formulieren, und zu diesem Zwecke in zwanghafter Weise sogenannte „Entscheidungsexperimente" entwirft.

Klinische Untersuchungen, die in großem Maßstab die Wirksamkeit der Verhaltenstherapie der anderer Therapieverfahren gegenüberstellen, sollten gegenwärtig ebensowenig an erster Stelle stehen. Der Grund dafür ist, daß die Methoden der Verhaltensmodifikation noch relativ jung sind und vermutlich einigen Veränderungen unterworfen werden, ehe endgültige Methoden auftreten. Ein Hemmnis solcher vergleichender Untersuchungen ist zur Zeit vor allem, daß ein entsprechender Versuchsplan eine rigorose Kontrolle des therapeutischen Vorgehens nötig macht und damit verhindert, daß man eine Therapiemethode während der Untersuchung „verbessert".

Ausbildung von Verhaltenstherapeuten

Die ermutigenden Ergebnisse und Fortschritte im Bereich der Verhaltenstherapie haben zu einer steigenden Nachfrage klinischer Institutionen nach Verhaltenstherapeuten geführt. Derzeit gibt es noch keine formellen Ausbildungszentren, und die wenigen Institutionen, die eine geringe Zahl von „Lehrlingen" annehmen, sind für die Lehraufgabe weder adäquat ausgerüstet noch entsprechend organisiert. Die Pioniere der Verhaltenstherapie waren Autodidakten, und auch der Mehrzahl der jüngeren Generation von Verhaltenstherapeuten bleibt es selbst überlassen, wie sie ihre Fertigkeiten erwerben. Der Aufbau guter Ausbildungszentren ist eine dringende Notwendigkeit.

Die Art der Ausbildung aber, deren ein Verhaltenstherapeut bedarf, ist noch umstritten, und es wird noch Einiges an Denkarbeit und Experimentieren kosten, bis passende Ausbildungsprogramme konstruiert werden können. Poser (1967) hat kürzlich solche Probleme diskutiert und vorgeschlagen, die Ausbildung in Verhaltenstherapie auf zwei Ebenen zu betreiben. Die erste dieser Ebenen würde für solche Mitarbeiter ausreichen, die als „Kotherapeuten" eingesetzt werden sollen; dabei denkt Poser an Pflegepersonal, Beschäftigungstherapeuten u. a., die in der Lage sind, unter Überwachung Routinetherapien durchzuführen (vgl. auch Ayllon u. Michael, 1959; Davison, 1965). Für solche, die „Verhaltenstherapeuten" werden wollen, schlägt Poser

eine formale Ausbildung in klinischer Psychologie oder Psychiatrie vor, die die Betreffenden in den Stand versetzen sollte, „verhaltenstherapeutische Einrichtungen zu leiten und die Verantwortung für den Entwurf und die Durchführung verhaltenstherapeutischer Strategien bei den ihm anvertrauten Patienten zu übernehmen".

Verhaltenstherapeutische Zentren sollten innerhalb eines Rahmens aufgebaut werden, der einen Zugang zu allen Bereichen psychischer Störungen ermöglicht, und wo die Möglichkeit besteht, daß man vom Ideenaustausch und der Stimulation durch andere psychologische und psychiatrische Richtungen profitiert. Das eigentliche Ausbildungsprogramm sollte die Form eines Anlernens am Fall haben, wo auf Beobachtung und Demonstration von Therapien die Assistenz bei der Therapie und schließlich eigenen Übungen unter Anleitung folgen. Poser schlägt vor, daß ein solches Anlernen bei Kotherapeuten sechs Monate, und bei Anwärtern für den Titel „Verhaltenstherapeut" vier Monate dauern sollte. Für letztere würde ein Teil des Kurses aus Vorlesungen und Seminaren über Lernprinzipien und ihre klinische Anwendung bestehen.

Wir stimmen mit Poser überein, daß weder gründliche theoretische und experimentelle Kenntnisse, noch klinische Erfahrung allein eine adäquate Vorbereitung für diejenigen darstellen, die verhaltenstherapeutische Methoden bei psychiatrischen Patienten anwenden wollen. Unsere eigenen Bemühungen um die Ausbildung von Psychologen, klinischen Psychologen und Psychiatern, die jeweils wenigstens sechs Monate dauern, betonen die Bedeutung sowohl klinischer Erfahrung als auch lerntheoretischer Kenntnisse. Sowohl Bewerber, die ausschließlich klinische, als auch solche, die ausschließlich experimentelle Erfahrung aufweisen, haben größere Schwierigkeiten bei der Ausbildung zum Verhaltenstherapeuten. Gezielte experimentelle Untersuchungen einer bestimmten Methode, z. B. der Desensibilisierung weiblicher Studenten gegen bestimmte Tiere, machen jemanden noch nicht zum Experten für die Anwendung der Verhaltenstherapie bei klinischen Störungen.

Der Entwurf von Poser ist irreführend insofern, als er die Verhaltenstherapie als eine Methode hinstellt, die leicht gelehrt und ausgeführt werden könne. Sehr häufig treten ja während der einzelnen Sitzungen Probleme auf, die eine unmittelbare Überprüfung und eventuell eine Modifikation des therapeutischen Vorgehens erfordern. Aus diesen Gründen muß man sich fragen, ob die Ausbildung der „Kotherapeuten" für die klinische Tätigkeit ausreicht. Es scheint, als entstamme die Idee der Lektüre einiger Arbeiten, in denen Studenten und Pflegepersonal nach einer kurzen Ausbildung effektiv bei bestimmten Forschungsprojekten mitarbeiten konnten, die an freiwilligen Versuchspersonen durchgeführt wurden, oder die Programme des operanten Konditionierens mit hospitalisierten Patienten darstellten. Für den „Verhaltenstherapeuten" bedarf es tatsächlich eines so intensiven Trainings, wie es Poser vorgeschlagen hat. Man kann sich allerdings schlecht vorstellen, daß ein einziger Ausbildungskurs für Bewerber mit so unterschiedlichem Hintergrund, wie experimentelle Psychologen und klinische Psychiater, nützlich sein könnte. Der Psychiater wird große Lücken in der allgemeinen Psychologie aufweisen, der Psychologe kennt unter Umständen weder psychopathologische Phänomene, noch die beste Art, mit einem Patienten umzugehen. Der Ausbildungsgang wird also je nach Vorbildung eines Bewerbers unterschiedlich sein.

Die Organisation verhaltenstherapeutischer Stationen

Wenn wir hier die Schwierigkeiten aufzählen, auf die Verhaltenstherapeuten und Psychiater bei der klinischen Anwendung der Verhaltenstherapie stoßen, so möchten wir betonen, daß sie überwiegend aus zwei Quellen kommen. Die eine ist der Mangel an Kommunikation und gegenseitigem Verständnis mit dem Pflegepersonal, der dazu führen kann, daß ein erstaunter Patient ganz unterschiedlich angefaßt wird und praktisch nicht zu vereinbarenden Therapiemethoden ausgesetzt ist. Die zweite große Schwierigkeit ist der individuelle und oft schwer vorhersagbare Verlauf, den die Störungen, die „Symptome" des Patienten, nehmen. Beim gegenwärtigen Wissensstand kann man diese unerwarteten Variationen nicht (im Rahmen der Lerntheorie) auf eine Weise erklären, die automatisch zu einer erfolgreichen Modifikation der verhaltenstherapeutischen Methode führt. Aus diesen Überlegungen folgt, daß der Verhaltenstherapeut gut daran tut, eng mit Psychiatern, psychiatrisch vorgebildeten Sozialfürsorgern, dem Pflegepersonal und den Beschäftigungstherapeuten (unter vielen anderen) zusammenzuarbeiten, so daß man einen einheitlichen Behandlungsplan durchführen kann. Ein weiterer Vorzug einer engen Zusammenarbeit mit Personen unterschiedlicher Orientierung liegt in der Stimulation durch Gedankenaustausch und in der Möglichkeit, ein breiteres Spektrum von Therapiemethoden anzuwenden. Unabhängig davon besteht, wie wir bereits betont haben, die Notwendigkeit medizinischer Überwachung und Untersuchung. Deshalb scheint den klinischen Bedürfnissen, aber auch den Anforderungen der Forschung und Ausbildung am besten Rechnung getragen, wenn verhaltenstherapeutische Einheiten in psychiatrische Abteilungen integriert werden, so daß Patienten und Personal von der Kommunikation, der gemeinsam erworbenen Erfahrung und den verschiedenen Spezialkenntnissen profitieren können.

Abkürzungsverzeichnis

CAD (conditioned avoidance drive): konditionierter Antrieb zur Vermeidung

CAR (conditioned avoidance reaction): konditionierte Vermeidungsreaktion

CER (conditioned emotional response): konditionierte emotionale Reaktion

CR (conditioned response): konditionierte Reaktion

CS (conditioned stimulus): konditionierter Stimulus (Reiz)

DAF (delayed auditory feedback): verzögerte anditive Rückkopplung

MMPI-Skala: Minnesota Multiphasic Personality Inventory

PGR (psychogalvanic skin responses): psychogalvanischer Hautreflex

UCR (unconditioned response): unkonditionierte Reaktion

UCS (unconditioned stimulus): unkonditionierter Stimulus (Reiz)

Literatur

ABRAHAM K.: Notes on the psychoanalytical investigation and treatment of manic depressive insanity and allied conditions. In: *Selected Papers of Karl Abraham* (1911). Hogarth Press, London, 1954

AGRAS, W. S.: An investigation of the decrement of anxiety responses during systematic desensitization therapy. *Behav. Res. Ther.* 2 (1965) 267

AGRAS, W. S.: Transfer during systematic desensitization therapy. *Behav. Res. Ther.* 5 (1967) 193

AGRAS, W. S., H. LEITENBERG, D. H. BARLOW: Social reinforcement in the modification of agoraphobia. *Arch. gen. Psychiat.* 19 (1968) 423

ALEXANDER, F.: The dynamics of psychotherapy in the light of learning theory. *Amer. J. Psychiat.* 120 (1963) 440

ALEXANDER, F., M. T. FRENCH: *Psychoanalytic Therapy*. Ronald Press, New York 1946

ANANT, S.: Comment on a follow-up of alcoholics. *Behav. Res. Ther.* 6 (1968) 133

ANDREWS, G., M. HARRIS, R. GARSIDE, D. KAY: *The Syndrome of Stuttering*. Heinemann, London 1964

ARONFREED, J., A. REBER: Internalised behavioral suppression and the timing of social punishment. *J. Personal. soc. Psychol.* 1 (1965) 3

ASHEM, B., L. DONNER: Covert sensitization with alcoholics. *Behav. Res. Ther.* 6 (1968) 7

ATTHOWE, J. M., L. KRASNER: Preliminary report on the application of contingent reinforcement procedures (token economy) on a "chronic" psychiatric ward. *J. abnorm. soc. Psychol.* 73 (1968) 37

AYLLON, T.: Intensive treatment of psychotic behaviour by stimulus satiation and food reinforcement. *Behav. Res. Ther.* (1968) 53

AYLLON, T., N. H. AZRIN: Reinforcement and instructions with mental patients. *J. exp. Anal. Behav.* 7 (1964) 327

AYLLON, T., N. H. AZRIN: The measurement and reinforcement of behavior of psychotics. *J. exp. Anal. Behav.* 8 (1965) 357

AYLLON, T., N. H. AZRIN: *The Token Economy: A Motivational System for Therapy and Rehabilitation.* Appleton-Century Crofts, New York 1968

AYLLON, T., E. HAUGHTON: Control of the behavior of schizophrenic patients by food. *J. exp. Anal. Behav.* 5 (1962) 343

AYLLON, T., E. HAUGHTON: Modification of symptomatic verbal behaviour of mental patients. *Behav. Res. Ther.* 2 (1964) 87

AYLLON, T., E. HAUGHTON, H. B. HUGHES: Interpretation of symptoms: fact or fiction. *Behav. Res. Ther.* 3 (1965) 1

AYLLON, T., J. MICHAEL: The psychiatric nurse as a behavioral engineer. *J. exp. Anal. Behav.* 3 (1959) 323

BACHRACH, A. J.: Some applications of operant conditioning to behavior therapy. In: *The Conditioning Therapies*, hrsg. von J. Wolpe, A. Salter, L. J. Reyna. Holt, Rinehart and Winston, New York 1964

BACHRACH, A. J., W. J. ERWIN, J. P. MOHR: The control of eating behavior on an anorexic by operant conditioning techniques. In: *Case Studies in Behavior Modification*, hrsg. von L. P. Ullmann, L. Krasner. Holt, Rinehart and Winston, New York 1965

BADRI, M. B.: A new technique for the systematic desensitization of pervasive anxiety and phobic reactions. *J. Psychol.* (1967) 201

BAER, D. M.: Laboratory control of thumbsucking in three young children by withdrawal and representation of positive reinforcement. *J. exp. Anal. Behav.* (1962) 525

BAER, D. M., J. A. SHERMAN: Reinforcement control of generalized imitation in young children. *J. exp. Child Psychol.* (1964) 37

BANCROFT, J., G. J. JONES, B. R. PULLAN: A simple transducer for measuring penile erection, with comments on its use in the treatment of sexual disorders. *Behav. Res. Ther.* 4 (1966) 239

BANCROFT, J., I. MARKS: Electric aversion therapy of sexual deviations. *Proc. roy. Soc. Med.* 61 (1968) 796

BANDURA, A.: Psychotherapy as a learning process. *Psychol. Bull.* 58 (1961) 143

BANDURA, A.: Behavioral modification through modeling procedures. In: *Research in Behavior Modification*, hrsg. von L. Krasner, L. P. Ullmann. Holt, Rinehart and Winston, New York 1965 a

BANDURA, A.: Vicarious processes: a case of no-trial learning. In: *Advances in Experimental Social Psychology*, Bd. II, hrsg. von L. Berkowitz. Academic Press New York 1965 b

BANDURA, A.: Modeling approaches to the modification of phobic disorders. In: *The Role of Learning in Psychotherapy*, hrsg. von R. Porter, C.I.B.A. Foundation Symposium, Churchill, London 1968

BANDURA, A.: *Principles of Behavior Modification*, Holt, Rinehart and Winston, New York 1969

BANDURA, A., E. D. BLANCHARD, B. J. RITTER: The relative efficacy of desensitization and modeling approaches for inducing behavioral, affective and attitudinal dangers, unveröffentl. Manuskript, Stanford University 1968

BANDURA, A., J. E. GRUSEC, F. L. MENLOVE: Vicarious extinction of avoidance behavior. *J. Personal. soc. Psychol.* 5 (1967) 16

BANDURA, A., F. L. MENLOVE: Factors determining vicarious extinction of a avoidance behavior through symbolic modeling. *J. Personal. soc. Psychol.* 6 (1968) 99

BANDURA, A., T. L. ROSENTHAL: Vicarious classical conditioning as a function of arousal level. *J. Personal. soc. Psychol.* 3 (1966) 54

BANDURA, A., R. H. WALTERS: *Social Learning and Personality Development*. Holt, Rinehart and Winston, New York 1963

BANNISTER, D., J. M. M. MAIR: *The Evaluation of Personal Constructs*. Academic Press, New York 1968

BARBER, T. X.: Physiological effects of hypnotic suggestions. *Psychol. Bull.* 4 (1965) 201

BARKER, J. C.: Behaviour therapy for transvestism: a comparison of pharmacological and electrical aversion techniques. *Brit. J. Psychiat.* 111 (1965) 268

BARLOW, D. H., H. LEITENBERG, W. S. AGRAS, J. P. WINCZE: The transfer gap in systematice desensitization: an analogue study. *Behav. Res. Ther.* 7 (1969) 191

BARNETT, S. A.: Physiological effects of social stress in wild rats. *J. psychosom.* Res. 3 (1958) 1

BARRETT, B. H.: Reduction in rate of multiple tics by free operant conditioning methods. *J. nerv. ment. Dis.* 135 (1962) 187

BATESON, G., D. D. JACKSON, J. HALEY, J. H. WEAKLAND: Towards a theory of schizophrenia. *Behav. Sci. 1 (1956)* 251

BECKER, W. C., H. H. MATTESON: GSR conditioning, anxiety and extraversion. *J. abnorm. soc. Psychol.* 62 (1961) 427

BEECH, H. R.: The symptomatic treatment of writer's cramp. In: *Behavioral Therapy and the Neuroses*, hrsg. von H. J. Eysenck. Pergamon Press, Oxford 1960

BEECH, H. R.: *Changing Man's Behaviour*, Penguin, Harmondsworth 1969

BEECHER, H. K.: The powerful placebo. *J. Amer. med. Ass.* 159 (1955) 1602

BERGER, S. M.: Conditioning through vicarious instigation. *Psychol. Rev.* 69 (1962) 450

BERGIN, A. E.: Implications of psychotherapy research. *Int. J. Psychiat.* 3 (1967) 136

BERKSON, G.: Abnormal stereotyped motor acts. In: *Comparative Psychopathology: Animal and Human*, hrsg. von J. Zubin, H. F. Hunt. Grune & Stratton, New York 1967

BERLYNE, D. E.: *Conflict, Arousal and Curiosity*. McGraw-Hill, New York 1960

BEVAN, W.: Subliminal stimulation. *Psychol. Bull.* 61 (1964) 81

BIEBER, B., I. BIEBER, H. J. DAIN, P. R. DINCE, M. G. DRELLICH, H. G. GRAND, R. GRUNDLACH, M. W. KREMER, C. B. WILBUR, T. B. BIEBER: *Homosexuality*. Basic Books, New York 1962

BLACK, A. A.: Factors predisposing to a placebo response in new out-patients with anxiety states. *Brit. J. Psychiat.* 112 (1966) 557

BLAKE, B. G.: The application of behaviour therapy to the treatment of alcoholism. *Behav. Res. Ther.* 3 (1965) 75

BLAKE, B. G.: A follow-up of alcoholics treated by behaviour therapy. *Behav. Res. Ther.* 5 (1967) 89

BLAKEMORE, C. B., J. G. THORPE, J. C. BARKER, C. G. CONWAY, N. I. LAVIN: The application of faradic aversion conditioning to behaviour therapy in a case of transvestism. *Behav. Res. Ther.* 1 (1963) 29

BLEULER, E.: *Dementia Praecox or the Group of Schizophrenias*. International Universities Press, New York 1950

BOOKBINDER, L.: Simple conditioning versus the dynamic approach to symptom and symptom substitution: a reply to Yates. *Psychol. Rev.* 10 (1962) 71

BOULOUGOURIS, J. C., I. M. MARKS: Implosion (flooding) – a new treatment for phobias. *Brit. med. J.* 1969/II, 721

BOWLBY, J.: Maternal care and mental health. Wld. Hlth. Org. Monogr. Ser. 2 (1951)

BOWLBY, J.: Childhood mourning and its implications for psychiatry. *Amer. J. Psychiat.* 118 (1961) 481

BRADY, J. P.: Brevital-relaxation treatment of frigidity. *Behav. Res. Ther.* 4 (1966) 71

BRADY, J. P.: Comments on methohexitone-aided systematic desensitization. *Behav. Res. Ther.* 5 (1967) 259

BRADY, J. P., D. L. LIND: Experimental analysis of hysterical blindness. *Arch. gen. Psychiat.* 4 (1961) 331

BRADY, J. V.: A comparative approach to the experimental analysis of emotional behaviour. In: *Experimental Psychopathology,* hrsg. von P. H. Hoch, J. Zubin. Grune & Stratton, New York 1957

BRADY, J. V., R. W. PORTER, D. G. CONRAD, J. W. MASON: Avoidance behavior and the development of gastroduodenal ulcers. *J. exp. Anal. Behav.* 1 (1958) 69

BREGER, L., J. MCGAUGH: Critique and reformulation of "learning theory" approaches to psychotherapy and neurosis. *Psychol. Bull.* 63 (1965) 338

BRIDGER, W. H., I. J. MANDEL: A comparison of GSR responses produced by threat and electric shock. *J. psychiat. Res.* 2 (1964) 31

BRIDGER, W. H., I. J. MANDEL: Cognitive expectancy and autonomic conditioning. In: *Recent Advances in Biological Psychiatry,* Bd. VII, hrsg. von J. Wortis. Plenum Press, New York 1965

BRIERLEY, H.: The treatment of hysterical spasmodic torticollis by behaviour therapy. *Behav. Res. Ther.* 5 (1967) 139

BROADHURST, P. L.: Abnormal animal behaviour. In: *Handbook of Abnormal Psychology,* hrsg. von H. J. Eysenck. Pitman, London 1960

BRODSKY, G.: The relationship between verbal and non-verbal behaviour change. *Behav. Res. Ther.* 5 (1967) 183

BROGDEN, W. J.: Sensory preconditioning. *J. exp. Psychol.* 25 (1939) 323

BROWN, J. S., H. I. KALISH, I. E. FARBER: Conditioned fear as revealed by magnitude of startle response to an auditory stimulus. *J. exp. Psychol.* 41 (1951) 317

BROWNING, R. M.: A same subject design for simultaneous comparison of three reinforcement contingencies. *Behav. Res. Ther.* 5 (1967) 237

BUEHLER, R. E., G. R. PATTERSON, J. M. FURNISS: The reinforcement of behaviour in institutional settings. *Behav. Res. Ther.* 4 (1966) 157

BUGELSKI, R.: Extinrction with and without sub-goal reinforcement. *J. comp. Psychol.* 26 (1938) 121

BUNT, A. VAN DE, J. T. BARENDREGT: Intercorrelations in three measures of conditioning. In: *Research in Psychodiagnostics,* hrsg. von J. T. Barendregt. Mouton, Den Haag 1961

CAHOON, D. D.: Symptom substitution and the behaviour therapies: a reappraisal. *Psychol. Bull.* 69 (1968) 149

CAMPBELL, D., R. E. SANDERSON, S. G. LAVERTY: Characteristics of a conditioned response in human subjects during extinction trials following a single traumatic conditioning trial. *J. abnorm. soc. Psychol.* 68 (1964) 627

CASE, H. W.: Therapeutic methods in stuttering and speech blocking. In: *Behaviour Therapy and the Eeuroses,* hrsg. von H. J. Eysenck. Pergamon Press, Oxford 1960

CAUTELA, J. R.: Treatment of compulsive behaviour by covert sensitization. *Psychol. Rec.* 16 (1966) 33

CAUTELA, J. R.: Covert desensitization. *Psychol. Rep.* 20 (1967) 459

CHAPMAN, J.: The early symptoms of schizophrenia. *Brit. J. Psychiat.* 112 (1966) 225

CHERRY, C., B. MCA. SAYERS: Experiments upon the total inhibition of stammering by external control and some clinical results. *J. psychosom. Res.* 1 (1956) 233

CHURCH, R. M.: The varied effects of punishment on behaviour. *Psychol. Rev.* 70 (1963) 369

CLARK, D. F.: Behaviour therapy of Gilles de la Tourette's syndrome. *Brit. J. Psychiat.* 112 (1966) 771

CLARKE, J. R.: The effect of fighting on the adrenals, thymus and spleen of the vole. *J. Endocr.* 9 (1953) 114

COLE, S. N., C. N. SIPPRELLE: Extinction function of awareness. *Behav. Res. Ther.* of a classically conditioned GSR as a 5 (1967) 331

CONGER, J. J.: Reinforcement theory and the dynamics of alcoholism. *Quart. J. Stud. Alcohol.* 17 (1956) 296

COOKE, G.: The efficacy of two desensitization procedures: an analogue study. *Behav. Res. Ther.* 4 (1966) 17

COOKE, G.: Evaluation of the efficacy of the components of reciprocal inhibition psychotherapy. *J. abnorm. soc. Psychol.* 73 (1968) 464

COOPER, J. E.: A study of behaviour therapy in thirty psychiatric patients. *Lancet* 1963/I, 411

COOPER, J. E., M. G. GELDER, I. M. MARKS: Results of behaviour therapy in 77 psychiatric patients. *Brit. med. J.,* 1965/I, 1222

Crisp, A. H.: "Transference", "symptom emergence" and "social repercussion" in behaviour therapy. *Brit. J. med. Psychol.* 39 (1966) 179

Crosby, N. D.: Essential enuresis: successful treatment based on physiological concepts. *Med. J. Aust.* 2 (1950) 533

Davidson, P. O., R. W. Payne, R. B. Sloane: Introversion, neuroticism and conditioning. *J. abnorm. soc. Psychol.* 68 (1964) 136

Davidson, P. O., R. W. Payne, R. B. Sloane: Cortical inhibition, drive level and conditioning. *J. abnorm. soc. Psychol.* 71 (1966) 310

Davies, D. L., M. Sheppard, E. Meyers: The two year prognosis of fifty alcoholic addicts after treatment in hospital. *Quant. J. Stud. Alcohol.* 17 (1956) 485

Davison, G. C.: A social learning therapy programme with an autistic child. *Behav. Res. Ther.* 2 (1964) 149

Davison, G. C.: The training of undergraduates as social reinforcers for autistic children. In: *Case Studies in Behavior Modification,* hrsg. von L. P. Ullmann, L. Krasner. Holt, Rinehart and Winston, New York 1965

Davison, G. C.: Anxiety under total curarization: implications for the role of muscular relaxation in the desensitization of neurotic fears. *J. nerv. ment. Dis.* 143 (1966) 443

Davison, G. C.: Some problems of logic and conceptualization in behaviour therapy research and theory, paper read at Symposium on Behavior Therapy from the Scientist-Practitioner Point of View, 75th Annual Convention of American Psychological Association, September 1967

Davison, G. C.: Elimination of a sadistic fantasy by a client-controlled counterconditioning technique: a case study. *J. abnorm. soc. Psychol.* 73 (1968 a) 84

Davison, G. C.: Self-control in an unruly young adolescent through imaginal aversive contingency and one-downmanship. Unveröffentl. Manuskript, State University of New York, 1968 b

Davison, G. C.: Systematic desensitization as a counterconditioning process. *J. abnorm. soc. Psychol.* 73 (1968 c) 91

Davison, G. C.: Appraisal of behavior modification techniques with adults in institutional settings. In: *Behavior Therapy: Appraisal and Status,* hrsg. von C. M. Franks. McGraw-Hill, New York 1969

Davison, G. C.:, S. Valins: On self-produced and drug-produced relaxation. *Behav. Res. Ther.* 6 (1968) 401

Dekker, E., J. Groen: Reproducible psychogenetic attacks of asthma. *J. psychosom. Res.* 1 (1956) 58

Delude, L. A., N. J. Carlson: A test of the conservation of anxiety and partial irreversibility hypotheses. *Canad. J. Psychol.* 18 (1964) 15

Denker, P. G.: Results of treatment of psychoneuroses by the general practitioner: a follow-up study of 500 cases. *Arch. Neurol. Psychiat.* 57 (1947) 504

Dennehy, C. M.: Childhood bereavement and psychiatric illness. *Brit. J. Psychiat.* 112 (1966) 1049

Dicara, L. V., N. E. Miller: Changes in heart rate instrumentally learned by curarized rats as avoidance responses. *J. comp. physiol. Psychol.* 65 (1968) 8

Ditties, J. E.: Extinction during psychotherapy of GSR accompanying embarrassing statements. *J. aborm. soc. Psy*chol. 54 (1957 a) 187

Ditties, J. E.: Galvanic skin responses as a measure of patient's reaction to therapist's permissiveness. *J. abnorm. soc. Psychol.* 55 (1957 b) 295

Dollard, J., N. E. Miller: *Personality and Psychotherapy.* McGraw-Hill, New York 1950

Donner, L., B. G. Guerney: Automated group desensitization for test anxiety. *Behav. Res. Ther.* 7 (1969) 1

Dunlap, K.: *Habits, Their Making and Unmaking.* Liveright, New York 1932

Efron, R.: The conditioned inhibition of uncinate fits. *Brain* 80 (1957) 251

Engel, G. L.: *Psychological Development in Health and Disease.* Saunders, Philadelphia 1962

Eriksen, C. W.: Unconscious processes. In: *Nebraska Symposium of Motivation,* hrsg. von M. R. Jones. Nebraska University Press, 1958

Erikson, E. H.: *Childhood and Society,* 2. Aufl., Hogarth Press, London 1965

Estes, W. K.: An experimental study of punishment.*Psychol. Monogr.* 57, Nr. 3 u. Nr. 363 (1944)

Evans, I., T. Wilson: Note on the terminological confusion surrounding systematic desensitization. *Psychol. Rep.* 22 (1968) 187

Eysenck, H. J.: *Dynamics of Anxiety and Hysteria.* Routledge and Kegan Paul, London 1957

Eysenck, H. J. (Hrsg.): *Behaviour Therapy and the Neuroses.* Pergamon Press, Oxford 1960 a

Eysenck, H. J.: The effects of psychotherapy. In: *Handbook of Abnormal*

Psychology, hrsg. von H. J. Eysenck. Pitman, London 1960 b

EYSENCK, H. J.: Behaviour therapy, extinction and relapse. *Brit. J. Psychiat.* 109 (1963 a) 12

EYSENCK, H. J.: Behavior therapy, spontaneous remission and transference in neurotics. *Amer. J. Psychiat.* 119 (1963 b) 867

EYSENCK, H. J. (Hrsg.): *Experiments in Behaviour Therapy*. Pergamon, Oxford 1964

EYSENCK, H. J.: Extraversion and the acquisition of eyeblink and GSR conditioned response. *Psychol. Bull.* 63 (1965) 258

EYSENCK, H. J.: A theory of the incubation of anxiety fear responses. *Behav. Res. Ther.* 6 (1968 a) 309

EYSENCK, H. J.: *The Biological Basis of Behavior*. Thomas, Springfield 1968 b

EYSENCK, H. J., S. B. G. EYSENCK: *Manual of the Eysenck Personality Iventory*. London University Press, 1964

EYSENCK, H. J., S. RACHMAN: *The Causes and Cures of Neurosis*. Routledge and Kegan Paul, London 1965

FAIRWEATHER, G. W. (Hrsg.): *Social Psychology in Treating Mental Illness*. Wiley, New York 1964

FAIRWEATHER, G. W., D. H. SANDERS, H. MAYNARD, D. L. CRESSLER: *Community Life for the Mentally Ill*. Aldine, Zit. nach BANDURA (1969)

FARRAR, C. H., B. J. POWELL, L. K. MARTIN: Punishment of alcohol consumption by apneic paralysis. *Behav. Res. Ther.* 6 (1968) 13

FEATHER, B. W.: Semantic generalization of classically conditioned responses: a review. *Psychol. Bull.* 63 (1965) 425

FELDMAN, M. P.: Aversion therapy for sexual deviations: a critical review. *Psychol. Bull.* 65 (1966) 65

FELDMAN, M. P., M. J. MACCULLOCH: The application of anticipatory avoidance learning to the treatment of homosexuality. I: Theory, techniques and preliminary results. *Behav. Res. Ther.* 2 (1965) 165

FENICHEL, O.: *The Psychoanalytic Theory of Neurosis*. Routledge and Kegan Paul, London 1946

FERSTER, C. B.: Positive reinforcement and behavioural deficts in autistc children. *Child Develop.* 32 (1961) 437

FERSTER, C. B.: Classification of behavioral pathology. In: *Research in Behavior Modification*, hrsg. von L. P. Ullmann, L. Krasner. Holt, Rinehart and Winston, New York 1965

FERSTER, C. B., B. F. SKINNER: *Schedules of Reinforcement*. Appleton-Century-Crofts, New York 1957

FIELD, E.: *A Validation Study of Hewitt and Jenkins' Hypothesis*. Home Office Research Unit Report, Nr. 10, H.M.S.O., London 1967

FISH, H. J.: *An Outline of Psychiatry*. Wright, Bristol 1964

FLUGEL, J. C.: *Man, Morals and Society*. Duckworth, London 1945

FOLKINS, C. H., K. D. LAWSON, E. M. OPTON, R. S. LAZURUS: Densensitization and the experimental reduction of threat. *J. abnorm. soc. Psychol.* 73 (1968) 100

FONBERG, E.: On the manifestation of conditioned defensive reactions in stress (1956). In: *Psychotherapy by Reciprocal Inhibition*, hrsg. von J. Wolpe. Stanford University Press, 1958

FOWLER, R. L., H. D. KIMMEL: Operant conditioning of the GSR. *J. exp. Psychol.* 63 (1962) 563

FRANK, J. D.: *Persuasion and Healing*. Johns Hopkins Press, Baltimore 1961

FRANK, J. D.: The role of hope in psychotherapy. *Int. J. Psychiat.* 5 (1968) 383

FRANK, J. D., E. H. NASH, A. R. STONE, S. D. IMBER: Immediate and long-term symptomatic course of psychiatric outpatients. *Amer. J. Psychiat.* 120 (1962) 429

FRANKS, C. M.: Conditioning and abnormal behaviour. In: *Handbook of Abnormal Psychology*, hrsg. von H. J. Eysenck. Pitman, London 1960

FRANKS, C. M.: Conditioning and conditioned aversion therapies in the treatment of the alcoholics. *Int. J. Addict.* 1 (1966) 62

FRANKS, C. M., D. S. TROUTON: The effects of amobarbital sodium and dexamphetamine sulphate on the conditioning of the eyeblink response. *J. comp. physiol. Psychol.* 51 (1958) 220

FRANSELLA, F.: Rhythm as a distractor in the modification of stuttering. *Behav. Res. Ther.* 5 (1967) 253

FRANSELLA, F., H. R. BEECH: An experimental analysis of the effect of rhythm on the speech of stutterers. *Behav. Res. Ther.* 3 (1965) 195

FRAZIER, T. W.: Avoidance conditioning of heart rate in humans. *Psychophysiology* 3 (1966) 188

FREEMAN, H. S., D. C. KENDRICK: A case of cat phobia. *Brit. med. J.* 1960/II, 497

FREUD, S.: *Studies on Hysteria*. In: standard edition of *Complete Psychological Works*, Bd. II. Hogarth Press, London 1909

FREUD, S.: *Mourning and Melancholia.* In: Standard Ausgabe der *"Complete Psychological Works"*, Bd. XIV. Hogarth Press, London 1957

FREUD, S.: *Totem and Taboo.* In: Standard Ausgabe der *"Complete Psychological Works"*, Bd. XIII. Hogarth, London 1955

FREUD, S.: *Analysis Terminable and Interminable.* In: Standard Ausgabe der *Complete Psychological Works,* Bd. XXIII. Hogarth Press, London 1964

FREUD, S.: *An Outline of Psychoanalysis* (1940). In: Standard Ausgabe der *"Complete Psychological Works"*, Bd. XXIII. Hogarth Press, London 1964

FREUND, K.: Some problems in the treatment of homosexuality. In: *Behaviour Therapy and the Neuroses,* hrsg. von Eysenck, H. J. Pergamon Press, Oxford 1960

FRIED, R.: Essentials of electroshock and electroshock devices, *Newsletter,* Assoc. Advance Behav. Ther. 2, Nr. 2 (1967) 3

FRIEDMAN, D.: A new technique for the systematic desentization of phobic symptoms. *Behav. Res. Ther.* 4 (1966 a) 139

FRIEDMAN, D.: Treatment of a case of dog phobia in a deaf mute by behaviour therapy. *Behav. Res. Ther.* 4 (1966 b) 141

FRIEDMAN, D. E. I., J. T. SILVERSTONE: Treatment of phobic patients by systematic desensitization. *Lancet,* 1967/I, 470

FRIEDMAN, H. J.: Patient expectancy and symptom reduction. *Arch. gen. Psychiat.* 8 (1963) 61

FURNEAUX, W. D., H. B. GIBSON: A children's personality inventory designed to measure neuroticism and extraversion. *Brit. J. Psychol.* 31 (1961) 204

GALAMBOS, R., C. T. MORGAN: The neural basis of learning. In: *Handbook of Physiology,* Bd. III, *Neurophysiology,* Teil 1, American Physiological Society, Washington 1960

GALAMBOS, R., G. S. SHEATZ: An EEG study of classical conditioning. *Amer. J. Physiol.* 203 (1962) 173

GALE, D. S., G. STRUMFELS, E. GALE: A comparison of reciprocal inhibition and experimental extinction in the psychotherapeutic process. *Behav. Res. Ther.* 4 (1966) 149

GAMBRILL, E.: Effectiveness of the counterconditioning procedure in eliminating avoidance behaviour. *Behav. Res. Ther.* 5 (1967) 263

GANTT, W. H.: Principles of nervous breakdown: schizokinesis and autokinesis. *Ann. N. Y. Acad. Sci.* 56 (1953) 143

GARFIELD, Z. A., P. L. DARWIN, B. A. SINGER, J. F. MCBREARTY. Effect of "in vivo" training on experimental desensitization of a phobia. *Psychol. Rep.* 20 (1967) 515

GEER, J. H.: The development of a scale to measure fear'. *Behav. Res. Ther.* 3 (1965) 45

GELDER, M. G.: Desensitization and psychotherapy research. *Brit. J. med. Psychol.* 41 (1968) 39

GELDER, M. G., I. M. MARKS: Severe agoraphobia: a controlled prospective trial of behaviour therapy. *Brit. J. Psychiat.* 112 (1966) 309

GELDER, M. G., I. M. MARKS: Desensitization and phobias: a crossover study. *Brit. J. Psychiat.* 114 (1968) 323

GELDER, M. G., I. M. MARKS, H. E. WOLFF, M. CLARKE: Desensitization and psychotherapy in the treatment of phobic states: a controlled inquiry. *Brit. J. Psychiat.* 53 (1967) 113

GELDER, M. G., A. M. MATHEWS: Forearm blood flow and phobic anxiety. *Brit. J. Psychiat.* 114 (1968) 1371

GELFAND, D. M., S. GELFELAND, W. R. DOBSON: Unprogrammed reinforcement of patients' behaviour in a mental hospital. *Behav. Res. Ther.* 5 (1967) 201

GENERAL REGISTER OFFICE: *A Glossary of Mental Disorders.* Studies on Medical and Population Subjects, Nr. 22, H.M. S.O., London 1968

GERICKE, O. L.: Practical use of operant conditioning procedures in a mental hospital. *Psychiat. Stud. Proj.* 3 (1965) 1

GLASER, E. N.: *The Physiological Basis of Habituation,* Oxford University Press, 1966

GLATT, M. M.: Treatment results in an English mental hospital alcoholic unit. *Acta psychiat. scand.* 37 (1961) 143

GLEITMAN, H., J. NACHMIAS, U. NEISSER: The S–R reinforcement theory of extinction. *Psychol. Rev.* 61 (1954) 61

GOLD, S., I. L. NEUFELD: A learning approach to the treatment of homosexuality. *Behav. Res. Ther.* 2 (1965) 201

GOLDIAMOND, I.: Stuttering and fluency as manipulatable operant response classes. In: *Research in Behavior Modification,* hrsg. von L. KRASNER, L. P. ULLMANN, Holt, Rinehart and Winston, New York 1965

GOLDSTEIN, A. P.: Patients expectancies and non-specific therapy as a basis for (un)spontaneous remission. *J. clin. Psychol.* 16 (1960) 399

GOLDSTEIN, A. P.: *Therapist–Patient Ex-*

pectancies in Psychotherapy. Pergamon, Oxford 1962

GOLDSTEIN, A. P.: Maximizing expectancy effects in psychotherapeutic practice. *Int. J. Psychiat.* 5 (1968) 397

GOLDSTEIN, A. P., K. HELLER, L. B. SECHREST: *Psychotherapy and the Psychology of Behavior Change*. Holt, Rinehart and Winston, New York 1966

GOTTSCHALK, L. A., A. H. AUERBACH (Hrsg.): *Methods of Research in Psychotherapy*. Appleton-Century-Crofts, New York

GRANVILLE-GROSSMAN, K. L.: The early environment in affective disorders. In: *Recent Developments in Affective Disorders*, hrsg. von A. COPPEN, A. WALK, *Brit. J. Psychiat.*, Special Publication, Nr. 2, Royal Medico-Psychological Association, London 1968

GREENSPOON, J.: Verbal conditioning and clinical psychology. In: *Experimental Foundations in Clinical Psychology*, hrsg. von A. J. BACHRACH. Basic Books, New York 1962

GREENWALD, A. G.: Punishment as a means of increasing the "strength" of a response. Beitrag zum Jahrestreffen der Eastern Psychological Association, 1965

GREER, H. S., R. H. CAWLEY: *Natural History of Neurotic Illness*. Australian Medical Publishing Co., Sydney 1966

GRINKER, R. R., J. P. SPIEGEL: *Men Under Stress*, Blakiston. New York 1945

GROSSBERG, J. M., H. K. WILSON: A correlational comparison of the Wolpe-Lang Fear Survey Schedule and Taylor Manifest Anxiety Scale. *Behav. Res. Ther.* 3 (1965) 125

GUTHRIE, E. R.: *The Psychology of Learning*. Harper, New York 1935

GWINN, G. T.: The effect of punishment on acts motivated by fear. *J. exp. Psychol.*, vol. 39, pp. 260–269.

HAGMAN, C.: A study of fears of children in the pre-school age, *J. exp. Psychol.* 1 (1932) 110

HAIN, J. D., R. H. G. BUTCHER, I. STEVENSON: Systematic desensitization therapy: an analysis of results in twenty-seven patients. *Brit. J. Psychiat.* 112 (1966) 295

HARLOW, H. F.: The maternal affectional system. In: *Determinants of Infant Behaviour*, hrsg. von B. M. FOSS. Methuen, London 1963

HARTMANN, H.: *Essays on Ego Psychology*. Hogarth Press, New York 1964

HAWKINS, R. P., R. F. PETERSON, E. SCHWEID, S. W. BIJON: Behaviour therapy at home: amelioration of problem parent–child reactions with the parent in a therapeutic role. *J. exp. Child Psychol.* 4 (1966) 99

HEAP, R. F., C. N. SIPPRELLE: Extinction as a function of insight. *Psychotherapy* 3 (1966) 81

HEBB, D. O.: Spontaneous neurosis in chimpanzees: theoretical relationships with clinical and experimental phenomena. *Psychosom. Med.* 9 (1947) 3

HEBB, D. O: Drives and the C.N.S. *Psychol. Rev.* 62 (1955) 243

HEBB, D. O.: Alice in Wonderland or psychology among the biological sciences. In: *Biological and Biochemical Bases of Behavior* hrsg. von H. F. HARLOW, C. N. WOOLSEY. Wisconsin University Press, 1958

HEFFERLINE, R. F.: Learning theory and clinical psychology – an eventual symbiosis? In: *Experimental Foundations of Clinical Psychology*, hrsg. von A. J. BACHRACH. Basic Books, New York 1962

HEWITT, J., R. L. JENKINS: *Fundamental Patterns of Maladjustment*. Michigan Child Guidance Institute, 1946

HILGARD, E. R., D. M. MARQUIS: *Conditioning and Learning*. Appleton-Century-Crofts, New York 1940

HINDE, R. A.: An ethological approach. In: *Stress and Psychiatric Disorder*, hrsg. von J. M. TANNER, (ed.). Blackwell, Oxford 1960

HOBBS, N.: Sources of gain in psychotherapy. *Amer. J. Psychol.* 17 (1962) 741

HOCUTT, M.: On the alleged circularity of Skinner's concep of stimulus. *Psychol. Rev.* 74 (1967) 530

HOEHN-SARIC, R., J. D., FRANK, S. D. IMBER, E. H. NASH, A. R. STONE, C. C. BATTLE: Systematic preparation of patients for psychotherapy, *J. psychiat. Res.* 2 (1965) 267

HOENIG, J., G. F. REED: The objective assessment of desensitization. *Brit. J. Psychiat.* 112 (1966) 1279

HOGAN, R. A.: Implosive therapy in the short-term treatment of psychotics. *Psychotherapy* 3 (1966) 25

HOGAN, R. A., J. H. KIRCHNER: Preliminary reports of the extinction of learned fears via short-term implosive therapy. *J. abnorm. soc. Psychol.* 72 (1967) 106

HOGAN, R. A., J. H. KIRCHNER: Implosive, eclectic verbal, and bibliotherapy in the treatment of fears of snakes. *Behav. Res. Ther.* 6 (1968) 167

HOLLAND, J. G., B. F. SKINNER: *The Analysis of Behaviour*. McGraw-Hill, New York 1961

HOLT, R. R.: Ego autonomy re-evaluated. *Int. J. Psychiat.* 3 (1967) 481

HOLZ, W. C., N. H. AZRIN: Discrimination properties of punishment. *J. exp. Anal. Behav.* 4 (1961) 225

HOMME, L.: Perspective in psychology. 24. Control of coverants, the operants of the mind. *Psychol. Rec.* 15 (1965) 501

HONIGFELD, G.: Non-specific factors in treatment: 1. Review of placebo reactions and placebo reactors. 2. Review of socio-psychological factors. *Dis. nerv. Syst.* 25 (1964) 135 u. 225

HSU, J. J.: Electroconditioning therapy of alcoholics: a preliminary report. *Quart. J. Stud. Alcohol.* 26 (1965) 449

HUDSON, B. B.: One trial learning in the domestic rat. *Genet. Psychol. Monogr.* (1950) 94

HULL, C. L.: *Principles of Behavior.* Appleton-Century-Crofts, New York 1943

HULL, C. L.: *A Behavior System.* Yale University Press 1952

HUNT, H. F.: Methods for studying the behavioral effects of drugs. *Ann. Rev. Pharmacol.* 1 (1961) 125

HUSSAIN, A.: The results of behavior therapy in 105 cases. In: *Conditioning Therapies,* hrsg. von J. WOLPE, A. SALTER, J. REYNA. Holt, Rinehart and Winston, New York 1964

INGRAM, I. M.: The obsessional personality and obsessional illnesses. *Amer. J. Psychiat.* 117 (1961) 1016

ISAACS, W., J. THOMAS, I. GOLDIAMOND: Application of operant conditioning to reinstate verbal behaviour in psychotics. *J. Speech Dis.* 25 (1960) 8

JACOBSON, E.: *Progressive Relaxation.* Chicago University Press, 1938

JACOBSON, E. *Anxiety and Tension Control.* Lipincott, Philadelphia 1964

JASPERS, K.: *General Psychopathology.* Manchester University Press, 1963

JERSILD, A. T., F. B. HOLMES: Children's fears. *J. Psychol.*, 1 (1935) 75

JONES, H. G.: The application of conditioning and learning techniques to the treatment of a psychiatric patient. *J. abnorm. soc. Psychol.* 52 (1956) 414

JONES, H. G.: The behavioural treatment of enuresis nocturna. In: *Behaviour Therapy and the Neuroses,* hrsg. von H. J. EYSENCK. Pergamon, Oxford 1960

JONES, M. C.: The elimination of children's fear. *J. exp. Psychol.* 7 (1924 a) 383

JONES, M. C.: A laboratory study of fear: the case of Peter. *Pedagog. Semin.* 31 (1924 b) 308

JOYCE, C. R. B.: Differences between physicians as revealed by clinical trials. *Proc. roy. Soc. Med.* 55 (1962) 776

JUNG, C. J.: *The Psychogenesis of Mental Disease.* Routledge and Kegan Paul, London 1960

KAHANE, M.: An experimental investigation of a conditioning treatment and a preliminary study of the psycho-analytic theory of the etiology of nocturnal enuresis. *Amer. J. Psychol.* 10 (1955) 369

KANFER, F. H.: Comments on learning in psychotherapy. *Psychol. Rep.* 9 (1961) 681

KARDINER, A., A. KARUSH, L. OVESY: A methodological study of Freudian theory. *J. nerv. ment. Dis.* 129 (1959) 11, 133, 207 u. 341

KATKIN, E. S., E. N. MURRAY: Instrumental conditioning of autonomically mediated behaviour: theoretical and methodological issues. *Psychol. Bull.* 70 (1968) 52

KELLNER, R.: The evidence in favour of psychotherapy. *Brit. J. med. Psychol.* 40 (1967) 34

KELLY, D. H.: Measurement of anxiety by forearm blood flow. *Brit. J. Psychiat.* 112 (1966) 789

KELLY, D., I. MARTIN: Autonomic reactivity, eyelid conditioning and their relationship to neuroticism and extraversion. *Behav. Res. Ther.* 7 (1969) 233

KELLY, D. H. W., C. J. S. WALTER: The relationship between clinical diagnosis and anxiety, assessed by forearm blood flow and other measurements. *Brit. J. Psychiat.* 114 (1968) 611

KELLY, G. A.: *The Psychology of Personal Constructs.* Norton, New York 1955

KENDALL, R. E.: The problem of classification. In: *Recent Developments in Affective Disorders, Brit. J. Psychiat.,* Special Bull., Royal Medico-Psychological Association, London 1968

KENDALL, R. E., M. C. STATON: The fate of untreated alcoholics, *Quart. J. Stud. Alcohol.* 26 (1965) 685

KENNEDY, T.: Treatment of chronic schizophrenia by behaviour therapy: case reports. *Behav. Res. Ther.* 2 (1964) 1

KIESLER, D. J.: Some myths of psychotherapy research and the search for a paradigm. *Psychol. Bull.* 65 (1966) 110

KIMBLE, G.: *Hilgard and Marquis, Conditioning and Learning.* Appleton-Century-Crofts, New York 1961

KIMBLE, G.: *Foundations of Conditioning and Learning.* Appleton-Century-Crofts, New York 1961

KIMBLE, G., J. KENDALL: A comparison of two methods of producing experimental extinction. *J. exp. Psychol.* 45 (1953) 87

KING, G. F., S. G. ARMITAGE, J. R. TILTON: A therapeutic approach to schizophrenics of extreme pathology. *J. abnorm. soc. Psychol.* 61 (1960) 276

KIRK, R. V.: Perceptual defect and role handicap: missing links in explaining the aetiology of schizophrenia. *Brit. J. Psychiat.* 114 (1968) 1509

KNOWLES, J. B.: Conditioning and the placebo effect: the effects of decaffeinated coffee on simple reaction time in habitual coffee drinkers. *Behav. Res. Ther.* 1 (1963) 151

KOENIG, K. P., J. MASTERS: Experimental treatment of habitual smoking. *Behav. Res. Ther.* 3 (1965) 235

KOLVIN, I.: "Aversion imagery" treatment in adolescents. *Behav. Res. Ther.* 5 (1967) 245

KONDAS, O.: Reduction of examination anxiety and "stage-fright" by group desentization and relaxation. *Behav. Res. Ther.* 5 (1967 a) 275

KONDAS, O.: The treatment of stammering in children by the shadowing method. *Behav. Res. Ther.* 5 (1967 b) 325

KRAFT, T.: The use of methohexitone sodium in behaviour therapy. *Behav. Res. Ther.* 5 (1967) 257

KRASNER, L.: Studies of the conditioning of verbal behavior. *Psychol. Bull.* 55 (1958) 148

KRASNER, L.: Reinforcement, verbal behavior and psychotherapy. *Amer. J. Orthopsychiat.* 33 (1963) 601

KRASNER, L.: Verbal conditioning and psychotherapy. In: *Research in Behavior Modification,* hrsg. von L. KRASNER, L. P. ULLMANN. Holt, Rinehart and Winston, New York 1965

KRASNER, L.: Assessment of token economy programmes in psychiatric patients. In: *The Role of Learning in Psychotherapy,* hrsg. von R. PORTER. C.I.B.A. Foundation Symposium, Churchill, London 1968

KRASNOGORSKI, N. I.: The conditioned reflexes and the children's neuroses. *Amer. J. Dis. Child.* 30 (1925) 753

KRASNOGORSKI, N. I.: Physiology of cerebral activity in children as a new subject of pediatric investigation. *Amer. J. Dis. Child.* 46 (1933) 473

KRETSCHMER, E.: *A Textbook of Medical Psychology.* Übersetz: von E. B. Strauss, Oxford University Press, 1934

KUSHNER, M.: Behaviour therapy program of VA Hospital, Coral Gables, Florida, *Newsletter,* Assoc. Advance. Behav. Ther. 2 Nr. 1 (1967) 7

LACEY, J. I., J. KAGAN, B. L. LACEY, H. A. MOSS: The visceral level: situational determinants and behavioural correlates of autonomic response patterns. In: *Expression of the Emotions of Man,* hrsg. von P. H. KNAPP. International Universities Press, New York 1963

LACEY, J. I., B. C. LACEY: Verification and extension of the principle of autonomic response stereotypy. *Amer. J. Psychol.* 71 (1958) 50

LACEY, J. I., R. I. SMITH: Conditioning and generalization of unconscious anxiety. Science 120 (1954) 1

LADER, M. H.: Palmar skin conductance measures in anxiety and phobic states. *J. psychosom. Res.* 11 (1967) 271

LADER, M. H., M. G. GELDER, I. M. MARKS: Palmar skin conductance measures as predictors of response to desensitization. *J. psychosom. Res.* 11 (1967) 283

LADER, M. H., A. M. MATHEWS: A physiological model of phobic anxiety and desensitization. *Behav. Res. Ther.* 6 (1968) 411

LADER, M. H., L. WING: Physiological measures, sedative drugs and morbid anxiety. Oxford University Press, 1966

LAING, R. D.: *The Divided Self.* Tavistock, London 1960

LANDIS, C. A.: Statistical evaluation of psychotherapeutic methods. In: *Concepts and Problems of Psychotherapy,* hrsg. von L. E. HINSIE. Columbia University Press, New York 1937

LANG, P. J., A. D. LAZOVIK: The experimental desensitization of phobia. *J. abnorm. soc. Psychol.* 66 (1963) 519

LANG, P. J., A. D. LAZOVIK, D. J. REYNOLDS: Desensitization, suggestibility and pseudo-therapy. *J. abnorm. soc. Psychol.* 6 (1966) 395

LANYON, R. I., M. MANOSEVITZ: Validity of self-reported fear. *Behav. Res. Ther.* 4 (1966) 259

LAURENCE, *D. R.: Clinical Pharmacology.* Churchill, London 1962

LAZARUS, A. A.: A new method in psychotherapy: a case study. *S. Afr. med. J.* 33 (1958) 660

LAZARUS, A. A.: The elimination of children's phobias by deconditioning. *Med. Proc.* 5 (1959) 261

LAZARUS, A. A.: Group therapy of phobic disorders by systematic desensitization. *J. abnorm. soc. Psychol.* 63 (1961 a) 504

LAZARUS, A. A.: Objective psychotherapy in treatment of dysphemia. *J. S. Afr. Logoped. Soc.* (1961 b) 8

LAZARUS, A. A.: The results of behaviour therapy in 126 cases of severe neurosis. *Behav. Res. Ther.* 1 (1963) 69

LAZARUS, A. A.: Crucial procedural factors in desensitization therapy. *Behav. Res. Ther.* 2 (1964) 65

LAZARUS, A. A.: Behaviour rehearsal v. non-directive therapy v. advice in effecting behaviour change. *Behav. Res. Ther.* 4 (1966 a) 209

LAZARUS, A. A.: Broad spectrum behaviour therapy and the treatment of agoraphobia. *Behav. Res. Ther.* 4 (1966 b) 95

LAZARUS, A. A.: Learning theory and the treatment of depression. *Behav. Res. Ther.* 6 (1968 a) 83

LAZARUS, A. A.: Behaviour therapy and graded structure. In: *Symposium on the Role of Learning in Psychotherapy*, hrsg. von R. PORTER. C.I.B.A. Foundation Symposium, Churchill, London 1968 b

LAZARUS, A. A.: *Behavior Therapy and Marriage Counseling.* Unveröffentliches Manuskript, Eastern Pennsylvania Psychiatric Institute, 1968 c

LAZARUS, A. A.: Variations in desensitization therapy. *Psychotherapy* 5 (1968 d) 50

LAZARUS, A. A.: Behavior therapy in groups. In: *Basic Approaches to Group Psychotherapy and Counseling*, hrsg. von C. M. GAZDA. Thomas, Springfield 1968 e

LAZARUS, A. A., A. ABRAMOVITZ: The use of "emotive imagery" in the treatment of children's phobias. *J. ment. Sci.* 108 (1962) 131

LAZARUS, A. A., G. C. DAVISON, D. A. POLEFKA: Classical and operant factors in the treatment of a school phobia. *J. abnorm. soc. Psychol.* 70 (1965) 225

LAZARUS, A. A., S. RACHMAN: The use of systematic desensitization in psychotherapy. In *Behaviour Therapy and the Neuroses*, hrsg. von H. J. EYSENCK. Pergamon, Oxford 1960

LAZARUS, A. A., M. SERBER: Is systematic desensitization being misapplied? *Psychol. Rep.* 23 (1968) 215

LEFF, R.: Behaviour modification and the psychoses of childhood: a review. *Psychol. Bull.* 69 (1968) 396

LEHNER, G. F. C.: Negative practice as a psychotherapeutic technique. *J. Psychol.* 51 (1954) 68

LEITENBERG, H., W. S. AGRAS, D. H. BARLOW, D. L. OLIVEAU: Contribution of selective positive reinforcement and therapeutic instructions to systematic desensitization therapy. *J. abnorm. soc. Psychol.* 74 (1969) 113

LEMERE, F., W. L. VOEGTLIN: An evaluation of the aversive treatment of alcoholism. *Quart. J. Stud. Alcohol.* 11 (1950) 199

LEVINSON, F., V. MEYER: Personality changes in relation to psychiatric status following orbital cortex undercutting. *Brit. J. Psychiat.* 111 (1965) 207

LEVIS, D. J., R. N. CARRERA: Effects of ten hours of implosive therapy in the treatment of out-patients: a preliminary report. *J. abnorm. soc. Psychol.* 72 (1967) 504

LEWIS, A. J.: Health as a social concept. *Brit. J. Sociol.* 4 (1953) 109

LEWIS, A. J.: Obsessional illness. *Acta neuropsiquiát. argent.* 3 (1957) 323

LEWIS, A. J.: Psychological medicine. In: *Price's Textbook of Medicine*, hrsg. von R. BODLEY SCOTT. Oxford University Press, 1966

LIBERMAN, R.: An analysis of the placebo phenomenon. *J. chron. Dis.* 15 (1962) 761

LIBERMAN, R.: An experimental study of the placebo response under three different situations of pain. *J. psychiat. Res.* 2 (1964) 233

LIDDELL, H. S.: Conditioned reflex method and experimental neurosis. In: *Personality and the Behavior Disorders*, hrsg. von J. McV. HUNT. Ronald Press, New York 1944

LIDDELL, H. S.: Experimental neuroses in animals. In: *Stress and Psychiatric Disorder*, hrsg. von Blackwell, Oxford 1960

LIDZ, T., S. FLECK, A. CORNELISON: *Schizophrenia and the Family.* International Universities Press, New York

LINDSLEY, O. R.: Operant conditioning methods applied to research in chronic schizophrenia. *Psychiat. Res. Rep.* 5 (1956) 118

LINDSLEY, O. R.: Characteristics of the behavior of chronic psychotics as revealed by free-operant conditioning methods. *Dis. Nerv. Syst.*, Monog. Suppl. 21 (1960) 66

LINDSLEY, O. R., B. F. SKINNER: A method for the experimental analysis of the behavior of psychotic patients. *Amer. J. Psychol.* 9 (1954) 419

LIVERSEDGE, L. A., J. D. SYLVESTER: Conditioning techniques in the treatment of writer's cramp. *Lancet.* 1955/I, 1147

LOMONT, J. F.: Reciprocal inhibition or extinction? *Behav. Res. Ther.* 3 (1965) 209

LOMONT, J. F., J. E. EDWARDS: The role of relaxation in systematic desensitization.

Behav. Res. Ther. 5 (1967) 11

London, P.: *The Modes and Morals of Psychotherapy.* Holt, Rinehart and Winston, New York 1964

Lovaas, O. I.: Interaction between verbal and non-verbal behavior. *Child Develop.* 32 (1961) 329

Lovaas, O. I.: Clinical implications of the relationship between verbal and non-verbal operant behaviour. In: *Experiments in Behaviour Therapy,* hrsg. von H. J. Eysenck. Pergamon Press, Oxford 1964

Lovaas, O. I.: A program for the establishment of speech in psychotic children. In: *Early Childhood Autism,* hrsg. von J. K. Wing. Pergamon Press, Oxford 1966

Lovibond, S. H.: *Conditioning and Enuresis.* Pergamon Press, Oxford 1964

Luborsky, L., H. H. Strupp: Research problems in psychotherapy: a three-year follow-up. In: *Research in Psychotherapy,* Bd. II, hrsg. von H. H. Strupp, L. Luborsky. A. P. A.

Luby, E. D., E. D. Gottlieb: Model psychoses. In: *Modern Perspectives in World Psychiatry,* hrsg. von J. G. Howells. Oliver and Boyd, Edinburgh 1968

Luria, A. R.: *The Role of Speech in the Regulation of Normal and Abnormal Behaviour.* Pergamon Press, Oxford 1961

MacCorquodale, K., P. E. Meehl: In: *Modern Learning Theory,* hrsg. von Edward C. Tolman u. Mitarb. Estes. Appleton-Century-Crofts, New York 1954

MacCulloch, M. J., M. P. Feldman: Aversion therapy in management of forty-three homosexuals. *Brit. med. J.* 1967/II, 594

MacCulloch, M. J., M. P. Feldman, J. M. Pinshoff: The application of anticipatory avoidance learning to the treatment of homosexuality. 2: Avoidance response latencies and pulse rate changes. *Behav. Res. Ther.* 3 (1965) 21

MacFarlane, J. W., L. Allen, M. Honzik: *A Developmental Study of the Behavior Problems of Normal Children,* California University Press, Berkeley 1954

McGuire, R. J., J. M. Carlisle, B. G. Young: Sexual deviations as conditioned behaviour: a hypothesis. *Behav. Res. Ther.* 2 (1965) 185

McGuire, R. L., M. Vallance: Aversion therapy by electric shock: a simple technique. *Brit. med. J.* 1964/I, 151

MacLaren, J.: The treatment of stammering by the Cherry-Sayers method: clinical impressions. In: *Behaviour Therapy and the Neuroses,* hrsg. von H. J. Eysenck. Pergamon Press, Oxford 1960

Macpherson, E. L. R.: Control of involuntary movement. *Behav. Res. Ther.* 5 (1967) 143

Madill, M. F., D. Campbell, S. G. Laverty, R. E. Sanderson, S. L. Vanderwater: Aversion treatment of alcoholics by succinylcholine-induced apnoeic paralysis. *Quart. J. Stud. Alcohol.* 27 (1966) 483

Madsen, C. H., L. P. Ullmann: Innovations in the desensitization of frigidity. *Behav. Res. Ther.* 5 (1967) 67

Maier, N.: *Frustration.* McGraw-Hill, New York 1949

Maier, N.: Frustration theory. *Psychol. Rev.* 63 (1956) 370

Malan, D. H., H. A. Bacal, E. S. Heath, F. H. G. Balfour: A study of psychodynamic changes in untreated neurotic patients. *Brit. J. Psychiat.* 114 (1968) 525

Malleson, N.: Panic and phobia. *Lancet.* 1959/I, 225

Malmo, R. B., J. F. Davis, S. Barza: Total hysterical deafness: an experimental study. *J. Personality.* 21 (1952) 188

Malmo, R. B., C. Shagass: Physiologic study of symptom mechanisms in psychiatric patients under stress. *Psychosom. Med.* 11 (1949) 25

Malmo, R. B., C. Shagass, J. F. Davis: Symptom specificity and bodily reactions during psychiatric interview. *Psychosom. Med.* 12 (1950) 362

Manosevitz, M., R. I. Lanyon: Fear survey schedule: a normative study. *Psychol. Rep.* 11 (1965) 699

Marks, I. M.: *Patterns of Meaning in Psychiatric Patients.* Maudsley Monographs Nr. 13, Oxford University Press, London 1965

Marks, I. M.: Aversion therapy. *Brit. J. med. Psychol.* 41 (1968 a) 47

Marks, I. M.: persönliche Mitteilung (1968 b)

Marks, I. M., J. Birley, M. G. Gelder: Modified leucotomy in severe agoraphobia: a controlled serial inquiry. *Brit. J. Psychiat.,* 112 (1966) 757

Marks, I. M., M. G. Gelder: A controlled retrospective study of behaviour therapy in phobic patients. *Brit. J. Psychiat.* 111 (1965) 561

Marks, I. M., M. G. Gelder: Common ground between behaviour therapy and psychodynamic methods. *Brit. J. med. Psychol.* 39 (1966) 11

Marks, I. M., M. G. Gelder: Transvestism and fetishism: clinical and psychological changes during faradic aversion. *Brit J. Psychiat.*, 113 (1967) 711

Marks, I. M., M. G. Gelder, G. Edwards: Hypnosis and desensitization for phobias: a controlled prospective trial. *Brit. J. Psychiat.* 114 (1968) 1263

Marks, I. M., N. H. Sartorius: A contribution to the measurement of sexual attitude. *J. nerv. ment. Dis.* 145 (1968) 441

Marland, P. M.: Notes on some preliminary clinical trials: appendix to experiments upon the total inhibition of stammering by external control – C. Cherry, and B. McA. Sayers. *J. psychosom. Res.* 1 (1956) 233

Maktin, B.: The assessment of anxiety by physiological behaviour measures *Psychol. Bull.* 58 (1961) 234

Martin, B.: Anxiety. In: *Symptoms of Psychopathology*, hrsg. von C. G. Costello. Wiley, New York 1969

Martin, I.: Somatic reactivity. In: *Handbook of Abnormal Psychology*, hrsg. von H. J. Eysenck. Pitman, London 1960

Martin, I.: Adaptation. *Psychol. Bull.* 61 (1964) 35

Martin, I., I. M. Marks, M. G. Gelder: Conditioned eyelid responses in phobic patients. *Behav. Res. Ther.* 7 (1969) 115

Martin, G. L., G. England, E. Kaprany, K. Kilgour, V. Pilek: Operant conditioning of kindergarten-class behaviour in autistic children. *Behav. Res. Ther.* 6 (1968) 281

Mason, J. W., J. V. Brady, W. W. Tolson: Behavioural adaptations and endocrine activity. *Res. Publ. Ass. nerv. ment. Dis.*, 43 (1966) 227

Masserman, J. H.: *Behaviour and Neurosis*, Hafner, New York 1964

Max, L. W.: Breaking up a homosexual fixation by the conditioned reaction technique: a case study. *Psychol. Bull.* 32 (1935) 734

May, R.: *The Meaning of Anxiety*. Ronald Press, New York 1950

Meehl, P. E.: On the circularity of the law of effect. *Pchychol. Bull.* 47 (1950) 52

Meissner, J. H.: The relationship between voluntary non-fluency and stuttering. *J. Speech Dis.* 11 (1946) 13

Metcalfe, M.: Demonstration of psychosomatic relationships. *Brit. J. med. Psychol.* 29 (1956) 63

Metzner, R.: Learning theory and the therapy of neurosis. *Brit. J. Psychol.*, Monog. Suppl. Nr. 33 (1961)

Metzner, R.: Some experimental analogues of obsession. *Behav. Res. Ther.* 1 (1963) 231

Meyer, V.: The treatment of two phobic patients on the basis of learning principles. *J. abnorm. soc. Psychol.* 55 (1957) 261

Meyer, V.: Modification of expectations in cases with obsessional rituals. *Behav. Res. Ther.* 4 (1966) 273

Meyer, V., A. H. Crisp: Aversion therapy in two cases of obesity. *Behav. Res. Ther.* 2 (1964) 143

Meyer, V., A. H. Crisp: Some problems in behaviour therapy. *Brit. J. Psychiat.* 112 (1966) 367

Meyer, V., M. G. Gelder: Behaviour therapy and phobic disorders. *Brit. J. Psychiat.* 109 (1963) 19

Meyer, V., J. M. M. Mair: A new technique to control stammering: a preliminary report. *Behav. Res. Ther.* 1 (1963) 251

Michenbaum, D. H.: The effects of social reinforcement on the level of abstraction in schizophrenics. *J. abnorm. soc. Psychol.* 71 (1966) 354

Migler, B., J. Wolpe: Automated self-desensitizations: a case report. *Behav. Res. Ther.* 5 (1967) 133

Miller, N. E.: Experimental studies of conflict. In: *Personality and the Behavior Disorders*, hrsg. von J. McV. Hunt. Ronald Press, New York 1944

Miller, N. E.: Studies of fear as an acquired drive. *J. exp. Psychol.* 38 (1948) 89

Miller, N. E., J. D. Dollard: *Social Learning and Imitation*, Yale University Press, New Haven 1941

Miller, R. E., J. H. Banks, N. Ogawa: Communication of affect in "co-operation" of rhesus monkeys. *J. abnorm. soc. Psychol.* 64 (1962) 343

Miller, R. E., J. H. Banks, N. Ogawa: Role of facial expression in "co-operative avoidance conditioning" in monkeys. *J. abnorm. soc. Psychol.* 67 (1963) 24

Moore, N.: Behaviour therapy in bronchial asthma: a controlled study. *J. psychosom. Res.* 9 (1965) 257

Morgenstern, F. S.: J. F. Pearce, L. W. Rees: Predicting outcome of behaviour therapy by psychological tests. *Behav. Res. Ther.* 2 (1965) 191

Mowrer, O. H.: On the dual nature of learning – a reinterpretation of "conditioning" and "problem solving". *Harvard educ. Rev.* 17 (1947) 102

MOWRER, O. H.: *Learning Theory and Personality Dynamics.* Ronald Press, New York 1950

MOWRER, O. H.: *Learning Theory and Behavior.* Wiley, New York 1960

MOWRER, O. H., W. M. MOWRER: Enuresis: a method for its study and treatment. *Amer. J. Orthopsychiat.* 8 (1938) 436

MOWRER, O. H., P. VIEK: An experimental analogue of fear from a sense of helplessness. *J. abnorm. soc. Psychol.* 67 (1948) 24

MURPHY, J. V., R. E. MILLER, I. A. MIRSKY: Inter-animal conditioning in the monkey. *J. comp. physiol. Psychol.* 48 (1955) 211

NAGEL, E.: Methodological issues in psychoanalytical theory. In: *Psychoanalysis, Scientific Method and Philosophy,* hrsg. von S. Hook. New York University Press, New York 1959

NAPALKOV, A. V.: Information process of the brain. In: *Progress in Brain Research, Nerve, Brain and Memory Models,* hrsg. von N. Wiener and J. P. Schade, Bd. II. Elsevier, Amsterdam 1963

NEAL, D. H.: Behaviour therapy and encopresis in children. *Behav. Res. Ther.* 1 (1963) 139

O'CONNOR, N., C. FRANKS: Childhood upbringing and other environmental factors. In: *Handbook of Abnormal Psychology,* hrsg. von H. J. Eysenck. Pitman, London 1960

OLDS, J.: Mechanismus of instrument conditioning. *Electroenceph. clin. Neurophysiol. Suppl.* 24 (1963) 219

O'LEARY, K. D., S. O'LEARY, W. C. BECKER: Modification of a deviant sibling interaction pattern in the home. *Behav. Res. Ther.* 5 (1967) 113

OLIVEAU, D. L., W. S. AGRAS, H. LEITENBERG, R. C. MOORE, D. E. WRIGHT: Systematic desensitization, therapeutically oriented instructions and selective positive reinforcement. *Behav. Res. Ther.* 7 (1969) 27

O'NEILL, D. G., R. J. HOWELL: Three modes of hierarchy presentation in systematic desensitization therapy. *Behav. Res. Ther.* 7 (1969) 289

OSGOOD, C. E.: *Method and Theory in Experimental Psychology.* Oxford University Press, London 1953

PARK, L. C., L. COVI: Non-blind placebo trial. *Arch. gen. Psychiat.* 12 (1965) 536

PATTERSON, G. R.: A learning theory approach to the treatment of the school phobic child. In: *Case Studies in Behavior Modification,* hrsg von L. P. Ullmann, L. Krasner. Holt, Rinehart and Winston, New York 1965

PATTERSON, G. R., R. JONES, J. WHITTIER, M. A. WRIGHT: A behaviour modification technique for the hyperactive child. *Behav. Res. Ther.* 2 (1965) 217

PAUL, G. L.: *Insight v. Desensitization in Psychotherapy: An Experiment in Anxiety Reduction.* Stanford University Press, Stanford 1966

PAUL, G. L.: Insight versus desensitization in psychotherapy two years after termination. *J. cons. Psychol.* 31 (1967) 333

PAUL, G. L.: Two-year follow-up of systematic desensitization in a therapy group. *J. abnorm. soc. Psychol.* 73 (1968) 119

PAUL, G. L., D. T. SHANNON: Treatment of anxiety through systematic desensitization in therapy groups. *J. abnorm. soc. Psychol.* 71 (1966) 124

PAVLOV, I. P.: *Conditioned Reflexes.* Oxford University Press, London 1927

PETERS, H. N., R. L. JENKINS: Improvement of chronic schizophrenic patients with guided problem solving motivated by hunger. *Psychiat. Quart. Suppl.* 28 (1954) 84

PETERSON, D. R., P. LONDON: A role for cognition in the behavioral treatment of a child's eliminative disturbance. In: *Case Studies in Behavior Modification,* hrsg. von L. P. Ullmann, L. Krasner. Holt, Rinehart and Winston, New York 1965

PHILLIPS, E. L., D. N. WIENER: *Short-Term Psychotherapy and Structural Behavior Change.* McGraw-Hill, New York 1966

PIERS, G., M. W. PIERS: Modes of learning and the analytic process. *Proc. 6th Int. Cong. Psychother.* 4 (1965) 104

POLIN, A. T.: The effect of flooding and physical suppression as extinction techniques on an anxiety-motivated avoidance locomotor response. *J. Psychol.* 47 (1959) 253

POLLIT, J.: Natural history studies in mental illness: a discussion based on a pilot study of obsessional states. *J. ment. Sci.* 106 (1960) 93

POPOVIC, M., D. PETROVIC: After the earthquake. *Lancet* 1964/II, 1169

POPPER, K. R.: Science: conjectures and refutations. In: *Conjectures and Refutations.* Routledge and Kegan Paul, London 1963

POSER, E. G.: Training behaviour therapists. *Behav. Res. Ther.* 5 (1967) 37

PREMACK, D.: Towards empirical behaviour laws. 1: Positive reinforcement.

Psychol. Rev. 66 (1959) 219

PRIBRAM, K. H.: Implications for systematic studies of behavior. In: *Electrical Stimulation of the Brain*, hrsg. von D. E. Sheer. Texas University Press, Austin 1961

PRIBRAM, K. H.: A neuropsychological model. In: *Expressions of the Emotions in Man*, hrsg. von P. H. Knapp. International Universities Press, New York 1963

RACHMANN, S.: persönliche Mitteilungen (1957), zit. nach J. Wolpe: *Psychotherapy by Reciprocal Inhibition*, Stanford University Press, Stanford 1958

RACHMANN, S.: Spontaneous remission and latent learning. *Behav. Res. Ther.* 1 (1963) 133

RACHMANN, S.: Aversion therapy: chemical or electrical. *Behav. Res. Ther.* 2 (1965 a) 289

RACHMAN, S.: Studies in desensitization. 1: The separate effects of relaxation and desensitization. *Behav. Res. Ther.* 3 (1965 a) 245

RACHMAN, S.: Studies in desensitization. 2: Flooding. *Behav. Res. Ther.* 4 (1966 a) 1

RACHMAN, S.: Studies in desensitization. 3: Speed of generalization. *Behav. Res. Ther.* 4 (1966 b) 7

RACHMAN, S.: Sexual fetishism: an experimental analogue. *Psychol. Rec.* 16 (1966 c) 293

RACHMAN, S.: The role of muscular relaxation in desensitization therapy. *Behav. Res. Ther.* 6 (1968) 159

RACHMAN, S., H. J. EYSENCK: Reply to a "critique and reformulation" of behavior therapy. *Psychol. Bull.* 65 (1966) 165

RACHMAN, S., R. J. HODGSON: Studies in desensitization. 4: Optimum degree of anxiety-reduction. *Behav. Res. Ther.* 5 (1967) 249

RAFI, A. A.: Learning theory and the treatment of tics. *J. psychosom. Res.* 6 (1962) 71

RAMSAY, R. W., J. BARENDS, J. BRUCHER, A. KRUSEMAN: Massed versus spaced desensitization of fear. *Behav. Res. Ther.* 4 (1966) 205

RAPAPORT, D.: The structure of psychoanalytical theory. *Psychol. Iss.* Nr. 2 (1960) 2

RAYMOND, M. J.: The treatment of addiction by aversion conditioning with apomorphine. *Behav. Res. Ther.* 1 (1964) 287

RAZRAN, G.: A quantitative study of meaning by a conditioned salivary technique (semantic conditioning). *Science.* 90 (1939) 89

RAZRAN, G.: Russian psychologists' psychology and American experimental psychology. *Psychol. Bull.* 63 (1965) 42

REED, J. L.: Comments on the use of methohexitone sodium as a means of inducing relaxation. *Behav. Res. Ther.* 4 (1966) 323

RICE, D. G.: Operant conditioning and associated electromyogram responses. *J. exp. Psychol.* 71 (1966) 908

RIMLAND, B.: *Infantile Autism.* Appleton-Century-Crofts, New York 1964

RISLEY, T., M. WOLF: Establishing functional speech in echolalic children. *Behav. Res. Ther.* 5 (1967) 73

RITTER, B.: The group desensitization of children's snake phobias using vicarious and contact desensitization procedures. *Behav. Res. Ther.* 6 (1968) 1

ROGERS, C. R.: *Client-Centred Therapy.* Houghton Mifflin, Boston 1951

ROSENBERG, C. M.: Personality and obsessional neurosis. *Brit. J. Psychiat.* 113 (1967) 471

ROSENTHAL, R.: *Experimenter Effects in Behavioral Research.* Appleton-Century-Crofts, New York 1966

RUBIN, B. M., E. W. KATKIN, B. W. WEISS, J. S. EFRAN: Factor analysis of a fear survey schedule. *Behav. Res. Ther.* 6 (1968) 65

RUSSO, S.: Adaptations in behavioural therapy with children. *Behav. Res. Ther.* 2

RYCROFT, C.: Causes and meaning. In: *Psychoanalysis Observed*, hrsg. von C. Rycroft. Constable, London 1966

SACHS, E.: Dissociation of learning in rats and its similarities to dissociative states in man. In: *Comparative Psychopathology*, hrsg. von J. Zubin, H. F. Hunt. Grune & Stratton, New York 1967

SANDERSON, R. E., D. CAMPBELL, S. LAVERTY: Traumatically conditioned responses acquired during respiratory paralysis. *Nature.* 196 (1963) 1235

SANDERSON, R., D. CAMPBELL, S. LAVERTY: An investigation of a new aversive conditioning technique for alcoholism. In: *Conditioning Techniques in Clinical Practice and Research*, hrsg. von C. M. Franks. Springer, New York 1964

SARGANT, W.: *Battle for the Mind.* Heinemann, London 1957

SAWREY, W. L., J. J. CONGER, E. S. TURRELL: Experimental investigation of the role of psychological factors in production of gastric ulcers in rats. *J. comp. physiol. Psychol.* 49 (1956) 457

SCHACHTER, S.: The interaction of cognitive and physiological determinants of emotional state. In: *Advances in Experimental Social Psychology,* Bd. I, hrsg. von L. Berkowitz. Academic Press, New York 1964

SCHEFLEN, N. A.: Generalization and extinction of experimentally induced fears in cats. In: *Experimental Psychopathology,* hrsg. von P. H. Hoch, J. Zubin. Grune & Stratton, New York 1957

SCHLOSBERG, H.: The relationship between success and the laws of conditioning. *Psychol. Rev.* 44 (1937) 379

SCHMIDT, E., D. CASTELL, P. BROWN: A retrospective study of forty-two cases of behaviour therapy. *Behav. Res. Ther.* 3 (1965) 9

SCHULTZ, J. H., W. LUTHE: *Autogenic Training: A Psychophysiological Approach to Psychotheraphy.* Grune & Stratton, New York 1959

SCHWITZGEBEL, R., D. A. KOLB: Inducing behaviour change in adolescent delinquents. *Behav. Res. Ther.* 1 (1964) 297

SENAY, E. C.: Towards an animal model of depression: a study of separation behaviour in dogs. *J. psychiat. Res.* 4 (1966) 65

SERGEANT, H. G. S., N. J. YORKSTON: Some complications of using methohexitone to relax anxious patients. *Lancet* 1968/II, 653

SHAND, A. F.: *The Foundations of Caracter.* Macmillan, New York 1914

SHAPIRO, A. K.: The placebo response. In: *Modern Perspective in World Psychiatry,* hrsg. von J. G. Howells. Oliver and Boyd, Edinburgh 1968

SHEEHAN, J. G.: The modification of stuttering through nonreinforcement. *J. abnorm. soc. Psychol.* 46 (1951) 51

SHEEHAN, J. G., R. B. VOAS: Stuttering as conflict. 1: Comparison of therapy techniques involving approach and avoidance. *J. Speech Dis.* 22 (1957) 714

SHEPHERD, M., B. COOPER, A. C. BROWN, G. W. KALTON: *Psychiatric Illness in General Practice.* Oxford University Press, 1966

SHERMAN, J. A.: Use of reinforcement and imitation to reinstate verbal behaviour in mute psychotics. *J. abnorm. soc. Psychol.* 70 (1965) 155

SHOBEN, E. J.: Psychotherapy as a problem in learning theory. *Psychol. Bull.* 46 (1949) 366

SIDMAN, M.: Operant techniques. In: *Experimental Foundation of Clinical Psychology,* hrsg. von A. Bachrach. Basic Books, New York 1962

SIDMAN, M., R. J. HERRENSTEIN, D. G. CONRAD: Maintenance of avoidance behavior by unavoidable shocks. *J. comp. physiol. Psychol.* 50 (1957) 553

SINGER, M. T., L. C. WYNNE: Thought disorder and family relations of schizophrenics. 4: Results and implications. *Arch. gen. Psychiat.* 12 (1965) 201

SKINNER, B. F.: *The Behavior of Organisms.* Appleton-Century-Crofts, New York 1938

SKINNER, R. F.: Superstition in the pigeon. *J. exp. Psychol.* 38 (1948) 168

SKINNER, B. F.: *Science and Human Behavior.* Macmillan, New York 1953

SNAITH, R. P.: A clinical investigation of (1964) 43
phobia. *Brit. J. Psychiat.* 114 (1968) 673

SOKOLOV, Y. N.: *Perception and the Conditioned Reflex.* Pergamon, Oxford 1963

SOLOMON, R. L.: Punishment. *Amer. J. Psychol.* 19 (1964) 239

SOLOMON, R. L.: Aversive control in relation to the development of behavior disorders. In: *Comparative Psychopathology,* hrsg. von Grune & Stratton, New York 1967

SOLOMON, R. L., L. C. WYNNE: Traumatic avoidance learning: acquisition in normal dogs. *Psychol. Monogr.* 67, Nr. 4, Nr. 354 (1953)

SOLOMON, R. L., L. C. WYNNE: Traumatic avoidance learning: the principle of anxiety conservation and partial irreversibility. *Psychol. Rev.* 61 (1954) 353

SOLYOM, L., S. B. MILLER: Reciprocal inhibition by aversion relief in the treatment of phobias. *Behav. Res. Ther.* 5 (1967) 313

SPENCE, K. W.: Anxiety (drive) level and performance in eyelid conditioning. *Psychol. Bull.* 61 (1964) 129

STAATS, A. W., C. K. STAATS: *Complex Human Behavior: A Systematic Extension of Learning Principles.* Holt, Rinehart and Winston, New York 1963

STAATS, A. W., K. A. MINKE, W. GOODWIN, J. LANDEEN: Cognitive behaviour modification: "motivated learning" reading treatment with sub-professional therapy-technicians. *Behav. Res. Ther.* 5 (1967) 283

STAFFORD-CLARK, D.: *Psychiatry for Students.* Allen and Unwin, London 1963

STAMPEL, T. G., D. J. LEVIS: The essentials of implosive therapy: a learning-theory-based psychodynamic behavioural therapy. *J. abnorm. soc. Psychol.* 72 (1967) 496

STAMPEL, T. G., D. J. LEVIS: Implosive therapy – a behavioural therapy? *Behav. Res. Ther.* 6 (1968) 31

STAUB E.: Duration of stimulus exposure as determinant of the efficacy of flooding procedures in the elimination of fears. *Behav. Res. Ther.* 6 (1968) 131

STEIN, L.: Habituation and stimulus novelty:: a model based on classical conditioning. *Psychol. Rev.* 73 (1966) 352

STENGEL, E.: Classification of mental disorders. *Bull. Wld. Hlth. Org.* 21 (1959) 601

STEPHENS, J. H., W. H. GANTT: The differential effects of morphine on cardiac and motor conditioned reflexes. *Bull. Johns Hopk. Hosp.* 98 (1956) 245

STORR, A.: The concept of cure. In: *Psychoanalysis Observed*, hrsg. von C. Rycroft. Constable, London 1966

STRAUGHAM, J.: Treatment with child and mother in the playroom. *Behav. Res. Ther.* 2 (1964) 37

STRUPP, H. H., A. E. BERGIN: Some empirical and conceptual bases for coordinated research in psychotherapy. *Int. J. Psychiat.* 7 (1969) 18

SULLIVAN, H. S.: *The Interpersonal Theory of Psychiatry.* Norton, New York 1953

SULLIVAN, H. S.: *Conceptions of Modern Psychiatry.* Tavistock, London 1955

SYLVESTER, J. D., L. A. LIVERSEDGE: Conditioning and the occupational cramp. In: *Behaviour Therapy and the Neuroses,* hrsg. von H. J. Eysenck. Pergamon, Oxford 1960

SZASZ, T. S.: *The Myth of Mental Illness.* Harper, New York 1961

TAYLOR, F. K.: *Psychopathology: Its Causes and Symptoms.* Butterworth, London 1966

TAYLOR, J. A.: A personality scale of manifest anxiety. *J. abnorm. soc. Psychol.* 48 (1953) 285

THIMANN, J.: Conditioned reflex treatment of alcoholism. 2: The risk of its application, its indications, contra-indications and psychotherapeutic methods. *New Eng. J. Med.* 241 (1949) 408

THOMPSON R. F., W. A. SPENCER: Habituation: a model phenomenon for the study of neuronal substrates of behavior. *Psychol. Rev.* 73 (1966) 16

THORNDIKE, E. L.: *Animal Intelligence.* Macmillan, New York 1911

THORPE, J. G., E. SCHMIDT: Therapeutic failure in a case of aversion therapy. *Behav. Res. Ther.* 1 (1964) 293

THORPE, J. G., E. SCHMIDT, D. CASTELL: A comparison of positive and negative (aversive) conditioning in the treatment of homosexuality. *Behav. Res. Ther.* 1 (1964) 357

THORPE, J., E. SCHMIDT, P. Y. BROWN, D. CASTELL: Aversion relief therapy: a new method for general application. *Behav. Res. Ther.* 2 (1964) 71

TOLMAN, E. C.: *Purposive Behavior in Animal and Men.* Appleton-Century-Crofts, New York 1932

TRUAX, C. B.: Therapist emphaty, warmth and genuineness and patient personality change in group psychotherapy: a comparison between interaction unit measures, time sample measures, patient perception measures. *J. clin. Psychol.* 22 (1966 a) 225

TRUAX, C. B.: Reinforcement and non-reinforcement in Rogerian psychotherapy. *J. abnorm. soc. Psychol.* 71 (1966 b) 1

TRUAX, C. B., R. R. CARKHUFF: For better or for worse: the process of psychotherapeutic personality change. In: *Recent Advances in the Study of Behavioral Change.* McGill University Press, Montreal 1963

TRUAX, C. B., R. R. CARKHUFF: Significant developments in psychotherapy research. In: *Progress in Clinical Psychology,* hrsg. von L. E. Abt, B. F. Reiss. Grune & Stratton, New York 1964

TRUAX, R. B., H. FINE, J. MORAVEC, W. MILLIS: Effects of therapist persuasive potency in individual psychotherapy. *J. clin. Psychol.* 24 (1968) 359

TURNBULL, J. W.: Asthma conceived as a learned response. *J. psychosom. Res.* 6 (1962) 59

TURNER, L. H., R. L. SOLOMON: Human traumatic avoidance learning: theory and experiments on the operant-respondent distinction and failure to learn. *Psychol. Monogr.* Nr. 76 (1962) 559

TURNER, R. K.: G. C. YOUNG: C.N.S. stimulant drugs and conditioning treatment of nocturnal enuresis: a long term follow-up study. *Behav. Res. Ther.* 4 (1966) 225

TYHURST, J. S.: Individual reactions to community disaster: the natural history of psychiatric phenomena. *Amer. J. Psychiat.* 107 (1951) 764

UHLENHUTH, E. H., A. CANTER, J. O. NEUXTADT, H. E. PAYSON: The symptomatic relief of anxiety with meprobamate, phenobarbital and placebo. *Amer. J. Psychiat.* 115 (1959) 905

ULLMANN, L. P., R. G. FORSMAN, J. W. KENNY, T. L. MCINNIS, I. P. UNIKEL, R. M. ZEISETT: Selective reinforcement of schizophrenics' interview responses. *Behav. Res. Ther.* 2 (1965) 205

ULLMANN, L. P., L. KRASNER (Hrsg.): *Case Studies in Behavior Modification*. Holt, Rinehart and Winston, New York 1965

ULLMANN, L. P., L. KRASNER, B. COLLINS: Modification of behavior in group therapy associated with verbal conditioning. *J. abnorm. soc. Psychol.* 62 (1961) 128

ULLMANN, L. P., L. KRASNER, P. EKMAN: Verbal conditioning of emotional words: effects of behavior on group therapy. *Res. Rep. of VA Palo Alto*, Nr. 15 (1961)

ULLMANN, L. P., L. KRASNER, R. L. EDINGER: Verbal conditioning of common associations in long-term schizophrenic patients. *Behav. Res. Ther.* 2 (1964) 15

VALINS, S., A. A. RAY: Effect of cognitive desensitization on avoidance behaviour. *J. Personal. soc. Psychol.* 7 (1967) 345

VALLANCE, M.: Alcoholism: a two year follow-up study. *Brit. J. Psychiat.* 111 (1965) 348

VENABLES, P. H., I. MARTIN› *A Manual of Psychophysiological Methods*. North-Holland Publishing, Amsterdam 1967

WALLERSTEIN, R. S.: *Hospital Treatment of Alcoholism: A Comparative Experimental Study*. Basic Books, New York 1957

WALTON, D.: The application of learning theory to the treatment of a case of neuro-dermatitis. In: *Behaviour Therapy and the Neuroses*, hrsg. von H. J. Eysenck. Pergamon Press, Oxford 1960

WALTON, D.: Experimental psychology and the treatment of a tiquer. *J. Child. Psychol.* 2 (1961) 148

WALTON, D.: Massed practice and simultaneous reduction in drive level – further evidence of the efficiacy of this approach to the treatment of tics. In: *Experiments in Behaviour Therapy*, hrsg. von J. H. Eysenck. Pergamon, Oxford 1964

WALTON, D., M. D. MATHER: The application of learning principles to the treatment of obsessive-compulsive states in the acute and chronic phases of illness. *Behav. Res. Ther.* 1 (1963) 163

WATSON, J. B., R. RAYNER: Conditioned emotional reactions. *J. exp. Psychol.* 3 (1920) 1

WERRY, J. S., J. COHRSSEN: Enuresis – an etiologic and therapeutic study. *J. Pediat.* 67 (1965) 423

WHALER, G. R., G. H. WINKEL, R. F. PETERSON, D. C. MORRISON: Mothers as behaviour therapists for their own children. *Behav. Res. Ther.* 3 (1965) 113

W.H.O.: Deprivation of maternal care. *Public Health Papers* Nr. 14, World Health Organization, Genf 1962

WIKLER, A.: Interaction of physical dependence and classical and operant conditioning in the genesis of relapse. *Res. Publ. Ass. nerv. ment. Dis.* 46 (1968) 280

WILDE, G. J. S.: Behaviour therapy for addicted cigarette smokers: a preliminary investigation. *Behav. Res. Ther.* 2 (1964) 107

WILLIAMS, J. H.: Conditioning of verbalization. *Psychol. Bull.* 62 (1964) 383

WILSON, G. D.: Efficacy of "flooding" procedures in desensitization of fear: a theoretical note. *Behav. Res. Ther.* 5 (1967) 138

WILSON, G. T., G. C. DAVISON: Aversion techniques in behavior therapy: some theoretical and meta-theoretical considerations. *J. cons. Psychol.* 33 (1969) 237

WILSON, G. T., W. I. M. EVANS: Behaviour therapy and not behaviour therapies. *Newsletter*, Assoc. Advance Behav. Ther. 2, Nr. 3 (1967) 5

WILSON, G. T., A. E. HANNON, W. I. M. EVANS: Behaviour therapy and the therapist-patient relationship. *J. cons. Psychol.* 32 (1968) 103

WILSON, A., F. J. SMITH: Counter-conditioning therapy using free associations: pilot study. *J. abnorm. soc. Psychol.* 73 (1968) 474

WILSON, F. S., R. H. WALTERS: Modification of speech output of near-mute schizophrenics through social learning procedures. *Behav. Res. Ther.* 4 (1966) 59

WOLF, M., T. RISLEY, H. MEES: Application of operant conditioning procedures to the behaviour problems of an autistic child. *Behav. Res. Ther.* 1 (1964) 305

WOLPE, J.: Experimental neuroses as learned behaviour. *Brit. J. Psychol.* 43 (1952) 243

WOLPE, J.: *Psychotherapy by Reciprocal Inhibition*. Stanford University Press, 1958

WOLPE, J.: The systematic desensitization treatment of neuroses. *J. nerv. ment. Dis.* 132 (1961) 189

WOLPE, J.: Quantitative relationships in the systematic desensitization of phobias. *Amer. J. Psychiat.* 119 (1963) 1062

WOLPE, J., P. J. LANG: A fear schedule for use in behaviour therapy. *Behav. Res. Ther.* 2 (1964) 27

WOLPE, J., A. LAZARUS: *Behaviour Therapy Techniques*. Pergamon, Oxford 1966

WOLPIN, M., J. RAINES: Visual imagery, expected roles and extinction as possible factors in reducing fear and avoidance behaviour. *Behav. Res. Ther.* 4 (1966) 25

WORSLEY, J. L., H. FREEMAN: Further comments on the use of methohexitone sodium as a means of inducing relaxation. *Behav. Res. Ther.* 5 (1967) 258

YATES, A. J.: The application of learning theory to the treatment of tics. *J. abnorm. soc. Psychol.* 56 (1958) 175

YATES, A. J.: *Frustration and Conflict.* Methuen, London 1962

YATES, A. J.: Recent empirical and theoretical approaches to the experimental manipulation of speech in normal subjects and stammerers. *Behav. Res. Ther.* 1 (1963) 95

YEUNG, D. P. H.: Diazepam for treatment of phobias. *Lancet* 1968/I, 475

YORKSTON, N. J., H. G. S. SERGEANT, S. RACHMAN: Methohexitone relaxation for desensitizing agoraphobic patients. *Lancet* 1968/II, 651

YOUNG, G. C.: Personality factors and the treatment of enuresis. *Behav. Res. Ther.* 3 (1965) 103

YOUNG, G. C., R. K. TURNER: C.N.S. stimulant drugs and conditioning treatment of nocturnal enuresis. *Behav. Res. Ther.* 3 (1965) 93

ZAX, M., A. KLEIN: Measurement of personality and behavior changes following psychotherapy. *Psychol. Bull.* 57 (1960) 435

ZEISSET, R. M.: Desensitization and relaxation in the modification of psychiatric patients' interview behavior. *J. abnorm. soc. Psychol.* 73 (1968) 18

ZIMMERMANN, J., H. J. GROSZ: "Visual" performance of a functionally blind person. *Behav. Res. Ther.* 4 (1966) 119

ZUBIN, J.: Classification of the behavior disorders. *Ann. Rev. Psychol.* 18 (1967) 373

Sachverzeichnis

S